中国城市科学研究系列报告

中国城市治理发展报告
（2020）

中国城市科学研究会　编

中国城市出版社

图书在版编目（CIP）数据

中国城市治理发展报告. 2020 / 中国城市科学研究会编. —北京：中国城市出版社，2021.12
（中国城市科学研究系列报告）
ISBN 978-7-5074-3432-3

Ⅰ.①中… Ⅱ.①中… Ⅲ.①城市管理—研究报告—中国—2020 Ⅳ.①F299.23

中国版本图书馆 CIP 数据核字（2021）第 250473 号

责任编辑：宋　凯　张智芊
责任校对：王　烨

中国城市科学研究系列报告
中国城市治理发展报告（2020）
中国城市科学研究会　编
*
中国城市出版社出版、发行（北京海淀三里河路9号）
各地新华书店、建筑书店经销
逸品书装设计制版
北京建筑工业印刷厂印刷
*

开本：787毫米×1092毫米　1/16　印张：24½　字数：475千字
2021年12月第一版　　2021年12月第一次印刷
定价：**68.00元**
ISBN 978-7-5074-3432-3
（904397）

版权所有　翻印必究
如有印装质量问题，可寄本社图书出版中心退换
（邮政编码100037）

编委会成员名单

编委会主任：仇保兴
副　主　任：吴志强　王早生

编委会委员：（以拼音为序）
高建武　郭　晟　韩爱兴　韩起文　何兴华　江长桥
李　忠　梁柏清　刘朝晖　孟庆禹　潘　明　皮定均
单　峰　唐伟尧　吴建南　王　东　王敬波　王　兰
王连峰　项　勤　徐文珍　徐志君　杨小军　叶裕民
余　刚　郁建兴　张　健　诸大建

主　　编：单　峰
执行主编：江长桥　王　伟　陈锦清　李　娜
执行编委：（以拼音为序）
丁　鸽　高杏林　韩建厦　李宏伟　李良臣　李　强
李顺年　李耀滨　刘　浏　刘潇畅　茅明睿　彭保红
王春生　王海滨　王　婷　王　伟　王　毅　王志海
杨东明　周菊芳　朱生春

编辑部成员：张胜雷　郭伟娜　李颖玥　戚均慧　管　旸
　　　　　　王元汉　张作慧　王　谆　苏瑞娟　李均华
　　　　　　李洪旭　吕　韵　林　戈

鸣　　谢

　　在此特别感谢上海交通大学中国城市治理研究院、中央财经大学、北京大学城市治理学院、浙江大学公共管理学院、浙江省住房和城乡建设厅、河南省住房和城乡建设厅、河南省城市科学研究会、杭州市城市管理局、成都市城市管理委员会、兰州市城市管理委员会、秦皇岛市城市管理综合行政执法局、北京市东城区网格化服务管理中心、苏州市城市管理局、鄂州市城市管理局、常熟市城市管理行政执法局、泰州市城市管理局、太原市数字化城乡管理指挥中心、南京市城市管理局、南宁市城市管理行政综合执法局、西安市城市管理和综合执法局、德阳市城市管理行政执法局、长沙市城市管理和综合执法局、宿州市城市管理局、宁波市园林绿化中心、宁波市城市管理局、福州市住房保障和房产管理局、福州市园林中心、厦门市市政园林局、荆州市园林中心、驻马店市园林绿化中心、安阳市住房和城乡建设局、北京数字政通科技股份有限公司、华高莱斯国际地产顾问（北京）有限公司、北京新城绿源科技发展有限公司、立得空间信息技术股份有限公司以及中国城市科学研究会城市治理专业委员会等单位对本报告编写的大力支持。

目 录

综述篇 1
 我国城市治理研究回顾与展望 2

理论篇 13
 新时代城市基层治理体制机制改革的创新与挑战 14
 遵循城市规律　完善城市治理 29
 "城市设计＋智能平台"支持城市市容市貌品质精细管理 34
 韧性社会治理　社会系统安全　稳定运行的实践进路 49
 社区治理案例：双井街道可持续发展治理实践 52
 "稳就业"背景下马路市场的新问题与新对策 62
 从"管理"到"治理"
  ——旧城更新中城市空间的精细化管理之国外案例分析 66

实践篇 73
 2019年河南省百城建设提质工程工作总结 74
 北京市东城区"吹哨报到"破解城市治理难题 86
 苏州创新发展数字城管　全面推进城市治理体系和治理能力现代化 91
 杭州数字赋能城市治理 97
 着力提升城市功能品质　全面塑造军运形象品牌
  ——武汉市城市精细化管理和城市治理的典型案例 104
 兰州市实施"精致兰州"三年行动开启城市发展新篇章 108
 常熟汇聚"力度、热度、温度" 推进城市精细化治理 115
 泰州城管推行"党建＋路长制" 打通城市治理"最后一公里" ... 117
 狠下绣花功夫　精细管理城市
  ——德阳市城市管理行政执法局 122
 南京城市治理公众参与经验做法 129

城市精细化管理和城市治理典型案例
　　——郑州智慧城区实践 ································ 133
数字化城市管理的太原实践 ································ 145
成都市城市管理应对突发公共卫生事件的实践与探索 ················ 150
成都市"五允许一坚持"激活户外经济　保民生稳就业彰显城管担当 ······ 159

专项篇 ································ 163

智慧城管、城市管理信息平台建设情况
浙江省级城市综合管理服务平台 ································ 164
杭州城市大脑赋能城市"数治" ································ 179
感知立体化、数据集约化、服务智能化
　　——秦皇岛智慧城管助力城市治理体系和治理能力双提升 ·········· 187
西安加快城市"智"理　共建共享智慧城市新生活 ·················· 193
成都共建共享智慧城管　助推双城共融共兴 ·························· 196
临沂市智慧城管综合平台建设情况 ································ 204
构建全区时空信息共享服务体系　全面加强时空数据综合服务能力
　　——兰州新区时空一体化管理和数字城市的典型案例 ············ 252

城市垃圾分类发展情况
以末端处置促前端分类　推动垃圾分类全覆盖
　　——长沙市推进生活垃圾综合治理的创新与实践 ················ 257
坚持目标和问题导向
　　——厦门市不断开创生活垃圾分类工作新局面 ················ 264

城市环境整治情况
水清河畅　岸绿景美　宿州描绘　生态秀美画卷 ···················· 268
强力整治　涅槃重生　昔日"臭水沟"蝶变"景观河"
　　——安阳市洪河治理情况 ································ 271
立足试点区域　建设海绵城市
　　——北京城市副中心海绵城市试点建设足迹 ················ 275
推进扬尘污染精细治理　稳步提升南宁空气质量
　　——南宁市城市精细化管理案例 ································ 282
成都市体育赋能"金角银边"的实践与思考 ························ 286

城市公园建设情况
宁波全力打造"绿盈名城、花漫名都"城市景观 ···················· 292
福州市城市园林绿化工作成效显著（2016—2020年） ················ 302

践行生态文明　建设美丽荆州 ……………………………………………… 306

坚持生态引领　打造宜居城市

——驻马店市城市园林绿化工作综述 …………………………………… 312

旧城改造情况

鄂州大力实施老旧社区改造工程，探索社会治理体系建设 ………………… 318

福州市老旧小区改造工作情况 …………………………………………………… 321

宁波市城镇老旧小区改造试点工作经验 ………………………………………… 325

附　录 …………………………………………………………………………… 333

市场监管总局　住房和城乡建设部关于加强民用"三表"管理的

指导意见 …………………………………………………………………… 334

住房和城乡建设部办公厅　国家发展改革委办公厅关于开展2019年

国家节水型城市复查工作的通知 ………………………………………… 338

住房和城乡建设部办公厅关于做好2019年城市排水防涝工作的通知 ……… 340

住房和城乡建设部等部门关于在全国地级及以上城市全面开展

生活垃圾分类工作的通知 ………………………………………………… 344

住房和城乡建设部　生态环境部　发展改革委关于印发城镇污水处理

提质增效三年行动方案（2019—2021年）的通知 …………………… 349

住房和城乡建设部关于开展规范城市户外广告设施管理工作试点的函 …… 355

住房和城乡建设部　工业和信息化部国家广播电视总局　国家能源局

关于进一步加强城市地下管线建设管理有关工作的通知 ……………… 358

住房和城乡建设部办公厅关于进一步做好城市环境卫生工作的通知 ……… 362

住房和城乡建设部办公厅关于印发城市管理执法装备配备

指导标准（试行）的通知 ………………………………………………… 365

住房和城乡建设部等部门印发《关于进一步推进生活垃圾分类工作的

若干意见》的通知 ………………………………………………………… 370

住房和城乡建设部办公厅关于印发城镇老旧小区改造可复制政策机制

清单（第一批）的通知 …………………………………………………… 377

综述篇

我国城市治理研究回顾与展望

党的十九届四中全会指出，要完善党委领导、政府负责、民主协商、社会协同、公众参与、法治保障、科技支撑的社会治理体系，建设人人有责、人人尽责、人人享有的社会治理共同体。这为我国城市治理研究与发展提供了根本遵循与方向指引。在这一背景下，本文从城市治理内涵、历史、综合、理论、主体、案例和借鉴七个方面，较为全面地梳理回顾了近些年城市治理的研究现状，分析研究中的不足，并从研究重点、难点和创新三个方面进行展望，以期为我国今后的城市治理创新研究有所裨益。

一、我国城市治理研究的现状

我国学者对城市治理做了较多研究，出版了很多著作，其中既有以教材的形式出现，如邱梦华的《城市社区治理》（普通高校"十二五"规划教材·公共管理系列）。也有以蓝皮书的形式出现，如潘家华等主编的《城市蓝皮书：中国城市发展报告No.7—聚焦特大城市治理》。当然，更多的是以专著的形式出现。在这些专著中，有的学者从历史视角对城市治理问题进行了相关研究，如梁远的《近代英国城市规划与城市病治理研究》。有的学者从综合性视角对城市治理问题进行了研究，如俞可平的《治理与善治》、李友梅的《城市社会治理》、张海冰等的《我国城市社区治理模式创新研究》。有的学者从专业视角对城市治理问题进行了研究，代表作有蒋晓伟的《城市治理法治化研究》、王志锋的《城市治理的经济学分析》、金江军的《智慧城市：大数据、互联网时代的城市治理》。有的学者从理论视角对城市治理问题进行了相关研究，如贺佐成的《社会资本视角下城市虚拟社区治理研究》。有的学者对城市治理的行为主体进行相关研究，代表作有於强海的《城市治理：城市治理中的社会组织》、王佃利的《城市治理中的利益主体行为机制》、刘淑妍的《公众参与导向的城市治理》。有的学者以具体的某个城市案例作为研究对象进行了相关研究，如汪碧刚的《城市的温度与厚度：青岛市市北区城市治理现代化的实践与创新》、黄群慧等的《厦门城市治理体系和治理能力现代化研究》、何显明等的《城市治理创新的逻辑与路径：基于杭州上城区城市复合联动治理模式的个案研究》、张燕平的《城市治理脏乱公共管理体系的构建——以贵阳市"整脏治乱"公共管理体系构建为例》。还有的学者对国外城市治理的经验与启示进行了相关研究,如张红樱等的《国外城市治理变革与经验》、陶希东的《全球城市区域跨界治理模式与经验》等。可以说我国城市治理方面的研究成果还是非常丰富的。

(一) 城市治理内涵研究

要透析城市治理的内涵,首先就要透析治理的内涵。"治理"(Governance)一词最早来源于希腊语和拉丁语中的"操舵",与政府(Government)一词的含义有相互交叉的部分。继1989年和1992年世界银行使用"治理危机"并发表"治理与发展"的年度报告之后,治理一词得到了广泛的应用。而在应用过程中,不同学者对于治理的内涵有不同的理解,"治理"也出现了很多代名词,如好政府、高效政府;也有学者提出"元治理"(Meta governance)、好治/善治(Good governance)等。全球治理委员会在1995年发表的题为《我们的全球伙伴关系》的研究报告中,对治理作出如下界定:"治理是各种公共的或私人的个人和机构管理其共同事务的诸多方式的总和。"它是使相互冲突的或不同的利益得以调和并且采取联合行动的持续的过程。"治理"是对单向度的"管理"理论的超越,其特征可以概括为治理主体多元化、权力关系网络化、治理方式多样化、治理领域公共化,其要素是"权力主体的多中心化""回应性""互动性""公开性""透明度""公正""法治""效率"等。城市与治理有着密切关系,"治理"的概念最初就源于城市问题,后来才被用于企业层次(公司治理)、国家层次(国家治理)和世界层次(全球治理)上。城市治理是治理理论在城市范畴的运用。相对于城市管理的单方性、高权性、强制性而言,城市治理体现了人本、人文、民主、法治、高效、和谐等重要理念。应该说,治理的概念界定还是比较清晰的。

不同的学者对城市治理的概念有着不同的定义,如闵学勤认为城市治理是指在城市范围内政府、市场和社会组织作为三种主要的组织形态形成相互依赖的多主体治理网络,在平等的基础上按照参与、沟通、协商、合作的治理机制,在解决城市公共问题、提供城市公共服务、增进城市公共利益的过程中相互合作的利益整合过程。何增科认为,城市治理是指城市的政府、城市的居民以及各种社会组织等利益相关方通过开放参与、平等协商、分工协作的方式达成城市公共事务的决策,以实现城市公共利益的最大化。虽然学者们关于城市治理概念的定义是多样化的,但是他们反映出来的城市治理的本质有着明显的同质性。

为了更好地透析城市治理的内涵,有的学者介绍了西方城市治理的特征,如谢媛认为西方国家城市治理有以下几个特征:社会主体参与程度不断提高;城市政府与社会的合作程度日益加强;城市社区与城市议会的治理功能日益突出;城市与区域之间联合治理的趋势不断凸显。还有的学者从与城市管理比较的角度探讨了城市治理的内涵，如闵学勤的研究认为，相比以往的城市管理，城市治理至少在4个方面发生了变化：以往城市管理中单一的政府主导格局，将在政府让渡部分权力之后，逐渐向政府、市场和社会共同治理的格局过渡；城市治理需要更广泛的公众参与；城市治理比城市管理更注重过程的合法性和有效性；让城市公民更大程度地享受治理的福利是治理唯一需要追求的目标。应该说，国内学术界对城市治理内涵的研究是比较多的，从整体上来说，学者们对城市治理内涵的界定也是比较清晰的。

（二）城市治理历史研究

历史研究往往是一项研究所不可或缺的，通过历史研究才能更好地了解问题的来龙去脉。对于城市治理研究来说也是一样，离不开历史研究的"把脉"。国内学术界对城市治理进行了很多历史研究，有的历史研究是探讨国外城市治理的发展脉络，有的历史研究是对国外城市治理发展中的一些重要事件进行分析。还有的历史研究是探讨我国城市治理的发展变化情况，如徐林等通过全面透视了全球城市治理研究的历史流变，按照研究的问题域和方法论两个维度将城市治理研究划分成3个阶段：研究探索及提出阶段、研究完善及拓展阶段、研究跃迁后的"新范式"阶段。姚尚的研究指出，20世纪80年代以来，城市政府开始获得了相对农村政府的凌越地位。可以说，我国学术界关于城市治理的历史研究成果还是非常丰富的，但是，比较而言，学术界对国外城市治理历史脉络的梳理是比较清晰的，而对我国城市治理历史脉络的梳理还有待于进一步清晰化。

（三）城市治理综合研究

国内学术界对城市治理进行了丰富的综合性研究，有的学者偏向于宏观层面的综合研究，如韩震认为，城市公共治理的价值取向应该基于中国特色社会主义的实践需要，应该符合社会主义核心价值观的基本要求，走人本治理、民主治理、公平治理、依法治理、文明治理的道路；蒋晓伟等的研究指出，在城市治理法治化过程中，需要确立尽量满足人们生活需求的原则、民主化原则、社会化原则和科学化原则。有的学者偏向于中观层面的综合研究，如匡亚林以权力、参与、利益与风险为视角，以治理架构、民主规则与法治思想为指引，将城市治理的有效性诠释为有限分权、有序参与、利益整合与风险化解的四维向度。还有的学者偏向于微观层面的综合研究，如张亚明等建立了我国数字城市治理成熟度体系，同时结合因子分析与聚类分析方法，对我国31个省市的数字城市进行了实证分析，得出处于不同成熟度阶段的4类地区并找出其优势与薄弱环节，为我国数字城市采取有针对性的治理措施提供了有价值的参考。

有的学者围绕城市治理存在的问题以及优化路径进行了综合研究，如陈文等认为，我国城市治理面临着治理理念滞后、治理体制局限、依法治理能力不足、市民参与欠缺、治理方式粗陋、大都市协同治理机制缺失等困境，亟须完善城市治理立法体系，健全城市管理执法体制，压缩城市管理层级，建立健全部门协调联动机制，促进居民有序参与，提高城市治理的精细化和信息化水平，完善城市群协同治理机制。周善东指出，围绕城市治理的社会路径构建，应把培育群众的市民意识、转变政府职能、发展社会组织、加强社区治理、厘清职能边界作为应着力推进的重点工作，初步搭建起城市治理社会路径的框架体系。

国内学术界对如何评估城市治理绩效进行了相关研究，有的学者侧重于评估模型的研究，如李宪奇对城市治理评估模型的基本框架应当兼顾的方面进行了探讨。过勇等的研究建立了一个综合的治理水平评估框架，并以中国的5个城市为例，尝试采用主客观指标相结合的方法来评估中国城市的治理水平。王珺等构建了包括基础设施、文化教育、医疗卫生、社会保障、环境保护、园林绿化6个要素和49个评价指标的城市治理能力评价体系。城市财政投入的产出效率反映了城市政府的管理水平和地方的治理绩效，林崇建等运用DEA两步法对江浙两省地级及以上城市的公共治理效率进行了研究。可以说，我国学术界关于城市治理综合研究的成果还是比较丰富的，但是从整体上来说，多数城市治理研究偏向于宏观和中观层面的综合研究，微观层面的综合研究还是较少的。

（四）城市治理理论研究

理论研究往往是一项研究的基础所在，决定了该研究的生命力和支撑力。对于城市治理研究来说也是一样，离不开理论的强有力支撑。国内学术界围绕着城市治理这一主题进行了很多理论研究。如莫于川等认为，城市治理包括如下理论要点：城市治理以人民主权为理论基石；城市治理的核心是行政民主化，以社会权利制约政府权力；城市治理的方法论是系统观、过程观、和谐观、辩证观；城市治理的实现路径是以多元主体参与为中心，以体制、制度建构为支撑，以机制、方式创新为主体，以信息技术建设为保障。

有的学者侧重从分析框架层面进行相关理论探讨，如庄立峰等的研究指出，"空间正义"理应成为当代城市治理的一个重要维度，主要包括空间价值正义、空间生产正义和空间分配正义3个理论层面。有的学者侧重从分析视角和方法层面进行相关理论探讨，如赵强的研究认为，行动者网络理论为研究利益联盟网络的形成提供了一种新视角和新方法。从这个视角看，城市治理是异质行动者网络的组构和利益联盟网络形成、发展和更新的过程，是人类行动者和非人类行动者构成的异质行动者网络的组构过程。

有的国内学者介绍了西方学者对城市治理的相关理论研究，如曹海军等的研究指出，西方发达国家从功能混杂的城市逐渐发展成为具有复合性功能特征的大都市区，催生了城市职能和范围的重构。围绕城市发展的新形势，城市治理理论领域发生了3次范式转换，即传统区域主义、公共选择理论学派和新区域主义。瑞典的学者乔恩·皮埃尔的研究指出，与城市政体理论不同，城市治理理论明确要求地方政治机构的主要职能是通过协调当地机构以达成集体目标。城市治理强调了对政治和制度控制的限制，以及社会参与实现集体目标的重要性。可以说，我国学术界关于城市治理理论的研究成果还是比较丰富的，但是从整体上来说，受多种因素的影响，很多国外的理论在运用到中国城市治理问题上时尚缺乏进一步的本土化过程。

（五）城市治理主体研究

在城市管理时期，其管理主体往往是"单维度"的，政府占据着绝对的管理主体地位。而到了城市治理时期，其治理主体日益由"单维度"向"多维度"转变，形成了政府治理主体、社会治理主体、市场治理主体的"三位一体"格局。这种变化在学术界关于城市治理的主体研究中就能很好地反映出来，很多学者对政府、社会、市场3个治理主体都进行了相关研究。如田祚雄等认为，政府治理主体存在的问题表现为：政府包揽一切的"全能政府、无限责任政府"倾向；政府的越位和缺位并存；政府治理的本位功能发挥不足。市场治理主体存在的问题表现为：市场机制的误用；企业承担了部分理当由政府承担的责任；市场主体垄断与羸弱并存。社会治理主体存在的问题表现为：城市公共治理中缺乏社会组织的积极有序参与；既有社会组织数量少、力量弱、治理资源不足；社会组织自身建设存在偏差。

有的学者对如何处理不同治理主体之间的关系进行了相关研究，如黄鹰等对城市治理体系中治理主体进行了界定，明确提出服务型政府、责任型企业、协调型非营利组织和参与型市民四大定位，并对各主体职责进行了梳理，为进一步明确城市主体间的相互关系，为治理体系的构建和运行机制建立基础。王志锋的研究认为，要协调不同主体间的利益博弈，首先要培育城市主体利益确认机制，其次要建立城市主体利益规范机制。而规范政府权力是实现各方博弈均衡与治理多元化的关键。王卫的研究指出，围绕公私伙伴关系，基层政府与公民之间建立多方面的合作关系，不仅提高政府管理的效率，控制行政滥权、卸责现象，而且还在基层社会管理中引入一个新的治理逻辑，促进公共参与。

还有学者在城市治理的主体研究中越来越强调公民参与的重要性，如马海韵等的研究指出，公民参与城市治理的困境需要注意以下几点：转变主体理念，促成政府和公民良性互动的网络治理状态;加强制度设计,保证公民参与城市治理有章可循;打造智慧城市,优化公民参与的数据化环境;建立健全法制,完善公民参与的各项法律制度;借鉴国际经验,学习域外公民参与城市治理的有益经验。可以说,我国学术界关于城市治理主体的研究成果还是非常丰富的,但是从整体上来说,受多种因素的影响,很多研究还是会无意中更强调政府的治理主体地位,而弱化了社会和市场的治理主体地位。

(六)城市治理案例研究

国内学术界对城市治理进行了众多的案例研究,这些案例研究往往是选择一个具体的城市进行相关研究,有的学者还将一些在全国具有一定影响力的案例上升到了"经验"层面。如张兆曙立足于杭州市推进城市治理的3个典型案例,提炼联合治理的社会组织形式、参与结构与运作机制等"杭州经验"。胡刚等通过对新时期广州城市治理转型实践的深入分析与思考,阐明其理论价值和现实意义,并针对其不足之处加以提升完善。杨津等以广州市东濠涌的治理实践为例,找出公众参与在城市治理模式中发挥的积极作用,并从组织结构及其功能、多网络下的主导权问题、公众参与度以及精英人物和媒体介入的角度探讨了公众参与平台未能完全发挥作用的原因。

有的学者是在模式层面上来进行案例研究,如陈雪莲以北京市"城市精简"治理为例,对管控型特大城市治理模式进行了深入分析,得出结论认为,适用于中国特大城市治理的新思路是摒弃"管控型"特大城市治理模式,推行"多中心化"的城市群联动,以城市治理模式和社会管制方式上的多元化创新带动公共资源均等化和城市发展多元化。张丽娜对合同制治理进行了相关研究,她认为,合同制治理为城市治理既带来了机遇,又带来了挑战。因此,加强城市政府合同制治理能力建设重在:确保市场主体的充分竞争,创造公平的竞争环境;设立独立的合同执行与监管机构,提高政府合同管理能力;完善相应法律制度,维护合作双方利益。

还有的学者是在实践做法层面上来进行案例研究,如何显明对杭州上城区"城市复合联动治理体系"的实践进行了深入研究。李保林等认为,近年在政治领域推进中的协商民主,其经验可为改革和完善城市治理方略输入积极的资源。协商民主经验中的公共协商、民主管理、重视法治思维和依靠法治方式、重视多元主体共治以及变管制型政府为服务型政府,均可输入城市治理现代化的进程。可以说,我国学者关于城市治理案例研究是非常充分的,但是,这些案例往往是集中在我国的东部地区的,对中西部地区的相关案例研究非常少;这些案例研究往往是属于质性研究,相关的量化研究非常少。

（七）城市治理借鉴研究

很多学者对国外的城市治理经验进行了相关研究，有的学者以多个发达国家作为经验借鉴的对象，如张莉的北京社科基金项目成果在综合考察美、英、法、德、意等发达国家和巴西等发展中国家的公众参与制度与实践后，得出了对于我国的经验启示。杨馥源等从城市治理的视角，考察和研究20世纪70年代以来法国、日本、美国和德国等主要发达国家城市政府的治道变革和制度创新以及对中国城市政府改革的启示。孙彩红的研究认为，美国、澳大利亚、英国等发达国家的一些城市治理中公民参与的案例具有共同特点：公民参与有法律基础和制度保障、有政府的引导作用、参与环节和链条比较完整、运用现代化手段促进参与等。

在城市治理的国外经验借鉴研究中，美国是学者们最为关注的国家，这方面的研究也是最为集中的。如苏晓智通过对美国示范城市运动在西雅图、亚特兰大和代顿三个城市的具体实践的研究，试图对美国社区社会特征下，城市治理角度的实践和创新加以分析和总结，以期为我国和谐社会中和谐城市的建设提供借鉴和参考。杨宏山分析了美国大都市地区府际合作的主要形式，探讨了美国大都市地区治理实践对中国城市治理的启示和借鉴意义。除美国之外，英国也是学者们比较关注的国家，这方面的研究也有不少。如曲凌雁较为系统地归纳总结了英国围绕"合作伙伴组织"政策发展和创新的城市治理经验。

为了能够更好地学习借鉴国外的城市治理相关经验，有的学者以同属于儒家文化圈的国家作为经验借鉴对象，如韦如梅的研究指出，对比新加坡，我国在公民参与城市治理方面还存在诸多问题，如法制化程度不高、角色定位单一、形式主义严重、参与领域不平衡等。加强中国城市治理创新，提高公民参与效能，应着重从提高认识、培养公民素质、建设公民社会、健全参与制度等方面入手。还有的学者选择了一些发展中国家作为经验借鉴对象，如周志伟的研究认为，巴西在城市治理方面的经验可以概括为以下几点：推动农村土地改革；实施旨在减贫的系列社会政策；改善城市基础设施；推广职业教育，促进贫困人口就业；调整经济布局，缓解大城市压力。可以说，我国学术界关于城市治理的借鉴研究成果是比较丰富的，但是在借鉴过程中往往也存在着"照抄照搬""生搬硬套"的现象。

二、我国城市治理研究的不足

城市是有温度和厚度的。城市治理是交叉学科，是亟须突破与创新的研究领域。通过对其研究的回顾，笔者发现存在以下5个方面的不足：

（1）当前已有的研究大部分是从实践层面来研究城市治理问题，缺乏相应的理论支撑。关于城市治理的现状、问题及对策研究都较为经验化，没有形成系统性的理论体系作为支撑。而已有的一些理论支撑往往是从国外研究中直接引用过来的，对中国城市治理实践的解释力往往较弱。实践往往需要理论的指导，而理论往往需要实践的检验。因此，笔者认为在城市治理研究过程中要做到理论研究与实践研究相结合，这样的研究才更具有说服力和解释力。

（2）现有的城市治理研究更多的是以政府这一参与主体为研究对象，而对其他的参与主体，特别是居民，参与度过低。人民群众的满意度是城市治理研究的出发点和立足点，应予以充分重视。笔者认为在城市治理研究过程中对政府、公众、企业、非政府组织等参与主体进行深入的研究是必不可少的。

（3）已有的城市治理研究更多的是一些质性研究，相关的量化研究明显不足。现有的研究主要是通过案例的形式进行的，而且这些案例的选择也主要集中在东部发达地区，很少涉及中西部地区。而这方面相关的量化研究更少，特别是大样本的量化数据少之又少。城市治理研究不仅需要典型的案例分析，也需要大样本的数据分析。因此，笔者认为在城市治理研究过程中需要很好地结合质性研究与量化研究。

（4）现有的城市治理研究在借鉴国外经验时更多的是"生搬硬套"，与我国国情结合的紧密度还不够。虽然国外的很多理论模型和实践经验在不同程度上对我国的城市治理具有一定的解释力和借鉴意义，但也存在相当的局限性。因此，在学习和借鉴的同时要注意中国的经济制度、政治制度、社会制度和文化基础与国外存在的差异，不要一味地照抄照搬国外的理论模型和实践经验，而应当结合中国的实际情况进行城市治理理论与实践的改良和创新。

（5）已有城市治理研究对类型差异性的研究明显不足。类型差异性研究对于深化城市治理研究是必不可少的。但是，现有的城市治理研究对不同历史时期政府、社会、市场等不同参与主体作用的差异，大城市、中型城市、小城市等不同规模城市的治理模式差异，城市常住人口、流动人口、民族人口、外国人口等不同对象态度和意愿差异的研究都还是不够的。

三、我国城市治理研究的趋势

（一）研究重点

城市治理是应用科学，其研究需要理论与实践相结合，扎实开展基础研究与对策研究。笔者认为研究的重点至少包含以下3个方面：

（1）更好地总结我国各地城市治理的不同模式。对城市治理模式进行充分的类型学分析，开展对策研究，提出对策建议。对城市治理进行类型学比较研究，包括：①不同参与主体的类型学比较，分别研究城市治理中政府、社会、市场3个参与主体的不同作用。②不同规模城市的类型学比较，分别研究在大城市、中型城市、小城市的治理问题。③不同对象的类型学比较，分别研究城市常住人口、流动人口、民族人口、外国人口对城市治理的不同态度和意愿。

（2）对城市治理与其外部环境即城市经济社会发展状况相匹配程度进行研究。在发展中解决发展中的问题，开展我国城市治理与城市经济社会发展匹配程度的量化指标体系研究。

（3）对城市治理与其内部环境即不同参与主体的城市治理需求相匹配程度进行研究。开展我国城市治理与不同参与主体的城市治理需求匹配程度的量化指标体系研究。

（二）研究难点

对于城市治理研究来说，如何真正实现"一核多元、融合共治"城市治理体系是研究的难点，笔者认为要紧扣"方向、逻辑、方法"展开研究，其最大的难点包括以下4个方面：

（1）对城市治理模式与城市经济社会发展状况和参与主体的城市治理需求的匹配程度进行研究难度较大。如何匹配并使它们之间形成良性互动的局面，这个问题比较复杂，若要形成量化指标体系更是难上加难。

（2）不同地区之间城市治理模式的比较研究，横向与纵向研究的效果差距较大，这是由不同地区之间的经济社会发展状况的差异决定的。在该领域的研究过程中必然会涉及如何通过横向比较达到纵向研究的效果，毫无疑问这是研究中的难点。

（3）经济社会的快速发展增加了对我国城市治理进行研究的难度。在改革开放40多年、新型城镇化与新时代等多重背景下，城市治理成为国家治理战略目标实现中的重要环节，需要重心下移。这种转型中的探索创新，其难度可想而知。

（4）借鉴国外城市治理的理论模型和实践经验一定要充分考虑中国的实际情况，不能生搬硬套。不同国家和地区形成的城市治理的理论模型和实践经验会有极大的差异，表现出明显的本国、本地特征。我国城市治理要走适合于我国经济社会发展状况、满足参与主体城市治理需求、具有中国特色的城市治理道路。因此在借鉴国外城市治理的理论模型和实践经验时，一定要充分考虑我国的实际情况，有选择地吸收和借鉴。这无疑也会增加研究的难度。

（三）创新之处

城市治理的核心在"人"，终点是文化。城市治理研究亟待创新，笔者认为创新之处包括以下3个方面：

（1）研究框架的创新。在传统的城市治理"单维度"分析范式基础上，以国家、社会、市场为宏观视角，以政府、公众、企业为微观载体，构建更具解释力的二重"三维度"分析框架，对城市治理的作用机制和优化路径问题进行更好地理论解释和实证分析。

（2）研究观点的创新。在城市治理研究过程中，从国家、社会、市场"三维度"分析框架来厘定问题、剖析问题、解决问题，使理论基础、现实基础、存在问题、经验借鉴、解决路径的内部分析逻辑高度一致，从而使对城市治理提出的观点更具针对性、操作性和有效性。

（3）研究方法的创新。通过宏观层面的"结构－制度"静态分析与微观层面的"过程－事件"动态分析相结合的方法来开展城市治理研究，使宏观研究与微观研究、静态分析与动态分析很好地融合在一起，能够使城市治理研究更具理论解释力和现实分析力。

四、结论

在我国社会主要矛盾发生深刻转变以及社会主义新时代的背景下，城市作为市域发展主体，其作用和地位越来越凸显，而城市治理是推进国家治理体系和治理能力现代化的重要内容。习近平总书记强调，要深入学习贯彻党的十九届四中全会精神，提高城市治理现代化水平，要统筹规划、建设、管理和生产、生活、生态等各方面，发挥好政府、社会、市民等各方力量。

从我国的实际情况出发，城市治理创新应当突出以下三个重点：①服务。城市治理应当从"管制型"转为"服务型"，从"网格化管理"转为"网格化服务"，并满足市民个性化需求。②共享。城市治理不但要体现工具化共享和信息化共享，更重要的是要突出价值共享。③融合。要促进城市居民之间的观念、新旧体制之间的融合和公共治理的融合，这是破解城市碎裂化的唯一出路。坚持党建引领，重心下移，立足基层服务，运用大数据，动员居民参与，实现"一核多元、融合共治"。城市治理是政府治理、市场治理和社会治理的交叉点，在国家治理体系中有着特殊的重要性，从一定意义上说推进城市治理的创新，就是推进国家治理的现代化。

作者：汪碧刚（1975—），男，安徽枞阳人。博士，教授，博士生导师，主要从事社区治理、城市治理、智慧城市等方面的研究。

（来源：《青岛理工大学学报》2020年第2期）

理论篇

新时代城市基层治理体制机制改革的创新与挑战

改革开放以来，伴随经济社会的快速发展，我国城市化进程不断加快。时至今日，中国正逐渐步入"城市国家"行列，处于从"乡土中国"转向"城市中国"的关键时期。然而，城市的急剧扩张、人口的大规模涌入所带来的种种不确定性，也使许多城市出现了"大城市病"，诸如交通拥堵、环境污染、违停违建、治安管理和公共设施维护难等，城市成为基层治理的难点和痛点。对此，习近平总书记在2015年12月中央城市工作会议上指出："城市管理中的一些问题，主要原因在于体制机制不顺，因此必须通过深化改革来解决"，强调"城市管理应该像绣花一样精细"。2018年2月，党的十九届三中全会也明确了构建简约高效基层管理体制的要求。如何改革既有城市基层治理体制机制，提升基层治理的现代化水平，成为新时代城市基层治理必须着力解决的一个关键问题。

一、研究背景和问题提出

（一）城市基层治理体制机制的形成

新中国成立后，出于巩固新政权和稳定社会的需要，我国在计划经济的基础上形成了"单位制"为主、"街居制"为辅的城市基层管理体制。在这其中，"单位制"意味着归属于工作单位的城市居民，其职业身份和社会身份相重合，单位是党和国家实施社会管理的重要组织手段，承担着管理本单位职工、表达整合职工需求并为其提供社会福利与社会保障的基本职能。与此相应，1954年出台的《城市街道办事处组织条例》和《城市居民委员会组织条例》确定了"街居制"在我国城市基层管理体制中的地位。"街居制"以街道办事处和居民委员会为组织架构，街道办是区政府的派出机关，居民委员会则是居民自治组织，两者合力进行日常运作。在"街居制"创设后的近40年间，由于绝大多数城市居民属于"单位人"范畴，街道办和居委会的机构职能、人员编制和工作任务相对简单明确，其创设初衷是"为了把很多不属于工厂、企业、机关、学校的无组织的街道居民组织起来，为了减轻区政府和公安派出所的负担"。

随着改革开放大幕的拉开，城市社会环境发生了巨大改变，尤其是20世纪80年代中期开始的政府机构改革和国有企业改制使"单位制"在城市社会管理体系中的功能逐步瓦解，之前由单位所承担的诸多管理职责开始转移至社会，大量分离、下岗人员也离开单位，归属于"街居制"的管理范畴，"单位人"开始越来越多地向"社会人"转变。另外，20世纪90年代初期开始的人口流动大潮使城市实际居住人口剧增，市民需求开始呈现便利性、宜居性、多样性、公正性和安全性等特点，这使城市基层管理机构的工作对象、工作内容及工作强度发生了显著变化。然而，由于相关法律法规并未及时有效更新，街道办事处的制度定位和现实处境随着时代发展却日益模糊。现实中，街道办的工作职能已远超出《城市街道办事处组织条例》规定的三项内容而拓展至多个工作领域，包括党的建设、城市管理、社区服务、民政福利、区域经济、社会治安、文化建设等，这些新增工作大多由区职能部门委托、监管和考核。由于工作内容和区职能部门存在对应关系，各大城市的街道内设机构普遍扩充至20个左右，人员编制也由最初的3至7人扩大到百人以上。在这种情况下，街道办事实上已成为一级"准政府"，这也使我国城市基层治理组织架构从理论上的"二级政府，三级管理"演变为实际操作中的"三级政府，四级管理"的多行政层级复杂模式。

（二）当前城市基层治理体制机制的运行困境

党的十八大以来，城市基层治理面临着巨大转型。一方面，城市基层治理任务发生了重大改变，呈现出高度复杂性、高度关联性、高度风险性等特征，过去"以经济建设为中心"时期的"硬任务"如税费征收、经济发展等逐渐退居其次，而如疏解整治促提升、生态环保、维稳综治等任务逐渐成为城市基层治理的"攻坚战"。另一方面，随着国家治理体系和治理能力现代化进程的推进，基层治理的法治化、规范化要求越来越高。这两方面因素使既有城市基层治理体制机制的短板表现得愈发鲜明。

本质而言，当前我国的城市基层治理体制是一种"垂直管理"和"属地管理"并行的"条块体制"，现代化专业分工强调职能部门和属地之间的"条块分割"。但是，伴随时代变化而产生的"大城市病"本身就是综合病，城市治理中的问题也是综合的，因而"条块体制"在实际运作过程中经常出现"条块关系"模糊和"条块矛盾"，"经济发展资源、执法权限和社会管理资源主要掌握在区级政府及其职能部门手中，但是镇街又要守土有责，承担无限化的社会治理责任"，由此引发城市基层治理领域的一些现实难题，包括横向部门协作意识不强，"五指分散不成拳"；纵向基层力量不足，"看得见的管不了，管得了的看不见"；管理执法衔接不紧，"八个大盖帽管不了一个破草帽"；群众参与渠道不畅，"政府干、群众看，政府很努力、群众不认同"等。

作为城市基层治理和"属地管理"的重要主体，街道办虽然在法理上不是一级政府，但仍受制于"条块体制"，接受区政府和上级职能部门的双重领导，这使"条块矛盾"在街道属地表现得更为突出。第一，"上面千条线，下面一根针""上管天、下管地、中间管空气"使街道办机构庞杂、人员膨胀、职责繁多，出现管理成本过高、管理负担过重、管理效能有限等问题；第二，街道办作为区政府的派出机构与区职能部门的职责分工不甚清晰，虽然街道办在设置之初便有明文规定"市、市辖区的人民委员会的各工作部门，非经市、市辖区的人民委员会批准，不得直接向街道办事处布置任务"，但在实际操作中，区职能部门往往以"属地管理"的名义将部分责任转移给街道，通过目标设定、检查考核和项目分配等方式加大对街道的控制，"压实责任""层层加码"导致职能部门权大责小、街道则有责无权；第三，一直以来，城市基层管理体制内的街道办和居委会的行政功能突出、工作机制以行政命令为主，但在新时代，城市居民的生活需求和生活方式日益多样化、民主意识增强，继续沿用传统的行政命令式工作机制使街道管理工作面临管理缺位、管理失效的风险，且"行政化"的工作思维和运作方式可能导致基层政府更为偏重社会管理而弱化公共服务；第四，在基层治理规范化，尤其是行政执法规范化的背景下，街道办缺少执法权使其治理能力受到重重限制。

二、既有研究成果综述

在基层治理领域，法律规范、体制机制、能力建设通常被视为三个改革创新的发力点，而在新老问题的"倒逼"下，党政引领下的城市基层治理体制机制改革成为近年来国内学界的研究热点。总体而言，围绕相关改革的现有文献或清晰或潜在地基于以下三种研究路径展开。

（一）功能路径

功能路径主要是将动态的结构功能主义平衡理念应用至改革中，将针对城市治理体系的改革创新视为地方政府在应对体制内外治理困境时的主动整合行为，其目标是使改革后的体制机制既能完成"自上而下"的发展任务，又能满足"自下而上"的多元化居民需求。从功能路径进行研究，相关改革的正向功能得以充分彰显：运用整体性治理理论和精细化管理理论指导城市基层治理改革，建立以公民需求为治理导向、以信息技术为治理手段、以基层发现问题和统筹调度为治理方式的综合改革路径，以此对治理层级、机构职能及信息系统等碎片化问题进行有机协调与整合，构建无缝隙、精细化且非分离的整体型政府治理模式。就此路径而言，城市基层治理创新的实质是政府改革，也就是通过体制机制改革实现从全能政府到有限政府、从管制政府到服务政府、从权力政府到责任政府的转变。改革后的基层政权应当发挥最低标准设定者、多方协商召集者和助成者的功能。

（二）技术路径

通过什么方式确保改革能够取得预期成效是技术路径所要回答的主要问题。该路径通过标准化、确定性和实用性的技术设计与程序安排使城市基层治理能够最大限度趋近于"共建、共治、共享"和"精治、共治、法治"的基层治理理想状态。在这其中，国内学界普遍强调信息技术对改革的重要支撑作用。石火学和丁元竹等学者认为，新形势下的基层治理具有复杂多样的特征，且以大数据为代表的现代信息技术不仅能提升行政执法管理的效率，更重要的是促进部门之间的联动整合、提升城市治理的整体效能。因此，有必要充分应用现代技术手段，在互联网基础上建立和完善政府与社会、官员和居民的互动机制，通过建设网络政府和平台政府实现政府流程再造、提升政府服务和治理水平。李慧凤和郁建兴认为，从政府组织流程的角度看，需要以公众需求为核心，对政府部门原有组织机构、服务流程进行全面、彻底的重组，形成政府组织内部决策、执行、监督的有机联系和互动，以适应政府外部环境的变化，谋求组织绩效的提高，使公共产品和服务更能取得社会公众的认可和满意。

（三）场景路径

作为一项系统性、全局性工程，城市基层治理体制机制改革牵涉到政治、经济、社会和文化等多方要素，因而在一些既定的场景下更可能获得成功。有鉴于此，一些学者将城市基层治理改革的创设场域区分为"政府本位"和"社会本位"。前者指政府在基层治理中具有绝对权力，其他基层治理主体需要依附于政府才能运转，具体表现则是典型的一元化政府管理模式，其特征是采用行政管制方式和运用单一行政干预手段进行基层管理。与此相对，"社会本位"是自治组织、社会组织和居民在基层治理中居于主导地位，表现为政府、社会和民众能够形成较为顺畅的沟通机制，综合运用行政、市场等多元手段进行规范化管理及相对平等的协商合作，特征是更强调合作治理、公共服务和自我管理。相对于"政府本位"，城市基层治理改革在"社会本位"背景下更可能取得成功。为了实现场景转换，需要通过顶层设计转变政府职能、推动政府行政体制改革，加快推进政企分开、政事分开、政府与市场中介组织分开，更好发挥社会资本的桥梁和纽带作用，以此营造良好的改革氛围。

综上，三种研究路径从不同视角强调体制机制改革在城市基层治理中的重要性和紧迫性，且既有研究路径通常偏重于解答制度生成环节，例如功能路径着重于解释改革"何以需要"的问题，技术路径和场景路径则尝试从机制设计与制度环境的角度回应改革"何以可能"的问题。但是，在制度持续环节，也就是创新性体制机制建立后的常规化运作及其可能面临的阻力与挑战方面，既有研究往往存在一定的解释限度。此外，既有研究往往停留在过程描述、功能解读和意义阐释等，对创新性制度的存续与变迁则缺少必要的关注。

从制度建构的角度看，城市基层治理体制机制改革实际上是一种创新性的组织和程序逐步积累稳定性和存续价值的制度化进程，但这一进程在现实操作中会面临诸多复杂因素与偶然因素，由此产生的不确定性是改革创新所面对的关键挑战。换言之，具有前瞻性、创新性的基层治理模式本身的治理功能和可操作的技术路径只是制度得以创设及在一段时期内得以维持的前提条件，当这些创新性的制度与技术植入既有治理体制、意图实现常规化运行时，还会引发利益关系和权力结构的深刻变动，例如，"社会本位"下多元共治理念所导致的社会赋权可能削弱传统公共权威，以及原有信息资源分配格局下的强势部门对大数据应用与信息互联互通等技术手段的抵触和反对等。这些制度化阶段的阻力能否被有效克服，将是决定体制机制改革能否真正"落地生根"的关键变量之一。由此，阐释并剖析改革阻力及其背后的深层因素就显得尤为重要。

由于各地的改革经验能够为本研究议题提供丰富的实证场域，本文将观察创新性制度的运行情况并对已有的改革进行综合研究，以此探究改革潜在阻力的深层次原因，通过尝试性地构建"体制抗力"影响创新性制度实现常规化运行的分析框架，阐明改革的现实阻力及应对路径。

三、新时代城市基层治理体制机制改革的创新探索

党的十八大以来，许多地区立足实际，针对城市基层治理体制机制的功能定位、职责分工、运行方式和工作流程进行了全方位的试点创新和探索。其中，有代表性的案例包括北京市党建引领"街乡吹哨、部门报到"改革、上海市党建引领基层治理体制机制创新、浙江省"最多跑一次"改革、江苏省"不见面审批（服务）"模式探索和武汉市推动"马上办、网上办、一次办"向基层和社区延伸等。通观各地的改革举措可以发现，从"条块关系"调整和政府流程重构的角度提升基层治理的现代化水平很大程度上已成为改革共识。

（一）高位统筹、党建引领是改革的起点

各地围绕城市基层治理体制机制的改革创新普遍突出"问题导向"与"基层

导向",改革举措一般源自于面对疑难问题时的应急反应和"运动式治理",其特点是借助政府权威,充分调动协调各职能部门的力量,专项治理某些突出问题。在基层创新取得成效后,其经验可能得到上级政府的重视,随之开始的则是高位统筹、有计划的、自上而下的动员过程。省市主要领导通常亲自研究部署、调度指挥,多次到基层调研指导、明察暗访,或是在省市级层面建立由主要领导具体负责、核心部门深度参与的工作专班。这种高位统筹能够通过即时、强大的政治压力,快速集中体制内资源,打破体制固有的权力格局。另一方面,"领导本地区的工作和基层社会治理"是新修订的党章赋予基层党委和社区党组织的重要职能。但在基层治理领域,长期以来存在基层党组织弱化、虚化和边缘化问题。因而,许多地区的改革试图强化基层党组织的职权和约束力,推动基层治理由部门行为转化为党建引领下的组织行为。一些城市在一定的范围内统筹设置基层党组织、统一管理党员队伍、通盘使用党建阵地,形成了以街道党（工）委为核心、社区党组织为基础、其他基层党组织为结点的网络化体系。通过区域党建把属地的各类企事业单位、社会团体和党员组织起来,推动基层党组织建设与基层治理在联动中相互促进,强化基层党委的组织者、引领者地位。

（二）以街道管理体制改革为突破口调整"条块关系"

在城市,街道办是与居民最接近的政府组织,在感知、汇集、反映居民新需求方面具有即时优势,有其独特的、不可替代的作用。因而,许多地区对街道管理体制不适应时代发展的方面进行了调整,突出表现为街道"大部制改革",也就是在重新界定和明确街道职责、增加街道管理权限的基础上大幅调整街道内设机构,原则是将职能相近、重叠和交叉的业务性质雷同的部门通过合并重构的方式整合为一个更大的部门,避免和减少政府组织及部门间的矛盾和冲突。例如,北京市制定了明确的街道职责清单,根据职责清单的6大板块111项内容,将街道内设机构设置为综合办公室、党群工作室、平安建设部、城市管理部、社区建设部、民生保障部6个大部室,构建起"1+6+N"的机构设置模式;太原市按照"4+2"模式,在街道设置党建、公共管理、公共服务和公共安全4个办公室,以及街道党群服务、街道综合执法2个中心;青岛市南区根据"精简、统一、效能"的原则,将街道原有的10余个内设机构整合为综合、党建工作、社会事务、公共安全、城区发展5个办公室。从"条块关系"调整的角度来看,改革后的街道部门不再是完全"对上"负责的科室,而是偏重于"对下"的服务窗口。

（三）对原有的城市基层治理机制进行流程重构

如果说街道管理体制改革关乎行政"体制"层面,那么基层治理工作流程的改变则偏重于"机制"和工作方式，是一种政府流程再造和"问题处置"流程重构。对职能部门而言，"问题处置"流程重构意味着简明、便捷、快速、高效的"行政效率"改革。诸如浙江省"最多跑一次"改革、武汉市"马上办、网上办、一次办"改革等创新实践是以满足新时代居民需求为出发点，通过完善跨部门、跨层级的协调机制，触发政府部门、层级之间的职权整合，形成纵横贯通的整体性治理架构，以实现"一窗受理"和"数据多跑路、群众少跑路"等便民、提效的治理目标。而对职能部门和街道的"条块关系"而言，流程重构则着眼于建立基层导向的"需求—回应"机制。在传统流程中，需求和问题一般通过市级、区级平台汇集，再经过层层下压至基层，一些地区通过改革，使这一工作机制更加注重街道的问题处置权。与之相配套，各地普遍注重通过破除居委会"三多一少"问题实现"社区减负"，在培育引导社会组织、搭建各类协商平台的基础上激发居民自治活力。

（四）将"数据共享""多网融合"等大数据应用作为改革的技术支撑

随着社会发展进入新时代，以大数据为代表的信息技术开始不断冲击传统的管理形式，迫使政府逐渐改变僵硬的制度、放松规制，构建灵活的组织形式和工作机制。在这种情况下，各地的改革普遍着力于破除政府内部的"数据孤岛"问题，通过高位统筹和统一部署加快推进数据平台对接，强化数据共享在事中事后监管与治理风险预测预防中的作用。一些城市还推动既有的城市管理网、社会服务网、社会治安网和城管综合执法网等实现"多网融合"和一体化运行，以此汇聚城市管理信息流，并设置专业队伍监控系统平台，全面搜集城市管理日常运行数据，通过信息化手段全方位指导和把控问题处置过程。浙江省还建立了"数据资源管理局"这一信息汇总和交换平台，通过与互联网企业的深度合作打造"城市数据大脑"，以数字化转型重塑城市治理体系。

总体而言，新时代城市基层治理体制机制改革是基于党领导一切的政治原则、以城市整体性治理和统筹协调理念为依托、进一步实现"条块整合"和治理流程重构的综合探索。改革普遍突出"问题导向"和"基层导向"，力图构建简约高效、上情与下情双向反馈的城市基层治理模式。

四、体制抗力对改革的潜在阻力：一个分析框架的构建

作为从传统管理向现代治理转变的一场系统性变革，当前的城市基层治理体制机制改革并非从无到有的全新探索，而是有着较为深厚的历史背景。例如，自21世纪初开始，"网格化城市管理模式"就在全国范围内逐步推广，该模式依托统一的城市管理数字化信息平台，将城市管理辖区按照一定的标准划分成为单元

网格，通过加强对单元网格的事件管理和单位监督，实现市区联动、资源共享。又如，北京、上海和杭州等城市从20世纪90年代开始，至今已多次召开城市管理相关会议，并提出"条专块统""复合民主"等一系列改革思路，尝试通过重心下移提升管理能效。可以说，这些既有探索为当前的改革奠定了良好的实践基础和思想保障。然而，以往的改革并未彻底解决城市基层治理领域的诸多深层次难题，一些改革举措在长期实践中也面临着虚化、弱化的问题。那么，阻碍改革创新实现常规化运行的深层因素是什么？这种因素是否还会继续影响当前的改革？本文认为，植根于城市基层治理"条块体制"中的"体制抗力"是改革创新难以发挥预期效能的一个关键要素。

如前所述，各地改革一般源自"问题倒逼"，是一种既有基层治理体制的应急反应，随之开始的则是高位部署统筹、自上而下的创新模式推广演进过程。但是，即时、强大的政治压力只能在一定时期内打破体制固有的利益格局和权力秩序，一旦改革创新迈入制度化阶段，就意味着从运动式、集中式治理进入常规化运行，既有城市基层治理"条块体制"对改革创新的整合过程将逐渐显现。当创新性的体制架构与工作机制被逐渐纳入常规基层治理过程时，对相关治理主体在实际工作中主动改变原有的稳态结构以实现与之协调融合的能力是一种考验。这种整合对改革而言至关重要，将直接影响改革举措能否长效运行，包括体制架构、流程设计和资源分配等对创新性理念的践行程度，以及在长期的持续制度化进程中，创新性改革举措是被忠实执行，还是被弱化、虚化。从这个角度看，"条块体制"本身所固有的"抗力"因素很可能在制度化过程中得以凸显并引发改革阻力。换言之，既有基层治理体制的主导者可能从结构的稳定性与体制的惯性出发，根据相对独立的自主意志，利用惯常的机制运行方式去整合内外变革，而这对于改革创新显然是不利的。概言之，这种体制抗力主要体现在体制、机制、组织和环境四个层面。

（一）既有城市基层治理体制的自主性是塑造体制抗力的体制要素

作为党和国家权力结构的基层载体，城市基层治理"条块体制"在很大程度上能够摆脱市场和社会领域的外部影响而形成内生偏好，表现为较强的独立性和自主性。既有体制能够根据自身偏好影响法制规范，依托多层级的复杂官僚机构对社会进行强有力的调控并在具体操作中实现其偏好。例如，在改革开放后的很长一段时间内，城市基层治理体制秉持"以经济建设为中心"的原则，将地方政府的发展导向贯彻在社会管理的各个环节，招商引资和发展地区经济成为基层政府的重要工作任务。伴随时代变化，相对于发展导向，对社会稳定、政府权威和治理效能的诉求开始成为既有体制的自主偏好中更优先、更基础的内容。当前，很多城市特别是特大城市和超大城市，仅仅依靠经济绩效或宣传动员已经难以满足居民多样化的需要。因此，如何回应新出现的治理需求、接洽居民日益高涨的参与诉求并消化日渐复杂化、多元化的利益诉求，对基层政府而言是一个紧迫挑战。然而，即便是在这种情况下，既有基层治理体制仍会与"简政放权"的改革举措产生矛盾，因为对社会的调控能力越强、所积累的资源存量越大，则政治权威及决策权力也就越加稳固。如此，既有体制的主导者很可能在相关改革出台后对其进行重塑，基于特定的情境或根据与改革相关的风险与收益决定改革的广度、力度与深度。

（二）科层制的内在惯性构成体制抗力的机制要素

广义而言，制度不仅是指明文规定的法律法规，能够向特定场域内的行动者提供规制性、规范性、稳定性的文化认知要素也是制度的组成部分。在既有的城市基层治理"条块体制"中，科层制官僚组织是最为常规和稳固的要素。由于科层制在长期运行过程中已然形成了被普遍认同的制度文化和行为方式，且权力结构也相对稳定，因而会表现出很强的保守性，也就是稳固的专业分工和等级结构、权力向上集中与规则至上等。进而，这些要素将逐渐内化为科层组织的"惯性"并深刻影响科层制机构对创新性理念、机制与行动的筛选形塑，使其更倾向于秉持传统的管理思维、运用自身所习惯的技术手段和管理方式重塑改革。尽管在我国，科层制官僚组织极少公开抵制自上而下的改革动员，但由于改革方案往往较为宏观，且许多改革举措本身欠缺上位法依据，因而在政策的具体执行环节可能与科层惯性产生矛盾。这使科层机构有机会凭借手中的自由裁量权，有意无意地尽量保持现有的权力和资源分配关系，或是以传统的运作模式阻碍政府流程再造，例如以"因地制宜"为由调整改革方案，或是在实际工作中采取变通、共谋和选择性执行等较为"隐性"的手段抵制变革。

（三）组织存续和扩张的机构动力是体制抗力的组织要素

就城市基层治理体制本身而言，看似高度整合的"条块体制"实际上具有"碎片化"特征，这也是"条块矛盾"之所以产生的重要原因。在体制内部，不同的机构和部门具有差异性较大且相对较为固定的资源配置和组织偏好，由此也会导致相关机构和部门在运作中出现"目标替代"现象，也就是组织本身从最初实现工作目标的手段变成了目的本身，任何可能妨碍机构存续和扩张的因素都会被相关机构规避和消解。在实践环节，对组织存续和扩张的需求突出表现为对机构职权、人员编制、财政预算等资源的争夺。在既有体制中处于优势地位的机构或部门可能采取各种手段维护并扩展其权力和资源，而对可能损害其利益的改革举措抱有警惕甚至抵制心理。反过来看，在体制中居于相对弱势地位的机构，如"责大权小"的街道办则更可能借助"官僚机构塑造"策略成为改革的推动力量，因为相关改革举措可能为其带来扭转弱势局面的某种契机。然而，在相互博弈、求同存异的改革过程中，在既有体制中居于优势地位的部门和机构通常拥有更大的话语权和影响力，甚至可能通过主导或重塑改革迎合自身扩张的需要。

（四）党政领导干部与普通民众之间的"制度隔离"成为体制抗力的潜在环境要素

在事关民生的基层治理领域，"制度隔离"意味着作为治理体系实际引领者的党政领导干部和普通民众并不完全身处同一个规则体系中，或者表面同处一个制度体系，但却被其他制度所隔离。例如，在住房、教育、医疗和出行等民生领域，体制内的公职人员根据级别或多或少享有一定的福利和优惠政策，与身处市场经济中的普通民众存在一些区别。在这种情况下，高级公职人员往往是通过处理政府内部自下而上传达的民众诉求，而非自身遇到民生方面的现实问题，这一较为间接的方式成为基层治理的利益相关者。由于城市基层治理的主要任务是解决民众关心的"小事"而非完成"大事"，倘若领导干部无法做到与普通居民真正"感同身受"，则相关改革的实际效能可能被削弱。这也正是当前改革大多强调要树立"基层导向"，实现人员"下沉"和领导干部走出"办公室舒适区"的重要原因。

五、体制抗力诱发改革梗阻的现实表现

近年来，各地围绕城市基层治理体制机制所进行的改革已经积累了丰富经验并取得了较为明显的成效。一方面，通过厘清"条块关系"、实现"条块整合"推动了基层赋权，在解决诸多历史遗留问题的同时有利于政府治理能力的进一步提升；另一方面，对体制机制的系统改革有效应对了新时代基层治理需求，有助于重塑基层治理生态。更重要的是，各地尝试通过制度化建设将改革创新纳入常规化运作轨道，为基层治理法治化提供了现实路径，也为改变存续多年的基层"运动式"和"权益式"治理方式、实现规则之治创造了条件。但是，体制抗力仍然潜藏在既有体制对改革创新的整合过程中，这也使改革面临着一些现实梗阻。

（一）体制层面的"条块关系"模糊和"条块矛盾"问题未能彻底解决

当前，许多地区推动改革的一个重要目标在于打破区职能部门和街道之间不合理的"条块分割"和"条块矛盾"，扭转区职能部门与街道之间存在的权责利不平衡状态，构建综合化、扁平化、高效化的整体基层治理体系。但从实践举措来看，

各地对机制的改革力度普遍大于对体制的调整力度,主要原因在城市基层治理的基本架构是既定的,地方政府没有权力去改变。例如,各职能部门的职责是由明确的法律法规和自上而下的行政体制决定的,这使偏重于"垂直管理"的职能部门主要服务于部门目标而非基层政府的治理目标,以至于出现将非核心职能以外的工作任务以"属地责任"转嫁给基层政府的问题。更具体地看,改革所遭遇的这种体制阻力主要表现在以下三个方面:

其一,权力体制问题。对城市基层治理而言,行政执法权是政府履职所需具备的主要权力,而在"条块体制"下,行政法将执法权赋予部门而非街道办,这是地方政府所主导的改革无法突破的体制要素。在这种情况下,即便是强调"基层赋权",向街道办所赋予的也只能是带有监督、协调、建议等性质的"软权力"。但是,监督是否有效、协调是否有力、建议是否能被采纳,很大程度上仍然有赖于职能部门的配合。从这个意义上讲,街道与区职能部门之间在权力分配上仍然不对等,区职能部门处于优势地位。其二,财政体制问题。各地通常采取以部门为主体、统筹街道需求、制定年度预算的财政资金分配方式。在这种分配制度下,部门处于明显的主动地位,甚至是决定经费预算的"唯一裁判"。街道办遇到突发问题、难点问题需要经费支撑时,往往需要求助于相关部门,这就使强化基层政权治理能力的目标与职能部门经费统筹使用之间出现矛盾,而在缺少更高层面顶层设计的情况下,这种矛盾难以有效化解。其三,责任体制问题。在责任追究方面,一些地区的改革在赋予街道更多权力的同时,也更为强调"属地责任",但由于基层治理具有线多、面广、量大、情况复杂以及不确定性大等特点,这种责任体制很容易导致属地和相关部门的权责归属不清晰、属地责任变成无限责任、主责部门变成督办考核部门的尴尬局面。

(二)规范高效的基层治理"响应机制"仍然有待完善

无论是"基层导向"还是"问题导向",各地推陈出新的城市基层治理机制首先强调将以往"看得见,管不着"的基层治理问题通过基层赋权加以激活;其次则是对那些基层政权无力解决的问题,依照"整体政府"原则,打破政府内部分工的组织壁垒和各部门的自我封闭、强化不同层级和部门间的沟通协调合作加以解决;最后是赋予基层政权对治理结果进行绩效评估的权力,或是提升其在考评过程中的权重和影响力。可以说,各地改革举措虽各有侧重,但以上三个环节构成了城市基层治理领域政府流程重构的主要内容。然而,从体制抗力视角来看,科层组织的"惯性"问题在三个环节都有表现:

在第一个环节,科层惯性使政府各部门、各层级在推进改革时偏重于完成自上而下布置的"改革任务",并未形成完整的规范体系和机制流程。就法理而言,行政授权须由法律明确规定，基层政府要想有效调动职能部门的配合，就需要具备更多权力，而各地探索实行的街道"权力清单"和"责任清单"的内容与现行法律存在不完全一致的问题。在实践中，街道办有时作为一级行政主体落实属地责任，实际履行了行政职权。这种法律规范与基层实践探索的脱节，造成创新性机制在运行过程中存在"制度外"风险。同时，即便在权力可以下移的方面，某些行政管理和权限审批的环节依惯例还需上级职能部门的监督和协调，在强化属地管理的情况下，反而容易出现效率低下和权责不清等问题。在第二个环节，大数据应用与"数据共享"是打造"整体政府"的重要技术支撑，但由于各区、部门、街道前期信息化基础建设标准不一，且一些部门因涉密或系统封闭运行，导致数据互联互通方面存在瓶颈，一些机构和部门仍依赖于自身已有的数据平台。在第三个环节，即便许多地区的改革赋予了街道对区职能部门的考核权和人事建议权，但考虑到街道在"条块体制"中仍然处于相对弱势，许多实际工作还需区职能部门的支持和配合，且相关考核大多仍以传统的定性考核为主，这使街道属地对治理结果所进行的评估往往流于形式。

（三）组织层面的机构阻力仍需进一步破解

在新时代，我国许多城市的社会主要矛盾变化反映为已从"有没有"的发展转向"好不好"的发展，日益多元化的居民需求要求多样化的公共服务供给。以往，由于基层政府对居民反映的许多问题难以进行有效的协调解决，因而在基层治理过程中更为偏重"社会管理"而非"公共服务"，担心大张旗鼓地征集居民诉求却又无法解决，可能影响基层政权的威信。近年来，随着城市基层治理改革的稳步推进，构建基层治理"需求—回应"模式和有效的"响应机制"成为改革的重要内容。但是，在不大幅调整现有人员编制和财政支出的基础上，畅通民意及随之而来的利益诉求"井喷"会使职能部门和基层政府有效回应居民诉求的难度加大。为了提高治理效能，一些地区实行了较为严格的"挂牌销号"和"接诉即办"制度，这也可能额外增加公职人员的任务和负担。作为当前城市基层治理体系的重要主体，基层政权在缺乏权力、资源和财政支撑的情况下，却要承担日益增加的工作任务，担负越来越大的责任，这种责任"超载"和激励不足的问题使得相关机构、部门和人员可能力不从心，反过来强化了体制抗力。另一方面，相关改革举措因为牵扯到一些部门或机构的利益而在实际执行过程中遭遇隐患。例如，当前的街道"大部制改革"将现有街道办的组织机构和科室队所重新整合，原各科室的负责人被缩编归入新的大部室，这使基层公务员级别晋升的空间大为缩减、升迁通道变窄，可能直接影响街道领导干部和普通公职人员的工作积极性和改革动力。与此同时，也有一些部门或机构借改革之机解决本单位一些长期未能解决的问题，或是在改革过程中着眼于为本单位谋取编制或经费方面的实际利益,而对可能损害自身利益的改革举措抱有抵触情绪,如一些部门对推动数据共享有所顾虑,担心互联互通可能影响部门掌握信息资源的权力。

从当前改革所遭遇的现实阻力中可以发现,城市基层治理"条块体制"的抗力因素在无声地弱化和消解改革的质量、阻碍改革创新实现常规化运行。就环境层面来看,尽管很多地区强调城市基层治理"下沉",也就是将区职能部门下沉至街道、街道领导干部下沉至社区街巷,但仍然难以从根本上解决当前体制固有的"制度隔离"问题。客观而言,职能部门的力量下沉到基层,使基层获得更大的授权和资源等,并非是要在基层设立职能庞杂、专业混同的部门或是建立万能型基层组织。现代化专业分工依然是社会常态化管理的基础,"条专块统"依然是行政管理的基本模式,这就使承担改革任务的部门、机构和人员容易将改革当作单纯的政府专项工作,甚至将其视为"额外"的负担,不但缺乏工作积极性,还可能伺机回到他们原本所熟悉、稳定的工作节奏中去。

六、推动改革实现常规化运行的具体路径

从长时段视角看,我国地方政府职能经历了从"全能政府""全责政府"到"加快形成行为规范、运转协调、公正透明、廉洁高效的行政管理体制"这样一个不断探索和创新的过程。与之相应,城市基层治理体制机制也在向"属地管理"与"垂直管理"有机结合的"条块整合""整体治理"方向发展。由此,各地所推进的城市基层治理体制机制改革成为针对传统科层制管理方式的革命性探索,也是行政管理体系从碎片化向整体化迈进的第一步,具有"牵一发而动全身"的特点。在这种情况下,对各地创新实践和改革梗阻的研究能在很大程度上展现城市基层治理"条块体制"对改革的形塑和整合过程,特别是既有体制在吸纳创新理念和运行机制时,体制抗力影响改革的内在机理。即便有"问题倒逼"和自上而下的高压动员,城市基层治理体制机制改革仍需面对这种持续而强势的整合。可以说,这也是我国基层治理改革在制度化阶段所面临的共性议题。

有鉴于此,下一阶段的改革还需秉持立足实际、循序渐进、增量改革的原则,以推进城市基层治理法治建设、完善城市基层治理制度体系为着力点,将创新举措从"制度外"纳入"制度内",并调动相关部门和机构的改革积极性,以最大限度消解体制抗力、实现改革创新的常规化运行。

(一)将城市基层治理法治建设贯穿于改革的全过程

从改革的推行情况看,一些地区的街道工作存在立法滞后和相关法规少而陈

旧的问题。考虑到体制自主性和科层惯性，地方政府不仅需要及时清理、修订和完善不符合基层实际和发展情况的地方性法规和政策规定，还需通过立法及时将基层的创新经验上升到制度建设层面，确保改革于法有据、在法制轨道上推进实施。具体而言，相关立法应以职能部门派出机关的法律性质为切入点，聚焦街道办的功能定位、内设机构和"条块关系"这些体制机制改革的核心内容，从静态的内部属性和动态的外部关系两个维度予以表述，如通过地方立法进一步增加街道办的职权，对适宜由街道管理的职能部门派出机构，应当逐步下沉至街道并实行分级管理。

（二）加强省市级层面的决策和协调

作为一项"牵一发而动全身"的系统工程，城市基层治理体制机制改革有赖于基层政府发挥自身的主观能动性，也有赖于上级政府的指挥、协调和统筹，特别是在我国既有的"压力体制"下，自上而下的压力是改革不可或缺的关键要素。因而，可考虑赋予特定的省市级部门充分权威和指挥协调功能，增强相关权威机构的总体统筹协调功能，削减弱化区级部门的机构和职责，以此实现对城市基层治理体制机制改革和城市治理工作的综合研究、综合协调、综合管理、综合决策，并更为精准地组织相关部门及街道基层政府做好执行层面的工作。

（三）推进区街权责匹配，清晰界定职责主辅责任

街道办虽然是国家政权机关的重要组成部分，但并非单独一级政府，而是一级政府的派出机关。街道办的行政权力在性质上属于派出权力，是上级派出单位为了管理需要而下放、分割的部分权力，其来源主要是法律规范、行政分权和行政授权。基于政府职能有限论，即便街道办面临的事务纷繁复杂、服务对象日益多元化，街道职能也应有清晰的边界以及与之相匹配的责任划分。这就需要进一步规范街道职能范围，梳理街道法定清单，严格按照职能清单处理事务，依据职责界定主责与辅责。当前，街道办的"属地管理"已经开启了区级专业化管理职能的委托和街道被委托者的角色，属地责任也将街道办推到了城市管理责任"兜底者"的位置。然而，明确街道兜底责任的前提条件是区级职能部门自觉履职、不可随意委托给街道本属于自己的工作。因此，有必要制定严格区级职能的责任委托制度，街道办的兜底责任应当是无法由一个部门解决、无法明确责任主体归属、专业属性不突出，但属地特性突出的责任。与严格界定区街职责相配套，有必要深入改革既有的自上而下评价体系，增加自下而上的评价权重，例如在职能部门和街道之间建立双向考核、在部门对其派驻街道的机构及机构负责人考核时重视街道的意见、在区级政府的考核体系中逐步加入与街道相关的定量考核指标

等。以科学化城市管理行政评估体系为依托,构建对相关部门、机构和人员的监督、评价、追责机制,防止出现"决策拍脑袋,执行拍胸脯,失误拍屁股"问题。

(四)推动资源下沉,注重发挥机构动力对改革的正向助推作用

就既有体制对改革创新的整合过程而言,机构存续和扩张的动力不仅可能成为改革的阻滞因素,事实上也对改革有着正向助推作用,这也是改革能在当前取得成效的一个重要原因。在城市基层治理领域,街道办处于相对弱势地位,却承担着综合管理和服务职能,最贴近群众,最能反映民生、民意和群众的需求,也最有压力和动力去全面、及时、准确回应社会关切。正因如此,在推动"基层赋权"的过程中需要构建行之有效的激励机制,通过激活体制内机构和基层公职人员的改革积极性增强既有体制对改革的适应性整合。在这方面,创新薪酬体系配套、探索街道整体预算不失为一项良策。面对新时代城市发展的新问题与新挑战,需要更加关注街道管理部门履职中的复杂性与职能部门的专业性特点,综合考虑不同岗位的特征和工作所承担的责任风险,促进公务员薪酬分配公平化。可考虑实行街道公务员职级并轨制度,即降低街道办公务员行政级别在薪酬体系中的权重,以此鼓励非领导职务公务员的工作热情。另一方面,根据现行街道管理体制,街道固定的财政来源主要是区政府的拨款,财政来源呈现"条条"下拨经费与零星收入的分散式财政收入。为了防止街道过多受制于区职能部门,可改革由职能部门切分的现有财政制度,给予街道一个以绩效目标为导向的整体公共财政绩效预算制度,以此切实推进资源向基层下沉、提升街道在基层治理体系中的地位。

作者:王尘子,政治学博士,中共北京市委党校政治学教研部讲师。

(来源:《求实》2019年第5期)

遵循城市规律　完善城市治理

疫情之后，加快包括智慧城市在内的整个国民经济和社会治理的数字化，是一个非常有前瞻性但又很有现实意义的一个课题。疫情确实带来很多改变，但没有改变我国城市化的大趋势；城市发展，今后仍然还是我国发展的主旋律，在我国现代化进程中，仍然还是主旋律。

一、城市的发展要遵循城市规律，不能本末倒置

任何发展都要遵循规律，城市发展也必然遵循规律。城市规律有哪些，应该是城市专家研究的问题，我是研究经济的，主要从城市和经济发展的角度讲几点，包括但不限于我说的这几点。

第一，城市是经济发展的结果。

城市的发展壮大是经济发展的结果，这是个常识。但有时候人们往往忘了常识，很多问题是违反常识带来的。城市发展和城市建设，两个方面要协调推进，但不能够本末倒置，把城市建设作为拉动经济增长的手段，不能够脱离经济发展的潜能、吸收人口的潜能来盲目地搞城市建设。

城市发展又不能仅仅是经济发展。城市发展应该聚焦于城市的空间发展，实现经济发展、人的全面发展、可持续发展"三个发展"的均衡。也就是说，既不能只关注经济发展、不管民生的改善和生态环境；也不能只关注民生的改善、不考虑经济发展和财力的可能。当然，也不能够只关注生态环境的优美，一味去限制、关停，不考虑市民的吃住行的便捷性、便利性和公共服务的可获得性等。

第二，城市是集中布局的结果。

人的居住是跟着就业岗位走的。农业社会，人跟着耕地走，因为耕地是人的就业岗位，所以，就业和居住也是分散的。在工业社会，制造业的产业链是需要集中的，所以，就业和居住必然要集中。服务业也有一个入门人口的基本要求，人口聚集到一定规模以后，服务业才能发展。

我国有14亿人口，少数发展条件好的地区，最后可以形成上亿人口规模的城市化地区，比如现在的长三角、粤港澳大湾区；有的可以形成千万级人口规模的

城市化地区。

总之，到2050年实现现代化的时候，我国人口和经济密集的城市化地区可能也就20个左右或20个以内，绝大多数国土应该成为农产品主产区或者生态产区。所以，遍地开花的城市化是违背规律的，不是所有的各级行政区都要去追求实现城市化。

第三，城市用地和人口要匹配。

农村人口在向城市集中，农业用地也要按相应的规模转化为城市用地，进多少人、占多少地。特大城市、中心城市等一二线城市，人口流入比较多，应该多配置土地；但远离城市化地区或城市群的一些中小城市，一些小城镇，还有一些资源枯竭的收缩型城市等，人口流入少，甚至有些是净流出，应该少配置一些土地。

但在目前，我国建设用地还在实行计划管理，耕地还是在本行政区占补平衡政策下（这些都正在改变），结果是，人口流入多的地区并不能得到和人口规模相适应的建设用地。这就一定程度上助推了住房的供给赶不上住房的需求，高地价、高房价，对实体经济、制造业等带来了明显影响；而人口流入少或净流出的城市，住房的供给超过了需求，出现了比较高的住房空置率和土地的浪费。现在全国城市之间房价之差高达几十倍，城市间住宅空置率差异也很大。当然，原因有很多，但基础就在土地，在于居住用地和人口规模出现了失衡。

所以，去年中央经济工作会议提出，要改革土地计划管理方式；最近中央发的《关于构建更加完善的要素市场化配置体制机制的意见》提出，增强土地管理灵活性，推动土地计划指标更加合理化，探索建立全国性的建设用地、补充耕地指标跨区域交易机制。这些都是针对上述问题提出的。

第四，城市由不同职业的人所构成。

城市是社会分工不断细化和深化的结果。不同职业的人口相互创造需求，相互提供供给。比如你给我生产服装鞋帽，我给你供应油盐酱醋；你给我教书看病，我给你打扫卫生、清理垃圾。科学家、金融家、教授、医生也要吃住行，也要有人为他们提供服务。所以，一些城市只要白领、不要蓝领，只要大学生、不要农民工的这种"抢人大战"等都是违背城市规律的。

这种做法，在平时，市民可能就要付出服务成本比较高的代价；在遭遇突发事件，比如这次新冠疫情的时候，就必然会面临外地员工复岗难，复工容易达产难，城市运行不畅的问题。

城市的房价高涨、交通拥堵、环境污染、水资源短缺等"城市病"，原因很多，但病根不是人口集聚过多，而是功能集中过多。疏解人口不是治疗"城市病"的治本之策，功能走了，人才能走。

第五，城市布局要合理。

城市，特别是特大城市的空间单元，往往都比较大，各类功能应该均衡分布于城市的东南西北各个不同的、较小的空间单元，形成若干个主体功能区，而不是一个个的单一功能区。如果行政办公、商业设施、文化设施、公共设施、CBD等都集中在城市的核心区，而居住功能都布局在非核心区，那么就必然会面临早上大家蜂拥而入到核心区上班、上学，晚上再回到非核心区吃饭、睡觉，导致职住失衡，带来交通拥堵。

第六，城市要同资源环境承载能力相适应。

城市集聚的人口和经济的规模要适应城市的自然生态和资源禀赋，而不是反过来。水资源、土地资源、环境容量是城市规模的一个"物理棚顶"，决定着城市的经济规模、人口规模、城市功能、产业结构等；而城市是个高密度集聚经济和人口的空间，开发强度必然是比较高的，但也必须要控制开发强度，不能够将城市变成一块一望无际、密不透风的"水泥板"。

在城市建设的控制线之内，要保留必要的生态空间；在城市建设的控制线外，要保留必要的农田。城市要有底线思维、安全思维。遭遇突发事件时，能够保障不宜跨区域调入农产品的基本供给。比如绿色化、循环化的养猪场，完全可以布局在城市周边，与城市和平相处，并不是特大城市周边就不能种菜、养猪。

第七，空间结构要均衡。

城市是多种功能的集合体，各种功能都要占用空间，关键是空间结构要合理。工业用地多，居住用地少，就会带来工业用地的低价格和居住用地的高价格。用居住用地的高价来补贴工业用地的低价，这是我们国家目前的普遍状况。这样必然会带来高房价，最终城市的房价过高就会导致人才甚至人口的流出，城市有会失去活力和动力。

生活服务用地和居住用地要均衡。生活服务用地少，就难免出现"拆墙打洞"现象。如果居住用地少、商服用地多，就会出现目前一些城市所出现的：一边是写字楼高空置，另一边是住宅短缺的"冰火两重天"。

二、城市发展要完善城市治理

党的十八届五中全会首次提出"空间治理"，要落实主体功能区战略，完善空间治理。我认为，空间治理是国家治理体系的一个重要组成部分，而城市治理是空间治理的一个重要组成部分。

这次新冠疫情凸显了城市治理的必要性和紧迫性。

第一，城市治理的事权。

我们现在往往只是区分了中央和地方的事权，但"地方"是个很广义的概念，包括省级、市级、县级构成。而城市又分成省级（直辖市）、副省级城市、地级市、县级市，显然地方的事权不等于城市的事权。但地方事权中，城市有没有事权，哪些是城市的事权，哪些不属于城市事权的地方事权，城市事权在地方的事权当中处于何种地位等，都需要进一步地厘清。

现在，我国人口已经60%居住在了城镇，城市化仍然是个大趋势。在这种情况下，我们要推进国家治理体系和治理能力的现代化，就必须明确城市事权，明确城市治理的对象——城市治理就是要针对城市事属权来施行。

第二，城市治理的主体。

城市管理和城市治理是两个不同的概念，两者都是必要的。城市管理的主体是政府，但城市治理的主体应该是多元化的——包括政府（当然这个政府是广义的政府，包括市委、市政府、市人大、市政协）、企业、社会组织、市民，都是城市治理的主体，只不过各自分工不同。各个治理主体都可以对城市治理发表意见，并实质性地参与到城市治理当中。

城市治理，对城市政府履职提出了新要求，城市开展的工作，既要眼睛"向上"，按照上一级政府的要求来行事；也要眼睛"向下"，想市民之所想，急市民之所急，体现城市政府是市民政府这样一个本质特征。城市政府还要有宽广的胸怀，包容各种与政府不一致的想法、意见建议。

第三，城市治理的单元。

在中国，城市有不同的概念。其一是行政区的概念，比如北京行政区是1.64万平方公里。其二是城区的概念，当然，在有些城市完全实现了"县改区"的情况下，城区就完全等于行政区了，比如北京已经没有县了，行政区就是城区，虽然有不合理的地方，但现在已经是一个现实。其三是中心城区的概念，这才是真正意义上的城市概念——对北京而言，就是主城六区。其四是核心区的概念——对北京而言，就是东西城。

不同的城市概念，也就是不同的空间单元，城市治理的内容应该是不一样的。比如，城市的公共服务和基础设施应该以整个行政区为单元，实现公共服务的均等化和基础设施的互联互通。但是城市治理的有些政策，不能以行政区为单元，而应该以功能区或中心城区、核心区为单元。比如汽车限购，中心城区、核心区可以而且应该实行，但在非主城区是否应该"一刀切"地限购，我觉得是可以研究的。

城市的环境治理应该是以自然生态系统或者河流的流域为单元，比如不同的河流，应该根据不同的自然条件和生态环境状况实行不同的治理策略，而不应该是一个目标、一套政策、一个模式、一套考核标准。

在这次防疫过程中，开始是以县级行政区为单元划分高中低风险地区。最近北京疫情又开始反弹,北京就做了一些改变,把空间单元划小了,以街道为单元来划分高中风险地区。说明在防疫这个问题上,城市治理更加精细化、更加精准化。

第四,城市治理的目的。

城市治理是为了市民的生活更幸福、更美好,包括但不限于如营商环境和生活环境的公平性、公共服务的均等性、人身安全和健康的可保障性、住房的可获得性、基础设施的便捷性、生态环境的可持续性、突发事件的应急响应性、自然灾害的预见性、市民权益保障的公平性等。总之,城市治理的目标不是单一的,城市治理应该把握多目标的平衡,不能够水清了、但猪肉没了;山绿了、但砂石没了。

第五,城市治理的方式。

城市治理不同于城市管理。城市治理的方式,应该主要是协商、协调、合作,而不是单纯的命令、管制、问责;有事好商量,众人的事情由众人商量。协商民主是我国人民民主的重要形式,城市治理也应该实行民主协商的方式。

所以,城市政府出台的一些涉及企业,涉及市民利益的一些法规、政策、规划,应该广泛听取意见,形成最大的公约数。只有达成共识的政策,才能形成合力,一致行动。城市治理的一些法规、政策、规划等,发起者也不一定都是政府、企业、社会组织甚至市民,都可以就某一事项发起动议,只要各主体协商一致,就可以成为全市共同的行动纲领或共同遵循的准则。

第六,城市治理的依据。

城市治理也不是任性行之,要按照国家的宪法、法律以及党中央国务院确定的一定阶段的大政方针、战略部署和发展目标来进行治理。同时,城市也可以根据本市的实际,在充分协商基础上,制订城市特定的法规、政策。城市规划也是城市治理的一个重要依据。

对社会治安、公共卫生、地震、台风、洪水等这些突发事件,时间就是生命,不宜采取自下而上地上报,然后再自上而下地下达指令、再行动的方式。突发事件,事实就是依据,应该快速、及时采取果断的措施。

作者:杨伟民,全国政协经济委员会副主任、原中央财经领导小组办公室副主任、清华大学中国发展规划研究院院长。

"城市设计+智能平台"支持城市市容市貌品质精细管理

全面实现城市精细化管理，推动建立健全有效的城市治理体系，既是习总书记对于城市在新时期建设的要求，也是当代城市在全球信息化建设浪潮下所必然面临的挑战。随着改革开放的深入，城市管理也正在逐步由物质空间的管理，转向对于更高品质环境的建设与引导。正如法律的诞生来源于底线思维的考量，道德的确立则是建立在对更高文明的不断追求上。基于物质环境问题发现的工作思路，可以守住城市公共空间环境的底线要求，只有基于城市设计引导下的环境治理，才可以实现环境品质的提升。

一、城市设计理念

基于物质层面的管理，现如今城市治理的技术手段已日臻完善，并逐步朝着空间、时间上实现全覆盖方面发展进步。空间上，逐层细分的网格化管理单元既界定了不同尺度下，空间治理的管辖范围、监控要素，又同时详细界定了不同层级的管辖职能与监督职责；时间上，不同的时间段落下对于城市空间的多维度观察与监控也在诸如城市交通等领域逐步展开，随着摄像探头监控的深入发展，在很多的城市领域都有巨大的作用。而在朝着空间全覆盖、时间全覆盖的目标前进的同时，真正实现由"城市治理"迈向"城市智理"，还更应该考虑城市真正的使用者个人的感知。这就需要引入城市设计的理念与思想。

（一）设计指引下的城市治理

一条街道的安全是由信号灯的控制、人行道的铺设质量以及市政设施的合规来共同构建的；而一条街道给人带来的安全感、舒适感，则是由街道的建筑界面的整洁、路灯的照度、街道家具的质量、行道树的排布等要素细腻搭配，合理布局之后综合呈现的。判断一个街区的品质档次的底线，可能是由这个街区的路面清洁、设施新旧、空气质量等客观指标来划定的，但一个地区在形象风貌上给人带来更高层级的感知与印象的，则是地区的色彩风貌、街道的天际线、街道店招的和谐程度以及在很多城市公共空间设计细节上的处理所共同构筑的。提升人本感受，做到在听觉、视觉、触觉多维度综合的感受提升，才能真正完善和改善城市建设。正如习总书记所提出的"要像绣花一样治理城市"，引入城市设计的理念，完善城市空间的人本体验，对于实现城市精细化管理具有重大意义。

（二）从底线维护到加分引导

底线约束的内容和法律法规一样，仅仅是对于最低要求的强制性规定，但对于品质建设并不作明确要求。因此在大量的设置、要素的需求下，除了以发现问题为导向的减分项之外，还需要以设计为指引的加分项进行。

事实上，很多的减分项与加分项是可以互换的。通常情况下，架空电力线对于城市街道环境存在负面影响（图1），但在某些历史保护街区、城市老城地区，会有诸如无轨电车、有轨电车等具有历史特色的设施，它们的保存又具有城市魅力特色的加分作用。

图1　空调外机的暴露、架空电力线问题

（三）街道综合治理指标体系

基于以上原则，可以由"干净""整洁"和"有序"三方面对于街道综合治理进行梳理，并基于城市设计的视角，分别作品质提升角度的思考。

1. 干净

干净与"脏"对应，可以概括为街道各要素的表面清洁程度，这与城市的生态环境、保洁程度密切相关。一个城市地区的干净程度直接决定了空气、绿化、水体等一系列构成城市公共空间生活的环境质量。这一内容与时间、空间高度相关，相对而言，多数可见的不干净可以通过人力的方式进行直接干预与治理，因此，此类问题的识别与发现应该紧密地与第一时间的治理相关。

从城市设计的角度而言，城市街道的干净治理工作需要因时因地进行合理化的安排与侧重点分工，对于不同程度的脏、污染应该根据程度的等级进行划分。比如根据我国的自然气候划分来看，在北方旱地区，对于扬尘的控制应该更严苛，而在南方炎热湿润地区，城市生活垃圾的暴露会导致腐败恶臭，以及在河道治理等方面的影响会更大。此外，著名的破窗理论所阐述的城市街道的干净与治安犯罪率之间的高度关联性，也时刻提醒着城市的干净程度对于人们的出行意愿、地区的心理环境感受具有重要的指导意义（图2）。结合时空大数据，尤其在城市的地区门户、节点等地区，其干净整洁的治理工作越应该加以强化，给更多的游客、市民带来更好的城市体验与感受。

图2　行道树上的垃圾破窗理论

1）相关指标建议

就干净而言，可以分为生态清洁、路面清洁、运输清洁、夜间照明、污染治理五个方面。这五个方面分别对应了街道在不同空间、不同时段所面临的问题（图3）。

生态清洁方面，主要考虑了街道周边的植被生态环境的清洁。这些自然属性的要素对于整个街道的环境具有重要的保养作用。除了在降尘、供氧、排水等方面的功能发挥作用之外，在国内外不少城市研究中均可发现，绿视率对于街道的环境具有很多积极的正向影响。

路面清洁则包含两个方面：一方面是垃圾的清洁；另一方面则是道路的破损。这不仅仅是美观、整洁的问题，国内外近几年频频发生的路面塌陷事故、因为道路障碍物而导致的严重交通事故屡有发生。因此，及时发现道路上的这些问题，保持路面干净是城市安全的重要前置条件。

运输车辆由于货运遮盖不当的问题，会导致诸如扬尘、路面掉落物等影响生态、路面清洁的重大隐患。但由于运输车辆处于行驶过程中，这就需要对目标车辆进行24小时全天候实时监控。目前而言，尽管依托深度学习的视频计算能力，可以有效地进行实时监控，但如果将车牌、车型与车辆运营管理部门进行数据联动，就可以更有效地进行约束管理。

夜间照明问题随着现代城市生活的逐步演进越来越成为值得人们关注与思考

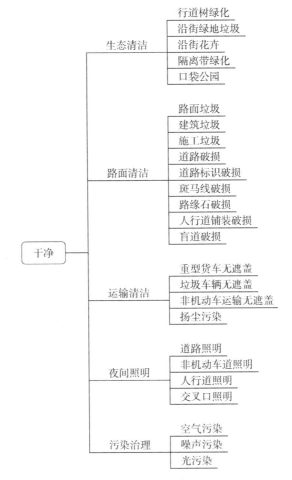

图3 相关指标建议

的问题。很多城市街道的问题也只有在夜幕降临之际方才体现。照明与城市的节约用电有互相制约的关系，如何在保障城市街道夜间安全而提供充足照明的同时节约用电，可以基于运筹学的方式基于人工智能计算进行动态平衡部署。

污染治理则范围较为广泛，除了视觉，在听觉、嗅觉、触觉等多个方面，不少长期或短期的污染源都需要进行监控，并及时采取必要的措施。

2）部分相关实例与案例

（1）波士顿的肯尼迪绿带（Rose Kennedy Greenway）

坐落于波士顿城市中心区的绿带曾经是一整条高架道路，在号称当时全球最昂贵的工程"大挖掘"（The Big Dig）改造工程之后，当地政府将整个高架路进行了拆除，改成了隧道，地面空余的空间则改为一系列位于道路中央的口袋公园（图4）。

图4　波士顿曾经的高架桥、Rose Kennedy Greenway 以及北美最大的 AR 展览

（2）破窗理论（The Broken Windows Theory）

作为一个犯罪逻辑学的经典理论,破窗理论在1982年由詹姆士·威尔逊（James Q.Wilson）及乔治·凯林（George L.Kelling）提出。这一理论在20世纪80年代经由纽约警局的行政长官及市长的大力推行下，得以迅速传播，引起了广泛的交流与讨论。该理论指出一些看似影响不大的小问题，如果放任不管，则会诱发更严重的社会犯罪行为，破窗被作为一个例子加以论证。街道上一幢外表破损的建筑、一面破损的墙壁，皆有可能引发连锁的负面反应。尽管该理论是以破窗作为一个示例比喻更为复杂的社会问题，但作为真实的情况，街道界面的不洁、路面的破损确实在一定程度上给人带来不安全的感受（图5）。

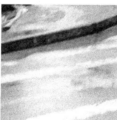

图5　道路标识、路面破损、盲道破损

（3）视觉审美与视觉污染

街头店招、广告牌作为店家招揽生意的重要媒介，具有天然的醒目、特别的设计要求。但从城市空间公共的角度而言，当一系列不同的店铺争相用形形色色的招牌铺设于街道两侧时，就会出现和谐性、统一性的问题。一方面，如果不加管控，可能会出现过分杂乱的局面；另一方面，如果过度管控，也可能会出现适得其反的情况。比如，2019年上半年，在上海出现的关于常德路店招的"清明风"的讨论（图6）。

图6 缺乏管控的店招和常德路的"清明风"店招

2. 整洁

整洁,与"乱"相对应,即构成街道环境的某些要素存在"不在其位"的情况,或者在某些空间、时间上出现了不应出现的对象。前者通常涉及街道家具以及市政设施的缺失、破损问题,后者则更多地与机动车、非机动车等要素违章停放有关。

从人本的角度而言,城市设计对于街道家具、市政设施的布局将提出更高的要求。整齐只是设施布局的最低要求,而更高的要求则是和谐。国内外大量的研究表明,记忆的形成并非如视频录像一般由完整的、大量连续的图像画面所组成,事实上,人类的记忆更多的是由碎片化的信息细节,加上一定的合理逻辑推理而形成。所以一个地区给人留下的印象,往往是由这个地区空间上的各种细节信息所构成,并结合综合推理所形成的整体影响。而街道家具则是给人以留下深刻印象最好的载体,通过人工智能影像大数据的分析,不同地区给人留下深刻印象的内容完全不同,比如纽约的黄色出租车、伦敦的红色电话亭、旧金山的有轨电车等。[①]

1)相关指标建议

对于街道整洁,可分为设施齐整、家具齐整以及停放齐整三个方面。此三方面分别对应了城市街道固定要素的设置型要素、服务型要素以及流动型要素的治理要求(图7)。

所谓设施齐整,指的是设施型要素的整洁。市政类型的公共设施虽然不会直接给市民提供便利,但他们的存在是保障城市正常运转的基础。变电箱、消火栓、窨井盖等,均属于城市市政工程的基础设施,这些设施的质量如果由于种种原因而出现状况,没有得到第一时间的反馈与修补,将带来各种安全隐患,以及随之而来或许更大的损失。

街道家具属于服务型要素。这一名称所涉及的范围广泛,相比于市政类设施的基础性,街道家具更多的是为市民的街道生活提供便利。此类设施主要包括有

---

① Fan Zhang, Bolei Zhou, Carlo Ratti, etc. Discovering place-informative scenes and objects using social media photos[J]. Royal Society Open Science, 2019, 6(3): 181375.

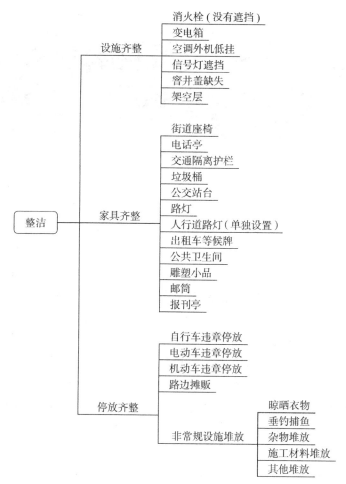

图 7　相关指标建议

街道座椅、电话亭、公交站台等大量的公共服务设施，它们的存在有效地提高了公共空间的使用效率，提升了市民的出行意愿。相应地，街道家具的损坏甚至缺漏，会影响街道生活的便利性。

停放齐整，则主要针对具有时效性的一些流动性要素的问题。比如自行车（近几年尤其是共享单车）、助动车的随意停放问题，甚至各类层出不穷的设施要素占用街道、马路的情况。这些问题的出现具有空间与时间的不确定性，因此需要更智能化的监控手段以及更智慧的管理方式加以治理，从而实现全面的街道整洁。

2）部分相关实例与案例

（1）Wall AG 公司的公共厕所

公共卫生间通常是属于在城市公共空间中不太起眼又非常重要的必需品，通常而言绝大部分的公厕都是属于政府花钱补贴的社会必要支出，但德国的一家公司却将建设城市公共卫生间的工作揽了下来，不但设计和生产出一系列有趣的卫生间，还形成了一道靓丽的城市风景线，并且竟然通过广告的手段实现了投资正收益。德国的 WallAG 公司把公共厕所建设的非常具有人气，大大改善了公厕这一设施传统意义上的 NIMBY（Not in Mybackyard）的属性。[①] 通过个性化的外观设计，该公司将大量的城市公共卫生间打造成了别致、新颖的全新城市公共场所，并将其结合广告、传媒等宣传手段，竟然从经营免费洗手间这一社会公共品中实现了盈利（图 8）。

图 8　Wall AG 公司建设的公共厕所

（2）路面要素的正面性与负面性

街道雕塑与街道小品是大部分城市街边都可能会出现的街道家具。在很大程度上这些雕塑是为了提升城市的文化风貌、塑造地区形象而存在的。但实际上，一个不太美观或者过于"奇特"的街头雕塑，给地区面貌带来更多的负面作用（图 9）。

图 9　雕塑不全是加分项

与雕塑同理，其他一切与雕塑类似的构筑物、设施，在设计的过程中，都应该考虑地区风貌的和谐与适宜性，比如自行车架、路灯、公共座椅、公交站台，

---

① https://www.qdaily.com/articles/38736.html.

甚至垃圾桶，这些设施与风貌的和谐与否，不但决定了它们将会面对的使用情况，更决定了地区的整体视觉形象（图10）。

图10　各类正向与负向的街道要素分布

（3）正规与非正规摊贩

街道摊贩一直是城市治理、城市管理的重要问题。一方面，街边摊是扰乱社会公共秩序的现象，大量街边摊贩售卖的商品甚至食品不受监管，存在严重的卫生安全隐患；另一方面，部分的街边商业却也有助于提高街道的活力。一来，有不少的餐厅在街边会有一些临时的座位，尤其在街道宽度较为充足的地区，这在一定程度上有利于城市慢行系统与慢行空间发展；二来，近年来也有不少的社会反响在回忆①，对于街道地区的记忆属性，也有大量的城市研究予以支撑。譬如对于商业空间为主的街道上，保证街道店面的活力，应适当允许一定的摊贩设置临街座椅，并对其进行规范约束，一方面可以提高街边的商业活力，增加地区人气，另一方面也可以要求店家在非营业时段提供公共座椅（图11）。

图11　适度合理的摊贩有助于街道地区的活力

3. 有序

除了干净、整洁，在城市街道上所有的要素齐备的前提条件下，对于要素不同的安排、布局以及使用方式可能会导致截然不同的公共空间的品质。一个井然有序的道路界面设计，主次分明的路面等级，高度体现了城市治理的文明水平。

具体而言，所谓运行有序，其对应了等级、层级的分明。在大量的城市设计实例中，根据不同的街道或公共空间的定位与职能，需要不同的街道管理要求，并

---

① https://news.sina.com.cn/o/2018-10-21/doc-ihmrasqt3203351.shtml.

针对不同层次的对象制定相应的管理策略。另外，在近些年不断强调的慢行、公共交通的优先对于城市街道的设计产生了很大的挑战，小尺度设计不仅关乎街道活力，更关乎街道安全与健康。更深层次而言，尽管某些设施的出现是为了给人们提供更好的便利，但实际上这些看似对于城市有益的要素，实际上如果处置不当将会带来诸多隐患，比如过街天桥，新加坡的学者研究表明，过街天桥、地道的存在并不意味着更好的步行环境，相反因为这些设置导致过街必须绕行，反而增加了行人违章私自穿行街道的情况，导致街道的混乱，增加了安全隐患（图12）。

图12　新加坡的步行区域增设的骑行等候区

1）相关指标建议

有序主要指的是层次、等级的分工明确，具体到指标落实上，可以主要划分为职能有序、路权有序、界面有序三个方面（图13）。

所谓职能有序，指依据不同的功能定位、道路等级以及其他基于城市地区功能定位角度出发所提出的空间要求等，对街道空间进行合理、规范、有效的管控。

路权有序则是为个人对于公共空间的使用权限进行了清晰的界定。路权本质上是各类交通规范及相应法律法规的制定核心基准。从车行、非机动车再到步行的设置有着清晰的划分，尽管这其中有不少基本的内容已经由规范所约束，但仍然有不少灰色地带需要进一步管理，以体现城市治理中的人本精神。

界面有序则与街道立面、街廓等城市设计衡量指标具有高度关联。一个视觉连续的、有韵律的街道，对于提升整体城市环境具有不可替代的作用。衡量街道界面有序的指标有很多，从店招的和谐到街道的高宽比，再到开敞度、里面的贴现率等，这些都会给塑造街道活力带来深刻的影响。

2）部分相关实例与案例

（1）新加坡街道导则中的道路划分

为实现宜居城市的建设目标，新加坡的街道设计导则鼓励更多的步行与非机动车行，并且详细地划分了多达八类的从机动车为主导的快速路段，到空间逐步由非机动车、慢行、步行为主的城市路段（图14）。

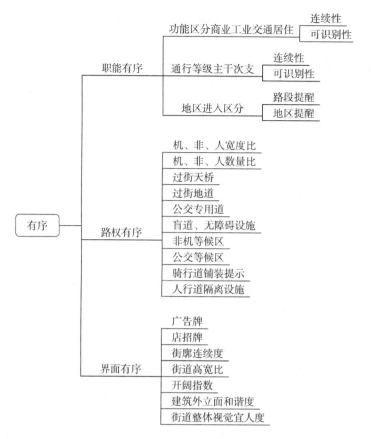

图 13 相关指标建议

（2）欧美的街道分类与路权等级

与新加坡的情况类似，欧美不少地区的案例中均强调了道路等级的严格划分，而这种划分的本质在于对于路权的清晰界定。比如在芝加哥的街道导则中，就有行人＞公交车＞自行车＞小汽车这样直观的关系表述，这与新加坡的城市街道设计导则种所出现的"银区"等内容不谋而合（图15）。

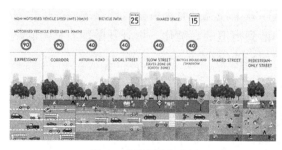

图 14 新加坡的街道划分、带指老年人出入的银色区域（Silver zone）

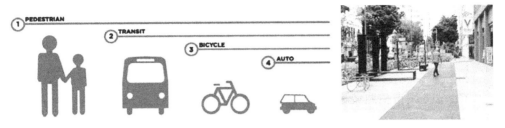

图 15　芝加哥街道导则中关于路权等级的划分、丹麦的步行骑行道铺装区分

欧美根据道路类型、等级进行详细划分的例子数不胜数，比如伦敦所采用的"街道矩阵"，是根据区位和通行量两个维度叠加所形成的九种不同的街道分类；而为了进一步鼓励慢行交通，北美的相关政策中更是突出强调了为自行车提供更快捷的信号灯配给以及更短的过街路线（图16）。

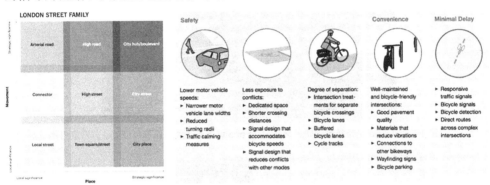

图 16　伦敦交通局的"街道矩阵"、北美城市交通联合会出台的鼓励慢行的建议措施

（3）上海街道设计导则

上海新出台的街道设计导则中，就城市街道的问题以城市设计的角度进行了详细的剖析，在道路类型、等级等方面提出了很多具有开拓、独创性的探索。比如为非机动车道设置单独的颜色进行提示，以及为考虑步行过街的便利而缩短过街距离的设置等（图17）。

图 17　古北路非机动车道采用蓝色涂装、人行道位置不合理导致人们愿意走更短的路线

二、城市精细管理核心支持智能平台模块

（一）基于移动端的城市调研方案

CityEye 城市拍照调研工具集影像采集、图像识别、数据分析为一体，并接入 CityFace 城市影像大数据平台，通过人工智能图像算法将非结构化的图像资料转化为政策决策所需要的结构化数据。在实地调研过程中，通过移动端 CityEye 调研小程序方便、快捷、灵活的采集数据，并与 PC 端 CityFace 大数据平台连通，实现快速、高效的信息提取与决策支持（图 18、图 19）。

图 18　CityEye 城市拍照调研工具及 CityFace 城市影像大数据平台使用状态示意图

图 19　CityEye 城市拍照调研工具使用状态截图

（二）基于视觉感知的城市街道评估

通过人工智能算法建立街景感知评分系统，实现对多种情感指标的定量偏好分析以及城市街道情感体验的智慧化体检评估，从个体在城市中的情感体验出发制定城市规划设计标准，探索一条全新的、可复制、可推广的城市建设道路（图 20、图 21）。

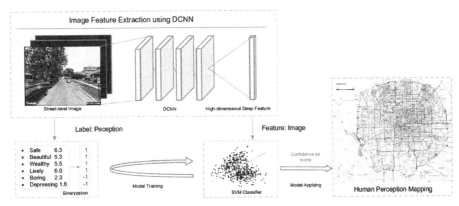

图 20 街景感知评分系统技术方案流程图

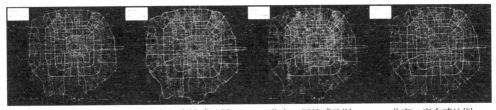

北京 – 无聊感地图　　　北京 – 富裕感地图　　　北京 – 压抑感地图　　　北京 – 安全感地图

图 21 北京市五环内街道多维度情感属性分布

1. 基于公众参与的意见信息采集

"秋毫"是一套以人为本、从个体感受出发的公众意见信息采集方案,方案采用 SoLoMo 体系搭建数据采集平台,利用神经网络深度学习技术实现算法研发,通过收集公众对不同图像、不同维度的感情偏好数据,实现对公众意见信息的深度挖掘(图 22)。具有操作方便、针对性强等特点,为城市空间规划设计提供了可靠的科学支撑。

图 22 基于 SoLoMo 体系搭建的公众意见采集工具

2. 基于虚拟现实 VR 技术的公众参与体验调研

虚拟现实(Virtual Reality,简称"VR")技术能够为公众提供身临其境的参与感,促进公众对城市的认知和评价,从而为公众参与城市规划与设计管理工作提供一种更有效的方式。通过一套标准化的方法规范VR应用的流程、步骤和要点准则，可以充分利用VR的优势，促进公众与虚拟环境发生交互作用，使公众更加深入的认知城市内容，并获取公众评价反馈予以利用（图23）。

图23 通过VR技术为公众提供数字孪生城市沉浸体验

作者：王伟，博士，中央财经大学政府管理学院城市管理系副教授，系主任，住房和城乡建设部城市体检专家委员会委员，中国城市科学研究会城市治理专业委员会副秘书长，研究方向：空间规划与治理、大数据与城市精细治理。

刘浏，城室科技CitoryTech创始人兼CEO，麻省理工学院城市交通实验室外聘研究员、世界银行顾问。麻省理工学院城市规划专业硕士。致力于融合城市大数据挖掘以及人工智能技术来观察和解决城市问题。

韧性社会治理 社会系统安全稳定运行的实践进路

在日趋复杂的现代社会，高风险性成为我们所处时代的显性特征。传统风险与非传统风险并存，自然灾害风险、公共卫生风险、社会不稳定风险交织，构建具有韧性的社会系统成为实现社会安全稳定的重要保障。特别是在经历新冠肺炎疫情后，人们更加感受到，应对外部环境的发展变化、加强社会系统的更新调适、化解多重风险的叠加效应，是中国社会治理领域面临的新课题。

不同于传统的危机管理、风险管理模式，韧性社会治理根据风险不确定性的基本特征，将社会风险视为社会发展的常态化组成部分，秉承与风险共生共存的理念。在这一理念下，韧性社会治理致力于高风险社会中社会系统安全稳定运行的韧性建设，聚焦危机应对、系统复原、发展演进等关键环节，力求使社会系统在应对风险冲击时，保持基础机能、快速分散风险、恢复正常运转、推动变革创新。

韧性社会治理在治理空间上涵盖韧性社区、韧性城市和韧性社会三个层次。

韧性社区是韧性社会治理的基本单元。2015年联合国可持续发展峰会通过的《改变我们的世界：2030年可持续发展议程》将建设包容、安全、有抵御灾害能力和可持续的城市和人类住区作为2030年可持续发展目标之一。疫情发生以来，社区成为疫情防控的第一道防线和外防输入、内防反弹的最有效防线，各地将防控资源、服务、力量下沉到社区，各社区在基层党组织领导下，扎实开展群防群治，充分发挥网格员的兜底作用，同时吸纳驻区单位、各类社会组织，打造立体化网格，形成管理闭环，迅速抑制了疫情蔓延，显示出强大的治理韧性。"上面千条线、下面一张网"，在风险防控中，只有织密社区治理网络，充分发挥社区治理的主动性和灵敏性，才能为社会治理打下坚实的韧性基础。

韧性城市是韧性社会治理的重要平台。2016年联合国住房和城市可持续发展大会通过的《新城市议程》，明确提出建设包容、安全、有韧性和可持续的城市。在疫情防控中，一些城市治理短板暴露出来，主要表现在危机预判、资源调配、政策执行、协同配合等方面。习近平总书记在湖北省考察新冠肺炎疫情防控工作时提出"树立'全周期管理'意识"，指明了增强城市抗风险韧性的路径与方法。树立"全周期管理"意识，指向两个方面：一是加强全周期管理的流程韧性，实现城市风险治理各环节衔接流畅、协同合作、高效运转,形成事前预见、事中可控、事后提升的流程韧性治理体系;二是加强全周期管理的空间韧性,即基于社会风险的跨区域性、叠变性特征,建立跨区域城市联动合作机制,统筹协调区域内资源配置,增强城市群协同抗击风险的空间韧性。

韧性社区和韧性城市构成韧性社会的基础环节,而韧性社会的发展又为韧性社区、韧性城市建设提供导向。韧性社会建设旨在提升社会系统面对风险时安全稳定运行的能力,其核心在于强化社会子系统的韧性联系纽带、突出韧性治理的顶层设计,以革除风险防控中"头痛医头、脚痛医脚"的弊端。面对不断变化的风险环境,加强顶层设计,多元嵌入社会治理主体、系统整合社会治理资源、完善优化社会治理行为,才能不断提升社会系统在面对不确定性风险时的治理韧性和治理效能。

推进韧性社会治理,需要坚持发展、全面、系统的思维,从构建主体韧性、制度韧性、文化韧性的角度全方位展开。

激活主体韧性。今年全国两会期间,习近平总书记在参加内蒙古代表团审议时强调,必须坚持人民至上、紧紧依靠人民、不断造福人民、牢牢植根人民,并落实到各项决策部署和实际工作之中,落实到做好统筹疫情防控和经济社会发展工作中去。面对发展中的风险境遇,只有始终坚持以人民为中心,才能不断增强社会治理的向心力、协同性和发展韧性。与此同时,社会风险无处不在,仅仅依靠政府系统难以彻底化解,党的十九届四中全会强调"完善党委领导、政府负责、民主协商、社会协同、公众参与、法治保障、科技支撑的社会治理体系",而"公众参与",核心要义就是建设人人有责、人人尽责、人人享有的社会治理共同体,充分发挥人民群众在社会治理中的作用,并将主体潜能转化为风险防控的强劲韧性。

增强制度韧性。一方面,在长效发展中增强制度韧性。在高风险社会中,风险已内化为人类社会生活的常态化组成部分,传统意义上"重结果轻过程"的管理模式已难以应对。韧性治理是渗透于社会治理全过程的、化解常态化风险挑战的制度治理。只有构建稳定高效、协同整合、联动集成的制度体系,塑造制度治理的长效机制,强化制度执行力度、切实维护制度的权威性,风险防控才能锲而不舍、驰而不息、未雨绸缪。另一方面,在开放发展中增强制度韧性。中国特色社会主义制度成熟定型的过程不是一蹴而就的,而是随着实践发展不断吸纳和消化人类制度文明中各种有益成果,进而不断固根基、扬优势、补短板、强弱项的过程。在开放中借鉴先进经验,补齐短板,增强制度韧性,防范化解风险的能力就更加强大。

提升文化韧性。中华优秀传统文化、革命文化和社会主义先进文化中蕴含的自强不息的奋斗精神、坚定不渝的道德品质、家国情怀的价值追求，强化着人们的风险意识、责任意识和共同体意识，构成韧性社会治理的文化基础。推进韧性社会治理，首先要在坚定文化发展方向中提升文化韧性。文化具有鲜明的意识形态导向，诠释特定的价值理念。只有把准中国特色社会主义文化这一根本方向，才能更好激发文化的凝聚力、创造力、生命力，提升应对风险挑战的精神韧性。其次，在包容发展中提升文化韧性。儒释道思想交融渗透、东西方文化多元共生、古代与现代文化碰撞融合，既铸就了中华文化兼容并蓄、包容共生的特点，也孕育了中华文化源源不断的生机活力。最后，在创新变革中提升文化韧性。只有顺应时代发展潮流，使中华文化韧性基因与现代社会发展相协调，与社会治理实际相结合，才能推动文化韧性的内生演化，为韧性社会治理提供强大内在动力。

作者：王婷，江苏省中国特色社会主义理论体系研究中心、江苏省社会科学院基地特约研究员。

（来源：《光明日报》2020年6月12日，11版）

社区治理案例：双井街道可持续发展治理实践

双井街道位于北京市朝阳区CBD商业区以南，劲松/潘家园等居住区以北，功能混合度高，既有大量的居住空间又有大量的就业空间。这保障了区域的人口活力：职住人群多，日间活力高，年轻人比例较高；此外，区域里2000年后建设居住小区较多，是个典型的商品房街区。上述特征是双井有潜力打造成可持续发展社区的人地房基础。以此为基础，依照北京城市象限科技有限公司对北京市各街道的人居品质评估结果，这里的职住便利度、公共服务设施的便利度、区域的商业和文化活力、住区的品质均属于北京市较高水平，具备可持续发展社区以及人居品质理想社区的发展基因。

2019年，双井接连成为联合国可持续发展试点社区和北京市精细化治理示范区。2019年1月2日，双井街道获得了北京市委书记蔡奇同志的批示，成为北京精细化治理示范街区；2019年7月16日，在由联合国人居署、中国城市和小城镇改革发展中心共同主办的"第三届国际城市可持续发展高层论坛"上，双井街道成功入围联合国国际可持续发展试点社区，成为国内首个被纳入国际可持续试点的社区级区域。

在上位政策的支撑下，为兼顾达成联合国可持续发展社区和城市精细化治理的品质要求，实现试点的真正意义，双井街道和其街区责任规划师团队北京城市象限科技有限公司一起，共同建立了双井街道城市治理实验室。基于新城市科学，双井开展了一系列城市治理和社区治理实践。

双井的治理工作围绕智慧治理和共同治理展开。智慧治理以"井井有条"街道大脑为核心，以"人本"的原则，运用泛在感知技术等科技手段，让行政资源运转更有效率，支撑空间资源和社会服务资源的有效利用；共同治理以乡贤智库为内核，汇集居民积极分子、外部资源，从文化、设计、问题三个角度切入，开展文化培育、参与式设计、问题共治。

始于2019年夏天，围绕两个实践方法，以感知、体检、模拟、参与、设计、实施、评估为工作流程，双井街道的治理实践工作在第一阶段共策划落地了十余个具体项目，这些项目既应答了城市精细化治理过程中对街道的工作要求，又应答联合国可持续发展社区的目标要求（图1）。

图1 双井街道治理实践第一阶段工作名录

双井街道的试点培育工作迄今为止所形成的典型成果包括：

一、井井有条街道大脑建设

基于数据智能的"井井有条街道大脑"是双井治理实践工作的核心内容。街道大脑将朝阳区城市大脑的感知能力充分延伸到了街道和社区尺度，集成社会大数据感知管理系统和街道自有业务系统，通过对各类时空大数据的管理、建模，构建了运行状态、体检评估、仿真模拟、街区更新四大板块（图2）。

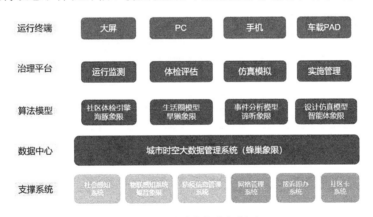

图2 "井井有条"街道大脑框架

运行状态板块，通过整合多源城市大数据，实现对城市运行状态的高分辨率时空监测、部件管理等功能。

城市体检板块，利用超过160项指标因子构建了科学完整的城市评价体系，基于多类算法模型实现对城市的深度体检。

仿真模拟板块，综合了多类智能体模型，有效为规划方案预评估、生活服务便利度模拟、基础设施选址、小微空间建设效用等形成决策支撑。

街区更新板块，录入了当前街道内所有已有项目和规划项目，帮助街道人员实现项目检索、时间管理、进度跟踪等功能（图3）。

图3 "井井有条"街道大脑建设——智能治理大屏

双井探索建设的街道大脑体系不只满足于领导驾驶舱的单一需求，而是通过治理平台（大屏）端、PC端、手机端、PAD端等多种运行终端全面支撑街道的对外展示、领导的指挥决策、各科室工作人员的工作流程和数据管理、网格员等一线工作人员的信息采集和信息推送等。

此外，自新冠疫情发生以来，针对基层防疫管理工作的内容和需求，"井井有条"街道大脑进行了一系列响应，形成街道智能防疫板块，并迅速在辖区快速投入使用。系统可支撑辖区内高空间精确度的防疫数据的采集，并在精细化空间尺度下对数据进行运算和分析，呈现在可视化的地图和图表中。该系统上线后，大大减轻了这两个街道的防疫工作压力，并为防疫工作者提供快速的决策响应支持系统，助力街道高效战疫（图4）。

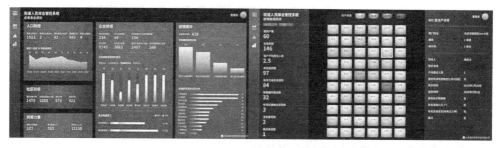

图4 "井井有条"街道大脑建设——智能防疫支撑

二、联合国国际可持续发展社区评估

为了在可持续发展的建设路径上有的放矢,双井街道委托国家发展和改革委员会城市和小城镇改革发展中心,在北京城市象限科技有限公司的技术支撑下,对辖区的可持续发展水平开展评估。评估运用了社会开发大数据,充分解读了SDG11中的七项要求,并将其转化为可以精细到街道、街区级别的指标和计算因子,涉及包容性、参与性、韧性、环境质量等联合国人居署关注的维度。第一次评估工作所形成的工作成果《北京市朝阳区双井街道——国际可持续发展试点社区评估v1.0》发布于2019年7月,支撑双井街道成为全国首个社区级别的联合国人居署国际可持续发展社区试点单位。未来,双井街道也将同步可持续发展试点实践,每年一次更新辖区可持续发展水平变化(图5)。

图5 《北京市朝阳区双井街道——国际可持续发展试点社区评估v1.0》

三、环境移动监测体系建设

为解决当前城市微环境问题感知能力薄弱和治理重点模糊等城市难题,双井街道引入了基于城市物联网的便携式多模块移动环境感知盒子,集成温度、湿度、噪声、$PM_{2.5}$、PM_{10}、CO_2、O_3、NO_2、SO_2、CO、甲醛等高精度传感模块。通过将传感器搭载在城管巡查车上,双井街道得以区域全覆盖的移动环境监测感知网络(图6)。

图 6　双井移动环境监测网络

实时回传的环境数据不仅方便城市治理者对环境问题进行实时的监测，通过对环境数据的时空分析还可以帮助城市治理者发现环境问题发生的规律，进一步对问题发生趋势进行研判。另外，长期沉淀下来的环境数据资产还可以有效支撑基于多源城市大数据等城市运行状态认知计算和街道社区人居环境大数据体检工作，实现城市环境的精细化治理。围绕这些功能，双井街道构建了自己环境移动监测体系：在治理平台上实时查看、反馈街道环境运行状态和异常区域，由街道指挥中心进行案件派发；在移动 PAD 端实施推送异常值点位，由巡查人员开展异常点问题的反馈上传（图 7）。

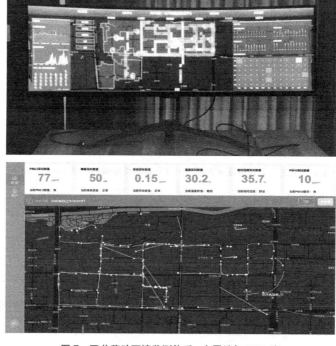

图 7　双井移动环境监测体系：大屏端与 PAD 端

四、众享生活圈及公共服务模拟评估

以打造城市精细化治理示范区为目标,"井井有条·众享生活圈"是双井街道基于城市大数据分析和居民强烈诉求提出的社区改造计划,以建设便民、文化、生态、体育、平安"五大盒子"为重点,为居民提供多样包容、人性舒适、艺术精致、集约共享、安全宜居、医养结合的社区公共服务,全面提升街道可持续发展能力和水平(图8)。

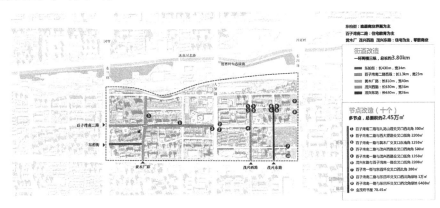

图8 双井街道"众享生活圈"更新点位

同步"众享生活圈"以及街道其他规划建设项目,双井街道通过对辖区各居住小区生活圈的建模,量化居民出行实际状况,对街区公共服务设施便利度进行量化分析。并通过仿真模拟系统,供街道决策者实时操作规划、模拟效果,支撑双井街道众享生活圈的规划选址、规划建设(图9)。

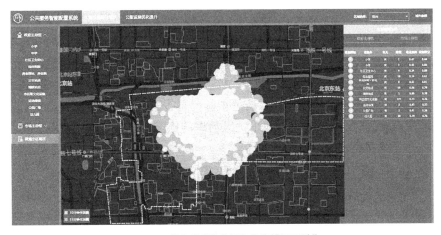

图9 双井街道"公共服务仿真模拟系统"

五、双井无障碍设施环境建设

响应北京市无障碍环境建设专项行动号召,双井街道迅速响应并开展了无障碍环境普查工作。在社会开放数据的支撑下,构建双井街道无障碍设施普查台账,高效调度志愿者开展普查,并迅速实现空间可视化;通过智能盲杖,以盲人的行为数据对双井街道的无障碍情况进行评估。以此为基础,双井街道成为北京市率先完成街道无障碍环境普查的街道,形成上千个设施无障碍建设情况的普查报告、信息库和系统界面。目前,依照评估结果,双井街道正在以富力社区为无障碍建设重点区域开展无障碍建设试点工作(图10)。

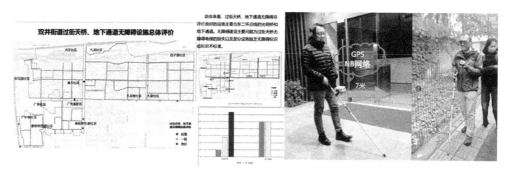

图10 双井街道无障碍环境建设:普查报告和智能盲杖

六、街区责任规划师实践工作

2019年5月,北京市规划和自然资源委员会发布了《北京市责任规划师制度实施办法(试行)》的通知,旨在助力解决城市化过程中出现的各种"大城市病"问题,回应朝阳群众对美好生活的向往。以此为背景,双井街道同其责任规划师团队北京城市象限科技有限公司和德国ISA意厦国际设计集团一起,依照新城市科学探索适合自己的社区规划和街区更新模式。在2020年初,双井街道受委托撰写提交了全市首个由街区和街区责任规划师起草提交的城市修补类规划实施方案《百子湾南区规划建设方案》,形成了社区治理的优秀案例。

七、"井点一号"小微空间更新

丰富活跃的社区生活需要良好的社区空间为载体作为支撑,双井街道致力于以"微更新"的形式开展社区空间的品质提升,并以居民参与、共商共建的改造模式,重塑居民与社区空间的情感连接。2019年11月，双井街道与责任规划师团队一起，参与了中社社区培育基金、北京市规划和自然资源委员会朝阳分局等单位联合举办的"微空间·向阳而生——朝阳区小微空间改造"项目，并成为朝阳区五个试点街道之一。在改造设计的过程中，项目以循证设计为设计思想，通过行为观测、调研走访、公众参与设计工作坊等形式对场地设计进行有效支撑。并通过对视频数据的解析，借助街道大脑的多智能体模型（Agent-Based Model）对场地设计方案的模拟，精确预测改造后的场地活力的改善效用，支撑了设计方案的优化。该空间已于2020年4月开工投入建设，是朝阳区2020年开工的第一个小微空间项目，并于2020年7月完工开园（图11、图12）。

图11 "井点一号"小微空间更新

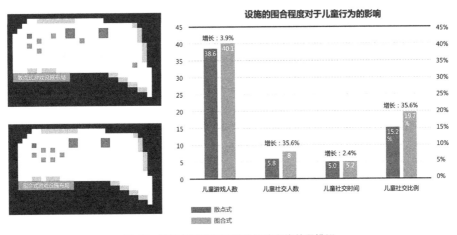

图12 基于多智能体模型的场地实施效用模拟

八、双井 13 社区设计节

以双井街道"井点一号"小微空间询证设计实践为样本,根据联合国国际可持续发展社区及试点项目工作中对公共空间的要求,双井推出了"可持续更新——13 社区设计节"活动。该活动针对双井辖区 12 个社区中待更新的 12 个楼门、楼院、楼院园节点,通过竞赛的形式引入高校团队和专业设计机构等外部力量组成社区共建资源。并协同各社区本地乡贤智库、本地居民积极分子一起,以楼门的文化设计、院落内空间利用及功能改造和小微绿地品质和活力提升为设计目标,共同参与设计工作;并通过专家评审形成获奖方案成果,并针对获奖方案完成深化,形成一系列设计成果,支撑项目的落地实施(图 13)。

图 13 双井"可持续更新——13 社区设计节"开幕活动

九、双井儿童友好社区项目

联合国可持续发展目标明确提出"打造包容、安全、弹性和可持续城市"的要求,要求城市与社区应当满足多元化人群的需求,强调了儿童友好对于可持续社区的重大意义。围绕可持续发展要求,双井借助儿童友好社区项目搭建儿童公益服务平台,以多方共建的形式,向公众传播有关儿童友好的理念和发展目标,提升可持续社区的社会认知和大众认同,通过生动有趣的方式,实现儿童友好社区的认知提升、空间改造和自组织培育。借助该项目平台,2020 年,双井街道在线上和线下多次举办针对儿童的社区议事活动、小课堂和体验工作坊(图 14、图 15)。

图 14 双井儿童友好社区——线上活动

图 15 双井儿童友好社区——线下活动

双井街道的可持续发展试点实践预计将为期三年。第一阶段的工作于 2020 年 8 月完成，形成完整的阶段性成果。在接下来两年的时间里，双井街道还将持续围绕试点目标，侧重项目和方法的实施落地，强化各项实践的场景和应用；对街区人居品质和可持续发展水平开展定期评估，更新治理成效；逐步总结形成一套井井有条的城市精细化治理模式和可持续发展社区治理模式。

作者：茅明睿，城市象限创始人兼 CEO、北京市城市规划设计研究院云平台创新中心秘书长。

"稳就业"背景下马路市场的新问题与新对策

在新冠疫情防控常态化的形势下,为贯彻中央提出的"六稳"和"六保"政策,《国务院办公厅关于应对新冠肺炎疫情影响强化稳就业举措的实施意见》(国办发〔2020〕6号)要求:支持多渠道灵活就业。合理设定无固定经营场所摊贩管理模式,预留自由市场、摊点群等经营网点。与此同时,成都城管委提出了"五允许一坚持"的"新政",在此示范和引领下,全国各地轰轰烈烈地掀起了"摆摊"高潮,呈现出一拥而上的"无序"状态。由此而产生的突出问题,有可能导致现有的城市治理成果损失殆尽,"一夜回到解放前",再次出现城市管理无序的"脏乱差"局面。因此,各地开放马路市场带来的新问题急需解决。

一、开放马路市场是短期的行为还是长期的稳就业举措

如今各地一哄而上,存在着无序状态的马路市场,一定是一个短期行为。因为一拥而上"无序"的马路市场是以牺牲各地政府和城管部门多年来城市管理的成果为代价的行为,是严重损害城市生态文明环境为代价的行为,也是严重影响城市绝大多数市民群众公共利益的行为。所以,这样遍地开花,呈现出"无政府"状态的马路市场必然是短期的,不可能是长久的行为。

但是各地政府在已有规范设置的马路市场的基础上,根据广大市民群众合理的需求,根据因受疫情影响而新增生活困难的人数,有限的扩大设置若干疏导点、便民店和马路市场,以增加社会弱势群体就业,并进行精细化的规范管理,符合广大市民群众的共同需求和利益,则可以成为常态化的"稳就业"举措。可以预见,城市的马路市场将来必然要走向疏堵结合、有限设置和规范管理精细化、智能化和常态化的城市治理之路。

二、马路市场产生的街路经济对于带动就业、促进经济发展能起到多大的效果

笔者认为:现在流行使用的"地摊经济"概念不科学,也不合理。正确的概

念应当是"街路经济",也就是说在马路上设置的市场活动产生的经济效益。而这个效益产生的场所和地点是在商业街和马路上。所以,本文使用"街路经济"一词。从我国的经济结构和国家生产总量来看,街路经济对于安排城市弱势群体就业来说是有比较明显的效果,可以起到部分市民群众稳就业、保民生的效果。但将马路市场产生的街路经济提高到国家经济的高度来说,则只能是国家经济发展的补充,没有较为明显地增加国民生产总值的效果。

三、如何依法依规科学合理设置马路市场

解决马路市场产生突出问题的关键之一是依法依规科学合理设置马路市场。那么,谁来设置?在哪里设置?设置的条件是什么?

设定市场的主体是县级以上地方人民政府。依据国务院《无证无照经营查处办法》第三条规定,在县级以上地方人民政府指定的场所和时间,销售农副产品、日常生活用品,或者个人利用自己的技能从事依法无须取得许可的便民劳务活动,不属于无证无照经营,是合法经营。因此,各地政府要依法设置马路市场。

特别需要指出的是,设置开放马路市场各城市不能一刀切,更不能一窝蜂地开放马路市场。一个城市不能为了赶时髦强行去开办马路市场,一定要从城市的实际需求出发,研究是否开放马路市场。笔者认为:政府有限设置开放马路市场要符合以下几个条件:

一是马路市场所选的地点周边市民有设置需求;二是设置马路市场的地址不能影响交通、不能有生活噪声扰民、不能有油烟污染等;三是城市政府要设定进入马路市场经营业主的条件;要建立健全一整套对马路市场的管理方案。只有符合上述条件设置的马路市场才能可持续发展,实现稳就业、保民生的功能。

四、关于马路市场是否要收取摊位费问题

政府设置马路市场的初心应当是稳就业、保民生,因此,政府设置马路市场应当是公益事业。既然是政府所办的公益事业,原则上不应当向市场业主收管理费。但各地经济发展不平衡,有些地方政府资金短缺,无法增加资金和人员管理马路市场。为解决这个问题,建议各地政府和城管部门可以走市场化道路,实施社会化服务委托第三方管理,即可缓解政府资金不足的压力,又可以由第三方社会服务机构向市场业主按月收取卫生保洁费,用来购置环卫设施,如流动公厕、雇佣环卫保洁公司打扫市场环境卫生等。

五、如何防控马路市场成为假冒伪劣产品大流行的温床

各地开放马路市场后,很多市民担心地摊卖出的是三无产品,同时,也提出地摊所卖的食品卫生质量安全如何来保障的问题。

笔者认为:应当由市县区、乡镇人民政府承担起马路市场监管主体的责任。管理主体责任怎么承担呢?就是由市县区、乡镇人民政府牵头组建联动管理、执法协调配合机制。由政府将市场监管局、生态环境局、卫健委、城管、公安、交警等这些部门一起组建联合管理与执法机制,打通职责壁垒,形成多部门分工合作、齐抓共管管理格局,特别是市场监管局、卫健委等部门工作人员要进驻马路市场实施监管,直到马路市场休市,只有这样,才能保障马路市场的监督管理变得更加规范,使产品质量有保证、食品卫生更加安全、健康。

六、如何统筹马路市场经济带来的人员聚集与疫情防控之间的关系

在疫情防控情况下,聚会、聚餐、买东西都是近距离接触,这里就涉及要不要戴口罩预防病毒传染的问题。如何解决这个问题?笔者认为应当坚持以下三条规定:

第一条,各地政府应当强制性规定:所有进入马路市场占道经营的业户,不管你是从事餐饮、百货、水果还是其他种类商品的经营都必须佩戴口罩。这应该是各地政府开放马路市场的一个硬性规定。如果马路市场经营者不戴口罩营业就要坚决取缔他的经营资格,因为这是防控新冠肺炎疫情传播的重要基础,政府必须强制性要求从业人员戴口罩。

第二条,无论是马路餐桌还是饭店堂食都要严格控制用餐人数,扩大食客间的有效防护距离。

第三条,各地卫健委、市场监管局等管理部门必须进入马路市场进行实时监管,直到马路市场结束营业为止。各地卫健委要派人在马路市场除了对业主测量体温之外,还要在马路市场入口对进入市场逛街购物的人员进行常规的检测体温。有发热症状的人坚决禁止入内,把新冠病毒的传染源消灭在萌芽之中。那么,我们现在为什么还要坚持对经营业主和进入市场的消费者进行体温测量?因为现在新冠肺炎无症状感染者是一个潜在的最大的感染风险源。因此,只能通过对在马路市场活动的人体温检测,才能有效防控无症状感染者进入市场。所以,强制要求进入市场的人戴口罩是可以作为硬性规定的,否则,在市场出现一例

新冠病毒感染者就可能产生大面积传染。

七、关于商贩自发形成的马路市场管理问题

在各地经常出现商贩自发形成马路市场的情况，恰恰就是这种马路市场一般会呈现出"无政府"状态，这种情况严重影响交通、影响环境卫生和周边居民休息，对此市民投诉都非常强烈。对于这一类商贩自发形成的马路市场，各地政府要依据国务院《无证无照经营查处办法》和《城市道路管理规定》坚决给予取缔。理由是在县级以上人民政府设定占道经营市场（马路市场）以外摆摊设点、占道经营的行为都是违法行为。

八、如何避免马路市场商贩与店铺经营者等产生矛盾冲突

现在，由于有的城市仓促跟风开放马路市场，将马路市场设在了农贸市场周围或者设在了临街商铺的门前，严重影响农贸市场内租摊位业主的利益和临街商铺业主的利益。为避免产生这样的矛盾，笔者建议：各地政府在设置马路市场地点的时候，要尽量避免把马路市场设在农贸市场周围或者临街商铺门前，这样可以避免产生矛盾。我们不能因为设置马路市场而影响临街商铺业主等其他人的利益。

针对上述各地开放马路市场带来的新问题。笔者认为：首先，各地政府要坚持以人为本为中心的思想，科学合理地设置和规范管理马路市场。特别在稳就业、保民生的形势下，各地政府部门首先考虑服务好广大市民群众，做好服务就是保证人民群众的合理需要，在服务中贯彻严格的规范管理，通过规范管理来服务市民群众。例如，优先为城市弱势群体提供马路市场摊位。其次，规范管理马路市场，严格对马路市场实施精细化、智能化管理，使马路市场更加有序发展，为稳就业、保民生提供广泛的就业渠道。例如，要规定严禁开豪车、汽车业主进入马路市场占道经营。最后，严格执法。在通过服务和管理不能解决的马路市场产生的问题时，就要根据法律规定严格执法，实施行政处罚。使马路市场成为各地政府稳就业、保民生的新常态。

作者：王毅，扬州大学法学院教授。

从"管理"到"治理"

——旧城更新中城市空间的精细化管理之国外案例分析

2015年底,习近平总书记在中央城市工作会议上曾明确指出:"要把握好城市发展规律,彻底改变粗放型管理方式,为人民群众提供精细化的城市管理"。2018年1月,上海市委书记李强在加强城市管理精细化工作推进大会上也指出,提高城市管理精细化水平,必须下绣花功夫,"绣"出城市管理精细化的品牌。目前国内很多城市在精细化管理方面进行了探索,越来越多的城市开始尝试创新,城市精细化管理的氛围正在开始形成。

城市进入精细化管理时代,城市精细化管理要从原有"自上而下"的管理模式,转变为"管理+服务"模式。旧城更新中城市公共空间品质提升,是城市治理的重点区域。而城市精细化管理,恰好能够"事半功倍"地解决旧城更新中老旧空间品质提升问题。

因此,本文将对国外旧城空间提质中的相关先进方式进行介绍,给国内的类似城市治理工作以启示。依据城市老旧空间更新中的两大空间类型,本文将分别对旧城公共空间中的两种空间——"集中空间"和"分散空间"应如何进行针对性的精细化管理提升作出分析。

一、旧城中的集中公共空间:权益剥离,专业的人做专业的事

集中空间是指在城市某个区域中一个面积较大、功能相对复合的单一空间。这种集中性的公共空间往往具有诸如权属不清、无人管理、空间内堆放各种杂物甚至垃圾等问题,容易成为城市的"消极空间"。如何才能改善集中公共空间的诸多问题?核心要做到权益剥离,即"所有权""管理权""使用权"分离,鼓励专业化团队进行管理运营,也就是"专业的人做专业的事"。

在很多国家,专业团队管理公共空间都取得了良好效果。借鉴这些经验,我们需要更多的政策鼓励以及专业管理。根据"所有权"与"管理权"不同组合,

主要有以下两种权益剥离的典型模式。

（一）集中公共空间类型一：公属空间，私人管理（代表案例：美国纽约高线公园）

政府作为城市的整体管理者和经营者，其优势是对城市宏观上的规划制定和制度管控。但是，对于具体项目微观层面的管理运营，往往并不能面面俱到。而且由政府大量投入人力物力进行每个公共空间的管理，势必也会增加治理成本。因此，分离管理职权，引入专业的运营机构全面操盘，是提升精细化管理的有效途径。因此，在公有集中空间的治理中，可以通过引入专业运营机构，实现精细化管理（图1）。

图1　精细化管理

"高线"是位于纽约曼哈顿西区的一段废弃了近30年的高架铁路。这里曾经是纽约市中心的工业要道。但是由于传统的工业制造已经逐渐退出城市，"高线"也因运输使命的结束而逐渐萧条，一度面临拆除。但是通过政府与专业运营机构的共同努力，"高线"转身成为向公众开放的高线公园（High Line Park）。高线公园重新焕发活力，成为年接待游客超过400万人次，盈利超4400万美元，带来总投资超过20亿美元的纽约最具人气的城市休闲公园之一，是纽约内城复兴的"标志和催化剂"。

可以说，政府对于高线公园所有权的合理调度以及对管理权的有效下沉，是推动在这场旧城区旧有集中空间的华丽蜕变的重要推手。

1.【所有权——公】政府依靠行政权力回收高线，重新梳理区域资源

2001年11月，新任市长Michael Bloomberg认可了高线的发展策略。2005年，重新区划的土地使用审核过程完成。地面运输委员会为高线铁轨的使用颁布了一个临时许可证，高线公园的所有者从运输部变为了城市政府。

但是，像很多旧城区内沦落为"消极空间"的集中公共空间一样，高线公园土地的重建涉及政府、原土地所有者、地方开发企业等多个开发主体，利益关系错综复杂。而且整个空间的改造，还面临着改造费用高但难有经济回报的巨大挑

战。为此,政府依靠自身的资源调配和规划审批优势,通过"空间面积补偿"和"容积率奖励"两大手法,有效平衡了各方权利主体的利益,把空间兑换出了价值。

1) 空间面积补偿

允许廊道内的土地所有者将土地的空间权出售给开发商,转出到片区内位于新建区周边的接收地块上,且原本的工业空间可以转换成住宅或商业。

(1) 指标转移:高线公园下方土地的指标通过"高线公园转换廊道"政策转移到附近的地块。

(2) 利润更高:用地属性从原先制造业用地变为现在的居住和商业用地,土地所有者可以获得更多的利益。

(3) 收益反哺:土地原有者每获得1平方米的置换空间,需要拿出50美元用于高线公园重建,成为高线公园工程的主要资金来源。

2) 容积率奖励

对于计划在高线公园周边开发房地产的企业,政府设定了一系列的容积率奖励条件和政策,企业只要满足高线公园发展的需求,就可以得到更多的开发利益。

政府通过"空间面积补偿"和"容积率奖励"两大手法,将空间置换出来,但接下来空间应如何兑换价值,还需要专业的运营。那谁来运营呢?

2.【管理权——私】民间机构"高线之友"主导高线公园开发方案制定

1999年,Joshua David 和 Robert Hammond 成立"高线之友组织",他们的队伍包括草根和名人、演员、时尚设计师、城市规划专家等。2003年,高线之友充分集结了民间力量,自发组织了开放的概念设计竞赛,来自全世界的超过700名设计者提供了方案。最终,高线之友选择了 James Corner 景观公司和 Diller Scofidio+Renfro 作为公园的设计师,政府承诺无偿拿出5000万美元作为建设费用。

高线之友基于对高线历史文化的深刻理解,塑造了最具魅力的步行空间。把工业铁轨变成线性公园,点亮整个区域的环境底板、四季的景观与创意的小品。同时,高线之友与当地公司合作,每月定期组织多样化活动,为其提供公司形象展示和宣传机会,同时获得公司的赞助。高线公园从此成为深受民众喜爱的城市公共空间。

最终,政府与民间机构、私人企业各司其职、各展所长,通过"所有权回收""规划权共享"和"管理权剥离",使高线公园成为纽约新的旅游目的地。

对于我国旧城中的集中公共空间改造来说,往往是政府替民众做了许多决策,而民众是否真正喜爱并乐于使用这个公共空间却存在疑问。这种"管理"而非"治理"的做法与精细化管理的理念背道而驰。因此对于我国政府来说,可以尝试将部分管理权让渡给民众,征集民意并运用在空间运营过程中,将公共空间真正还给市民,才是城市精细化管理行之有效的方法。

（二）集中公共空间类型二：私属空间，协同管理（代表案例：日本东京汐留）

在城市公共空间中，还有一类集中公共空间是存在于某座大厦前或某个商务园区中，产权归各个产权单位管辖的私有集中空间。针对这类私有集中空间，仅凭企业和个人的资源进行开发管理往往难以为继，而政府的行政推动力和制度执行力则是对私人管理权力方面的有效补充。

但是，在国外的相关案例中，我们可以看到：通过提供资金支持、制定优惠和特例政策，私人空间可以在新的规则下得到有效的开发，实现精细化管理。因此，应在私有集中空间中，与政府合力开展规划运营，提升综合管理成效（图2）。

图2　与政府合力开展规划运营

"汐留"原本是东京的一个废弃货运站。20世纪80年代起，汐留地区开始进行都市再生更新，逐渐发展为东京新的金融、商业和文化副中心。改造后的地区总建筑面积达168万平方米，可以接纳就业人口约6万人，居住人口6000人，带来1兆1千亿日元的经济带动效果。

汐留地区再开发过程中，也出现了大量私属公共空间——产权归购买商务楼宇的企业所有，但是又属于公共活动区域，例如：楼宇前的公共空间。为了盘活这些空间，汐留商务楼的业主们自发成立了联合协会和管理协会，共同对空间进行规划和运营，使私有公共空间不再破碎，成为一个有机的整体。

基于实际使用需求，汐留地区城市联合协会（汐留地区まちづくり協議会）设计了完善的立体步行道路体系，将各个集中空间进行串联，避免了各人自扫门前雪，提升了整体商业价值。大量应用空中连廊结构，实现人车分流的同时，保证行人连贯的步行节奏。空中连廊与地面、地下步道无缝对接，地上地下切换方便。采用"类地面"的铺装设计，降低空间割裂感，保证步行体验统一。立体化步道设计使建筑群实现无障碍衔接，实现交通联系的高度便捷。

对于区域的运营和维护，当地的业主们在汐留地区城市联合协会之外，又成立了专门的法人组织"汐留城市管理协会"（汐留シオサイト・タウンマネジメント），其职能不同于联合会的主导区域规划建设，更多的是负责区域的管理维护工作。区域的运营维护费用由民间和政府共同出资，费用每年约3亿日元，其中政

府提供1亿日元，民间负责2亿日元。最终，通过政企合作形成了有主权、有资助、有引导的合作模式，有效激发了区域整体活力，实现了汐留整体的人气塑造和空间利用（图3）。

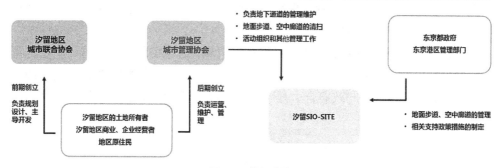

图3 运营与维护

实际上，在中国的很多商务区CBD中，都可以借鉴这种治理模式，让商务区的使用与维护成为一种自下而上的协同治理。

二、旧城中的分散公共空间：定制化使用，网络化管理

对于我国旧城公共空间来说，除了大型的集中空间外，还有大量分散的公共空间，如邻里空间、夹道、胡同等。这些分散空间相比于集中空间来说，它们很小很散，不好加以利用也不好管理，经常会出现荒草丛生、使用不当甚至城市安全等问题。因此，针对需求不同、难于管理两大问题，可以对分散空间进行社群化运营、网络化管理。

（一）社群化运营（代表案例：美国格伦代尔市国际象棋公园）

国际象棋公园位于美国洛杉矶格伦代尔市（Glendale）布兰德大道中心街区的两个商店之间，曾经是一个单调乏味的连接停车场、剧院及周围的过道，通过充分调动当地社群——象棋俱乐部的力量，为文化区文艺爱好者定制，提供了丰富文化氛围和活动，成一个地标性地、以社区服务为导向的公共空间。

针对社区象棋爱好者，设计师以"象棋"为主题，对公园进行整体设计。设计师以棋子为模型设计了5座有趣的灯塔。每座灯塔高约8.5m，底座采用Trex（一种塑料与木料混合的再生产品装饰材料）制成，棋子形状的顶部由白色人造帆布制成。这些灯塔不仅使公园具有了艺术气息，同时也满足了公园照明和空间设计的功能需要。

通过象棋游戏，进一步激活了公园空间的活力。附近商家和社团组织的活动，对空间的管理维护起到了积极的作用。现在，国际象棋公园已经成为城市中心街区营造的一处生机勃勃的聚会场所，为国际象棋俱乐部及附近居民提供了一个安全舒适的休闲环境。由此，原本零散的城市空间，成为文艺爱好者公共活动的目的地。

将治理工作下沉到社区社团，充分调动社区民众的参与热情，是让城市公共空间精细化治理"事半功倍"的重要方式，尤其是对旧城区中的老旧社区这种方式尤为重要。

（二）网络化管理（代表案例：美国纽约公共空间智慧平台）

对于大城市来讲，破碎化的分散空间是非常多的。在智慧城市的建设过程中，分散空间也应当纳入智慧城市管理体系。其中最有效的方式是搭建完善的城市公共空间可视化网站，利用智慧化工具，实现城市分散空间的有效管理和监督。

其中，纽约以其完善的公共空间智慧平台建设成为典范，纽约市政府高度重视私有公共空间的管理，出台新法律进行智慧平台建设。2017 年 6 月 29 日，由纽约市土地利用委员会前主席大卫·格林菲尔德（David Greenfield）主持的公开会通过该法案。2002 年，哈佛大学教授杰罗德（Jerold）创立了私有公共空间倡议组织（APOPS），旨在振兴和管理纽约市的私有公共空间，使其能为纽约市市民充分使用。创建后不久，该组织就与纽约市艺术协会（MASNYC）及规划部门合作，共同致力于公共空间的激活问题，逐步搭建起关于管理私有公共空间的智慧平台。

首先，创建公共数据库，提供所有公共空间的权属信息及其他详细信息。网站包括了每个私有公共空间的简介、设计方案、开放时间、配套设施等详细情况。完善的数据库和友好的使用界面提升了查询效率和监督力度，让每个人都可以方便快捷地使用。

其次，借助网站，鼓励市民监督私有公共空间的运营维护，并为其评分、上传照片视频，甚至鼓励公众提出新的设计方案以及临时性活动提案。

目前，国内很多城市都在进行"智慧城市"的建设。智慧城市不仅是让我们的交通、医疗、环保等公共服务更加便捷智能，也是让我们的空间治理更加贴近百姓，契合"人民城市"的发展要求。

综上所述，在城市的精细化管理中，旧城的公共空间是管理的重中之重。因此，政府要从原有的"自上而下"的管理模式，转变为"管理+服务"模式，更多地在"治理"方面运用更加有效的方式方法，才能够更好地指导城市精细化管理工作。

作者：刘潇畅，华高莱斯国际地产顾问（北京）有限公司。

实践篇

2019年河南省百城建设提质工程工作总结

2019年以来，全省上下认真落实河南省委、省政府安排部署，全域推进百城建设提质工程，各市县积极响应、主动作为，省直各相关单位立足职能合力推进，努力推动城市高质量发展，各项工作稳步向前，成效明显。

一、河南实施百城建设提质工程的总体考虑

习近平总书记调研河南工作时，指示河南要打好"四张牌"（产业结构优化升级、创新驱动发展、基础能力建设、新型城镇化），让中原在实现中国梦的伟大征程中更加出彩。河南省有17个省辖市、105个县级城市，中小城镇数量多，城镇化水平低，这是制约河南省经济结构优化的突出问题；加快提升城镇化水平，提高城市的建设质量和管理水平，塑造现代化城市应有的良好人居环境，是新常态下稳增长保态势、转方式调结构、补短板惠民生，实现中央提出的高质量发展要求的战略举措。

目前，全省县城及以上城市的数量达到122个，城镇化率达到51.76%。河南省城镇化发展速度大幅提升，2010～2017年常住人口城镇化率年均提高1.6个百分点，高于全国年均增速的0.4个百分点，但是，由于是内陆地区、人口大省（2018年底户籍人口1.09亿），工业化进程、改革开放进程晚于广大沿海地区，城镇化水平仍低于全国平均水平近8个百分点。要完成"十三五"末全省城镇化率达到56%的目标，还要继续发挥好县级城市作为全省城镇化主力军的作用，积极加快县级城市的发展。但广大的县级城市，普遍面临着基础设施水平偏低，公共服务滞后，老旧城区人居环境差，产业支撑力较弱，规划建设水平不高，生态环境较差，综合竞争力不强的问题。如何解决好这些问题是全省城乡规划建设工作的一项头等任务。为此，省委、省政府全面贯彻党的十八大、十九大精神和中央城市工作会议精神，认真落实习近平总书记提出的打好"四张牌"重要指示精神，坚持走符合河南特点的新型城镇化路子，作出以县级城市为重点，实施百城建设提质工程，迅速提升县级城市规划建设和管理水平的重大决策部署。

百城建设提质工程的主要内容包括：加强规划编制、提高城乡规划的科学性

和严肃性、提高城市综合承载能力、提高产城融合发展水平、提高老旧城区人居环境质量、提高城市精细化管理水平、提高城市居民综合素质等，力求通过三到五年努力，全省县级城市基础设施和公共服务设施水平明显提升，城市管理水平、人居环境明显改善，资源集约利用效率明显提高，城镇特色更加鲜明，综合承载能力显著提高，城镇吸纳力、辐射力明显增强，新型城镇化健康发展，一批县级城市达到全国一流水平。

二、2019年百城建设提质工程工作开展情况

（一）注重高位推动，统筹推进百城建设提质工程

一是制定年度工作实施方案，加强工作指导。印发了《2019年全省百城建设提质工程工作实施方案》，具体明确了百城建设提质工程2019年的主要任务、重点工作和推进措施，并根据各市县不同批次启动实施的实际情况，实施了分类指导。

二是2019年召开了两次全省百城建设提质工程暨文明城市创建工作推进会，1月在洛阳召开的推进会，就推动城市高质量发展进行了部署，并把百城建设提质工程扩展到所有市县；10月在鹤壁、新乡、焦作召开的推进会，重点就城镇老旧小区改造提质，安排部署全域实施百城建设提质工程工作，深入做好"四篇文章"，突出抓好城市"四治"，大力推进城镇老旧小区改造提质，推动全省城市高质量发展，省长陈润儿带队观摩了百城提质和文明城市创建工作开展情况，并在会议讲话中强调要深入贯彻习近平总书记关于城市工作的重要论述，持续发力、全面推进，推动城市规划、建设、管理、经营高质量发展，为全省全面深入开展好百城建设提质工程明确了工作方向和目标任务。

三是研究制定《河南省"一流县级城市"考核评价办法（试行）》，科学评价和引导河南省县级城市规划建设管理工作，推动全省县级城市高质量发展。省百城办组织研究制定了《河南省"一流县级城市"考评办法和评价标准体系》，并向省直有关部门和各市县广泛征求意见，已完成报审稿。

四是适时开展专项督查工作。省政府派出9个督导组对郑州、平顶山、安阳、焦作、濮阳、许昌等市的百城建设提质工程开展情况进行督查，对各市县的2019年百城建设提质工程推进机制、规划编制、项目建设、老旧小区改造、城市"四治"、垃圾处理等工作进行了综合督查，对各市县涌现出的好的做法进行了总结提炼，对存在问题进行了梳理，较好完成了督查任务。

五是大力开展专题培训。省委组织部通过市县主要领导同志专题培训班、"城市群建设与小城镇协调发展"专题研究班、百城提质专题网络培训等一系列教育培训工作，打造一批高素质专业化的干部队伍，助推百城建设提质不断深入。

六是加强信息宣传报道。通过调研和收集市县工作信息，及时总结、宣传市县工作突出的亮点和成效，并与人民网、中国建设报、河南日报、河南电视台、河南人民广播台等主流媒体联系对接，多方位、多角度报道河南省百城建设提质工程进展情况。截至目前，2019年各地上报信息2656篇，省百城办编发简报18期、工作动态11期。7月22日省委宣传部与省百城办联合举办"百城建设提质暨文明城市创建"典型经验主题采访活动，中央驻豫及省属媒体对百城建设提质工程工作先进市县进行了专题宣传报道，国家建设报刊发表8篇百城建设提质工程文章。

七是10月17—18日，省政府组织召开了以老旧小区改造为主题的百城建设提质工程暨文明城市创建工作推进会，对城镇老旧小区改造工作进行了全面部署。各地市成立领导小组，以财政为主体，多渠道筹资，舆论引导，提高群众参与的积极性，因地制宜，因区制宜，实施"一区一策"，创新机制，建立长效管理体系，多方位推动城镇老旧小区改造工作。

（二）市县高度重视，积极落实百城建设提质工程各项工作任务

一是加强组织保障。实施百城建设提质工程的市县都成立了由党政主要负责同志任组长的百城建设提质工程领导小组，抽调专人成立百城建设提质工程领导小组办公室，负责具体工作组织推进。

二是加强政策指导。省委、省政府印发《关于推进百城建设提质工程的意见》，省政府办公厅印发《河南省县城规划建设导则》《河南省百城建设提质工程投融资方案》和《河南省百城建设提质工程用地保障方案》等。省百城建设提质工程领导小组印发《河南省百城建设提质工程任务分工和工作推进机制》《河南省百城建设提质工程实施方案审查办法》《2019年河南省百城建设提质工程实施方案》等文件，强化政策支持和政策引领，为有序地推进工作奠定基础。实施百城建设提质工程市县出台了项目谋划、资金落实、年度项目实施方案，不少市县还建立了观摩、点评、督导考核等机制，推进措施扎实有力。

三是部门协同发力。河南省住房和城乡建设厅作为牵头部门，建立机制、出台政策、统筹推进。省发展改革委、省财政厅、省国土资源厅、省教育厅、省体育局等成员单位结合各自职责，制定工作措施和计划，印发出台了系列支持文件，发挥主观能动性，在政策、资金、项目、融资等方面给予支持、倾斜，形成工作合力，扎实推进实施。

四是坚持试点先行，有序推进。综合考虑各市县财力状况、人口规模和经济发展水平，以及脱贫攻坚战进展情况，坚持试点先行、分步推进，不搞齐步走、一刀切，实施百城建设提质分三批由点及面、循序渐进、摸索经验、示范引路，避免发生系统性偏差，避免因实施百城建设提质影响脱贫攻坚这个重大战略任务的完成。

五是加强督导考核。省政府成立9个专项督导组,对各地百城建设提质工程推进情况分片包干,实施常态化督导,全面掌握各地开展推进百城建设提质工程工作情况,印发工作通报,总结成绩、鼓励先进、鞭策后进,推动百城建设提质工程不断向好发展。

(三)坚持规划引领,精心绘制城市成长坐标

规划是城市建设的"第一粒扣子",如果"第一粒扣子"系错了,城市建设就必定会走弯路。客观上看,由于有很多国内也包括一部分国外高水平规划设计单位的参与和支持,河南省辖市的规划与各地的自然特色、历史文化、发展战略定位结合得比较好,水平还是比较高的。但是县级城市的规划普遍存在着规划编制滞后、水平不高、覆盖不全、深度不够、执行不严等问题。推进百城建设提质工程,提升县级城市发展水平,必须完善科学的城市规划体系,提高规划水平。一是高水平编制城乡总体规划。要求各地按照多规合一原则,编制统筹城乡、覆盖全域的城乡总体规划,严格保护基本农田和生态用地,合理划定城镇开发边界,防止城市摊大饼式无序扩张。二是做好各项专项规划编制。百城建设提质工程最终要落实到项目上,在规划编制中,尤其强调了专项规划的编制,依据专项规划谋划近期建设项目。根据城市发展的需要和住房和城乡建设部的工作部署,安排了30多项市政公用设施和公共服务设施专项规划的编制任务。三是大力开展城市设计。为了解决城市特色不突出的问题,引导各地做好老旧街区改造和城市功能修补,要求各地结合总体规划修编要完成城市总体设计的编制,同时,对县城出入口、主干道、城市中心、滨水地段、城市新区等重要区域也要完成做好城市设计。截至目前,完成专项规划编制2963项,城市设计覆盖率96%。

(四)突出抓好城市"四治",提升城市品质

以开展城市四治为突破口,努力补短板、强弱项,从群众最关心的问题抓起,从群众反映最强烈的问题改起,综合开展生态环境治"污"、交通秩序治"堵"、市容卫生治"脏"、公共服务治"差"专项行动。

1. 生态环境治"污"

就是要努力解决"污染围城""污染漫城""污染在城""污染穿城"四个方面的问题。

"污染围城"是指城市垃圾乱堆的问题,采取了四项措施:一是实施城乡生活垃圾统一处理。按照"户分拣、村收集、乡中转、县处理"的原则,完善垃圾收运处置工作机制,把生活垃圾统一收集到县城集中处理;二是进行无害处理。在利用好卫生填埋处理的基础上,以省辖市为主体统筹建设垃圾焚烧处理设施建设。

三是综合利用。积极推动县市建设生物质发电厂，把秸秆等可利用资源积极利用好，推动各地建设建筑垃圾处理设施，充分利用好大量的建筑垃圾。四是依法管理，开展非正规垃圾堆放点排查整治工作。

"污染漫城"指的是城市黑臭水体治理问题，主要抓好三项工作。一是抓好污水纳网。健全雨污分流的管网系统，搞好截污纳网，疏通下水管网、激活"僵尸"管网、接通断头管网，提高污水管网覆盖率。二是抓好污水处理。以"水质可持续、能源可回收、资源再循环"为目标，抓好污水净化处理，完善污水处理设施，提高污水处理效率。三是抓好污水排放。污水废水必须达标排放，对超标污水进行预处理，凡不经处理超标排放的重罚。

"污染在城"是指城市建成区内的高污染高排放企业和其他污染源问题等。主要抓了以下几项工作：一是推进工业退城。加快城市规划区内散乱污企业的治理，制定重污染企业搬迁计划，对布局在城区和城市周边的"高耗能、高污染、高排放"企业，该关闭的关闭，该淘汰的淘汰，该搬迁的搬迁，该腾退的腾退，最大限度地减少城市污染。二是抓好散煤治理。推进大气污染治理"六控"措施落实，综合采取"电代煤""气代煤"和清洁煤替代等方式，减少散煤散堆散存散烧污染。三是抓好市场外迁。一些布局在城区的大型专业市场、综合市场，人员流动性大，带来了环境污染诸多问题，逐步推动各类市场向城外搬迁。

"污染穿城"主要是交通污染问题。河南被形象地称为"全国十字路口"，日过境车辆近100万辆，全省机动车保有量2400万辆，其中柴油车500万辆，由此带来的交通污染不容小觑。河南许多城市就是依路而兴，国道、省道穿城而过，特别是重型货车，是尾气排放"大户"，在城区往来穿梭，络绎不绝，成为城市空气中的重要污染源。因此，着力加快国道、省道改线，新建绕城环城道路，严控重型车辆进城，减少过境污染。驻马店市制定出台大气污染防治、水污染防治、土壤污染防治攻坚战实施方案以及扬尘污染、成品油市场、渣土运输车、散煤燃烧、散乱污染等11个专项整治方案，实现环境污染防治精准、精细、精确作业。浚县实施河道整治提升，断流多年的大运河旧河道重新通流，大运河浚县城区段生态环境质量大幅提升。

2. 交通秩序治"堵"

交通拥堵不仅是大城市的通病，而且已经向中小城市蔓延，解决交通拥堵问题成为当前的一项迫切需要。交通秩序治"堵"主要抓了四项工作。一是完善道路交通网络。加密路网密度、完善路网布局、打动断头路、增加慢行系统。二是加强交通管理。加大对乱停车的治理，同时，抓好行车秩序，倡导文明交通。三是完善交通设施。加快停车站点建设，大力推进地铁和快速公交建设，对城市主要道路交叉口进行渠化改造。濮阳市深入开展"城市道路交通文明畅通行动"，严肃查处"三驾、三乱、两闯、两车",查处各类违法违章19.4万起,有力维护了交通秩序。汝州市2019年新增机动车停车位326个,开通3条免费公交专线,城市核心区机动车日均运行量下降21%。淮阳县公交场站项目96座充电桩位、智能监控调度中心、交通便民服务中心等已经建成,城市交通拥堵状况得到明显改善。

3. 市容卫生治"脏"

重点抓好五个方面工作:一是制定标准,要求城市主次干道都要达到"双十"标准,普遍实行机械化清扫作业;二是推进街面管理网格化。把城区街面划成若干边界清晰的管理区域,明确责任单位、管理任务、工作标准,定时对环境卫生、门前三包、市容秩序进行巡查检查,有效治理了城市顽疾。三是推进集市管理规范化。

4. 公共服务治"差"

重点提升了五个方面的服务:一是改善教育服务。着眼于教育均等化,按照合理布局、就近入学、提升质量的原则,大力推进中小学校和职业学校建设,优化城市教育资源布局,促进教育均衡发展,切实缓解大班额问题。二是保障医疗服务。加强基层医疗卫生服务体系建设,推进医疗机构资源共享、协调互动,特别是发挥社区医院作用,形成15分钟的医疗服务圈,缓解群众看病难看病贵的问题。三是创新社区服务。结合老旧小区和老旧街区改造,努力完善社区服务设施建设。四是丰富文体服务。加强文化体育设施建设,打造城市"十分钟健身圈",深入实施文化惠民工程,让市民玩有去处、乐有所依。五是发展康养服务。健全养老服务体系,发展居家社区养老服务,加快公办养老机构改革,支持社会力量兴办养老机构,构建养老、医护、康复、临终关怀相互衔接的服务模式,全面提升康养服务质量。

(五)加强项目建设,完善提升城市功能

各市县统筹做好以绿"荫"城、以水"润"城、以文"化"城、以业"兴"城四篇文章,准确把握城市建设提质内涵,坚持硬件与软件相统一、新区与老区相统一、地上与地下相统一、宜居与宜业相统一的原则,高标准谋划和建设了一大批民生项目和老城区的提质项目。百城建设提质工程实施以来,新建改建城市道路5071公里,打通1164条断头路;新建改建热力管网3519公里,新建改建换热站2059个,新增供热面积12610万平方米,新建改造燃气管网19312公里;新建改建自来水公司80个;新建扩建中小学1850个,总投资1251亿元,新增学位132万个;新建扩建幼儿园820个,总投资69亿元,新增学位20万个;新建扩建医院497个,总投资994亿元,新增床位195322个;新建扩建养老机构741个,总投资195亿元;新建扩建医养结合机构211个;新建扩建文化项目4134个,总投资438亿元;新建扩建体育项目3032个,总投资141亿元;新建改造公厕7157座,总投资 7629 亿元；完成改造背街小巷 15663 条，完成投资 51 亿元；治理联通水系 443 条，新增水域面积 16813 万平方米；新建街头游园 2011 个，新建公园 438 个；新建停车场 1181 个，新增 61 万个停车位；新增公交线路 659 条，新购置公交车 10425 台，总投资 362 亿元；临街立面改造 1167 条道路，整治户外广告 47 万块；新建垃圾处理项目 368 个，总投资 339 亿元，已建成 299 个；完成缆线入地 2238 条，缆线入地长度 62469 公里；新建扩建污水处理厂 138 个，总投资 7792 亿元，新建污水处理管网 15611 公里；新上产业项目建成投入生产的 5123 家，总投资 22425 亿，属于世界 500 强的 63 家，属于国内 500 强的 83 家；修复利用文化项目 200 个，总投资 282 亿元；城市创建中获得国家级的有 82 个，获得省级的有 81 个。市政基础设施完成投资额前 5 名的省辖市有：郑州市、安阳市、许昌市、漯河市、商丘市；县市中完成投资额排名前 10 的有：永城市、淮滨县、长垣县、新安县、鹿邑县、西峡县、汝南县、淇县、新密市、新蔡县等。在组织推动各地项目建设的同时，省百城办组织有关市县召开"一对一，面对面"的专门指导，保障各市县项目建设顺利有序开展。

（六）做好要素保障，为百城建设提供强大资金支持

指导各市县认真加强政府债务管理，防范化解地方政府债务风险，积极吸引社会资本加大投入，创新融资方式，强化融资能力。2019 年全省百城建设提质工程投融资洽谈会共邀请到国内外企业 372 家，发布推介项目 618 个，共投资 8302 亿元，其中 147 个项目现场签约，投资额 2251 亿元。截至 11 月底，已开工 110 个，项目履约率 74.8%，实际完成投资额 350 亿元。国开行、农发行、中国银行等九家金融机构向全省百城建设提质工程项目放款 1798.7 亿元。纳入财政厅 PPP 项目库的百城提质类项目 786 个，总投资 11032 亿元，其中已落地项目 389 个，总投资 5710 亿元。一是召开省百城建设提质工程投融资专题培训会，及时宣传解读国家最新金融政策，就百城建设提质工程项目推进过程中存在的"合规难、入库难、融资难、落地难"等问题进行专家讲解，为各市县答疑解惑。二是召开全省百城建设提质工程投融资洽谈会，为各市县和社会资本方搭建交流沟通平台。会议共邀请到国内外 372 家企业，发布 618 个推介项目，共投资 8302 亿元，其中 147 个项目现场签约，投资额 2251 亿元。签约项目涉及城市基础设施、公共服务设施、城市"双修"、棚户区改造、产业发展、综合片区开发、特色小镇、智慧城市等多个领域。

（七）注重城市经营，保障城市可持续发展

各地坚持经营城市的理念，大力推进土地利用综合改革，积极盘活土地资产，做好土地经营，2017 年以来，全省实施百城建设提质工程的市县筹集各类土地资金收入达到 8516 亿元。截至目前,全省国有建设用地获批 37.9 万亩,供应(不含代征)32 万亩,土地出让 21 万亩、价款 2842 亿元,其中:郑州市、洛阳市、驻马店市、周口市、商丘市、南阳市、许昌市 7 个省辖市超过 100 亿,郑州市本级、洛阳市本级、中牟县、新郑市等 59 个县(市、区)超过 10 亿元。既有力地保障了用地需求,又筹集了建设资金,有效化解了政府财政风险,为百城建设提质提供了有力的资金支撑。

(八)以老旧小区改造为重点,促进老城区有机更新

一是坚持高位推动。2010 年 10 月 17 日至 18 日,省政府组织召开了以老旧小区改造为主题的百城建设提质工程暨文明城市创建工作推进会,省政府主要领导出席会议并讲话,全省所有市县区的政府主要领导和分管城建工作的领导参加会议。会上,对城镇老旧小区改造工作进行了全面部署。根据中央把老旧小区改造纳入保障性安居工程,结合河南省老旧小区改造工作实际,河南省调整增补了保障性安居工程工作领导小组成员单位,将省委组织部、省电力公司、通信管理局等单位纳入领导小组,统筹协调全省老旧小区改造工作。同时,河南省住房和城乡建设厅内部也成立了以主要领导为组长的老旧小区改造工作领导小组。河南省将老旧小区改造作为百城建设提质工程的重要内容,采取年度督导、年终考核等措施推进改造工作。

二是全面摸排底数。为研究制定全省老旧小区改造的工作计划和推进措施,河南省组织以 2000 年为界开展老旧小区进行调查摸底工作。各省辖市迅速贯彻落实,明确责任,组织专人负责,认真查清老旧小区的面积、居住人口、建筑质量和基础设施、公共服务设施的欠账情况。结合三部委通知要求,目前已完成了摸底调查工作。初步统计,全省 2000 年前建成的老旧小区 17000 多个,涉及群众 190 多万户,建筑面积约 2 亿平方米。按地域分类,省辖市占 80% 左右、县城占 20% 左右。

三是积极争取补助资金支持。经过积极争取,全省纳入 2019 年中央补助资金支持改造的老旧小区 3383 个,涉及群众 50 万户,建筑面积 4700 万平方米。争取中央财政城镇保障性安居工程专项资金 45 亿元和专项改造资金 10 亿元,争取资金规模居全国首位。河南省财政也安排 5.7 亿元补助资金支持老旧小区中养老设施的改造工作,目前已全部分配到各市县。截至 11 月,纳入今年中央补助资金支持的老旧小区已完成改造 535 个,1304 个小区正在改造,其余正开展前期工作,争取今年年底前全部开工。

四是研究制定政策标准。11 月 18 日,省政府制定出台了《河南省人民政府办公厅关于推进城镇老旧小区改造的指导意见》(豫政办〔2019〕58 号),10 月

河南省住房和城乡建设厅会同省财政、发改、民政、自然资源、审计、电力公司等部门联合印发了《关于城镇老旧小区改造工作的指导意见》（豫建城建〔2019〕299号），对老旧小区改造总体要求、改造原则和工作任务进行了明确。河南省17个省辖市和济源示范区也都制定出台了当地的老旧小区改造标准。省住房和城乡建设厅还在着手组织编制《河南省城镇老旧小区综合改造技术导则》，为各地更好地完成老旧小区改造提供技术指导。

五是积极探索改造模式。老旧小区改造涉及内容杂、群众多、覆盖广。全省各地市在推进老旧小区改造过程中，坚持"业主主体、社区主导、政府引领、各方支持"的原则，既尽力而为，又量力而行，通过"做小事、做实事"，努力提升人民群众对老旧小区改造工作的认同感和获得感。在实践中，一些市县探索出了一些非常好的经验做法：如焦作市建立"334"楼院协商治理模式，创新社区治理新路子；许昌市2018年被列入国家老旧小区改造试点，他们积极挖掘社区空间资源，新增停车泊位实施有偿使用，用于公共设施更新维护，同时对社区养老、文体活动、儿童托管等服务设施进行了完善，对小区道路、地下管网、建筑饰面等进行了改造提升，达到了预期成效，通过了住房和城乡建设部的验收；郑州市出台老旧小区整治提升工作导则，对加装电梯、水电气暖改造、城市书房建设、日间照料中心建设等分工负责、统筹推进；洛阳市采取政府扶持、居民参与和把老旧院落"打包"的方式，引入专业物业公司，提升老旧小区的服务功能。还有不少县市借助国企"三供一业"改革，也对老旧小区进行了改造提升。

六是加强舆论引导。充分利用报纸、电视、电台、门户网站、微信公众号等方式大力宣传老旧小区改造工作，营造政府倡导、社会聚焦、多方关注、群众参与的良好氛围。2019年7月底，吴浩厅长做客河南电视台的电视问政节目，回应社会和老旧小区居民关注的问题。昨天，省政府新闻办公室组织召开了城镇老旧小区改造提质工作新闻发布会，通过新闻媒体做好老旧小区改造的宣传报道工作，为全省城镇老旧小区改造工作顺利推进营造良好的新闻舆论环境。

三、存在的问题

百城建设提质工程工作推进过程中存在一些问题和困难：

一是对百城建设提质认识不足，重建设轻管理问题依然存在。一些市县不能全面落实百城建设提质工程的要求，存在着重建设、轻管理的现象，城市"四治"工作推进力度不够，达标街道、老旧小区改造等项目进展缓慢，城市精细化管理水平不高。个别市县将不属于百城建设提质工程的项目包装进百城项目库，夸大投资成效。

二是融资难度逐年加大。随着国家加强对地方政府债务严格管控，各类金融机构给予的资金支持对项目要求越来越严，融资渠道收窄，百城建设提质工程后续资金压力较大。地方政府受财力限制，项目融资困难，一定程度上制约了百城建设提质工程项目的实施。

三是百城建设提质土地供应仍需进一步规范。一些地方对百城建设提质工程涉及的土地收储供应没有统一安排，没有按要求编制土地收储计划和年度土地供应计划，不能严格控制供应时序、实施"净地"出让。一些地方政府没有垄断土地一级市场，土地增值收益没有转化为财政收入。一些工程项目用地前期材料、费用等准备不充分，用地指标、占补指标协调难度大，造成后期审批时间长，制约了项目建设进度。

四是工作推进体制机制需要进一步加强。部分市县百城建设体质工程推进机制不完善，百城办力量薄弱，统筹协调推进力度不够。百城建设提质工程工作缺乏有力的激励机制。

四、2020年工作思路和主要任务

深入贯彻落实习近平总书记关于城市建设管理指示及视察河南重要讲话、在黄河流域生态保护和高质量发展座谈会上的重要讲话精神，坚持以人民为中心推进新型城镇化，以推进城市老城区有机更新为切入口，以解决好背街小巷、老旧小区改造等为重点，推进城市精细化管理，持续提升城市品质，不断开创城市高质量发展新局面。

一是大力推进城市老城区有机更新，提高城市精细化管理水平。按照百城建设提质"四个统一"的原则要求，把宜居宜业、硬件和软件、地上和地下、新区和老区统一起来，重点做好老城区和背街小巷的联动整治工作。按照"街面整治、立面清爽、地下通畅、功能完善"的原则，各地围绕环境净化、绿化、亮化和供暖、供气、雨污水管网改造、强弱电规范管理、物业管理全覆盖等重点工作，改造提升了一大批老旧街巷，居民幸福指数不断提升。同时要把城市老旧街道有机更新作为整个城市有机更新的突破口来抓，统筹做好机非分离、人车分离、道路绿化、缆线入地、路灯美化、标识标牌、沿街立面、历史建筑风貌、门店招牌整治等工作，实现形态更新、业态更新、功能更新，激发城市活力，推进城市高质量协调发展。持续推进城市"四治"工作，提高城市精细化管理水平。

二是提高规划设计水平，高标准做好项目谋划实施。要坚持设计引领，提升设计水平，把城市设计的理念贯穿方方面面，提高建筑、市政基础设施建设品质。各市县应牢牢坚持提质增效总基调，注重提升城市内涵，坚持问题导向和目标导向相结合，高标准编制城市规划和城市设计，科学谋划项目的类型、建设标准和规模，统筹各类项目在空间布局、建设时序的协调和衔接，保障项目可落地、可实施。各省辖市百城办要加大对县区计划入库项目的审查力度，剔除非百城建设提质工程类项目，提高项目谋划和实施质量。

三是加强项目储备，加大投融资力度。各地要根据国家重大战略部署和要求、各项建设规划以及财政承受能力和融资能力等，谋划储备一批民生领域项目，积极争取国家对基础设施补短板、老旧小区改造项目等资金支持。深化投资领域"放管服"改革，加快推进项目前期工作和开工进度，保障在建项目顺利实施，避免形成"半拉子"工程。严格防范化解地方政府隐性债务风险和金融风险，严禁以政府投资基金、政府和社会资本合作、政府购买服务等名义变相举债。进一步加强签约项目的跟踪督导，精确掌握各市县签约项目进展情况，加强调查研究，指导各市县解决实际问题，确保百城建设提质工程高质量发展。

四是构建用地保障新机制，做到应保尽保。要严格落实"增存挂钩"机制，持续提升土地节约集约用地水平。通过增减挂钩、工矿废弃地复垦等方式盘活存量，使用流量做好项目用地保障。要做好土地收储供应，牢牢把握住土地一级市场，统一土地征收、土地储备、土地出库和土地交易，为百城建设提供资金保障。探索优化土地和规划审批事项，将土地预审、审批、供地及土地证办理与规划"一书三证"深度融合，进一步完善审批服务标准化工作规程和审批服务事项办事指南，切实提升审批服务效率。

五是完善推进机制，提高工作成效。各地要认真学习借鉴先进市县经验，建立健全主要领导挂帅、多部门联动的百城建设提质工程工作运行机制，加强各地百城办的综合协调、督导和项目推进管理职能与队伍力量，加强对百城建设提质工程工作的领导。要进一步完善项目管理、观摩学习、督查考评、奖惩激励等工作机制，统筹开展好百城建设提质各项工作，不断提高百城建设提质工作效率，推动城市高质量发展。各省辖市要进一步加强对所辖县（市）的业务指导，定期开展观摩督导和业务培训，创新工作思路，激发工作热情，提升各县（市）工作积极性和工作能力。

六是统筹谋划，全力推进老旧小区改造工作。按照"实施一批、谋划一批、储备一批"的原则，区分轻重缓急，统筹安排改造时序。指导各地组织制定老旧小区改造计划，建立专项工作机制，加强统筹协调。指导各地编制城镇老旧小区改造三年（2019～2021年）行动计划和年度实施方案，并会同省发改、财政、民政等相关部门，做好资金筹措、项目安排、组织实施等工作。同时加强对市县老旧小区改造的跟踪和督促，抓好改造工作的质量和进度。坚持改造与后续管理并重，充分调动社区居民和相关单位等共同参与老旧小区改造全过程，实现"共谋、共建、共管、共评、共享"推动城镇老旧小区改造与历史街区保护、城市风貌塑造、社区经济发展、文明城市创建等有机融合,坚持以文明城市创建引领老旧小区改造提质,以老旧小区改造提质支撑文明城市创建,为老旧小区的改造提质和长效管理提供持久的文明"软环境"支撑。

(河南省住房和城乡建设厅供稿)

北京市东城区"吹哨报到"破解城市治理难题

北京市东城区作为首都核心区,始终牢记"崇文争先"的首善标准,着力提升城市管理化水平,不断探索城市精细化治理新路径。东城区充分发挥网格化管理优势,以"街道吹哨、部门报到"为抓手,条块凝聚合力,解决涉及城市管理、环境整治、突发事件等群众"家门口"的操心事、烦心事、揪心事,破解基层治理的"最后一公里"难题。

2019年,东城区全力抓好"街道吹哨、部门报到"工作,不断深化"街道吹哨、部门报到"改革,完善闭环管理流程,促进吹哨问题高质量解决,取得良好成效,总结经验如下:

一是区级层面建立"全程监督"机制。

通过搭建网格平台一体化运转机制,拓宽问题发现渠道,提高响应敏感度,努力把网格平台打造成上下联动、科学有效、开放多元的"监督轴",成为解决民众诉求的便捷窗口。打通"自上而下""自下而上"双向问题采集渠道,实现区、街道、社区三级在信息系统、基础数据等方面的深度融合、一体化运行。发挥区网格平台的监督职能作用,按照收集问题的性质,经过平台快速分拣,按问题不同级别进行分级派单;完善"街道吹哨、部门报到"工作流程和标准,对于启动"吹哨"的事项,实行"问题收集—街道吹哨—部门报到—处理反馈—核实结项—综合评价"闭环管理。

二是街道层面建立"统筹指挥"机制。

按照"街道吹哨、部门报到"的要求,全面监督街道"问题清单化、部门席位制"的运行模式,按照快速、分类处置原则,考核街道对辖区事务的统筹指挥调度和资源整合力度的能力;对需要综合执法的事项,街道统筹协调;对职责交叉、多部门协同的管理难题,由街道启动"吹哨"机制;对重大疑难案件,由街道提交区级平台进行协调。社区自下而上收集的问题,交由街道进行调度、督办,协调相关部门开展综合处置。

三是社区层面建立"问题发现"机制。

加强社区微信平台与区、街网格平台的对接,利用"随手拍"功能,实现社区居民随时反映身边问题;搭建由社区社会组织、社区志愿者、社区居民、物业公司、驻街单位等利益相关方表达意见的新媒体协商平台;社区居委会负责组织召开议事协商会议,收集社区层面问题建议,汇总上报街道;加强与辖区"两代表一委员"联系和工作沟通,收集相关建议并上报街道平台。

四是制订启动吹哨的情形和标准。

通过梳理东城区历年案件,依靠大数据分析及实际工作需要,对以往长期滞留在网格平台的案件中综合执法难、需要统筹协调的事项进行归纳总结,制订了《东城区启动"街道吹哨、部门报到"工作机制的情形和标准(试行)》,其中包含4大类45小类"吹哨"情形。不管是区级大循环监督发现还是街道小循环主动发现,以及社区微循环公众参与的各类渠道问题,在遇到职能交叉问题时,都可以在街道平台快速启动吹哨。

五是构建专项考核体系。

对街道启动"吹哨"的案件,区网格中心建立专项评价机制,做到"一哨一考"。街道准备启动"吹哨"的案件,向区级平台备案,区级平台将相关案件派发至相关部门,并对各部门的"报到响应度"进行考核;"吹哨"案件办结后,由街道向区级平台反馈办理结果,并对各"报到"部门的考核情况进行评价,主要包括各部门报到效率、配合度、专业性、担当意识四个方面进行评价。区级平台结合街道对各部门的评价结果,对"街道吹哨、部门报到"中街道、各部门的履职情况进行综合评定。

借助"街道吹哨、部门报到"强化各部门联动,实现对工作过程的全程监督,街道反馈的结果统一纳入考核,对街道吹哨的效果进行过程监督。建立区街两级双向考核模块。利用网格化平台实现"自下而上、自上而下"的双向沟通、考核的机制,实现区级平台对部门响应程度、到位率进行考核,街道平台对部门工作成效进行考核。2019年以来,17个街道启动"网上吹哨"案件量有较大幅度的增加。通过"吹哨报到"等相关工作,区级部门积极配合街道办事处的统筹协调、指挥调度,为群众关心的停车秩序、公共设施、广告设施、绿化管理、违法建设、道路日常保洁、照明设施、大气污染等问题寻找到解决路径。

以"街道吹哨、部门报到"改革委抓手,给基层赋能,加强条块联动,推动疑难问题的解决,减少案件多部门间的推诿,解决了一批长期存在的历史遗留环境问题和复杂性问题。为破解城市管理难题找到新的路径,取得了明显成效,切实提高人民的生活环境水平,促进城市精细化管理。

"街道吹哨、部门报到"典型案例——景山街道大佛寺东街整治提升,如图1、图2所示。

图1 大佛寺东街整治前　　　　　　图2 大佛寺东街整治后

一、基本情况

2018年9月14日,景山街道大佛寺东街居民金女士来电反映大佛寺东街整条街都在进行架空线缆入地工程,道路都被刨开了,造成周边环境脏乱,交通拥堵,希望相关部门尽快进行治理。

二、处理效果

接到此案件后,街道高度重视,为民服务分中心立即联系街道城市综合管理科并向主管领导进行汇报。得知居民的反映后,街道迅速做出回应,并结合区委书记张家明同志在大佛寺东街调研过程中就周边环境秩序治理、交通停车等问题提出的具体要求,决定立即启动"街乡吹哨、部门报到"工作机制,联合多部门共同治理大佛寺东街环境秩序。结合区网格中心网上吹哨功能的全面上线,街道为民服务中心在网上进行了吹哨:决定在9月17日14:30在街道召开协调会,申请区城管委、京诚集团、交通支队、区教委及165中学、工商分局、食药监局、区住建委、公安分局九个部门应哨,共商共治大佛寺东街环境整治问题。

9月17日14:30分,景山街道"街道吹哨、部门报到"专项协调会准时召开,会议由景山街道办事处主任高永学同志主持。会上,街道城市综合管理科对大佛寺东街整治问题进行了梳理:①直管公房修缮问题;②架空线精细化管理问题;③什锦花园小学临街窗改造事宜及165中学周边规划问题;④交通优化及监控设施等问题;⑤周边商户规范经营问题。街道就以上问题与参会各部门进行了协商,并在会后进行了现场勘查,逐个问题进行落实。各参会部门均表示将积极配合街道做好大佛寺东街环境整治工作,并就相关问题提出了方案和意见。目前大佛寺东街道路已铺设完毕,相关方案均已逐步落实。

三、反思与启示

(一)"街道吹哨,部门报到"机制,为基层解决疑难问题提供了有效途径

党建引领街乡管理体制机制创新,"街道吹哨、部门报到"实施方案,赋予街道更多自主权,工作重心下移、力量下移,破解城市基层治理"最后一公里"难题。街道直接面向居民群众决定了街道在社会管理中最容易发现问题、最清楚问题存在的原因、最知道群众想要什么。与此同时,街道在遇到疑难问题时因无权处理导致管理失效、群众不满意的尴尬局面。"街道吹哨、部门报到",把各种执法力量下沉、增强街道城市治理的基础地位、把集合的"哨子"交给街道由街道对各部门的执法力量进行统筹指挥街乡吹哨、部门报到,切实解决百姓诉求,给基层解决疑难问题提供了一个有效途径。

(二)通过网格化服务管理平台落实"街道吹哨、部门报到"机制健全、处理效率高、办理效果好

东城区网格化服务管理中心为落实"街道吹哨、部门报到"工作机制,出台了一系列工作机制,通过网上吹哨,全过程监督考核。同时,利用互联网实现网上吹哨,办理效率高。以大佛寺东街吹哨案例来说,从案件发起吹哨到应哨只有一个工作日的时间,不用电话沟通,也不用政务网通知,只是通过网格化服务管理平台吹哨功能发出吹哨相应,仅仅一个工作日的时间,各部门均按时签收应哨,没有任何一个部门延误。报到各部门均积极配合街道,妥善解决吹哨问题,各部门现场勘查,现场明确各部门职责范围,街道牵头敦促处理,确保了办理效果好。

综上,"街道吹哨、部门报到"机制能够有效落实,离不开现代化的技术手段,更离不开健全的工作机制、考核机制等。

(三)坚持为民服务理念是疏解整治工作顺利开展的前提和保证

在这个案例中,协调会后,街道与反映人取得联系。反映人表示非常满意,打完电话三天后,路面已铺设完毕,大佛寺东街的环境也日新月异,作为居住在这里的老住户,仿佛又看到了多年前的大佛寺东街,这条街的老韵味又回来了。反映人还和热线人员聊起了当年的油盐店、米铺等。

在"大佛寺东街""三眼井胡同"等胡同环境整治提升的案例中不难发现,当政府以为民服务的宗旨开展工作时,终将会把工作做好,终将会得到居民的理解

和认同。从前期"三眼井胡同"提升中的"和巷驿站"到"大佛寺东街"提升中广泛征求居民意见等,网格中心的工作人员感受到了居民正在由开始的不满意,到认同,再到参与街巷环境整治建设中来的逐步转变的过程。虽然工作中会遇到困难,会有居民的不理解,但只要坚持为民服务的理念,将环境整治效果展现出来时,我们一定会得到居民的理解和认同。

(北京市东城区网格化服务管理中心供稿)

实践篇

苏州创新发展数字城管　全面推进城市治理体系和治理能力现代化

2019年，苏州数字城管系统平台共受理各类城市管理问题达179万余件，受理量连续5年突破100万件，苏州数字城管在城市治理中的数据中枢、指挥中枢地位愈加凸显。在应对城市经济飞速发展、城市规模快速扩张、人民群众对城市环境质量要求不断提高、城市管理的系统性协调性要求不断提升的挑战上，苏州坚持创新驱动，利用科技力量，将数字城管作为城市管理工作的龙头和抓手，不断健全长效管理机制，努力提升城市管理水平，全面推进城市治理体系和治理能力现代化。

一、机制创新，为推进城市治理现代化完善制度设计

苏州数字城管按照"两级政府、三级管理、重心下移"的管理原则，实行"两级监督、两级指挥"运行模式。在苏州市级层面建立"服务市民、服务基层、服务部门"的市级数字城管综合服务平台；在各区（县市）层面建立相对独立运行的数字城管系统平台，并向街道（镇）延伸建立分中心。市、区两级数字城管系统平台相互对接、上下联动、优势互补，形成了市级统筹协调、区级监督指挥、街道落实长效的数字化城市管理问题办理的双通道。

（一）遵循网格化管理标准

苏州市数字城管在6个区、57个街道（乡镇）、1052个社区（自然村）划分44577个万米单元网格，实施精细化管理。随着近年来社会综合治理联动机制建设，市区数字城管问题办理的覆盖范围从建成区的475.88平方公里，逐步拓展延伸至3800余平方公里，基本达到了区域全覆盖、城乡一体化，逐步形成了与城乡经济发展、社会管理相适应的城市管理工作网络。

（二）统一事部件分类管理

苏州市数字城管以国家相关标准为基础，根据工作实际适当进行规范拓展，

明确了128类管理部件、90类管理事件，按照"结合实际、应纳尽纳、逐步吸收、稳步推进"原则，建立事部件定期扩展机制，并在全市范围建立健全了受理范围统一、立案条件统一、处置要求统一、结案标准统一的"四统一"工作机制。在机制上克服了社会综合治理联动机制建设对数字城管规范运行的影响，社会综合治理联动机制建设从城市管理、社会治安、便民服务等领域，逐步向突发事件应急处置、维护社会稳定、安全生产等领域拓展。

（三）强化部门资源整合

苏州数字城管以实际工作需求为引领，按照"实用、管用、够用"的原则，切实加强部门资源的整合。共享了12345便民服务热线的呼叫平台、规划部门的基础地理信息平台、文明办志愿服务平台、城管部门业务监管平台等部门资源，完成了公安部门的视频监控、地址地名、网络舆情、机动车辆等数据信息在数字城管中的共享应用，加强了与12345热线、110接警处、文明办志愿者队伍的工作联动。同时，以苏州市智慧城管大数据平台为数据通道，逐步实现数据互联互通、共享共用的规范化、标准化，实现了城市社会治理相关单元数据汇聚、指挥集成、力量整合和执法联动，持续提升区域社会综合治理效能。

（四）建立常态化分析研判

苏州市数字城管坚持问题导向，建立了每日信息播报、每周分析研判、每月绩效考核、每季通报奖励等工作机制。市城管委办公室定期召开研判会，通报数字城管运行工作情况，及时协调处理热点难点问题，对于无法落实解决的难点问题，提交市城管委领导在市城管委工作例会上进行协调解决。市城管委每季度召开城市管理工作点评会，通报城市管理工作中存在的突出问题，市政府分管领导对各地各部门工作进行点评，考核排名末位的区、县市和部门（单位）领导作大会表态发言。近年来，苏州充分发挥数字城管的统筹协调、高位监督作用，按照城市管理问题处置责任"法定、商定、指定"的原则，通过分析研判、绩效考核、工作点评等工作机制，有效推动了城市管理突出问题的解决，促进城市管理工作的精细化、常态化。

（五）实行科学化绩效考核

苏州市数字城管以市民群众对城市管理的满意度作为绩效考评的出发点与落脚点，按照市政府印发的《苏州市数字化城市管理绩效考评办法》，将问题的解决、市民的满意、处理的效率作为考核各区各部门的主要内容，重点考核问题结案率、回访满意率、一次完成率三项指标，分别占50%、30%、20%分值。另外，增设了投诉率、拒绝超时、推诿、回复不实等情况的加减分考核。同时，市委、市政府进一步加大对城市管理工作考核结果的应用力度，将各地城市管理工作考核结果纳入各地年度高质量发展监测评价指标"城市精细化管理达标率"的重要内容；对各部门单位考核结果作为年度市级机关单位服务高质量发展（绩效管理）考核的重要内容。

二、全民参与，为推进城市治理现代化凝聚人民力量

苏州市数字城管坚持以人民为中心和为人民管理城市的发展理念，城市的治理路径由人民参与，城市的治理成果由人民共享，切实解决人民群众最直接、最关心的问题。在闭环管理模式中，积极引入市民参与环节，以举报和评价作为大闭环中的小循环，既要随时关注市民群众零星诉求，善用"早介入、微手术"的治理方式，又要重点聚焦市民群众反映集中、频繁、激烈的城市管理问题，"开治本方、下治根药"，推动共建共治共享的城市治理体系。

（一）建立城市管理公共服务平台

为了发动和鼓励市民群众参与城市管理，及时上报发生在市民身边的各类城市管理问题，市城管委办公室于 2014 年 11 月推出了"城事大家管"App，提升市民群众参与城市管理的便捷性。2016 年 11 月，推出了"苏州微城管"微信公众号和 App，整合了"城事大家管"问题报送功能和其他城市管理服务，涵盖了"全民共管""信息惠民""政务办事""市民互动""宣传窗口"5 大类 20 多项实用功能，充分利用政务大数据资源，打造了"一体化、窗口式"公共服务应用平台，为市民群众提供全面、统一、敏捷、主动、精准的城市管理公共服务。市城管委办公室根据市民报送有效问题的积分及排名情况，进行微信红包实时积分奖励以及月度排名奖励，年度评选"热心城管好市民"并予以通报表彰。市民通过"苏州微城管"应用可以注册成为"苏州志愿者"，每报送 6 条有效信息记录为 0.5 小时志愿服务时长。多重奖励方式提高了市民参与城市管理积极性，拓展了数字城管全民"共建共治共享"的新模式。截至 2020 年 5 月，"苏州微城管"为市民累计服务超过 2118 万人次，注册城市管理志愿者人数达 3 万人，累计受理市民上报的有效城市管理问题达 49 万余件，办结率 99.40%，市民回访满意率 99.61%。

（二）完善全方位多渠道的信息采集机制

苏州市级数字城管平台在信息采集的机制上进行了自我突破，将苏州微城管市民上报、12345 便民服务热线、110 接处警、视频监控、领导督察、政务微博、

来信来访、网络舆情等各渠道反映的城市管理问题全部纳入系统跟踪督办，形成全方位、多渠道、多形式的信息采集机制。各区数字城管平台按照数字城管监管信息采集国家标准，通过建立专兼职监督员队伍或第三方市场化服务等方式，建立信息采集监督员1776人，负责辖区内监督网格内各类城市管理问题的信息采集工作。市级数字城管在市区范围内建立8个督查网格，通过第三方市场化服务方式建立了市级督查员队伍，主要负责市级数字城管工单的核实核查、330条主要道路窗口地区信息采集的督查和查漏补缺、城市管理问题专项采集、城市部件数据的普查补录等工作。

（三）推进社会综合治理联动机制建设

近年来，苏州数字城管借力社会综合治理联动机制建设，进一步完善了各地统筹协调、高位监督、信息采集、部门联动等工作机制，显著提升了数字化城市管理的工作效率和服务水平。在苏州市级层面实现了平台对接、资源共享、工作联动，市级各相关平台上的城市管理问题全部通过数字城管系统平台进行跟踪处办，完成了数字城管系统平台与公安110接处警平台的系统对接和工作联动，进一步完善了市级数字城管系统平台与12345便民服务平台的系统对接和工作联动，通过统一处办标准、统一工作流程、统一平台运行时间、加强业务指导考核等，建立了市级平台工作联动机制，从市级层面积极指导各区（县市）数字城管与便民服务、社会综合治理的深度融合；在各区（县市）层面，将数字城管、12345便民服务、社会综合治理从机构、人员、职能等方面进行了充分整合，组建社会综合治理联动中心，并在街道（镇）设立分中心，依托一个平台、一张网络、一个号码、一支队伍、一套机制、一个办法"六个一"的工作体系，整合基层各类城市管理力量，强化全科网格员队伍建设，强化城市综合管理，切实提高工作效能和管理水平。今年，苏州结合基层整合审批服务执法力量工作，将在街道（镇）层面充分整合镇区域内的人口、企业、地理等各项基础信息，接入"12345"、数字城管、社会治安、安全生产、环境保护、水务等各类信息化管理端口，实现部门端口互联、信息数据共享，建立实时监控、信息归集、研判预警、协调联动、督查考核于一体的综合指挥平台。

三、科技赋能，为推进城市治理现代化注入技术力量

苏州市数字城管将现代信息技术作为推动城市治理精细化发展的重要支撑，建立了数据归集和分析决策的双向纽带，形成了"宏观看得全、微观看得深、大局看得准、局部看得透"的综合研究能力，既保障了监督的权威性，也实现了指

挥的精准性，构建了一个从形式上落实扁平化管理要求，从结果上体现扁平化管理实效的信息技术载体。

（一）构建视频可视化指挥体系

苏州市数字城管建立了视频可视化指挥体系，确立了数字城管指挥中枢作用，直接监管和应急指挥呼叫一线工作人员，全市1000余名监督员、200多辆执法车辆工作轨迹信息全部上线。视频可视化指挥体系以分析研判、工作指挥、应急处置、线上教学、讯息广播、人员管理等多场景应用提供了精准有效的直连式管理途径，通过与相关业务系统的结合，能够实现人、事、物等在一张图的展示，提高处置效率，形成工作合力。视频指挥系统高效整合公安部门高清视频监控资源，实现共享监控在政务网络的安全运用，为市、区、街道三级部门分级分类管理场景应用提供了统一的调用通道，为指挥中心和一线执法人员基于精确定位调看相关监控图像提供了一体化解决方案，为各类城市管理问题智能管控提供基础资源支撑。

（二）完善智慧城管GIS服务平台

苏州市数字城管通过GIS服务平台向全市提供城市管理各项业务系统基础电子地图应用和各类专题图层服务，形成了各类部件图层128个、兴趣点图层81个、分析图层2个。平台支持城市管理部件的自主采集更新，有效增强城市部件监管的现势性和可靠性，极大丰富部件基础要素，2019年，累计自主更新入库部件数据11747个。平台实现了全市数字城管系统案件的汇聚展示和实时分析，累计汇集全市数字城管案件390余万件，入库点位数据2000余万个，涵盖数字城管218类事部件问题。

（三）探索智慧城管场景分析管控

苏州市数字城管以现有网格化城市管理基础，通过对视频监控资源的深度整合和标签化管理，构建符合城市管理实际需要的视频监控资源综合库，通过视频感知和分析等技术手段，对视频监控资源进行场景识别和分析，试点建设城市管理"场景分析"和"智能管控"示范应用，创新城市管理场景分析方法，研究城市管理智能管控模式。运用人工智能技术，通过系统自主学习的不断深入，对部分重点区域、重点路段的市容环境秩序实现智能化场景分析，逐步实现城市管理从被动处理到主动发现、从传统人工巡察到智能管控模式的转变，形成智能管控业务闭环，使问题发现更早、监管效率更高，推动城市管理从"人管"到"数管、智管"的转型升级，提高城市管理"科学化、精细化、智能化"水平。

（四）发展智慧城管大数据体系

苏州市智慧城管确立了"1基础、2中心、3平台、N应用"的发展体系，包括一个电子政务云基础，大数据服务中心和业务应用支撑中心两个中心，业务应用平台、监督管理平台和公共服务平台三大平台，涵盖智慧环卫、智慧照明、智慧管线、智慧停车、智慧市政等各业务条线N类应用。将"大数据"作为城市管理智慧化转型升级的关键抓手，实现"1+10"市、区（县市）两级城市管理数据的全域、全覆盖。构建了基于业务数据和空间信息的14个主题数据集，建立了数据资源目录15大类88小类，总数据量超过2.8亿条，共享了市公安局视频监控数据、市场监管局企业工商法人数据、市审批局行政许可审批数据，向市公安大数据共享了停车、公共自行车运行数据，向政法委社会综治共享了城市管理运行数据，大数据平台的红利效益初步显现。

（苏州市城市管理局供稿）

实践篇

杭州数字赋能城市治理

习近平总书记在浙江、杭州考察时指出，让城市更聪明一些、更智慧一些，是推动城市治理体系和治理能力现代化的必由之路，前景广阔。牢记新嘱托，扛起新担当。让城市更聪明一些、更智慧一些，这是杭州正在努力的方向。积力之所举，则无不胜也；众智之所为，则无不成也。近年来，杭州各个区、县（市）在智慧治理上不断实践探索创新，为推进城市治理体系和治理能力现代化建设积累了许多宝贵的经验。今天，一起来看看西湖区和余杭区的经验做法。

一、西湖区探索"镇街大脑"共建智慧生态

城市化进程不断加快，倒逼西湖区三墩镇基层治理能力不断提升。如何实现治理能力更高效、治理方式更智慧、生活创业更便捷？不妨在三墩镇社会治理服务中心（三墩镇数字驾驶舱）一方41平方米的巨大屏幕上寻找答案。

（一）激流勇进，探索"镇街大脑"

三墩镇区域面积38平方公里，现有40个村社，总人口近30万。近年来，随着三墩镇城市化进程不断加快，辖区内流动人口多、企业多、工地多，随之而来的是矛盾化解、安全防范、环境整治等社会治理各项工作压力逐渐增大。在三墩镇社会治理服务中心，显示屏上辖区内各交通要道、非机动车道通行情况清晰可见（图1）。

"该平台是在杭州市城市大脑总体框架下打造的子平台，包含智慧党建、智慧执法、智慧经济、智慧管控、智慧民生、智慧安监六大模块及N个智慧子场景。"三墩镇党委书记董威介绍，该中心被称为三墩镇的"镇街大脑"。

当然，只是接入交警、公安的视频资源并不能称之为"大脑"，"利用物联网、人工智能手段，我们能够对违章停车、出店经营实施管控和智能分析。"董威举例说，当系统在辖区内发现违停或者占道经营情况后，便会向中心预警。此时，系统通过线上指挥的方式联系线下距离目的地最近执法人员进行现场核实、执法。

"从去年10月社会治理服务中心建成并运行以来，借助智慧化手段，我们基

图1 三墩镇"数字驾驶舱"

层治理模式也在不断创新。"三墩镇镇长陶立介绍说,三墩镇创新"区域长"模式,当某区域遇到需要多部门联动执法情况时,系统会联系负责该区域的"区域长",由"区域长"协调各执法部门进行联合执法。

目前,三墩镇每周都组织由执法力量、网格员、社会力量组成的联合执法队进行联合执法。而联合执法内容则参考中心通过数据分析得出的科学结果。

(二)"驾驶舱"经住考验,全民共建"智慧"生态

"'数字驾驶舱'在这次新冠肺炎疫情防控阻击战中,经受住了考验,并发挥了科技支撑作用。"三墩镇社会治理服务中心负责人介绍说,新冠疫情发生以来,三墩镇全镇447个居家隔离点的相关数据,实时对接数字驾驶舱的数据后台,一旦隔离人员出入出现异常,智慧管控系统就会立即报警,实现智慧管控。

当统筹有序推进企业复工复产后,中心的智慧经济模块便开始发挥赋能作用,模块将辖区内180余家重点企业在三维楼宇地图上进行标注,显示出服务联系的镇领导及工作人员信息,也能够实时查询企业的基本信息以及企业受疫情影响的情况,同时还可以对全镇的企业复工率进行自动数据统计。

"为了能够及时掌握企业的复工复产和疫情防控动态,我们还推出了企业疫情防控'一码通'平台。"中心相关负责人介绍说,疫情期间,中心通过手机端向辖区内3000余家企业发送包含企业基本信息、疫情防控工作、企业诉求等14个方面的采集问卷(图2)。

目前,三墩镇还开发了企业平安码应用平台,通过专属的手持终端由镇执法队员进行上门扫码检查,再通过智能题库和评估模型形成企业的平安五色图,对于检查有问题的企业,会产生执法类事件流转相关职能部门,实现事件的闭环化处置。

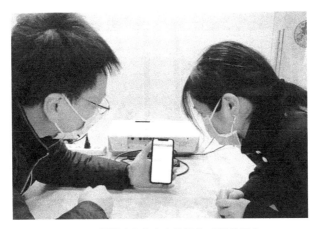

图 2　三墩镇企业负责人使用"一码通"平台

二、余杭区"一库一码三协同五场景"

城市大脑乡村版来了！

余杭区鸬鸟镇是全域景区乡镇，以生态旅游为主，年承接游客量超 100 万人次。随之而来的景区管理、交通秩序、旅游矛盾纠纷等社会治理难题亟待解决。

鸬鸟镇结合自身治理需求，将"智慧大脑"植入绿水青山，打造了"一库一码三协同五场景"的数智鸬鸟·全域治理平台，运用数字化手段，不断提升鸬鸟全域治理的智能化精细化水平。

（一）平台主界面

一库：社会治理要素数据库。

作为余杭区统一地址库试点先行镇，2019 年鸬鸟率先完成了全镇统一地址库建设，完成赋码地址 5089 条，并以统一地址库为纽带，汇聚了辖区内的人、房、企、事、物、通信等社会治理要素数据，形成了"一址六柱"的数据体系。2020 年以来，鸬鸟镇将统一地址库与 VR 实景进行深度融合，更加直观地打造智能搜索引擎。

（二）茅塘景区 VR 实景

一码：鸬鸟"乡村码"。

鸬鸟镇研发了一款小程序，在鸬鸟境内，通过手机扫一扫注册生成"乡村码"，可以为百姓和游客提供"码上入园""码上租房""一键救援""一键矛调"等精准服务。后期，"乡村码"还将结合"余杭绿码"继续深化应用（图 3）。

三协同：横向纵向体系协同运转。

图3 数智鸬鸟乡村码

三协同即自动感知、分析研判、实时指挥的横向联动运转体系,镇社会治理综合服务中心、党建+治理微中心、村社网格的纵向指挥调度体系,通过两大体系协同运转,让区域社会治理更精准、高效(图4)。

图4 鸬鸟镇综合信息指挥室

正在建设中的鸬鸟党建+治理微中心(图5),涵盖景区警务站、山理调解室、阳光微法庭、交通治理站、数智信息室、志愿服务站六大功能区块,整合各方力量,协同作战,破解社会治理力量碎片化难题,实现精准管理。

(三)五大应用场景

结合自身治理需求,数智鸬鸟·全域治理平台一期开发了景区管家、森林巡防、溪流监测、矛盾调解、一键救援五大应用场景。

图 5　鸠鸟镇党建＋治理微中心

场景一：景区管家

5 个入镇口安装人车感知设备，并赋予户外地址码，对出入人员车辆进行可追踪、可统计、可预警的精准管理。平台根据数据进行分析研判，实时调度治理力量。

设备还运用于道路交通安全专项整治中。对于骑电动车不戴头盔的人员，系统将进行实时抓拍，并入库。对于多次入库的人员，安排网格员上门进行一对一地宣传教育。

场景二：森林巡防

通过远距离高空瞭望（图 6），实现全天 24 小时、全域无盲点森林火灾隐患排查。一旦发生火情，平台将第一时间发出通知、传达灾情状况图片，并智能生成救援路径，提供最佳救援方案。

图 6　高空瞭望设备

场景三：溪流监测

在河道两岸布置液位传感器，如出现水位异常，平台自动生成红、橙、黄三色预警。预警信息推送至河道管理员及网格员，重大情况直接预警至区镇中心，实现预案电子化（图7）。

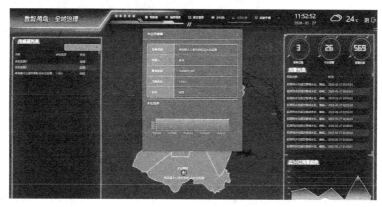

图7　溪流水位实时监测

场景四：矛盾调解

旅游旺季，景区人多车多，矛盾纠纷不可避免。群众通过"乡村码"一键矛调功能反映问题，平台收到信息后，根据统一地址库精准定位，并第一时间指派网格长、网格员进行处理，山理调解室汇聚多方力量参与调解。鸬鸟矛盾纠纷五色图正在绘制中。

场景五：一键救援

群众通过乡村码"一键救援"功能发送求助信息，平台接到报警后，通过统一地址库户外地址进行精准定位，实现第一时间接警，最短时间救援（图8）。

图8　快速救援迷路游客

数智鸬鸟·全域治理平台让数据"多"起来、"准"起来,不断完善基层社会治理服务全科网格,又让数据"动"起来、"跑"起来,及时分析研判、落实风险预警、快速应急处置,实现了"山水人车事"全周期管理,让百姓安居乐业,游客安心畅游!

(杭州市城市管理局供稿)

着力提升城市功能品质
全面塑造军运形象品牌

——武汉市城市精细化管理和城市治理的典型案例

109个国家9308名军人报名参加,赛会规模为历届最大;共设27个大项、329个小项,竞赛项目为历届最多;获得过奥运会、世锦赛、世界杯比赛冠军的运动员有67人,这一连串令人惊叹的数字,足以显示军运会的场面之壮观、阵容之强大。为举办好一场世界水平、中国气派、精彩圆满的国际体育盛会,武汉市作为承办军运会的城市,紧紧围绕习总书记"办好一个会,搞活一座城"重要批示,坚持"办赛事"与"建城市"相结合,对标"四个一流"目标,把握"细致、精致、极致、卓越"标准,下足"绣花"功夫,大力推进环境综合整治,着力提升城市功能品质,城市市容环境面貌从焕然一新实现蜕茧成蝶,向世界展示了一个精致靓丽的城市新风貌,受到国内外嘉宾广泛赞誉。

一、坚持立体推进,"五边五化"成效显著

围绕军运会筹办工作安排,瞄准"道路洁化、立面美化、景观亮化、水体净化、生态绿化"工作目标,立体式推进"场站边、线路边、工地边、铁路边、江湖边"环境综合整治,超前圆满完成15项环境整治提升任务("五边五化",即干道边、场馆边、公路边、铁路边、江湖边和道路洁化、立面美化、景观亮化、水体净化、生态绿化)。一是"拆违飓风行动"力度空前,军运会保障线路范围内5批违建整治任务清单全部按期拆除销号,全年共拆除各类违建168万平方米。二是市政设施规范有序,开展占道亭棚、路名牌、井盖等道路附属设施整治,创新共享单车停放秩序管理,市政设施更加规范有序。三是铁路沿线环境持续提升,开展铁路沿线、军运会重点保障线路、旅游景点等重要点位综合环境整治,市容环境始终保持高标准保障水平。四是重点区域管控加强,针对"三站三圈"("三站三圈",即地铁站、火车站和公交站和商圈、校圈和医院)、军运会重点保障线路、旅游景点、窗口地带等重点点位,开展违法占道、暴露垃圾等综合环境整治,市容环境

始终保持高标准保障水平。

二、打造精致空间，"城市颜值"不断刷新

持续开展广告招牌、景观亮化、桥梁美化工程，武汉天际线更加清爽大气，"城市颜值"不断刷新。一是户外广告减量提档，公布户外广告整治范围、标准和完成时限，拆除、整改2.5万余处违规广告招牌，新建79条路段门面招牌，编制235个户外广告设置详细规划，全面提升城市空间环境秩序。二是"两江四岸"灯光秀成为武汉新名片，形成以"两江四岸、东湖绿心、武汉体育中心"三个核心区域为重点，以重点线路串联窗口地区、亮点街区、文化场馆等重要节点的景观照明新格局，充分展示独具特色的"夜江城"魅力。三是建成全市景观照明智能管控平台，实现一键控制、随时切换。武汉长江灯光秀多次登上央视直播舞台，展示了武汉全新城市形象，成为武汉军运会环境保障的重要看点和亮点。

三、紧盯民生细节，"面子里子"同步提升

坚持以人为本、精细管理，既抓好环境卫生这个"城市的面子"，同时做好垃圾分类、公厕建设、燃气桥梁管理等"城市的里子"，努力为广大市民提供整洁舒适的生活环境。一是精致环卫全面推广，编制完成20项城市管理技术导则和标准规范，推广"精致环卫"，推行夜间梯队洗路、白天巡回保洁、人性化洒水、定点清运等精细化作业方式，提升环卫精细化管理水平。二是有序推进生活垃圾分类，形成"全市统筹"工作格局，构建"全程闭环"分类体系，全市3.39万家单位、803个社区、1000个行政村开展分类工作。三是垃圾分类处理体系加快完善，推进千子山循环经济产业园、武昌地区餐厨废弃物扩建工程等项目建设，全市9座生活垃圾处理厂和4座餐厨废弃物处置厂均保持安全、稳定运行，生活垃圾无害化处理率、餐厨废弃物综合利用率100%。四是"厕所革命"任务全面完成，新改扩建城镇公厕705座，开放社会厕所563座，超额完成"厕所革命"三年目标任务。五是桥隧燃气监管力度加大，加强桥梁、燃气行业监管，发现处置桥梁病害1.5万余处，完成全市714座桥隧全覆盖检测评估，加快推进重点桥梁加固改造，落实"双桥长"制；开展燃气行业"打非治违"，基本实现"黑气点"清零，全市桥梁、燃气运行保障平稳。

四、坚持全员发动，社会共治氛围浓厚

全面拓展深化具有武汉特色的全员参与治理模式，形成了城管系统全员发动、全体市民广泛参与的共治氛围。全市城管系统以奋斗者姿态，按照最高标准、最大力度、最强措施参与军运会环境保障。一是创新"门前三包"工作机制，推广路长、楼道长、店长"三长制"，扩大城市管理工作社会参与面。在全市开展"清洁家园迎军运党员干部进社区"活动，全市1.6万个基层党支部和14万名党员干部到1400个社区报到服务。二是社会力量全面参与城市管理，倡议广大妇女"美丽晾晒"，为武汉市容添风采；组织百万大学生参与城市管理志愿服务主题活动；积极支持和参与武汉市环境整治工作；深入街道开展环境卫生大扫除，努力形成省市共建的良好氛围。三是加大社会宣传力度。讲好城管故事，展现城管风采，围绕垃圾分类、军运会环境保障等重点工作做好宣传报道。开展迎接军运"三个一百万"志愿者活动，组织全市垃圾分类创意大赛等。坚持每周组织"清洁家园迎军运·城管战线在行动"活动，累计组织市区城管干部参加活动300场次，600个社区清除暴露垃圾34万余吨，整治"十乱"23万余处。

五、强化三大支撑，构建长效治理机制

针对城市管理工作综合性、交叉性、动态性、反复性很强，特别是武汉正处于"大建设"时期的特点，我们按照"综合治理、内外兼修、标本兼治"的思路，不断创新机制，强化组织、制度、科技三大支撑，全面推进武汉城市管理工作再上新台阶。

一是坚持高位统筹，强化组织支撑。市委、市政府高度重视，主要领导"既挂帅、又出征"，市委市政府主要领导多次组织拉练检查，每周专题调度军运会环境保障工作。武汉市16位副市级领导分别带队督导军运会环境综合整治，形成了包保挂点、高位协调的工作机制。市城综委、环委会、爱卫会、文明委统筹协调，真正形成部门联动、协调一致、同频共振的城市管理工作大格局。二是严格督办考核，强化制度支撑。进一步健全"大城管"机制，将全市15个城区（开发区）、40余个市直部门和国有企业、177个街道纳入考核，构建横向到边、纵向到底的城管工作责任体系。创新城市综合管理考核办法，由强化"问题发现"调整到强化"问题整改"；引入第三方机构独立评估，坚持每月排名、每月讲评、每月约谈，建立城管考核流动红黄旗制度，形成了你追我赶、创先争优的浓厚氛围。三是落实智慧监管，强化科技支撑。适应城市管理信息化、智能化发展要求，完成智慧

城管一期建设，4大基础平台和5大业务系统已上线试运行；民意云平台共汇聚14个来源民意数据，办结120.5万余件；执法监督平台实现对全市7547名执法队员、协管员在线指挥，执法全过程电子化管理和电子开单，办理执法案件64.7万余件；在全国城管系统首创现场执法扫码缴纳罚款，获电子政务理事会"互联网+政务服务"先进单位奖，综合考核服务监督平台实现大城管考核全过程动态、公开、透明管理；桥梁、燃气等城管设施全部接入智慧监管平台，以科技手段提升城市管理和服务效能。

城市管理永远没有终点，武汉市将深入学习贯彻党的十九届四中全会精神，进一步贯彻落实习近平总书记关于"城市管理应该像绣花一样精细"的重要指示，全面总结军运会环境综合整治提升经验，坚持强基础、优机制、抓创新、重治理，着力构建"一个体系"，全力打造一批在全国有影响的"武汉标准""武汉模式""武汉品牌""武汉示范"和"武汉形象"，进一步提升城市管理精细化、常态化、智能化水平，为打造一流城市环境、助推武汉国家中心城市建设，做出更加积极的努力！

（武汉市城市管理执法委员会供稿）

兰州市实施"精致兰州"三年行动开启城市发展新篇章

为推进新时代城市高质量发展,积极发挥兰州在"一带一路"倡议和国家、区域性战略中的作用,兰州市围绕建设现代化中心城市的目标,聚焦城市形象和品质追求,研究提出了打造"都会城市、精致兰州"的发展新思路、新定位,启动实施了"提升城市品质打造精致兰州"三年行动,翻开了城市发展的新篇章。

一、打造"精致兰州"的重要意义

开展打造"精致兰州"行动,是兰州贯彻习近平新时代中国特色社会主义思想、全面落实习近平总书记视察甘肃重要讲话和"八个着力"重要指示精神及省委、省政府城市发展总体部署的重要举措,是顺应城市发展新形势的必然选择,是提高政府治理能力和公共服务水平的内在需要,关系到兰州市经济社会的持续健康发展,关系到人民群众的切身利益。

(一)打造"精致兰州"是推动兰州高质量发展的迫切需求

形势决定任务。目前,兰州发展的形势和情况迫切要求加大城市环境治理力度,不断提升城市的品质和品位,全力创造与城市发展相适应的、一流的生产生活营商环境。从发展形势看,兰州发展目前正处于重要机遇期,也仍处于经济转型升级关键期和扩大对外开放窗口期,面临着多重叠加的发展机遇,扩大开放将成为带动兰州市经济持续健康发展的一个新动力,兰州市经济发展已步入高质量发展轨道。抢抓机遇、扩大开放,需要营造良好的发展环境,提升城市的美誉度和竞争力。从发展情况看,兰州市在政治、经济、社会建设方面对全省的辐射带动作用更加明显,特别是在经济发展方面,首位度由2016年的31.7%上升至2018年的34%,成为支撑全省经济稳定增长的重要担当。但对比其他西部城市,情况不容乐观。必须自我加压、奋勇前进,其中重要任务之一便是为城市加快发展营造更加优良的环境,增加招商引资的吸引力和产业集聚力。打造"精致兰州",

便是兰州市适应当前城市发展新要求的重要举措，有利于扩大兰州影响力，有利于提升城市吸附度，有助于"引进""留住"人才、产业及企业，促进兰州高质量发展。

（二）打造"精致兰州"是兰州市创建全国文明城市的内在要求

全国文明城市是综合评价城市发展水平的重要标尺，是国家授予一个城市最高的综合性荣誉。如何开展创建，有什么导向，有哪些标准和要求？测评体系最能说明情况。现行的2018年版《全国文明城市测评体系》包含3大版块、12个测评项目、88项测评内容、180条测评标准和40个负面清单，涉及市民文明素质、城市文明程度、城市文化品位和群众生活质量等众多方面，对各地创建提出了精细的、可操作性的标准和要求，是各地开展创建工作的行动指南。打造"精致兰州"，营造更加文明、更加整洁、更加有序的城市环境，符合全国文明城市的核心要义，高度契合文明城市创建标准和创建要求，是创建全国文明城市的应有之义，是创建本土化的重要成果。应以《全国文明城市测评体系》为导向，牢固树立都会标准和精致理念，以城市管理和服务全覆盖为基本要求，精致规划、精心建设、精细管理、精准服务，深入推进"精致兰州"建设，综合改善城市环境，切实提升城市品位和形象，走出一条具有兰州特色的城市发展道路，为兰州市步入全国文明城市行列奠定坚实基础、创造良好条件。

（三）打造"精致兰州"是满足人民群众美好需求的必然选择

优美、整洁、和谐、便捷的城市环境，是市民群众的基本需求，是最普惠的民生福祉，也是兰州市城市管理委员会工作的出发点和落脚点。近年来，兰州市在转变城市发展方式、完善城市功能、建设基础设施和提升人居环境品质方面狠下力气、出实招，取得了一定成效。但客观地说，还存在建设缺乏统筹谋划、布局不合理、特色不鲜明，管理精细化水平不高等突出问题，群众反映强烈，影响了城市的宜居程度和形象。且随着经济的快速发展，人民群众对美好生活的需求越来越高，创造优美、整洁、干净的环境就变得更加紧迫和重要。"人民群众对美好生活的向往就是我们的奋斗目标"，打造"精致兰州"行动，是兰州市贯彻落实"以人民为中心"的发展理念、顺应人民群众对美好、精致生活需要作出的一项重大安排部署，旨在通过不断改变广大市民的生产生活环境，让广大市民享受到更加优美的生态环境、更加便捷的交通服务、更加完善的公共设施、更加优质的服务保障，让城市更宜居宜游宜业，为人民群众带来实实在在的获得感、幸福感、安全感，让城市成为人民群众幸福生活的有力支撑。

二、打造"精致兰州"的原则要求

在新的起点上打造"精致兰州",需要认真领会、准确把握新时代赋予的新内涵、新要求,做好提升城市品质品位这篇文章,确保"精致兰州"建设彰显时代风貌、顺应实践要求、富有兰州特色,让"精致"成为兰州的城市精神和城市"新名片"。

第一,应紧紧围绕现代化的指向。中央城市工作会议指出,当前和今后一个时期,我国城市工作要以建设和谐宜居、富有活力、各具特色的现代化城市为目标。兰州市委第十三次党代会提出,要努力把兰州建设成为经济繁荣、功能齐全、环境优美、文明和谐、富有活力、辐射带动力强的现代化中心城市。这为打造"精致兰州"提供了具体路径。应全力推动生态产业加快发展、传统产业改造提升,特别是推进现代服务业提质增效,加快构建现代化产业体系。应全面推行"保姆式""零距离"公共服务,合理配套交通、环卫、园林绿化等方面服务设施,申办有影响力的赛事、会议等相关活动,彰显兰州积极开放、热情真诚、兼容并包的现代化风格。应紧盯高端化、生态化、绿色化、数字化、智慧化发展方向,综合运用物联网、云计算、大数据等现代信息和科技手段,整合人口、交通、能源、生态等公共设施信息和公共基础服务,强化城市发展的现代技术支撑。

第二,应牢固树立精细化的理念。2017年3月5日,习近平总书记参加上海代表团审议时,指出城市管理应该像绣花一样精细的指示,为各地提升城市管理水平、做好城市工作指明了方向、提供了遵循。当前,兰州的城市环境总体是好的,但还存在一些问题和不足,需要在细节上花"绣花"心思、下"绣花"功夫、做"绣花"文章,即通过推进兰州市第五版城市规划和兰州城市副中心专项规划编制,切实提高城市总体规划的科学性、前瞻性;通过启动中心城区街道立面改造提升规划编制工作,强化城市风貌管控,重塑城市人居环境,提升城市的空间立体性、平面协调性;通过精建细管、精督细查,做到建设管理无盲点,将"精致"理念落实到城市的每个角落、每个时段;通过精谋细划、精耕细作,注重细节求质量,实现城市规划建设管理要求、流程全覆盖,不断提高城市工作的精细化水平。

第三,应充分挖掘城市特色资源。每座城市都有独特的自然资源、文化底蕴和人文传统,大到区域、小到毗邻,城市总有自己独特的声音、独特的表达,呈现出自身的特色和风格,给人们留下不同的感受,与其他城市截然不同。这是城市发展的规律,兰州市城市管理委员会必须尊重和顺应。一方面,挖掘山水之城资源,做足做活黄河文章,快速提升黄河风情线整体景观形象;全面巩固南北两山绿化成果,稳步推进九州台、大兰山、金城公园、仁寿山、大青山景区等大景区建设，体现兰州山水之美。另一方面，挖掘历史文化资源，将丝路文化、风土人情、历史名胜等各类元素融入城市规划建设管理及各项工作，集中打造一批具有兰州历史文化、地域特点、风情特色的街区，全面改善城市面貌，营造宜居城市环境，突出精致城市的文化厚度和人文之美。

第四，要落实共建共治共享原则。春江水暖鸭先知。城市精致不精致，什么地方需要精致，精致到什么程度，生活在城市中的市民群众最清楚，也最有发言权。政府应坚持市民主体地位，主动倾听市民心声，在破解环境难题、改进公共服务上下功夫，强化为民意识，热情为民服务，树立为民形象，实现城市让市民群众生活更美好。应主动受理、办理市民反映的各类问题，完善城市基础设施、健全城市治理机制、提升城市治理水平。应采取多种形式，开展市民满意度调查，广泛征求城市建设管理中存在的问题和改进建议。应邀请市民群众、企业家和服务对象代表，当"精致兰州"建设工作的"评议员"和"裁判员"，定期评价行动开展情况，使政府有形之手、社会无形之手和市民勤劳之手共同发力，形成政府主导、社会协同、市民参与的共建、共管、共享的城市治理格局，促进城市市容改善、城市形象提升。

三、打造"精致兰州"的对策措施

打造"精致兰州"，应依托兰州山水之城地域优势，着眼彰显兰州山水之美、风情之美、环境之美、人文之美的精致品质，围绕"一年见成效、三年大变样"的目标，重点开展规划引领服务、精品工程建设服务、城市精细化管理、交通快捷保障服务等行动，着力转变城市发展方式、塑造城市特色风貌、优化城市环境质量、提升城市品质品位，努力让"精致"成为兰州城市竞争力的重要标志。

（一）全力"补短板"，切实完善城市基础功能

城市基础设施是建设"精致兰州"的基石和必要条件。政府应从群众需求出发，抓住人民群众最关心、最直接、最现实的问题，每年集中实施一批城市基础设施补短板项目，通过三年努力，真正让城市硬件"硬"起来，夯实"精致兰州"建设的基础。全力补市政设施短板。全力推进市政服务、公园广场、绿地、公共厕所、垃圾处理、综合管廊等设施、场所建设，不断完善城市基础功能。全力补居民小区设施短板。聚焦服务民生、突出老旧楼院，合理规划配套小区停车场、公共健身设施、住宅楼电梯及水、电、气、热、网等与居民生活息息相关的设施，为市民提供便捷、舒适的居住环境。全力补旅游服务设施短板。按照"一核一带四大板块"布局文化旅游产业空间，建立1个游客集散中心总部、3个游客服务中心

及一批游客服务咨询站点，逐步健全旅游服务功能。要全力补交通服务设施短板。加快实施轨道交通、绕城高速、主干道恢复提升、互通立交等重点工程，推进城区路网和公共交通设施建设，打通"疏解路"，疏通"主动脉"，畅通"微循环"，完善交通体系。

（二）聚力"垫洼地"，有序推进城区棚户区改造

打造"精致兰州"，营造良好的人居环境，必然要求推进棚户区改造工作，垫高城市的"洼地"。兰州市"精致兰州"三年行动方案提出，到2021年要完成棚户区改造任务7.4万户，2020年要实施1万户的棚改工作，可以说，任务重、时间紧、责任大，兰州市城市管理委员会要下硬功夫，啃"硬骨头"，紧密结合棚户区改造新三年攻坚行动，积极稳妥推进相关工作。全面摸清底数精准攻坚。进一步摸清待改棚户区底数，完善工作台账，精准掌握情况。区分轻重缓解，有针对性制定棚改方案，分类分步骤推进。聚焦重点区域集中攻坚。要敢于迎难而上，啃最硬的骨头，从群众最急最怨的地方抓起，集中力量攻坚，发挥示范带动作用，逐次推进营造良好的氛围。坚持整体开发精准施策。要重点围绕"三线""六坪""十二片区"的空间布局，坚持以整体开发街区为原则，高起点规划、高标准建设，全面高质量完成棚改各项任务。

（三）突出"高颜值"，大力实施市容综合整治

市容环境面貌是城市的"颜面"，反映一座城市的"精气神"，体现一座城市的精致度。近年来，兰州市持续开展市容环境综合整治，城市"颜值"不断提高，赢得了市民群众、外来游客的广泛认可，成为继"兰州蓝"后城市环境治理方面又一张名片。但兰州市市容环境管理还不均衡，城市亮化、美化工作还需加强和改进，城市交通仍然较"堵"，仍存在一些难点痛点，必须狠下功夫、全力解决。一是紧盯薄弱区域，提升环境治理常态化水平。紧盯背街小巷、夜市、集贸市场、城市出入口、河洪道、高速公路沿线等市容环境治理薄弱区域，巩固治理成果，增加治理力量，健全长效机制，整体改善城市环境面貌。二是紧盯重点时段，完成重大节会市容保障任务。突出"春节"、省市"两会""国际田联路跑会议""兰马赛"等重大节会、赛事重要时期，集中治理乱泼乱倒、乱停乱放、乱摆乱占等不文明行为，营造优美、有序的节会氛围。三是推进"四化"工作，提升城市环境治理整体档次。深入开展道路清扫保洁、垃圾分类、全域无垃圾等环卫精细化和绿化治理行动，稳步提升城市净化绿化水平。围绕城区超高层、南北两山、城市标志性建筑等区域及东方红广场等"城市会客厅"，重点推进城市夜景亮化、景观美化工作。四是整治交通秩序，集中推进城市交通堵点工程。综合治理非法占

道停车及非法挪用、占用停车设施，加强静态交通秩序维护。严格交通执法，规范交通标识，切实缓解交通拥堵。

（四）聚焦"造美景"，精心建设黄河风情线景观

作为兰州的核心景区，特别是对短暂停留兰州的游客来说，黄河风情线的"精致"水平，在一定程度上代表了兰州的"精致"水平。必须高度重视、探索创新，围绕"一河、两岸、立面、两山、两端、两线"要求，精心打造两岸景观，推动打造风景优美、风格突出、知名度高的"精致"黄河风光带，促进提升城市的"精致"程度。一方面，精品化建景。充分借鉴黄河母亲雕塑、水车博览园等知名景观、景点建设经验，以黄河文化、线路文化、民族文化为内涵，研究实施景观建设项目，使每一件景观成为精品工程，将每一处景点作为精致工程，真正打造出经得起检验、有内涵的精品景观、景点。另一方面，体系化建景。以"情系母亲河"黄河雕塑长廊、黄河楼旅游综合体等重点景观项目建设为引领，以组团式景观、景点群为单元，建设一批主题雕塑、小游园、小广场，形成体系化的黄河景观带。再一方面，升级式造景。突出文化主题，对照精品化要求，升级改造已建成的、效果不佳的景观、景点；积极运用夜景亮化、装饰美化手段，提升现有景观、景点的形象品质，为做好黄河文章奠定基础。

（五）坚持"人性化"，不断改进政务行业服务

精致的城市离不开政府和社会各行业提供的优质服务，特别是与市民生产生活密切相关单位的行政审批、市民投诉、咨询受理及其他服务，这方面仍然存在较多的作风问题，市民、企业及社会各界反映强烈，需要政府坚持以人为本，牢固树立为民服务的宗旨，着力加以改进。从政府部门看，应深入推进"放管服"改革，取消无法律法规依据、不合理证明事项，充分运用电子证照服务系统和网上审批系统，完善审批流程，规范审批行为；推行"四办四清单"和"最多跑一次"制度，优化服务质量，方便办事企业和群众。应严格落实文明接待、按时限反馈等要求，改进12345、12319等各类市民投诉、咨询受理平台服务，保障市民的知情权、参与权和监督权，增强市民满意度。从行风建设看，政府相关部门应结合全市作风建设年活动安排，加强行业监管，督导医院、银行、电信、公共交通、供水、供热等行业及重点单位规范服务流程、完善服务制度，强化从业人员教育培训，深入整改作风顽疾，切实提升文明服务水平；探索运用互联网等现代科学技术手段，创新服务方式，增强服务效能，为市民群众、企业提供"精致"的服务。

打造精致城市，须以精致为要。政府应坚持将都会标准和"精致"理念贯穿城市规划、建设、管理和各项工作始终，不断健全"精致兰州"建设标准、实施"精致市民"培育工程、营造"精致兰州"创建氛围、完善精致城市创建体系，全方位打造整洁、有序、优美的"都会城市"，为兰州市决胜全面小康、推进西部大开发、建设现代化中心城市作出新的更大贡献。

作者：唐伟尧，兰州市城市管理委员会党组书记、主任。

常熟汇聚"力度、热度、温度"推进城市精细化治理

曾占道经营的店主如今穿上红马甲成了维护市容秩序的"百姓路长",曾堆满垃圾的田间地头如今又有了生机,曾避之不及的公共卫生间如今变身为方便群众的好去处……

今年以来,江苏省常熟市城市管理行政执法局以治理群众身边的人居环境小事为切入点,汇聚"力度、热度、温度",推进城市基层治理,营造共治、共管、共享的精细化城市治理格局,着力提升群众获得感、幸福感和安全感。

一、共治:人人有责有力度

"田间地头常年堆积的垃圾被清走了,卫生死角正被改建成健身广场和停车场。"辛庄镇潭荡村的群众感受到身边的环境越来越整洁。

今年以来,常熟市城市管理行政执法局党员干部把解决民生问题放在首位,用城市治理的"温度"换取人民群众的美好环境和幸福生活。

正在有序推进的常熟市城乡环境卫生"两清两治"专项整治行动,全面清除脏点死角、清除各类乱象,治理村庄环境和道路沿线环境,进一步提升城乡环境卫生水平,筑牢疫情防控城乡环境卫生防线。

去年10月启动的全市户外广告设施整治提升行动,重点整治屋顶镂空字设置,持续整治清理道路沿线违规广告设施,清理整治存在安全隐患的大型户外广告设施,亮出城市美丽天际线,打造"更干净、更有序、更安全"的市容市貌,让群众的生活更方便、更舒心、更美好。

二、共管:人人尽责有热度

"老六,今天你负责看店,我'逛街'去啦。"琴川街道荡墩路的河南老六蔬果店店主梁艳丽吃过午饭就把店铺交给丈夫,拿着宣传牌和垃圾夹出门"逛街"去了。

梁艳丽口中的"逛街"其实另有任务。"我每天来来回回要走两趟，看到有商户出店经营的，会及时提醒他们整改。下午还有3个小时的志愿服务时间，在街上捡拾垃圾，引导非机动车有序停放，宣传垃圾分类。"梁艳丽是荡墩路的"百姓路长"。

"百姓路长"没有报酬，属于公益服务，是常熟市城市管理行政执法局从众多"百姓城管"志愿者中优选聘请的。

目前，在常熟城区像梁艳丽一样的"百姓路长"有26名，他们中有事业单位、机关部门和社团组织的党员干部，也有经营户、企业业主及热心市民。

"百姓路长"认领了城区6个商圈、19条道路、1个公园的市容秩序和环境卫生义务管理任务，他们随时发现和即时上报城市管理问题，引导群众做好垃圾分类。

在常熟，业余时间参与城市管理志愿服务的"百姓城管"超过1.5万人，为了让这些"百姓城管"放开手脚大胆干，常熟市城市管理行政执法局还开发了"百姓城管"城市管理问题上报小程序，群众发现生活垃圾混收混运、成堆暴露垃圾、破坏公共绿地、出店经营等6类市容秩序和环境卫生问题，可随手拍、即时传，上报问题由城管部门在第一时间进行处置。

三、共享：人人方便有温度

"现在出门方便了，手机有地方充电，累了还能歇个脚，看看书，倒杯热水解渴。"家住常熟市琴川街道信一广场小区的吴阿姨，每天晚饭后都会出门散步，附近淮河路5A级公共卫生间设置的"百姓驿站"，让她在外处处感到方便。

从群众反映的大事小情入手，根据群众反映出门在外难喝上热水、手机无处充电、走累了没个室内场地休息等问题，常熟市城市管理行政执法局依托城区人流量密集的一类公共卫生间，改建28座"百姓驿站"，免费提供手机充电、急救用具、擦鞋机、热水、阅读等共享服务，为广大市民提供集休息、学习、交流、应急于一体的城市共享空间，提升了城市管理的民生"温度"。

针对复工复产群众出行不便等问题，常熟市城市管理行政执法局还在城区已有9260辆公共自行车的基础上，又启动有桩共享助力自行车服务项目建设。目前共投放共享助力自行车2500辆，计划到年底投放数量达到5000辆，大大方便了常熟市民短途出行。

（来源：《中国建设报》2020年6月18日）

泰州城管推行"党建+路长制"打通城市治理"最后一公里"

习近平总书记指出,城市管理应该像绣花一样精细。今年以来,江苏泰州在中心城区,以街道为单元,推行"党建+路长制"。通过党建引领,发挥党组织的战斗堡垒作用,让党员干部在一线、在路上建功立业、服务群众,构建了城市精细化、长效化管理新机制,实现党务、业务、服务的深度融合。

所谓"党建+路长制"就是泰州市城管局将系统基层党组织分别挂钩海陵区、高港区、医药高新区的14个街道,由局党组成员、处级干部担任挂钩路长,负责高位协调。以组织资源的深度整合,把属地街道社区、机关单位、商户业主等发动起来,推动城市管理疑难问题及时有效解决,让每条道路一起管,每个问题早发现,发现问题快处置。

一、坚持一线行走,实现群众诉求实时感知、及时发现

通过实行一线工作法,多渠道收集群众反映强烈的疑难问题。倡导"行走城管",组织党员干部"用脚步丈量城市",由挂钩基层党组织书记牵头,每月对挂钩街道区域内的主要道路进行1次"行走"(图1)。定期召开"圆桌对话",邀请属地社区负责人、"两代表一委员"、商户业主、群众代表等进行面对面沟通,及时收集意见建议。

二、发挥"双微"作用,实现疑难问题及时处理、系统解决

坚持问题导向,以解决问题为目标,挂钩基层党组织分别成立1支党员突击队,作为属地城管中队补充力量,协助开展"微执法"(图2),对影响城市市容、环境卫生和市民出行安全的轻微违法行为进行警示告诫、规劝提醒,为主要道路市容环境质量的提升共同出力。

群众身边的城市基础设施微小破损、缺失等问题,组织专业维修队伍自行处

图 1 "行走"城管 及时发现问题

图 2 微执法

置"微修复"(图 3)。推行党员"一线倒查制"。倒查问题是否全部采集上报、"微修复"处理是否达标同质,推动主要道路公共设施破损实现地面、立面、屋面"系统维修"。对主要道路存在的短板弱项、顽症痼疾,梳理形成疑难问题清单。由挂钩路长牵头协调,联合街道、社区,发动道路沿线机关、单位党组织,共同推进,合力攻坚,解决一个,销号一个(图 4)。

图 3 微修复

图 4 路长牵头 解决问题

三、组建"三个联盟",实现城市管理齐抓共管、多元共治

构建联动机制,挂钩基层党组织与属地街道社区、机关单位等组建"党建联盟",将机关单位的作用和力量进行延伸(图5)。再专门组建"商户联盟",带动大家自发履行市容环卫责任(图6)。以"泰州城市管理志愿者协会"为主体,动员社

图 5 党建联盟 联动共治

图 6 商户联盟 履行"门前三包"

会各方力量广泛参与,形成"志愿者联盟",成立 9 支志愿服务队,定期开展集中志愿服务活动,建设运行好 71 个"城市港湾",把服务送到路上,让群众触手可及。

半年来,"党建+路长制"在海陵区城南街道率先破题,形成了"职责清晰、运行高效、群众满意"的生动局面。道路一线的管理力量显著增强,在挂钩党组织的引领下,吸纳了镇街社区、市区城管、辖区单位、商户业主、责任部门、社会志愿者六方力量,共有 600 多名工作人员常态化参与"路长制"工作,从过去的"两张皮"转变为现在的"一条心"(图 7)。

图7 圆桌会议收集意见

商家业主的主体意识、履行市容环卫责任的意识显著增强，以新的《泰州市市容环卫责任区管理办法》施行为抓手，全体党员和各级路长发扬"铁脚板"精神，和每个商家都签订责任状，上门宣传、告知、劝导，引导商家自觉维护市容环境。短短一个月时间，城南街道范围内的1120户商家，市容环卫责任书签约率、履约率均达90%。

解决问题的效率和能力显著增强，市区梅兰路、鼓楼路、海陵路等7条路段实行"系统修复"，456处公共设施破损完成修复，处置时间缩短三分之一以上，实现"快速、同质、节约"的要求。不仅日常问题及时处置率超过95%，而且有效破解了"一店多招""乱停车""乱堆放"等老大难问题，有力提升了城市容貌和运行秩序，受到各方一致好评，显示出旺盛的生命力。

（泰州市城市管理局供稿）

狠下绣花功夫　精细管理城市

——德阳市城市管理行政执法局

近年来，德阳市城市管理行政执法局坚持以习近平新时代中国特色社会主义思想为指导，以人民为中心、为人民管理城市，主动适应城市发展规律和群众需求，不断健全城市管理体系，全市城管执法工作科学化、精细化、智能化水平和社会认可度大幅提升，不断推动城市治理体系和治理能力现代化，有力提升了群众在城市生活中的获得感、幸福感。

一、与时俱进换思路

（一）推动规划建设管理同频共振

近年来，随着城市扩张速度不断加快，建设规划相对落后、中心城区公共配套设施不足等问题日益加剧，农贸市场不足导致群众"买菜难"、公共厕所不足导致群众"如厕难"、停车泊位不足导致群众"停车难"等"城市病"严重影响市民的获得感和满意度，制约着城市的高质量发展。为解决好这一系列的问题，德阳市充分发挥好城管委的牵头作用，坚持多管齐下，推进工作的方向更明确、目标更科学、路径更清晰、举措更实在，城管部门切实解放思想，转变观念，开阔视野，坚持以人民为中心的发展思想，充分发挥职能职责，进一步加强与规划、建设部门的对接，认真负责搞好问题反馈，将管理关口前移到规划、建设环节，创新社会治理手段，优化整合行政执法和城市管理资源，主动融入德阳改革发展大局，积极推动从末端管理向源头治理延伸。

（二）推动共建共治共享格局构建

一是加强主体联动。认真践行"共同缔造"理念，推进"大城众管"。依法规范公众参与城市治理的范围、权利和途径，畅通公众有序参与城市治理的渠道。开展"星期六志愿者广场""城校共建""德阳市民园林学校"等便民利民活动，用好《德阳市城市管理违法行为举报奖励办法》，让广大群众踊跃投身到城市管理中来。推行"公安+城管"联勤联动和"社区自治""商家自治",构建"纵向到底、横向到边、协商共治"的城市治理体系。二是加强工作联动。紧紧围绕市委市政府的中心工作,将创全国文明城市、国家卫生城市复检、环保督察、河长制等工作有机结合起来,同谋划、同部署、同落实、同检查,统筹调动各个方面的积极性、主动性和创造性,切实形成心往一处想、劲往一处使的强大合力。三是加强区域联动。把握省委推动成德眉资同城化发展战略机遇,推动建立成德眉资城市管理同城化发展联席会议制度,成立联席会议办公室,落实轮值制度,明确议事规则、议事内容、议事职责,签订《成德眉资城市管理同城化发展合作框架协议》,推进人才共育、难题共解、环境共治、经验共享,搭建指挥中心定期交流平台,扎实推进城市管理领域同城化干在实处、走在前列。

(三)推动服务管理执法"三位一体"

以打造"执法为民、敢管善治"的新时代城管队伍为目标,深入结合"不忘初心、牢记使命"等集中教育活动,与德阳政德学院、四川建院、司法警官学校等10余所高校建立战略合作关系,突出强化针对性、实效性,聚焦提升凝聚力、战斗力,常态开展"准军事化"训练和"半军事化"管理,先后举办城管专题讲座30余期,实现执法队员全覆盖轮训,全力锻造有信仰、有情怀、有担当的城管人。认真贯彻住建部倡导的"721"工作法,坚持处罚与教育、管理与服务相结合,坚持问题导向理念,突出"队伍建设"、强化"执法服务",以深化改革为动力、创新管理为手段、服务群众为根本,更加重视、尊重、关心管理执法服务对象,努力探索由"单一执法"向"管理服务"转变、从"执法者"向"服务者"延伸、变"硬性执法"为"情怀管理"的城市管理模式,实现城市管理的执法成效和社会成效相统一,最大限度减少矛盾、增进和谐,德阳市连续6年未发生暴力执法事件。

(四)推动法治德治自治有机融合

始终把良法善治作为规范引领城市治理的重要方式,树立"严罚重处少部分就是更好的服务大多数"的观念,深入实施好《德阳市城市管理条例》《德阳市生活垃圾分类管理办法》等规章制度,同时大力加强宣传教育引导,用社会主义核心价值观整合社会意识、规范社会秩序、促进社会和谐,鼓励社区市民针对社区环境卫生、公共空间管理、停车管理、生活垃圾分类等内容,通过社区居委会或居民自治组织,共同商议拟订居民公约并监督执行,努力把街道、社区和市民群众的自查自纠功能运用好、发挥好,管理责任落实好,形成城市治理落实到基层、落实靠基层的良好格局。

二、立柱架梁建制度

（一）强化顶层设计

始终把良法善治作为规范引领城管执法工作高质量发展的重要方式。成立市长任主任的城市管理委员会，出台《议事决策规则》，逐一明确住建、环保、工商等部门在城市管理中的职责。在我市取得地方立法权后，积极推动城管领域立法，成功实现德阳第一部实体性地方法规《德阳市城市管理条例》、第一部实体性政府规章《德阳市生活垃圾分类管理办法》，都由城管部门起草、聚焦城管领域。相继制定《德阳市城市管理违法行为举报奖励办法》《关于实行城市化管理区域的通告》等配套规范性文件，进一步完善城市管理法治制度体系。

（二）强化标准制定

结合我市实际，建立环卫、市政、园林、照明、公园管理等标准制度体系，扎实推进执法中队"标准化规范化"建设，以制度标准规范管理。先后出台《德阳市市容秩序三级分区管理办法》《德阳市关于优化城市管理服务引导户外经济有序健康发展的实施意见》《德阳市区临时便民服务点管理规定》《园林绿地养护管理质量标准》《城市照明管护标准化规范化体系》《公园精细化管理标准》等管护标准和《执法中队标准化规范化建设规范》《行政执法全过程记录清单》《立案审查办法》《现场检查（勘验）办法》《案件移送办法》等制度，牵头起草的《四川省智慧化城市管理平台建设导则（试行）》由四川省住房和城乡建设厅印发正式实施。

（三）强化督查督办

将生活垃圾分类、厕所革命等重点工作纳入市政府年度专项考核，实行一级提醒、二级警示、三级问责，常态化开展日常督查，定期开展集中式督导检查，采取"突击式""点穴式"和相互交叉检查等方式，实现了督导检查全覆盖。坚持和完善工作通报机制，及时编发工作通报，对工作推进快、质效高的单位进行通报表扬，树立典型、推广经验，对工作推进不力、推诿扯皮的单位点名通报批评，精准把握整改措施落实，一事一策逐一销号。有力推动了行政执法无瑕疵、垃圾清运无空档、市政设施无破损、园林绿化无裸土、城市照明无盲区的目标实现。

三、各方参与强合力

（一）强化源头治理

通过市城管委高位推动，进一步把规划、建设、管理、各区分散的职能统筹起来，变"九龙治水"为"一龙治水"，近年来，推动中心城区农贸市场提质改造21个，设立便民服务点20个，在有效缓解了市民买菜难问题的同时，促进了城市困难人群的稳岗就业；扎实推进"厕所革命"，新改建公厕940座，协调市区党政机关、企事业单位开放公厕80座，新增移动公厕5座，同时在城管微信公众号服务平台地图上标注了所有公厕点位，极大地缓解了市民"如厕难、难入厕"的问题；加强和规范停车场（点）建设管理，盘活市区公私停车泊位资源62000个，科学制定差别化收费方案，不断提高停车泊位周转率，有效缓解城区停车难的矛盾。通过多种措施加快补齐公共配套设施短板，一步一个脚印还清城市建设的历史"欠账"。

（二）强化联动共治

认真开展"共同缔造"活动，成功试点"公安+城管"联勤执法，推动建立城管与公安、建设、自然资源、市场监管、水务、环保等部门涉及城市管理违法事件（案件）查办方面的协作机制，形成工作合力，确保无缝对接。大力推进"社区自治""商家自治"，与60余个社区、10所学校开展共建活动，与2所高等院校、10家媒体建立战略合作伙伴关系。建立市民代表制度、制订《文明公约》、招募文明劝导员等方式开展城市管理社区自治试点，探索构建社区城市自治管理模式，市民和商贩主动配合城管工作，积极建言献策，协商制订文明经营约定，推动社区城市管理向公约化、有序化、自治化方向发展，通过打造共建共治共享的社会治理格局，最大限度地激发人民群众的积极性、主动性、创造性。

（三）强化群众参与

既强化管理为了人民的宗旨意识，也运用好管理依靠人民的方法论，在东湖山公园生态修复建设、便民服务点设置、"水果车地图"等城市管理服务工作中，充分征求群众意见，特邀政风行风监督员建言献策城市管理，定期邀请人大代表、政协委员、各行业市民等代表参与"城管开放日""执法体验日"活动，发挥好"德阳城管服务"App等"两微一端"作用，面向社会举办"让流动商贩融入城市"市民好点子征集、满意度测评等活动，建立执法人员、街道经营业主共管共治微信群，不断拓展社会各界参与城市管理的载体、平台、渠道，实现城市管理请群众参与、为群众服务、让群众满意,厚植人民群众在城市管理服务中的幸福感、获得感。

(四)强化基层参与

充分发挥基层党组织的战斗堡垒作用和党员先锋模范作用,比如在德阳市推进生活垃圾分类工作中,创新基层治理推进垃圾分类"五个到基层",作出有益探索。一是志愿者到基层,引导分类更直接。组建市、区、街道三级垃圾分类志愿服务队伍2200余人,入小区、进家庭,通过一线面对面引导,大大提升了"垃圾分类新时尚"的知晓率、认同感、践行度;二是考评权到基层,监督分类更有效。将垃圾分类工作纳入市委市政府重点工作考核的同时,在示范片区建立垃圾分类月度联席会议制度,变"上对下"的传统考核模式为"上与下"联动互评,大大提升了分类投放、分类收集、分类运输环节的监督实效。三是红黑榜到基层,激励分类更实在。积极发动社区组织居民共商共谋,将家庭生活垃圾分类具体要求写入"社区公约",推动构建市区有绩效榜、街道有排名榜、社区有红黑榜、楼道有荣誉榜的四级公示制度,定期评选垃圾分类"家庭达人",对评选的达人家庭进行表彰并适当奖励物资,有力激发了市民群众主动分类的积极性。四是培训班到基层,覆盖分类更广泛。建立社区全覆盖轮训制度,对中心城区113个社区党支部书记、主任进行培训;针对小区、企业等一线群众,年初制定计划,每月开展《垃圾分类知识普及讲堂》;分别编印中小学和幼儿园垃圾分类知识读本,并纳入教育体系,从娃娃抓起,有力提升了垃圾分类知识掌握的覆盖面和实效性。五是智能化到基层,精准分类更容易。积极引进社会力量参与分类体系建设,促进"两网融合",目前已在小区设置智能垃圾分类回收机136个,覆盖逾10万人,群众分类投放即可获取积分,兑换生活用品。开发"德阳垃圾分类助手"微信小程序,已面向示范片区群众试运行,只需输入垃圾种类或名称,对应四分类去向就一目了然,并附衍生知识推送,让群众愿意分、分得准。

四、科技创新作支撑

(一)抓好理念更新

着力运用现代科技与传统人工办不了、办不好的事,大力推行"互联网+城市管理",建立城市综合管理平台,利用电子政务网络与市级有关部门进行数据交互,并将网络延伸到街道社区和各县(市区),通过部门、地区间的数据共享、业务整合、流程再造,形成一个高效运转的城市管理服务信息化机制,形成了面向社会、条块结合、互联互通的数字化城市管理网络应用系统。实现城市扁平化管理,进一步提升城市管理、社会服务的综合效能，以智慧化推进治理能力现代化。

（二）抓好平台建设

为推进智慧城管，实现城市管理的科学化、精细化、智能化，2019年投入3200余万元完成数字城管升级智慧城管项目建设，成为全省首个完成数字城管智慧化升级的地级市。在环卫保洁、违法建筑、流动商贩等管理执法领域，实现感知、分析、处置、监察、指挥调度"五位一体"，2020年6月完成与国家和省级平台的联网，成为全国首批实现联网的90个城市之一。

（三）抓好结合运用

德阳智慧城管综合运用物联网、大数据、云计算等现代化信息技术，建成数字执法业务系统和全移动网格化办公平台，为执法人员配备270余套单兵执法终端，实现执法全过程记录。普查更新全市72平方公里建成区部件基础数据，建立数据库，形成问题发生热力图，有效推定管控的重点区域、重点时段、重点内容。增设无人机设备和160余个城市管理专用探头，包含防火监测、人流密集度监测、占道经营抓拍等，共享公安5000余个探头，动态监测城市管理热点难点区域问题。引入物联网采集模式，建设城管应急指挥平台和城市综合智能在线监测系统，通过增设26套物联网传感设备实现对城市噪声、扬尘、桥梁、油烟、内涝防汛的实时监测和应急指挥，在下穿隧道等27个城区易涝点安装防洪监控系统，为应急处置赢得时间，德阳近年未发生一例城市防汛排涝安全事故。

五、民生导向保质效

（一）打造便民网络

结合城市管理综合执法体制改革，积极推进执法重心下移，建立街道、城区乡镇主要负责人联席会议制度，定期召开座谈会，听取意见建议，设立市民投诉限时在15分钟内响应并定期抽取办件回访工作机制，依靠和发动街道、乡镇参与城市管理，派驻城管执法人员配合社区开展城管执法工作，特别是在临时便民服务点建设管理中，实行社区管理、城管监管的工作模式，较好发挥了社区的积极性和能动性。近年来向旌阳区各街道办、经开区管委会和东湖乡派驻执法大队，向天元镇、黄许镇和孝泉镇等实行城市化管理乡镇派驻执法中队，负责派驻地的城管执法工作，逐步实现执法力量向一线倾斜、工作重心向基层下移，同时与属地街道、社区和市场监管等部门密切配合，推动"街长制"落地落实，构建城市管理的问题、责任、任务、整改"四张清单"，推广生活垃圾上门收运"五定一核"

模式，构建起市、县、乡、村四级便民网络。

（二）打造便民队伍

持续深化"强转树"三年行动，细化出 3 个方面 9 大项 28 条具体措施，通过"城管小卢""市政小波"等网络新闻发言人和"德阳城管服务"微信公众号等平台，大力宣传为民服务典型事例，在全市城市管理班组和执法中队广泛开展"劳动标兵""服务先锋""业务能手""最美城市美容师"评比系列活动，把过得硬、立得住、叫得响的先进典型培养起来、宣传出来，塑造了"有爱城管""最帅城管"等模范人物。坚持开展"星期六志愿者广场"和"城管开放日"等活动，城管"妖魔化"的现象得到了极大遏制，城管工作的"神秘面纱"被层层揭开，德阳城管的正面形象逐渐深入人心。

（三）打造便民品牌

坚持"民生小事即大事"，针对市区农贸市场严重不足的实际，聚焦解决占道经营和农民自产自销矛盾，探索推行"潮汐"式管理，统一经营地点、时间、内容、标识、标准，设立一批便民服务点，既缓解了市场不足的压力，也促进了有效就业，还方便了市民生活，受到社会各界赞誉，先后被人民日报、人民网、央视《新闻联播》等主流媒体推广报道。引入社会力量设立的"文庙广场老味道""彩泉小食代""舌尖上的工农村"等特色便民服务点已成为城市新地标，进一步引导户外经济有序健康发展，助力城市夜间经济繁荣，着力营造城市"市井味""烟火气"。

（德阳市城市管理行政执法局供稿）

南京城市治理公众参与经验做法

一、公众参与法治化——城市管理走向城市治理

2013年，南京市制定实施《南京市城市治理条例》（以下简称《条例》），南京成为全国首个城市治理地方立法的城市，《条例》的亮点之一就是成立了由公务委员和公众委员组成的城市治理委员会，由市长担任城治委的主任。公务委员不超过委员总数的1/2，由市、区政府及各部门负责人组成，公众委员不少于委员总数的1/2，由专家代表、市民代表、社会组织代表组成，一般是通过定向邀请或其所属社会团体、所在单位书面推荐，在自愿报名的基础上，通过分类摇号产生。现任的第三届公众委员共45名，其中专家学者、社会组织和市民代表各占1/3。"城治委"的成立，标志着长期的政府单项管理体制，转为政府、公众的双向互动。公众委员围绕城市治理难点走访调研，起草调研报告后形成决议，提交城市治理委员会审议。南京市城市治理委员会通过常态化、制度化的公众参与模式，保障公众参与长足发展。

二、公众参与成效明显——构建百姓和政府沟通桥梁

一是公众参与城市治理常态化。在城治委牵头下，公众委员召集主持的城市治理圆桌论坛，构建百姓和政府的桥梁，让政府有机会聆听民众呼声，民众有渠道表达自己的想法，专家有机会让理论指导鲜活的实践。目前论坛已举办25期，围绕城市治理的重点、难点、热点问题，以主题为形式，邀请相关职能部门、专家学者、社会组织、市民代表等参加，大家畅所欲言、集思广益，为城市治理建言献策。论坛由公众委员轮流担任组织者，大家都有机会当"主角"，积极性空前高涨。圆桌论坛的举办充分发挥了公众委员的专业特长，人尽其才、才尽其用，为城市治理提供"最强大脑"。

二是发挥城市治理智囊团作用。公众委员不仅需要找出社会治理中出现的难题，提出上会备选议题，在形成决议后还要点对点监督决议执行情况。要是在执

行过程中出现问题，委员们还会进一步完善决议，再次上城治委会议表决通过，让决议切实落地可操作并贯彻到底，他们参与整个过程。到目前为止，市城治委共通过1个共识、2项规定、11个决议，有效协助和推动解决了占道经营、停车难题、油烟扰民、烟花爆竹禁放等社会及市民关心关注的重点难点。目前，已经建成市区街三级公众委员体系，公众委员人数达2900余人，进一步发挥基层公众委员参与城市治理的大作用。在2019年，城市治理座谈会上，市城治委领导明确要求，把公众委员要作为宝贵资源加以统筹利用，建立城市治理研究院，继续发挥离任公众委员的作用，可以探索与高校学院合作，打造政府智囊团。

三是荣获第五届"中国法治政府奖"。2018年10月28日，第五届"中国法治政府奖"终评评审与颁奖典礼在北京举行。南京市城管局、南京市政府法制办报送的"南京市城市治理法治化的创新实践"项目荣获"中国法治政府奖"。"中国法治政府奖"每两年评选一次，至今已举办四届。其奖励对象为各级政府及其职能部门在推进依法行政、建设法治政府方面采取的具有重要价值、产生明显社会效益、对于建设法治政府具有示范效应的制度与举措。全国申报本届"中国法治政府奖"共有85个项目。其中入围项目有31项，15项获得"中国法治政府奖"。

三、公众参与城市治理常态化——从蜻蜓点水到深入基层

（一）定期举办城市治理圆桌论坛

公众委员在日常的生活中，通过走访调研这样的形式，收集议题线索，形成调研报告，议题最终要形成决议，甚至变成红头文件，光靠个人的力量远远不够。如何集中各方智慧，让专家谏言、让专业组织表态、让市民发声，在城治委牵头下，公众委员召集主持的城市治理圆桌论坛，搭建起百姓和政府之间的桥梁，让政府有机会聆听民众声音，民众有渠道表达自己的想法，专家有机会让理论指导鲜活的实践。到目前为止，圆桌论坛已举办25期，每期论坛由市公众委员组织召开，旨在围绕城市治理的重点、难点、热点问题，以主题为形式，邀请相关职能部门、专家学者、社会组织、市民代表等参加，大家畅所欲言、集思广益，为城市治理建言献策。论坛由公众委员轮流担任组织者，充分发挥了公众委员的专业特长，人尽其才、才尽其用，为城市治理提供"最强大脑"。以政府推动的重点难点工作为出发点，共同为南京城市发展献计献策，在占道经营、黑臭河治理、城市交通与文明出行、智慧停车等主题上，进行观点交锋和思维碰撞，破题思路也愈发明晰。

（二）现场观摩执法

从 2015 年 3 月起，城市治理委员会牵头，定期组织市、区、街三级公众委员进行执法观摩。在一次占道经营执法过程中，水果店摊主暴力抗法，拿水果刀砍伤了执法队员还大喊"城管打人"，公众委员张纯与同行的公众委员耐心向摊主及群众还原事件真相，不仅成功化解了冲突，也让执法行为得到了百姓的理解和支持，还城管以清白。这一事件随后被各大媒体报道，取得了良好的传播效果，提升了公众委员的公众形象。现场观摩执法让公众委员们了解了城管执法的困难和阻碍，现场听到了民众和城管的双重声音，从而更加理解和支持城管执法工作，也使得其提交的相关议题在反映民众呼声的同时也能站在管理者的角度看问题，让议题更富有同理心。

（三）常态组织公众委员进区街

随着城市化进程的快速推进，城市治理对于提升城市品质具有重要作用，关乎市民百姓的幸福感和获得感。人口增多、交通拥挤、环境污染以及物业服务、邻里关系，都需要城市治理主动作为。进区街，可以考察民情民意，获得城市治理的第一手资料。学会运用多种调查方法和研究方法，通过问卷、访谈、对话、咨询等形式，在区街之中依法找到最合适的抽样，并对个体进行分析，最终形成报告和决议，进而上会表决。对于公众委员而言，走区街基础，是开展好城市治理工作的必然路径。要提升城市治理，必须进区街，这里有过去、现在和未来。上面千条线，下面一根针，区街里的城市治理，是最典型的多元主体共治行为，政府、市民、企业、社会组织、社区组织等共同参与，共同行动，最终在区街中形成共建共治共享的成果。进区街，既可以看到城市的光鲜，也可以见识街巷的不足，针对基层的困难，利用不同职业的公众委员们的智慧，拓展他们解决问题的思路，从而真正实现进区街。可以全面而深入的了解南京各方面工作的落地情况，可以触摸到这座城市的神经末梢和毛细血管，让公众委员知晓过去和现在，并看清楚发展的未来，拥有更高站位，从而提出既连天线，也接地气的议题。作为公众参与和了解城市治理基层实践的重要路径，公众委员进区街活动已举办了 30 期。

四、工作思考与打算

一是发挥城市治理研究院作用。为进一步推动南京城市治理发展水平，经市政府批准，成立了南京城市治理研究院。通过城市治理研究院开展城市治理基础理论研究，提炼和总结现有好的做法，推广和宣传南京经验，加强与长三角的互动交流。努力提升南京城市治理研究水平，完成南京城市治理委员会布置的研究工作，跟踪了解全市公众参与重点和亮点工作，重点挖掘各区特色做法，总结社区公众参与城市治理工作的经验做法，并形成研究成果。

二是带领公众围绕重点工作参与城市治理。围绕垃圾分类这项全市重点工作开展圆桌论坛、进区街、执法观摩等活动，通过学习条例、宣传分类知识、实地参观好的社区、观摩强制执法等具体形式，引导群众关注并参与和支持垃圾分类工作。进一步落实对已发决议的监督，带领公众委员督查小组到相关部门实施回头看，督促其落实决议，特别是涉及高质量发展和全市重点工作的决议，作为重点督查内容。在全市选定两个社区，进一步探索基层社区公众参与和群众参与城市治理的形式、做法，探索实现共建、共治、共享的全市公众参与新格局。

三是进一步加强对各区公众联络的服务和指导。加强各区街道公众联络议事平台服务和指导，确保各区所属街道公众联络议事平台吸引群众参加，商量和评议家门口的烦心事及老大难，充分发挥街道社区公众委员带动和影响群众的正能量作用。鼓励和帮助各区积极探索具体群众参与工作的形式和方法，开创区域群众参与特色形式。指导各区根据区域工作重点和难点，充分发挥公众委员参与及监督力量，配合区级执法，特别是垃圾强制分类后的引导宣传工作。加强市、区、街公众委员工作的横向学习交流，通过取长补短，形成全市各区街公众委员带动身边群众积极参与城市治理，努力实现共建、共治、共享的全市公众参与格局。

（南京市城市管理局供稿）

城市精细化管理和城市治理典型案例

——郑州智慧城区实践

前言

习近平总书记指出:"推进国家治理体系和治理能力现代化,必须抓好城市治理体系和治理能力现代化。运用大数据、云计算、区块链、人工智能等前沿技术推动城市管理手段、管理模式、管理理念创新,从数字化到智能化再到智慧化,让城市更聪明一些、更智慧一些,是推动城市治理体系和治理能力现代化的必由之路,前景广阔。"

城市精细化管理和城市治理的建设是提升国家治理体系和治理能力现代化的重要体现。随着国家治理体系和治理能力现代化的不断推进和"创新、协调、绿色、开放、共享"发展理念的全面贯彻,城市被赋予了新的内涵,对新型智慧城市建设提出了新的要求。

城市治理体系和治理能力现代化离不开科技的"硬核支撑",强化科学手段应用、建设新型智慧城市,有助于全面提升城市现代化治理水平,实现城市管理手段、管理模式、管理理念创新,全面提升城市综合管理水平,从而推动我国治理体系和治理能力现代化。

河南省城市科学研究会城市治理大数据研究中心自 2018 年 8 月成立以来(图 1),致力于新型智慧城市实现新路径研究,力图为智慧城市管理和智慧社会治理一体化提供解决方案。经过众多专家学者和企业的努力,逐步探索出一条可供借鉴可实践的路径,供大家研究并进一步完善推广。

智慧城市实现路径:

智慧城市 = $\sum_{i=1}^{n}$ 区域智能化 $_i$ + SUM(行业智能化)

即:$SC = \sum_{i=1}^{n} RI_i + Sum(II)$

SC:智慧城市(Smart City)

图1 2018年8月8日,省城科会理事长蒋书铭(左)与北京交通大学教授王志海(右)主任共同为河南省城市科学研究会城市治理大数据研究中心揭牌

RⅠ：区域智能化（Regional intelligentization）

Ⅱ：行业智能化（Industry intelligentization）

什么是行业智能化？例如：智慧城管、环保、医疗、园林、交通等，它们都是由上而下的垂直系统，在这个行业里面运用。

什么是区域智能化？一个完整的城市区域一般是由县、市、区、街道等小单元模块组成，通过顶层设计到分级（分区域）实施，就是实现区域智能化的直接手段。区域智能化与行业智能化数据的融合，就会使城市变得更聪明。这里，我们就智慧城区的建设（以县、区为试点单位，既能体现区域智能化与行业智能化的深度融合，又便于总结经验教训，推广实施）为切入点展开讨论，展望未来。

一、建设背景

城市精细化管理和城市治理的建设是提升国家治理体系和治理能力现代化的重要体现。中共中央国务院下发的《中共中央国务院关于进一步加强城市规划建设管理工作的若干意见》（中发〔2016〕6号）中提到："（二十七）推进城市智慧管理……加强市政设施运行管理、交通管理、环境管理、应急管理等城市管理数字化平台建设和功能整合，建设综合性城市管理数据库……到2020年，建成一批特色鲜明的智慧城市。通过智慧城市建设和其他一系列城市规划建设管理措施，不断提高城市运行效率。"不久前召开的党的十九届四中全会审议通过了《中共中央关于坚持和完善中国特色社会主义制度推进国家治理体系和治理能力现代化若干重大问题的决定》，并提出要坚持和完善共建共治共享的社会治理制度，完善党委领导、政府负责、民主协商、社会协同、公众参与、法治保障、科技支撑的社会治理体系。上述一系列文件精神要求如何落地实施，智慧城市建设就是一项重要抓手，而城市精细化管理和城市治理的建设则体现得尤为突出。利用现代信息技术，以县、区为单位，以成熟运行的数字城管平台为基础，以扩展、完善、整合其他城市管理平台为主要手段，建设城市数据资源平台、城市物联平台、统一视觉计算平台、统一事件调度中心、智能感知中心、综合监督评价中心，构成城市管理智慧大脑，建设智慧城管。通过智慧城管建设的典型示范引路，其他如治安、安监、交通、教育等行业可以根据自身情况，资源整合，资源共享。条块结合，最终实现城区多部门统一指挥、统一调度、统一管理，初步搭建智慧城区框架，从而提高城市精细化管理和治理效果。

二、建设思路

以区域智能化（Regionel Intelligentization）和行业智能化（Industry Intelligentization）深度融合展开工作，加强科学规划和顶层设计，整合各方面（RI）的优势资源，形成智慧城市系统的推进机制；整体考虑各个领域、相关单位、各系统的资源配置、面临的问题及重点建设项目需求，统筹规划智慧城市应用体系中各重点工程的建设内容和建设进度，全面支持智慧城市的科学、统筹、协同、稳步推进。加强重点工程建设过程中与各部门业务信息系统的数据共享、接口开放和服务共享等原则要求，逐步开展分阶段和分类别的数据资源整合工作，并纳入新建重点工程项目的考核和验收范围。通过全面整合从城市管理、社会治理各类设施中采集的海量数据资源，并与智慧环保等各重点领域系统建立互联共享的关系，促进智慧城市整个系统各个业务领域协同化建设管理，以点带面，以智慧城管（II）建设全面推动智慧城市的发展。

实现城市精细化管理和城市治理需要及时感知城市主体、社会主体的需求和痛点，有针对性地提供服务，而智慧城管则需要具体精细地感知城市运行方方面面、角角落落的动态变化，及时发现问题、研判风险、应对风险。感知能力的提升，既需要通过空间地理信息技术、人工智能、大数据、云计算、5G等现代信息技术对服务管理流程实现赋能，也需要借助信息技术推动业务管理的深层改革创新。通过城市管理的智慧化升级，创新公共服务提供方式，满足人民多层次多样化需求，加强普惠性、基础性、兜底性民生建设，使改革发展成果更多更公平惠及全体人民。

三、建设原则

（一）顶层设计，合理规划

完善智慧城区建设的机制体制，促进区域网格化与行业网格化的结合，提升城市综合治理能力。将市政、治安、交通、安监等领域与网格紧密关联，建立空间地理数据、属性数据、业务数据之间的联系，形成各领域的专业网格，结合物联感知设施和 AI 技术，实现对城市事、部件、交通状况等实时动态的监督管理，以及应对突发状况作出快速准确的反应，促进城市综合管理能力的提升。

（二）资源共享，数据畅通

建立城市数据资源平台，畅通数据共享渠道，促进多方协同作业。智慧城市系统需要各领域多部门合作推进，只有打通部门间、行业间的壁垒，依托已有的数据管理规范，畅通公安、交通、规划、城管、安监等各部门数据互联共享的渠道，才能有效促进业务的协同，进而提升城市治理、综合执法、政务服务等各方面的工作效率。

（三）科技创新，技术驱动

运用现代信息技术手段，增强城市管理效果。运用数字孪生等创新理念和大数据、云计算、人工智能等技术，优化城市管理模式，简化业务处理流程，提高突发事件预测能力和精度，为政府决策提供科学有力的支撑，实现城市的高效管理。

四、系统架构

智慧城区建设以数据为基础，以能力为核心，通过统一接口、规范体系、建设标准，实现各委办局、各城市部件、各终端设备、各用户对象的数据获取、清洗、共享、交换、分析。系统架构如图 2 所示。

（一）开放资源层

主要有基础网络和智能感知两个层面。基础网路包括：光纤、4G/5G；智能感知包括：视频、物联、GPS/北斗、NFC 等。

（二）开放能力层

城市物联平台:以其能力独立性、业务无关性、安全与健壮能力提供设备接入、

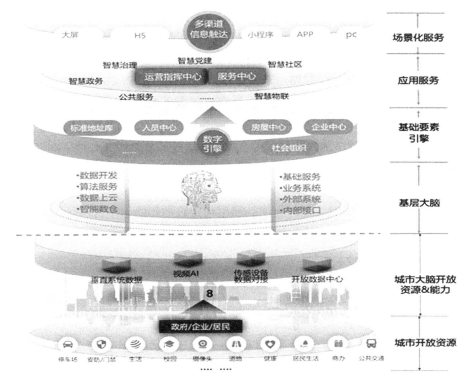

图2 系统架构图

设备通信、设备运行管理、数据解析与转发、安全管理及边缘计算管理核心能力。实现海量碎片化传感设备、物联感知应用统一接入与集成，各业务领域无须自己点对点的进行物联感知应用开发，大大提升开发效率。

统一视觉计算平台：视觉计算平台提供统一视频接入服务、大规模视觉计算服务以及视觉检索服务。

（三）基层大脑

基层大脑实现城市治理与公众服务的公共基础能力，便于构建各种智慧应用场景。主要能力有：统一事件调度中心、智能感知中心、统一监督考核中心等。

统一事件调度中心：实现市、区（乡镇）、街道办（乡镇、局委办）、社区四级部门事件调度功能等。

智能感知中心：向上连接事件调度中心，向下实现与物联网、视频分析系统的无缝对接。

统一监督考核中心：实现事件督办、考核标准管理、考核算法设置、考核结果计算、考核排名等。

（四）数据资源平台

建设内容包含标准规范、应用支撑平台、数据门户、应用平台、四大基础数据库、专业部门业务数据库和标签数据。

通过数据汇集、数据治理形成数据资产，用服务的形式向各专业部门、公众和企业提供数据服务。

四大基础库为：自然人数据库、法人数据库、经济数据库和地理空间数据库。

（五）智慧应用层

智慧应用构建在前四层基础之上，利用基础数据和能力平台层可快速构建各种智慧应用。如：领导驾驶舱、智慧社区、智慧党建、智慧街区、智慧市政、智慧园林、智慧环卫等。

五、典型案例

智慧城市立足强大的数据基础，以精准治理和公众服务为目标，着重打造区域智慧化，最终实现统一对象管理、多维评价、过程可视、服务提升。智慧城区综合服务平台（围绕城市精细化管理和城市治理的建设）经过多年的开发，目前在河南省内，尤其是郑州市有广泛的示范应用工程，县区级平台主要有郑州市二七区、郑州市惠济区、郑州市管城区、郑州市郑东新区等；街道办平台主要有郑州市中原区建设路街道办等。

（一）郑州市二七区智慧城管平台

根据国家标准《数字化城市管理信息系统》GB/T 30428有关要求，郑州市二七区围绕"路长制"及城市环境综合整治工作，以"融合、高效、共治、共享"为目标，开发建设"二七区智慧城管平台"。平台以"区—部门、镇办—三级路长（城市管理员）"三级管理为架构，有效整合工地扬尘、垃圾分类、油烟监测、停车管理、渣土车管理等系统及公安、社区、工地等视频资源形成二七区城管数据资源管理平台，与郑州市数字化城管系统实现互联互通，推动城市管理更加精细化、智能化、社会化。

1. 整合资源

（1）平台整合区公安视频监控1055个、工地监控108个、办事处自建监控369个、"城警联动执法车"移动监控10个，实现视频监控一个平台全部联通，并可自定义半径调取重点点位的周边监控（图3）。

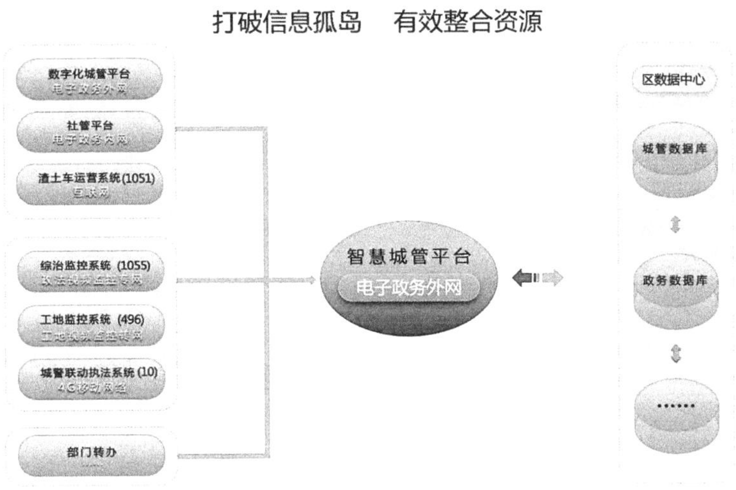

打破信息孤岛　有效整合资源

图3　智慧城管平台

（2）与"郑州市数字化城管指挥系统"互联互通，实现案件流转、查询、统计分析等全部功能。

（3）整合"工地扬尘系统""垃圾分类系统""油烟监测系统""停车管理系统""郑州市绿色渣运监管平台"数据进入"二七区城管数据资源管理平台"，形成城管数据资产，建设城管领导驾驶舱，有效支撑城市精细化管理。

（4）对350条责任道路地理位置、人员、创建情况等信息建立台账（图4）。

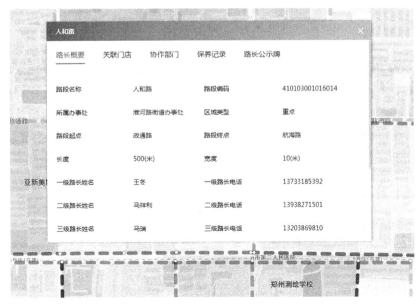

图4　建立信息台账

2. 建立健全"一张网、一个平台、一套处置流程"运行机制

市数字化转办、群众投诉、视频抓拍、部门转办、领导督办等发现的问题，均可在"区智慧城管平台"上生成案件，进行统一派遣、处置，处置过程可追溯（图5），如对工地、主要出入市口等可分组进行视频巡查。

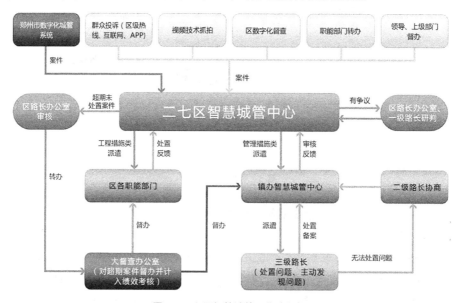

图5　二七区智慧城管工作流程图

3. 下一步工作方向

根据工作需要和前期开展情况，下一步郑州市二七区将进一步整合执法、市政、园林、环卫等数据，推进智慧城管综合决策和应急指挥平台建设，在相关业务系统数据整合共享的基础上，利用大数据技术开展全局层面的信息综合展示、智能分析、统计报表、丰富城管领导驾驶舱的功能，为科学决策和应急处置提供有力支撑。并围绕城市在运行过程中涉及的社会治理、城市管理、交通运行、环境保护、园林绿化、防灾减灾、公共安全和为民服务等方面，通过数据归集、智慧应用、大数据分析，充分挖掘与发挥数据在感知城市、管理城市方面的应用价值，建设集城市运行监测、可视化展示、应急联动、资源调配、智能决策为一体的大数据中心和智慧城市运营中心，为领导及各级工作人员提供城市稳定运行的全景透视图，使其成为城市管理与运行的"大脑"和"中枢"（图6）。

（二）郑州市郑东新区智慧街区项目

城市管理是项综合性的工作，涉及保洁、市政、停车、亮化、交通、绿化、垃圾分类、公厕、周边门店等，以往的管理方法是按条进行管理，容易产生推诿

图6 智慧城管功能设计规划——大城管

扯皮、责任不清造成管理死角，同时，过多使用人工管理造成效率低下、成本过高等问题。郑州市郑东新区智慧街区项目建设是借鉴先进地区的经验，为了避免过往管理中出现的问题。通过队伍融合实现块的管理，减少人员、提高效率、同时避免推诿扯皮、责任不清的问题；通过智能传感终端建设，实现问题自动发现、自动派遣、快速处置；通过流程融合，减轻工作人员操作的复杂性、实现案件的统一管理；资源统一可视化管理和指挥调度使领导和管理人员对工作全貌一目了然，快速定位问题发生原因；通过多部门数据的关联分析可以优化资源配置，为群众打造生活便捷、环境优美的街区。

以物联传感、视频采集、移动终端 App 为主，以群众举报为辅全面感知街区态势；利用 5G、NB-IoT 等现代通信技术实现云端交互；充分发挥云计算、云存储、物联网、视觉计算能力保障系统的高效、智能；全面融合城管业务数据，将数据从操作型扩展到分析型，构建城管数据资源管理平台；在数据资源管理平台的基础上搭建智慧街区应用场景，实现队伍融合、数据融合、流程融合（图7）。

六、运行成效

上述平台建设充分体现了区域智能化（RI）和行业智能化（II）的深度融合，在利用大数据、云计算、物联网等现代信息技术，实现了资源整合、统一调度、智能感知、应急指挥等一系列功能。运行以来，辖区市容市貌发生了很大变化，城市精细化管理水平明显提高，诸如违章经营、乱堆物堆料、车辆乱停放、小广

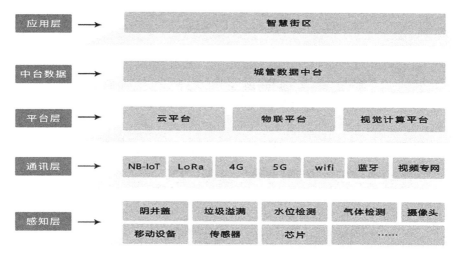

图 7 城管数据资源管理平台

告等一系列城市管理顽疾问题数量明显下降,受到了人民群众的一致好评,并切实解决了许多关系民生的热点、难点问题。平台利用大数据和多部门的资源整合、联动执法,在发现问题后能迅速通知相关责任部门第一时间处理,为人民群众的日常生活、出行等减少了很多麻烦,提供了极大便利,切实提高了人民群众的幸福感。

七、思考与展望

(一)城市智慧化升级的四大核心

(1)机制创新是实施智慧城区的核心。应建立独立的监督制度、量化的处置制度、量化的考核制度和长效考核制度等。

(2)高效监督是实施智慧城区的根本。明确一个隶属政府综合部门相对独立的监督和考核部门是智慧城区建设的有力保证。

(3)标准贯彻是实施智慧城区的基础。全面贯彻智慧城区的相关标准是建设、运行智慧城区的规范化基础。

(4)技术集成是实施智慧城区的保障。在体制、机制、标准巨大变革的背景下,只有采用数字化集成技术,才能保证和维持智慧城区体制、机制改革成果和标准的贯彻,实现新体制机制环境下的城市治理更高效率。

(二)城市智慧化升级的八个重要特征

(1)融合。融合是核心,要尽量做到数据融合、流程融合、队伍融合、接口融合。

（2）统一。统一是方法，一个中心、一个平台、一套数据、一级指挥，方便日常扁平化管理。

（3）动态。动态是方式，数据、过程、事件、画面等要素均要做到以动态方式展现。

（4）可视。可视是高度，通过时间维度、空间维度、数据维度、评价维度等给用户以多维可视的直观体验。

（5）移动。移动是能力，充分发挥大数据、云计算、5G等核心技术，通过"一站式"App，采、报、查、处、调一体化管理。

（6）过程。过程是创新，要对所有的对象历史均建立精准画像的数据库。

（7）主动。主动是智慧，日常的任务下发、数据筛查、预警等功能都要以主动作为智慧化的体现。

（8）评价。评价是灵魂，综合信息实现对象评价，社会信用体系建立，评价结果的合理运用才能确保整个系统的良好运行。

智慧城市本质在于信息化与城市化的高度融合，它是低碳、智慧、幸福及可持续发展的城市化，是以人为本、质量提升和智慧发展的城市化。城市智慧化进程中离不开城市精细化管理和城市治理。如何深度加强区域智能化和行业智能化的深度融合将是我们下一步研究的重点。目前看来，打造智慧城管（Ⅱ）平台，并持续向更加注重以人为本的精细化、智慧化升级，通过行业智能化智慧城管的典型示范引路，借鉴推广到治安、安监、交通、教育等领域，初步实现区域智能化（RⅠ），才是集成智慧城市的必由之路，从而加速智慧城市建设的步伐。

八、结语

城市治理体系和治理能力建设是一个重大的时代课题。大数据技术在公共服务供给领域应用的发展取向是从传统的行政决策为主导，转向以大数据驱动决策为主导，从过去的供给导向转向以需求为导向，将原有的碎片化供给转向为多元协作供给，这将重塑政府的公共服务供给模式。河南省城市治理大数据研究中心将围绕城市治理大数据发展创新问题研究，开展城市治理大数据应用知识培训、数据挖掘与商务智能利用，进行城市治理大数据相关学术交流。帮助城市管理者提高城市运营管理水平，驱动城市精细化治理，提升市民的幸福指数，推动城市健康、科学、可持续发展。

学术指导：王志海，河南省城市科学研究会城市治理大数据研究中心主任，北京交通大学云计算与数据科学研究所教授。主要研究方向包括：大数据技术与数据挖掘、数据仓库与商务智能、机器学习与人工智能。

编写人：

1. 李宏伟，河南省城市科学研究会城市治理大数据研究中心副主任、郑州大学时空大数据研究所所长。

2. 李建伟，河南省城市科学研究会城市治理大数据研究中心副主任。

3. 田伟华，河南省城市科学研究会常务副秘书长、城市治理大数据研究中心副主任。

4. 靳东霞，河南省城市科学研究会城市治理大数据研究中心委员、郑州市二七区数字化城市管理中心主任。

5. 曹源，河南省城市科学研究会城市治理大数据研究中心委员、郑州市郑东新区市政园林局。

6. 吴瑞琦，河南省城市科学研究会城市治理大数据研究中心委员、郑州市惠济区数字化城市管理中心主任。

7. 李蠡，河南省城市科学研究会城市治理大数据研究中心委员、郑州市中原区数字化城市管理中心。

数字化城市管理的太原实践

太原市数字化城乡管理指挥中心成立于2011年10月，隶属于太原市城乡管理局，为副县级全额事业单位，主要职能是承担全市数字化城市管理平台的建设和运行管理工作，通过对城市管理问题进行分类确权，利用数字化、网格化管理方式，依托6家信息采集公司581名信息采集员，对全市353.5平方公里城市公共区域进行全面巡查、上报。通过接收12345、12319热线转办，开辟太原数字城管公众微信、微博等渠道，受理群众咨询、投诉和建议。同时，主动监控报纸、电视、广播、互联网渠道涉及太原市城市管理方面的舆情信息，核实情况后全部纳入工作流程，协调督促63个二级平台、间接联动926家责任单位对问题进行及时处置。单位成立以来，共收集各类城市管理问题1553.22万件，处理办结1414.92万件，总体结案率达到91.1%。

一、太原市应用信息手段推进城市管理工作取得的成果

近年来，在山西省委省政府的正确领导下，太原市在资源型城市转型升级过程中，高度重视城市管理民生服务平台建设工作，积极探索、大胆实践，用"绣花精神"精细管理城市，以"工匠精神"推进服务创新，依托太原市数字化城乡管理指挥中心这个平台，城市管理水平从自我约束到公众参与和监督，再到主动发现与解决问题，形成了具有"太原特色"的城市管理模式。

（一）城市信息化管理平台建设成效显著

太原市自2008年组建太原市数字化城乡管理指挥中心以来，不断健全完善"一级监督、二级指挥、三级管理、四级网格"的网格化、数字化城市管理体系。目前，太原的县级市古交、城6区政府、不锈钢园区和综改示范区以及涉及城市管理和民生服务的14个市直部门、40家社会责任单位都建成了数字城管二级平台。通过各城区政府，间接协调和联动48个区级部门、49个街办、15个乡镇、534个社区、280个村庄。构建了全市最大的城市管理公共服务网络，形成了"统一监督、分级指挥、以块为主、条块兼容"的工作模式，通过将市、区、街办（乡镇）、社

区（村）的工作力量整合到一张网中，促进了城市管理问题的有效解决。系统运行至今，太原数字城管平台已累计受理各类城市管理问题1553.22万件，处理办结1414.92万件，运行成效在中西部地区居于领先水平。

（二）城市精细化管理水平逐步提升

一是基础信息数据逐步完善。按照国家地理信息编码、部件普查及网格划分标准要求，结合城市区域、道路拆迁改建实际，逐年对城市管理基础数据进行普查。截至目前，太原数字城管系统监管的城市公共区域面积353.5平方公里，单元网格数30541个，城市管理基础部件普查入库数量199.8万个，实现城市管理对象建成区域全覆盖。二是城市管理事项不断细化。通过太原市政府办公厅印发《太原市城市市政综合监管信息系统城市管理部件和事件立案、处置和结案规范》，逐一明确了城市管理6大类128小类事件和5大类136小类部件的产权及责任主体，统一了立案、派遣、处置各阶段时限和质量要求。三是巡查采集行为严谨规范。采取政府购买社会公众服务的方式，选择6家专业服务公司从事信息采集工作，通过科学配置城市管理网格、规范采集员装备配置、规范采集员巡查路线，以及引入半机械化作业理念、推行快速路车辆巡查等手段，实现全市城市公共区域巡查采集全覆盖。四是信息发现渠道多元化。在国内率先建立媒体网络舆情监控机制，每日对电视、报纸、网络反映涉及太原市的城市管理负面舆情问题，发挥数字城管网格化管理和信息技术优势，迅速派辖区责任网格信息采集员调查核实，对尚未处置的问题纳入数字城管流程，受理派单协调解决跟踪督办，提高对城市管理问题的快速反应和应急协调能力。五是发挥考核评价和媒体监督作用。实行日统计、周分析、月考核制度，每月形成《考核月报》报送市委、市政府、市人大、市政协主要领导，并在太原新闻、《太原日报》上向社会公布考核结果，并与省内主流媒体合作，开辟工作专栏，充分发挥群众、社会、政府监督的合力作用，提升城市管理水平。

（三）城市网格化管理水平全面提升

近两年来，太原市数字化城市管理工作以创建全国文明城市、国家卫生城市和迎接全国第二届青年运动会在太原召开等重大活动保障为抓手，充分发挥网格化管理优势，积极配合相关部门有的放矢开展普查、派遣、督办工作。先后配合太原市园林局、市交警支队、市照明管理处等68家单位，对交通指示牌、行道树缺失、路灯不亮、市政设施损坏等176项问题进行了320次专项普查，发现问题299万件，全部发函交办责任单位处置，通过强化专项数据普查结果应用，为各部门快速集中整治城市管理问题提供了数据保障。一是持续助推文明城市创建工作。组建"序化工程督察督办"微信群,群成员覆盖市、区执法部门领导、一线执法人员和数字城管工作人员,通过建立的扁平化的处置流程,全面清理整治占道经营、出店经营、游商摊点等违法经营活动。2019年共巡查发现"序化工程"露天烧烤、占道经营等类问题1.94万件,执法部门现场处置1.69万件,现场处置率达87.37%,太原市露天烧烤基本清零,占道经营现象大为减少,确保了太原市街容街貌整洁有序。二是配合开展"两下、两进、两拆"专项整治的普查工作。按照省政府办公厅"两下、两进、两拆"专项整治工程具体要求,对全市主要街道、公共空间、城市重点地段的建筑物第五立面、裙楼顶部设置的违规标识、墙体广告、LED电子屏等共计10类影响城市环境整洁的广告问题进行了14轮专项普查,共普查广告问题10万余件,为推进工作奠定了数字支撑。

(四)技术创新取得新突破

按照习近平总书记"推进城市管理制度创新、模式创新,提高城市科学化、精细化、智能化管理水平"的重要指示精神,太原市大力推进数字化城市管理一网四平台建设,提高城市综合管理服务能力。一是不断完善太原市智慧城市管理信息系统建设,完成了数字城管系统扁平化、全移动改造。在数字城管9大基本子系统的基础上,并扩展了信息采集管理、数据更新等诸多子系统,研发了全移动办公平台,提升了信息采集、案件办理、问题处置、数据更新的效率和智能化水平。"太原市智慧城市管理信息系统"两次荣获中国地理信息产业优秀工程银奖,并被山西省科技厅列入山西省科技成果转化与推广计划火炬项目。二是搭建了城镇排水防涝数字化信息平台。在全市44个防汛监测点(包括:5个铁路下穿通道、4个道路下穿通道、11个道路易积水路段、3个缓洪池、6条河道、17个雨水泵站)共安装了75台视频监控摄像头,36套水位传感器,11套IP广播,10套交通诱导屏,实现防汛点位水位自动测量预警、视频实时监控、远程呼叫指挥等功能,有效提升了防汛指挥能力。三是推进市政公用行业数据共享平台建设。借助物联网、大数据等现代信息技术,在对供水、供热、燃气、照明、市政等多家市政公用行业单位进行信息资源调研摸底的基础上,启动太原市政公用行业数据共享平台建设,截至目前,已共享接入了供热行业四家企业(市热力公司、市第二热力有限责任公司、市城北热力有限公司、市再生能源供热有限公司)、两家供气行业企业(太原市天然气有限公司、山西国电科莱天然气有限公司)、一家供水行业企业(太原供水集团),日常运行1000余个点位的实时数据;同时,围绕数字城管受理投诉、业务考核、分析工作需要,研发了供热、供水、供气三个市政公用行业的服务质量监管子系统,初步搭建了集预警监控、应急指挥、协调调度、科学决策为一体的综合智能监管平台。四是完成数字城管历史数据分析与挖掘系统两期项目建设。

通过引入文本挖掘智能分析、大数据全文库、搜索引擎技术等大数据技术，搭建了数字城管数据分析与挖掘平台，逐步建立用数据说话、用数据决策、用数据管理、用数据创新的机制，为城市管理决策提供数据支撑。"大数据挖掘及策略分析系统V1.0"等10项成果获得国家版权局计算机软件著作权登记证书。五是研发了"太原微城管"微信小程序。整合市民网上留言、微博、微信、舆情监控等各类新媒体信息受理渠道，研发"太原微城管"微信小程序，方便市民群众参与城市管理。

（五）运行成效跻身全国一流方阵

近年来，太原市数字城管中心的运行成效受到住房和城乡建设部和全国各地同行的关注。多次应邀在全国性会议上介绍工作经验，从2018年开始，参编住房和城乡建设部新时期城市管理执法人员系列培训教材和数字城管国家标准的编制工作；2019年，参与住房和城乡建设部《城市综合管理服务平台建设指南》《城市综合管理服务平台技术标准》CJJ/T 312—2020的编制工作，入选全国智标委城市综合管理标准工作组成员单位；2020年初，配合住房和城乡建设部城市管理监督局完成了《城市综合管理服务评价指标（实行）》中17项评价指标的分解和测试工作。

在山西省内，太原数字城管中心发挥领头雁作用，积极配合省住建厅制定《关于推进数字化城市管理建设的指导意见》（晋建办字〔2019〕178号）和《山西省数字化城市管理模式建设导则》等政策性文件，引领和推动全省数字化城市管理建设全覆盖。

太原市应用数字化、信息手段推进城市管理工作，目前已跻身全国一流方阵，太原数字城管中心已经成为全国数字化城市管理行业的排头兵。《太原市数字城管实践案例》编入全国市长研修学院组织编写的新时期城市管理执法人员培训教材《数字化城市管理案例汇编》一书中，成为全国20个入选城市典型案例之一。

二、积极推进城市综合管理服务平台建设

建设城市综合管理评价体系，是落实十九届四中全会精神，落实习近平总书记城市治理"全周期管理"理论，坚持以人民为中心的发展思想，统筹城市规划建设管理三大环节，推动城市治理体系和治理能力现代化的重要举措。通过将城市作为一个有机生命体整体考虑，坚持问题导向、目标导向、结果导向，把增强人民群众的获得感、幸福感、安全感作为工作的出发点和落脚点，对城市管理硬件、软件、底线3个方面综合评价，重在考察城市治理体系和治理能力，促进城市补短板、堵漏洞、强弱项，引导城市政府时刻践行党的群众路线，充分发挥群众的

主体作用,坚持共同缔造理念,共同建设美好家园。

  太原市作为住房和城乡建设部城市综合管理服务平台建设试点城市之一,2019年以来,认真贯彻习近平总书记提出的"城市运行一网统管"和推进国家治理体系和治理能力现代化重要指示精神,严格执行部颁标准、建设指南和技术标准规定,按照"统一平台名称、统一基本功能、统一标准规范、统一数据接口、统一工作流程"要求,在现有数字化城市管理平台基础上,不断完善城市综合管理应用体系建设,加大城市综合管理数据开发利用,强化城市综合管理体制机制建设,建立城市综合管理服务评价体系,积极推进城市综合管理服务平台的建设工作。通过建立工作专班,压实工作责任,明确责任人、时间表、路线图,按照"边建设、边完善""先联网、后提升"的工作思路,抓紧按照平台建设指南和技术标准的要求,建设城市综合管理服务平台,推动城市管理高质量转型发展,为全国、全省平台建设树立样板,立好标杆。

(太原市数字化城乡管理指挥中心供稿)

成都市城市管理应对突发公共卫生事件的实践与探索

习近平总书记强调：人民安全是国家安全的基石。要强化底线思维，增强忧患意识，时刻防范卫生健康领域重大风险。只有构建起强大的公共卫生体系，健全预警响应机制，全面提升防控和救治能力，织密防护网、筑牢筑实隔离墙，才能切实为维护人民健康提供有力保障。突如其来的新冠肺炎疫情打破了城市正常运行所处的平衡状态，城市常态化管理切换到非常态化的应急响应模式，给城市管理带来了新的挑战。市城管委秉持全周期管理和审慎包容监管理念，开拓创新、精准施策，奋力夺取了疫情防控和城市管理的"双胜利"，为城市管理应对突发公共卫生事件积累了实践经验，探索了应对之策。

一、加强城市管理领域应对突发公共卫生事件能力建设的重要性和必要性

（一）加强城市管理领域应对突发公共卫生事件能力建设，有利于增强风险防范意识，是维护和保障城市正常有序运转的重要基础

突发公共事件起因复杂、蔓延迅速、危害严重、影响广泛。一旦发生，造成的损失和影响难以估量，不仅给人民群众的生命财产造成巨大损失，破坏社会稳定，有的甚至危及国家安全，影响社会经济发展全局。为实现经济社会更好更快地发展，在城市管理领域方面应增强风险防范意识，摒弃事后解决的惯性思维，树立关口前移的超前意识，把着眼点放在前置防线、前瞻治理、前端控制、前期处置上。这就要求我们切实夯实基础，抓好源头治理，确保环境不受污染，最大限度地预防和减少突发公共卫生事件的发生，保障城市正常有序运转，维护社会稳定。

（二）加强城市管理领域应对突发公共卫生事件能力建设，有利于健全应急管理体系，是保障人民生活安全感的重要举措

突发公共卫生事件具有突发性和重大健康风险，城市管理领域主动服务全局，建立一套应对突发公共卫生事件的城市管理应急管理体系，是以人民为中心的发

展思想在城市管理领域的重要实践。一套成熟的应对体系和机制，既有利于缩短城管内部环卫、执法等机构间协调所需要的时间，也有利于城管部门配合卫生部门等其他部门的联合行动，迅速形成应对突发公共事件的统一力量，及时有效地配置分散在各个部门的抗疫资源，共同打好疫情防控攻坚战，保障人民生命财产的安全。

（三）加强城市管理领域应对突发公共卫生事件能力建设，有利于提高综合统筹能力，是推动经济社会发展的重要支撑

新冠疫情的暴发给经济造成了较大冲击，个体消费活动减少、企业投资缩减，特别是餐饮、旅游、交通运输等行业影响较大。在疫情防控的特殊时期，城市管理应主动服务大局，要助力经济发展，特别是缓解大疫过后就业压力、民生问题，加快经济复苏，为发展腾空间，恢复城市生机与活力。完备的管理体系是保证"一手抓防疫、一手抓生产"的有力抓手，城管部门坚持审慎包容监管，坚持柔性执法，有利于推动管控下的生产、生活的良性发展，有效化解疫情与恢复之间存在的矛盾，将防疫与恢复融为一体，以抗疫促恢复，以恢复保抗疫，恢复正常经济社会秩序，满足市民对回归正常城市生活的需求，有力提升人民生活满足感、幸福感、获得感。

二、国内先进城市在城市管理领域应对突发公共卫生事件的经验启示

（一）浙江省：科技助力，以速度扭转危险局势

浙江在处置新冠疫情中见势早、行动快、抓得紧，应对了每年浙江和武汉经济来往紧密、往来人员流动基数庞大带来的挑战，以"浙江速度"跑赢了疫情肆虐速度。

一是精准预判疫情发展态势。早在2020年年初，浙江省政府收到省卫建委关于疫情发展趋势和疫情防控的研究报告，赓即组织开展疫情防控培训，启动应急预案。2020年1月23日，在武汉宣布封城的当天，浙江省在全国率先宣布启动重大公共突发卫生事件一级响应，并推出"十个最"防控举措，迅速构建起一整套具有鲜明浙江特色的量化细化、闭环管控机制。

二是借助科技力量"智慧"抗疫。浙江省政府联合阿里巴巴，仅用一天时间便搭建出"疫情信息采集系统"，根据各县（市、区）累计确诊病例数、本地病例占比等评估指标，绘制"五色疫情图"，并根据近期新发病例数和聚集性疫情发生情况，动态评估各县（市、区）疫情走向，全面、精准、迅速地把控总体疫

情状况。

三是率先出台复工复产实招。从 2 月中旬开始,随着全省四分之三以上县(市、区)已处于疫情较低风险等级,浙江省综合研判疫情防控态势,统筹发力经济社会发展,将复工复产加紧提上议程,并率先调整前期的封闭式管控策略,创造性建立了"一图一码一指数"的精密智控机制,以周为时间单位,以极短的时间和极高的效率推动复工复产。

(二)深圳市:联防联控,以精细管制好人员流动

深圳作为一座实际管理人口超过 2000 万的超大城市、移民城市,出入境旅客占全国总量近四成的口岸城市,具有流动人口多、人口密度高等特点。深圳市在应对疫情方面,以"绣花"般的精细排查、管控流动人口,守住了国门,在新冠疫情的"大考"中交出了合格答卷。

一是落实职能部门责任,联防联控抗击疫情。自疫情发生以来,在深圳与外市主要交通干道、高速公路均设置了联勤检查点,由城管、卫监、公安等部门共同把守深圳的"门户"。在疫情防控期间,深圳市每天有约 5 万人次环卫工人,5000 余辆环卫车辆投入到城市的清洁、垃圾处理、消毒工作中,有近 10000 名城管执法人员直接投入到路面卡点检查、社区防疫、集中医疗观察点值守等疫情防控工作中,严格排查,严密监管,精细把控人员流动情况。

二是实施网格化管理,构建立体防控体系。深圳依托全市 1.8 万余个基础网格,在疫情防控初期,即迅速搭建五级联防联控、群防群控组织体系,建立由社区工作人员、社区民警、社康医生组成的"三位一体"社区防控小组,构建了人防、技防、制度防"三防合一"防控网络,对全市所有住宅小区、城中村实施封闭化、精细化管理。

三是依托信息化技术,助力社区疫情防控。深圳市城市规划设计研究院联合百度地图等企业,依托大数据和规划信息平台技术,建立了"深圳社区疫情防控管理信息平台",协助政府部门统筹施策、精准调配公共资源。社区工作人员可通过平台查询深圳全市所有社区基本信息、发热门诊信息及已确诊新冠肺炎病例在出现病症期间曾经逗留的活动地点信息,精准把控动向,并根据不同情况采取差异化防控措施。

(三)上海市浦东新区:一网统管,以智慧城管打出抗疫"王炸"

上海市浦东新区经过多年智慧城市建设,构建起国内领先的智慧城市治理系统,该系统依托人工智能、大数据、云计算等技术,在新冠肺炎疫情防控中发挥了重要作用。

一是统筹谋划，顶层设计。浦东新区为提高疫情防控效率，避免在工作中出现信息交互延滞等问题，研发出"浦东新区新冠肺炎联防联控系统"，将政府掌握的数据开放给街镇居民，从海量数据中实现精准摸排，有效解决了重复录入、信息核查费时费力等问题。同时，整合区城管局"微平台"和其他相关职能部门的数据，实现"一网统管"，通过可视化地图，及时了解辖区内人员流动情况，构建起一道坚实的防疫网。

二是协同办公，深度融合。浦东新区以风险预警为切口，以高效资源配置为原则，以共享信息化平台为支撑，通过打造移动应用端"协同办公"，将组织机构搬到线上，覆盖全区机关、事业单位、街道和社区，整合疫情防控的常态资源与职能，实施统一调配，在疫情防控中取得积极成效。

三是织密网络，打造闭环。鉴于流动人口数量大、外部输入风险高的特点，浦东新区按照上海市政府要求，重点构建了道口和口岸、发热门诊、社区三道防护网。配备由警察、医护、街道工作人员组成的工作小组，全面实施人员登记、测温、重点人员临时隔离观察等措施。运用"浦东新区新冠肺炎联防联控系统"，形成信息汇集、推送、核查、反馈的工作闭环。

三、市城管委应对突发公共卫生事件的实践启示

自新冠肺炎疫情暴发以来，市城管委坚决贯彻习近平总书记重要讲话精神，认真落实党中央决策部署和省、市有关工作要求，统筹兼顾"两手抓"，奋力夺取"双胜利"，取得了较好的工作成效。从防控成效看，全市城管系统干部职员零感染、环卫工人队伍零感染、一线工作人员零感染；从经济发展看，实施"五允许一坚持"柔性执法政策，有效带动全市近10万人就业，餐饮业复工率达到98%，韧性城市建设成效显著。

（一）落实行动"快"——高度重视、保持敏锐是有效应对

突发公共卫生事件的基本前提。按照市政府办公厅《关于印发成都市新型冠状病毒感染的肺炎总体防控方案的通知》（成委厅〔2020〕6号）要求，市城管委赓即印发《新型冠状病毒感染的肺炎防控方案》（成城发〔2020〕10号），迅速成立新冠肺炎疫情防控领导小组，定期召开疫情防控领导小组会议，研究解决城市管理疫情防控存在的问题，深入分析疫情防控中城市管理工作存在的风险点、隐患点，加强风险研判，制定预案、科学应对。同时，领导干部下沉一线、靠前指挥，探索应急事件下的特殊工作方式方法，为保证疫情防控工作有序推进奠定了坚实基础。

（二）统筹发力"实"——立足职能、找准突破是有效应对

突发公共卫生事件的核心要素。明确环卫清扫保洁，生活垃圾收运处置，垃圾中转站、压缩站、处置场等环卫设施消杀，废弃口罩专用收集容器设置及废弃口罩收集处置，占道宰杀、饲养售卖活禽和野生动物违法行为执法查处等4+1重点工作。配合市疫情防控领导小组市场监管组，持续开展占道售卖宰杀畜禽、野生动物等执法行为，建立常态化执法巡查机制；全面落实道路普扫规定，不断加大机械化作业力度，减少人工作业面积和作业强度；每日收集汇总城乡人口密集区废弃口罩专用收集容器设置数量和辖区内废弃口罩收运处置量，确保废弃口罩处置绿色通道畅通，高温焚烧处置及时有效；严格加强点位消杀、增强安全防护，对四类重点区域进行"精准消毒"，并加强日常防疫宣传、环卫工人培训和自身防疫力度。

（三）政策执行"严"——精准布防、严格督查是有效应对

突发公共卫生事件的重要环节。在疫情防控领导小组下设置综合协调、宣传舆情、占道经营执法、环境卫生、专业防护和物质保障6个专项工作组，以市容网格为主体，以错时管控为抓手，以执法督查为保障，动态调配机动巡查力量，织密疫情防控网络，全方位部署防控工作。研究制定《新型冠状病毒疫情防控工作专项督查方案》，持续开展新冠病毒疫情防控"每日一巡"专项督查工作，落实"不发通知、不打招呼、不听汇报、不用陪同接待、直奔基层、直插现场"的"四不两直"督查要求，发现问题当场交办、当天整改。

（四）执法监管"活"——顺势而为、柔性执法是有效应对

突发公共卫生事件的现实选择。为统筹疫情防控和经济发展，市城管委借鉴世界先进城市的通行做法，结合成都前期探索疏堵结合、分类管控和实践经验，于2020年3月14日制发了《成都市城市管理"五允许一坚持"统筹疫情防控助力经济发展措施》，明确规定在确保不占用消防通道、盲道和不侵占他人利益前提下，允许设置临时占道摊点摊区、允许临街店铺越门经营、允许大型商场开展占道促销、允许流动商贩贩卖经营、允许互联网租赁自行车企业扩大停放区域、坚持柔性执法和审慎包容监管，对轻微违法以教育劝导为主，全力推动复工复产。后期，为推动"五允许一坚持"措施更好地落地落实，于2020年3月24日、5月26日、6月9日动态制发了《关于统筹城市管理助力疫情防控和经济发展的意见》《关于建立城市管理"八项机制"深化柔性管理服务助力"六保"任务落实落地的意见》《实行"错时工作、延时服务"保障"五允许一坚持"措施的实施办法》

等措施，努力实现日常管理与"五允许一坚持"措施相结合，确保城市运行平稳有序。

四、成都市城市管理在应对突发公共卫生事件时暴露的薄弱环节

（一）防疫应急体制机制还需完善

由于我国应急管理工作整体起步较晚，各职能部门普遍还未形成常态化、高效化、标准化、精细化的应急体系。在城市管理领域方面，应急管理体系、法治保障、应急处置及应急保障等方面的"短板"较为突出，同时缺少针对重大突发疫情的演练。随着疫情防控的阶段化发展，各职能部门在应急领导小组中权责不明确、法律法规保障不够完善、应急指挥组织机构处置经验不足等问题的暴露，对加强制度建设，建立常态化应急指挥领导小组，以及注重建设突发公共卫生事件应急管理长效机制都提出了较高的要求。

（二）大数据运用能力还需加强

大数据上升成为国家战略已近五年时间，在此次新冠肺炎疫情中，浙江省充分运用大数据技术，分析得出省内湖北籍务工人员数量庞大、武汉市往返浙江省内城市人员流动量大等数据，并以此统筹安排防疫措施，在全国范围内首启一级响应，为全省疫情防护赢得宝贵的时间。成都市在城市管理领域中的大数据运用还不够充分，针对突发公共卫生事件的入市人员动态监测，应急资源共享平台建设，网格化城市管理建设，商户信息排查和舆情监测还需加强。

（三）应急防控专业化建设还需加强

此次由于防疫专业化人才匮乏、标准化流程不够完善，在疫情初期显得十分被动。一方面专业知识和专业力量不足，工作人员缺乏相应的疾病防控专业知识和技能，在科学防疫上动力不足。另一方面，由于疫情导致的企业停工停产、城市交通梗阻等因素，防护物资采购困难、物资短缺、储备不足现象仍较明显，致使一线作业人员自身防护不到位，存在感染风险。一线作业人员在面对物资保障不充分、防护不到位的情况下，容易产生恐惧病毒感染心理，一旦"恐惧"情绪在职员间的传播，容易引发停工甚至大规模停工事件。

五、提高城市管理应对突发公共卫生事件科学化水平的对策建设

新冠肺炎疫情防控是对治理体系和治理能力的一次大考,应树立"全周期管理"意识,更加全面、系统、深入审视城市发展,对一些重大关系进行系统认识和把握,把握"主次"关系,结合"平战"关系,紧抓"人技"关系,处理好"危机"关系,探索"五化"路径,综合提升城市管理应对突发公共卫生事件的科学化水平,努力探索超大城市现代化治理新路子。

(一)加强组织领导,强化应急预案管理,推进疫情应急组织体系系统化

一是加强应急工作的组织领导,加快应急管理机构和人员队伍的建设,优化职能配置,构建标准化"指挥+行动"组织体系。每个组均由有关领导班子成员带领相关责任处室,明确人员组成、工作职责,着力构建统一指挥、专常兼备、反应灵敏、上下联动的应急管理体制,落实责任制和责任追究制,建立督导和考核机制。二是在疫情防控过程中,加强与卫生防疫、交通管理等部门协同联动,完善与相关部门的执法协调机制,建立高效快捷的协助通道,有效整合执法资源,发挥各部门专业特长,提升整体应对水平。三是强化应急预案管理,建立纵向到底、横向到边的应急预案体系。完善预案的平战转换、动态调整机制,开展桌面推演、实战演练,加强多规模化联合应急演练,提升预案的针对性、实用性和可操作性,为实战积累经验、做好准备。

(二)建强应急队伍,强化应急物资储备,推进疫情应急保障体系专业化

一是分设两级应急响应队伍,凸显应急工作的"平战结合、突出战时",常态化应急队伍以应对突发公共事件专业能力较强的人员为主,并进行定期应急理论培训和实操演练,与应急预备队伍共同成为城市管理应急处置体系中的核心力量。二是及时开展全市城管部门疫情防控设施、设备、物资及资源普查,摸清应急物资的数量、质量、分布、权属单位等基本信息,加强应急物资储备登记管理。会同卫生防疫部门梳理城管系统所需的防疫物资目录清单,前瞻性、针对性制定风险防范预案及应急物资清单,并建立市级应急物资储备中心和区(市)县储备分中心结合的物资储备网络。三是按照"集中管理、统一调拨、平时服务、灾时应急、采储结合、节约高效"的原则,分层分级采购储备应对城市危机所需物资,适度保障应急实物储备,同时提升动态化储备管理水平,建立突发公共卫生事件应急资金制度,以远期购买协议等形式与信用资质良好的企业进行合约式应急物资采

购,确保突发公共卫生事件时第一时间供应。

(三)增强服务意识,坚持审慎包容监管,推进城市管理服务人性化

一是主动增强服务意识,积极宣传和落实营商环境优化的各项优惠政策及措施。在应对疫情方面,科学确定城市管理执法检查频次,对守法经营信用良好的市场主体,可适当降低抽查比例和检查频次,避免因执法检查频次过多影响复工复产。二是优化街道(乡镇)综合执法,宽严相济开展执法工作,对制造销售黑心棉口罩、非法销售活禽、破坏市场秩序等严重影响疫情防控安全的违法行为,要依法予以坚决果断打击,从快从严办理;对一般轻微违法行为且及时消除后果的,可从轻或免予处罚;对因管控措施引发群众不满抵触情绪以及民生问题引发的其他矛盾,要切实效好化解工作,充分考虑执法对象的感受和执法实际效果,开展人性化执法、柔性执法。三是积极走访商户,听取商户复工复产过程中存在的困难问题,对于城管范围内的问题全力纾忧解困。同时充分总结"柔性执法"经验,不断摸索、研究以及听取专家意见,祛除执法短板,并在往后的日常执法管理中进行推广,形成常态化。

(四)强化科技支撑,加快建设智慧城管,推进疫情应急管理方式现代化

一是基于大数据、物联网、人工智能等现代科技手段,大力推进"2162"智慧城管体系建设,加快构建职责清晰、协同治理、运行高效的智慧城管运行体系,通过现代城管执法流程再造和科技手段注入,实现城市管理主要业务问题发现和解决的线上管理,提升城市管理和行政执法效能。二是加强应急资源共享平台建设,掌握应急队伍、应急专家、应急设备、应急物资等情况,实现信息系统接入和资源共享,增强物资储备信息和调用调控模块的协调互动,提高应对公共安全事件的信息化手段。三是加强网格化城市管理建设,引导市民通过网络在线方式对城市管理问题进行上传举报,平台自动分析该事件的网格责任单位,责任人,将问题及时反馈给负责人,责任人进行现场处理,处理完后,市民可对事件进行监督评价,评价结果纳入绩效考核。

(五)加强政企合作,构建联防联控平台,推进应急救援体系多元化

一是鼓励和引导社会各界深入参与应急救援救助工作,完善以"政府主导,社会合力"为导向的相关政策法规、行业标准、行为准则,建立社会力量参与的协调服务平台和信息导向平台,全面推进社会应急联动工作的科学化、制度化、规范化建设。二是动员各类社会组织和社会团体,组建社会力量参与的应急预备队,充分调动各方资源和专业力量,参与应对公共卫生事件的总体战、阻击战。如应急类社会力量协助地方政府动员社会资源做好病毒检测摸排与道路设卡；公益慈善类社会力量与政府构建跨部门协作网络，形成疫情防控物资的快速响应机制；专业服务类社会力量通过开展社区服务，提供精准化疫情排摸与个性化生活服务，为民众居家隔离做好服务。三是广泛汇聚医疗、应急、慈善、科技、经济、心理等方面社会专家组建综合应急智库团队，协助制定完善城市管理领域应急预案和治理方案，提升决策对应的科学化水平。

（成都市城市管理委员会供稿）

成都市"五允许一坚持"激活户外经济保民生稳就业彰显城管担当

2020年以来,新冠肺炎疫情对成都市经济社会造成前所未有的冲击影响,一季度全市地区生产总值比上年同期下降3.0%,服务业增加值同比下降2.8%,其中住宿和餐饮业下降53.5%。面对新冠疫情防控和复工复产复市的双任务,面对建筑业和工业复工复产较快,服务业复苏滞缓,城市缺乏生机与活力的情况,成都市城管委坚定践行以人为中心的发展思想和管理理念,着眼市民美好生活需要和经济可持续发展,从保障社区物资供应、满足市民基本生活需求,解决部分就业、提振消费信心等方面综合考虑,借鉴世界先进城市的通行做法,结合成都前期探索疏堵结合、分类管控的实践经验,打破常规思维,顺应时代要求,灵活施策,推出了引导户外经济有序发展的"五允许一坚持"系列政策措施,全力推动复工复产,助力经济社会发展。

一、创新举措

(一)精心制定政策,强化顶层设计

市城管委坚决贯彻落实市委市政府关于扎实做好"六稳"工作、全面落实"六保"任务的决策部署,于3月14日研究制发了《成都市城市管理五允许一坚持统筹疫情防控助力经济发展措施》,在确保不占用消防通道、盲道和不侵占他人利益前提下,允许设置临时占道摊点摊区、允许临街店铺越门经营、允许大型商场开展占道促销、允许流动商贩贩卖经营、允许互联网租赁自行车企业扩大停放区域、坚持柔性执法和审慎包容监管,对轻微违法以教育劝导为主,全力推动复工复产,助力经济社会发展。为推动"五允许一坚持"政策更好地落地落实,市城管委动态制发了《关于统筹城市管理助力疫情防控和经济发展的意见》《关于建立城市管理"八项机制"深化柔性管理服务助力"六保"任务落实落地的意见》《实行"错时工作、延时服务"保障"五允许一坚持"措施的实施办法》《关于印发实施"五允许一坚持"城市户外占道经营负面清单的通知》等一系列配套措施,对户外经营实施精细化管控,努力保障户外经营安全有序,引导户外经营健康有

序发展。

（二）主动靠前服务，加强规范引导

一是出动城管人员、协管人员 3 万余人深入街道、小区、产业功能区宣传，向商家企业宣传"五允许一坚持"措施规定、实施条件、注意事项；通过电视、微信、网站、抖音等新媒体渠道向社会发布成都助力复工复产的新政，实现同期同步"发声"。二是市城管委成立专班，市城管执法总队组建了巡查指导组，定人定责、分片包干，每天坚持"两班制"开展对属地街道办的政策指导、商家和摊贩的宣传指导。三是各区（市）县城管执法部门每天分两班对摊点摊区予以巡查指导，及时处理商家摊贩占用盲道、消防通道，侵害他人利益行为，及时协调解决个体经营者的困难和问题，实现城管部门精准引导、商家企业积极响应、市民群众理解支持。

（三）分时分类管理，保障市容秩序

按照分类分区分时原则，结合辖区人口密集程度、产业发展状态、街巷大小规模、交通组织状况、商家经营诉求、市民消费需求等实际情况，因地制宜、因势而变、精准施策，在商业区开展占道促销，由物管企业等管理服务单位统一规划设计、统一管理服务，明确业态类型和占道范围、时段；具备外摆场地条件的临街店铺，由城市管理部门或者街道办明确占道区域和时段，实现精细化、差异化管理。

（四）强化协同监管，形成工作合力

建立城市环境、卫生、交通、治安、商品质量安全多目标协同治理机制和"公安＋城管＋N"联动执法模式，强化城市管理、生态环境、应急管理、市场监管、公安等部门的协同配合，统筹各部门开展规范经营、交通秩序、消防安全、食品安全及群体事件应急处置等服务和指导工作，切实解决好城市卫生、交通、治安和商品质量安全等问题。

（五）提升业态等级，营造生活美学

以经济、社会、生态、文化、美学等多元价值提升为治理目标，结合夜间发展，通过统一设计、环境美化、设施提升、规范管理等手段，打造户外经营高品质示范区，塑造集健康安全、优雅时尚、美学特色等于一体的户外消费场景，创造生活美学。分类设置风格协调又体现成都人文特色的小吃食品摊区、手工艺摊区、文创产品展示区，着力打造各具特色的夜间经济主题街区和特色生态圈。

（六）发动社会参与，鼓励基层创新

鼓励各区（市）县城管执法部门从实际出发，因地制宜，通过建立商户联盟等形式充分发挥商家主体作用，充分发挥物业服务企业专业服务管理作用，改进户外经营业态和环境品质，积极发动街长、居民代表参与管理，形成"属地负责、商家自治、群众参与、城管指导"的良好格局。

二、工作成效

市城管委积极响应中央、省、市关于"稳就业、保民生"的系列决策部署，主动作为，勇于担当，转变城市管理理念，打破传统定式思维，对临街户外经营实施审慎包容监管，变执法为服务，变管理为治理，创新服务管理举措，助力城市复工复产复市，取得了良好的效果。

（一）助推了复工复市，提振了消费信心

户外经营审慎包容监管系列措施给予了商家最大限度的生产经营空间，打通了城市经济发展的毛细血管，解决了室内消费受限问题，使广大商家恢复了生产经营的信心，从而加速了疫情后临街商铺、大型商场恢复生产经营的速度，中心城区餐饮店铺复工率超过98%，解决劳动就业10万余人次。商家恢复生产经营为消费者提供了便利，有力地提振了消费者信心，促进了消费回补和潜力释放，同时营造了复工复产复市的良好氛围，增加了城市的烟火味、市井气，加速了城市经济复苏，助推了经济发展。

（二）赢得了社会赞誉，重塑了城管形象

户外经营审慎包容政策体现了精细化和以人民为中心的城市管理理念，重塑了管理者与被管理者之间的关系，赢得了社会广泛赞誉。政策实施短短一周时间，网络阅读超2亿次，微博转发超2万条，208万人点赞。2020年3月21日，中央电视台新闻频道新闻周刊栏目以《特别报道：疫情下的"回归"》为题，聚焦成都"五允许一坚持"城管新政下的暖心画面。3月22日，央视新闻又以一场42分钟的直播，带全国网友一起感受成都城管新政背景下的烟火气。3月27日，新华社以《城市烟火气渐浓——成都生活"重启"见闻》为题，以媒体人的视觉再现了成都为城市"重启"的城市管理探索。3月30日，《半月谈》评论员发布评论文章《为防控期间的"柔性执法"点赞！》再次为成都城管新政点赞，据不完全统计，"五允许一坚持"系列措施获中央电视台、《人民日报》、新华社、《光明日报》等媒体报道210余篇次，

有力塑造了成都城管"利民利企、便民便企"新形象。

（三）打破了思维定式，铭刻了城管历史

户外经营审慎包容政策创新了城市管理理念，探索了审慎包容监管新路，是市城管委雷厉风行抓落实、精准施策敢担当的一次生动实践，取得了中央、省市的充分肯定。李克强总理在回答中外记者提问时，提到这一促进就业的做法，并给予了点赞；两会期间，"五允许一坚持"措施作为落实中央"六保"任务的先进典型案例，被央级媒体宣传报道36条次；2020年3月27日，市委办公厅、市政府办公厅联合印发《关于表扬市城管委实施"五允许一坚持"措施有力助推复工复产工作的通报》（成委厅〔2020〕27号），对市城管委予以表扬肯定；5月27日，住房和城乡建设部将此文件转发全国各地，在全国住建系统引起了极大反响，各地纷纷探索研究、借鉴推广；7月14日，商务部、住房和城乡建设部等七部委在调研成都市"五允许一坚持"经验做法的基础上联合印发了《关于开展小店经济推进行动的通知》，7月17日，省住房和城乡建设厅印发了《关于优化城市管理服务引导户外经济有序健康发展的指导意见》，着力为广大劳动者就业创业营造更为宽松有利的营商环境，引导户外经济有序健康发展。户外经营审慎包容监管政策的成功，彰显了成都城管以人为中心的管理理念，敢于打破常规思维的勇气与担当，因时制宜、因势而变的实事求是精神，该政策的实施，既是一次思想的解放，又是一次传统枷锁的打破，成为城管发展史上的一次标志性、里程碑式的事件。

三、下一步打算

下一步，成都市城市管理委员会将坚持以人民为中心的城市管理理念，坚持扮演好"市井商贩服务者、市容秩序规范者、经济发展助推者"角色，保民生促就业，不断提升"五允许一坚持"政策措施的人性化、精细化水平，积极稳妥推进"八项机制"落实落地，严格户外经营负面清单管理，将制度优势转化为治理效能，让城市管理更具效率、更有温度，更好满足人民群众日益增长的美好生活需要，不断增强市民幸福感、获得感。

（成都市城市管理委员会供稿）

专项篇

◎ 智慧城管、城市管理信息平台建设情况

浙江省级城市综合管理服务平台

一、建设背景、目标和原则

（一）建设背景

为深入贯彻习近平总书记关于住房和城乡建设工作的重要指示批示精神，提高城市科学化、精细化、智能化管理和"互联网+"政务服务水平，2020年3月，住房和城乡建设部印发《关于开展城市综合管理服务平台建设和联网工作的通知》（建办督函〔2020〕102号）强调："2020年底前，主要地级以上城市市级平台与国家平台联网，有条件的省级平台与国家平台、所辖市级平台联网。2021年底前，实现省级平台、市级平台与国家平台互联互通"。此外，明确"省级城市综合管理服务平台，是部署在省住建厅，纵向对接国家平台的业务指导、监督检查、综合评价等应用系统和市级平台，横向同省级城市管理相关部门信息共享，与省级住房和城乡建设主管部门其他信息系统对接，主要汇聚业务指导、监督检查、公众诉求、舆情监测、综合评价等相关功能和数据的城市综合管理服务平台，简称省级平台"。

浙江省住房和城乡建设厅印发《关于做好城市综合管理服务平台建设和联网工作的通知》文件要求2020年底前，完成国家平台、省级平台和所有设区市级平台联网，力争所有县市与设区市平台联网。

2020年4月24日，浙江省住房和城乡建设厅制定并上报《浙江省城市综合管理服务平台建设与联网工作方案》（以下简称"工作方案"），工作方案中要求2020年底前，实现国家城市综合管理服务平台（以下简称"国家平台"）、省城市综合管理服务平台（以下简称"省级平台"）和所有设区市级综合管理服务平台（以下简称"市级平台"）联网，所有县级平台与市级平台联网。完成省级平台的提升改造建设，实现国家、省、市三级业务协同。

(二)总体目标

贯彻习近平总书记关于提高城市科学化、精细化、智能化管理水平的重要指示精神,落实全国住房和城乡建设工作会议部署,顺应城市工作新形势、改革发展新要求、人民群众新期待,搭建浙江省城市综合管理服务平台,纵向对接国家平台、地市平台、县级平台,横向与厅内其他信息系统数据融合,与相关省级部门信息共享,开展对全省城市管理服务工作的监督指导、统筹协调、综合评价,发挥"上传下达"作用,推动各地形成党委政府领导下的"大城管"工作格局,构建适应高质量发展要求的城市综合管理服务工作体系,增强城市管理服务统筹协调能力,提高城市精细化管理服务水平,推动实现城市治理体系和治理能力现代化。

1. 业务目标

通过建设浙江省城市综合管理服务平台,纵向实现国家、省、市、区(县)四级平台业务数据联通,横向统筹监管浙江省数字城管及市政、园林、环卫、执法等行业现状,实现省、市、县行业监管数据归集。推动各地改造升级后的平台建设成果向"城市大脑"通用平台整合、迁移,完善"泛在感知、多为研判、扁平指挥、高效处置"为核心的"城市大脑"城市综合管理系统建设。

2. 技术目标

结合物联网、云计算、大数据、人工智能、区块链等现代信息技术以及浙江省城市管理信息化建设的丰富经验,具有前瞻性、兼容性、先进性的建设浙江省城市综合管理服务平台。充分利用已有信息化资源如厅数据仓、浙江省数据分析平台、浙江省电子政务视联网,避免资源浪费,提高系统建设及信息化利用率,打破信息孤岛,构建省级综合性城市管理平台。

3. 绩效目标

浙江省城市综合管理服务平台建设项目深入贯彻习近平总书记关于住房和城乡建设工作的重要指示批示精神,提高城市科学化、精细化、智能化管理和"互联网+"政务服务水平,借鉴其他省份建设经验,充分利用人工智能、5G、大数据和物联网等技术,最终打造"一网、一端、一平台"的浙江省城市综合管理服务平台,全面提升浙江省城市精细化管理服务能力。

(1)城市管理服务水平提升:通过建设城市综合管理服务平台,围绕干净、整洁、有序、安全、满意度等五项指标,实现监督与管控,全面提升浙江省城市综合管理服务水平。

(2)进一步打破信息壁垒:通过建设浙江省城市综合管理服务平台数据标准,梳理浙江省各地市城市管理相关数据现状,制定标准,实现各地市及区县数据归集到厅数据仓,并由浙江省城市综合管理服务平台对相关数据进行统筹规划及分析，实现数据的统一调用、统一分析。

（3）公众诉求及时响应：通过建设浙江省城市综合管理服务平台，实现公众诉求多渠道采集，国家—省—地市—区县多级平台贯通，实现问题发现后的快速下派及快速处置，提升公众满意度。

（三）建设原则

系统建设包括软件开发、数据库建设、网络设计和系统维护等多项工作，是一项工程量大且复杂的信息系统工程。系统设计综合考虑各方面因素，审慎处理先进与实用、规范与灵活的关系，在设计时遵循以下原则：

规范性原则：系统设计和开发过程应以住房和城乡建设部的技术规程为基础，确保系统在工作流程上符合规范；软件设计和数据库设计符合《城市综合管理服务平台技术标准》CJJ/T 312—2020要求。

先进性原则：软件框架应采用目前国际国内上通用并符合发展趋势技术的开发架构，并具有良好的功能扩展性；技术方法应采用成熟的、经过检验的技术方法和理论，设计实用、可靠、具有先进水平的分析模型和应用模型。

简单性原则：系统逻辑结构、实现技术尽量简单，以方便实施为原则，能够用多种方案与方法达到同样效果的，则选择简单方案。

可操作原则：在采用国际先进的方案设计方法与技术的同时，切实脚踏实地的针对数字城管的业务、需求和实际情况为依据，以业务为导向，以数据为核心进行方案设计。

实用性原则：尽最大可能地满足城市管理的业务要求是系统设计的基本出发点。系统实用性要求做到：易于使用、便于系统管理、数据更新简便和系统升级容易，具有优化的系统结构和完善的数据库系统，以及友好的用户界面。软件应以解决评估工作中最迫切需要信息化环节为重点，抓住哪些困扰日常工作、占用日常工作时间和精力最多的问题，进行重点深入的分析，从而确保在有限的时间和资源下，最大限度地辅助评估工作的展开。

可靠性原则：包括数据的可靠性和系统运行的可靠性。数据可靠性：数据库中的所有数据应该是准确可靠的。系统可靠性：系统应有很强的容错能力和处理突发事件的能力，不至于因某个操作或某个突发事件导致数据丢失和系统瘫痪。

二、总体建设技术路线

（一）系统逻辑框架

省级平台部署在省住房和城乡建设厅城市管理执法指导处，按照省厅最新编制的对接标准和数据标准,通过浙江省数据仓汇聚省内各市区县城市管理相关数据,并与国家平台、市级平台联网互通,实现对全省城市管理工作指导监督、统筹协调和综合评价等功能目标。省级平台建设的主要内容包括应用体系建设、数据体系建设、基础环境建设、标准规范体系建设等,系统总体框架图如图1所示。

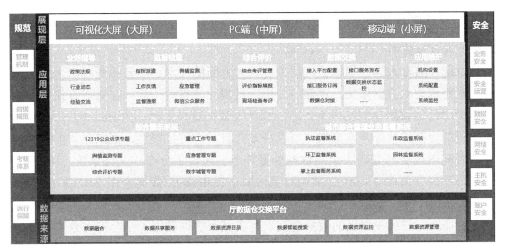

图1 系统总体框架图

数据来源层:数据层是支撑平台运行的基础,建立全省城市综合管理服务数据中心,共享国家平台业务指导数据,汇聚监督检查、公众诉求、网络舆情、综合评价、城市部件事件数据、执法监督数据等,采集城市平台上报数据,融合厅内其他信息系统数据,整合其他省级部门城市管理服务相关数据,形成城市综合管理服务数据体系。

应用层:浙江省城市综合管理服务平台在共享使用国家平台业务指导系统的基础上,建设住房和城乡建设部规定的监督检查、综合评价两个应用系统和数据交换、应用维护两个维护系统,结合浙江省实际,拓展省级综合展示系统、执法监督系统、市政监督系统、环卫监督系统等,构建"5+X"应用体系。

展示层:建立面向平台所有用户的统一入口,通过统一认证方式,门户为省内司局、省下属事业单位、其他省级部门用户和其他授权,通过不同终端(可视化大屏、PC端、移动端)提供综合管理和对不同信息及应用的访问控制,获取数据服务、功能服务、计算资源服务、二次开发服务等。

基础环境:按照"集约、适用"原则,依托浙江省电子政务云平台计算、存储及网络资源,以及省住房和城乡建设厅现有网络资源及场地资源,建设省级平台基础环境,减少建设及维护成本,缩短建设周期,提升资源利用效率。

管理体系:建立省级平台"一专班、一中心、三机制",即成立浙江省城市综合管理服务平台专项工作专班，设立浙江省城市综合管理服务监督中心，建立浙江省城市综合管理服务综合协调机制、监督指导机制和综合评价机制，确保平台建设和运行有效推进。

标准规范体系：联网对接标准、数据标准、技术规范、验收标准、评价标准等。

（二）技术应用

1. 大数据技术

目前，随着大数据领域被广泛关注，大量新的技术已经开始涌现出来，而这些技术将成为大数据采集、存储、分析、可视化的重要工具。在浙江省住房和城乡建设厅已建数据仓的支撑下，建立浙江省数据支撑平台。由 Hadoop、Spark 技术构建的分布式软件开发框架，可靠高效并且具有可扩展性，可以在一个相对较短的时间内接受并完成大量的数据处理任务。包含了分布式文件系统（HDFS）、资源管理任务调度（Yarn）、离线计算（Map/Reduce）、数据仓库（HIVE）、数据查询（HBase）等大数据组件。

依托浙江省统一建设的数据仓获取各类城市管理数据，结合省大数据处理分析平台实现城市管理数据支撑平台的建设以及城市管理大数据分析计算，实现城市管理大数据的处理工作；构建大数据服务体系，利用数据关联挖掘、多维度统计分析等大数据分析方法结合专业模型，实现大数据潜在关系的深入挖掘分析，为城市管理业务应用提供大数据分析支持。

2. 5G 技术

5G 技术是最新一代的无线移动通信技术标准，移动宽带、大规模机器通信和高可靠低时延通信被定义为 5G 主要应用场景，5G 技术通过与云计算、大数据、人工智能、虚拟增强现实等技术的深度融合，将连接人和万物，成为各行各业数字化转型的关键基础设施。可有效利用 5G 边缘计算提供的存储、计算、网络、加速等资源，满足未来浙江省城市管理监管对高速率、低时延的网络需求。5G 网络将融合多类现有或未来的无线接入传输技术和功能网络，包括传统蜂窝网络、大规模多天线网络、认知无线网络、无线局域网、无线传感器网络、小型基站、可见光通信和设备直连通信等，并通过统一的核心网络进行管控，以提供超高速率和超低时延的体验和多场景的一致无缝服务。

3. AI 人工智能技术

人工智能（Artificial Intelligence，简称"AI"）是一门利用计算机模拟人类智能行为科学的统称，它涵盖了训练计算机使其能够完成自主学习、自主判断、自主决策等人类行为的范畴。机器学习使计算机能够自动解析数据、从中学习，然后对真实世界中的事件做出决策和预测；深度学习是利用一系列"深层次"的神经网络模型来使计算机能够解决更复杂问题的技术。

4. 云计算技术

浙江省政务云计算中心是依托市政务外网,运用云计算技术,按照全新的建设、运营、服务模式和技术架构建设云计算服务平台。本项目计划部署于浙江省政务云平台,充分利用政务云云计算虚拟化和分布技术的优势,发挥多计算节点的配合效率和性能,提高资源利用率、系统可靠性和安全性。

5. 面向服务的架构

采用 SOA 面向服务架构使系统具有集成性、灵活性、扩展性,不但能满足现阶段的业务要求,而且能适应未来业务的发展和新技术发展的要求,实现随需应变。SOA 在数据、应用之间建立了一个独立的服务交易"市场",便于"数据、应用"间服务交易。数据和应用都将不同粒度的服务发布到交换"市场",使得服务的调用只需要与服务"市场"打交道,而不用直接与服务拥有者打交道。

6. 组件化技术

组件是具有某种特定功能的软件模块,它几乎可以完成任何任务。组件以其较高的可重用性产生了一种崭新的软件设计思路,它把硬件以芯片为中心的工艺思想恰如其分地融合于软件的分析、设计和施工之中,使得以组件形式开发软件就像搭积木一样容易,组件技术是迄今为止最优秀也是发展最快的一种软件重用技术,它比较彻底地解决了软件开发中存在的重用性、适应性差和周期长等问题。

7. 微服务技术

随着业务规模的扩张,为了满足业务对技术的要求,技术架构需要从单体应用架构升级到分布式服务架构,来降低技术成本,更好地适应业务的发展。为了推行服务化,必然需要一套易用的服务框架,来支撑业务技术架构升级。

微服务技术是一项在云中部署应用和服务的新技术。微服务可以在"自己的程序"中运行,并通过"轻量级设备与 HTTP 型 API 进行沟通"。微服务的核心是服务调用,分布式服务架构中的服务分布在不同主机的不同进程上,服务的调用与单体应用进程内方法调用的本质区别就是需要借助网络来进行通信。微服务不需要像普通服务那样成为一种独立的功能或者独立的资源。定义中称,微服务是需要与业务能力相匹配,服务粒度越粗,就越难以符合规定原则。服务粒度越细,就越能够灵活地降低变化和负载所带来的影响。然而,利弊之间的权衡过程是非常复杂的,要在配置和资金模型的基础上考虑到基础设施的成本问题。

微服务技术是相对于单体开发而言的,它将平台中复杂的功能拆分为多个独立功能的个体服务,每个个体独立测试、部署、升级、发布,微服务之间不会相互干扰,方便版本迭代、功能扩展、技术升级。

（三）部署方式

本平台将依托于政务云进行分布式部署。

三、建设内容

（一）应用体系建设

浙江省城市综合管理服务系统应用体系在共享国家平台业务指导系统的基础上建设，建设监督检查、综合评价两个应用系统和数据交换、应用维护两个维护系统，结合浙江省实际，拓展省级综合展示系统、执法监督系统、市政监督系统、环卫监督系统、园林监督系统等，构建"5+X"应用体系。

1. 业务指导系统

省级平台共用国家平台业务指导系统，根据国家平台配置的权限直接使用相关功能，查看权限范围内的城市管理业务指导信息。业务指导系统包括政策法规、行业动态、经验交流等功能模块。

2. 监督检查系统

监督检查系统包括重点工作任务督办、舆情监测和应急管理等功能模块和12319公众服务号，通过对重点工作任务、舆情监测事件、应急和12319公众诉求的闭环化管理，构建"统筹布置、按责转办、重点督办、限时反馈"的闭环工作机制。

3. 综合评价系统

综合评价系统是省级平台的核心系统，根据城市综合管理服务评价工作要求，围绕"干净、整洁、有序、安全、群众满意"等核心指标，开展综合评价工作。省级平台可在城市综合管理服务评价指标体系的基础上，结合实际，增加特色型指标。系统提供评价指标管理、评价配置管理、评价指标填报、评价任务管理、评价数据审核、评价结果生成等功能模块。

4. 数据交换系统

按照《浙江省城市综合管理服务平台数据标准》要求，依托数据仓交换平台，实现与省平台、市级平台间的信息资源的交换与处理。省级平台依托电子政务外网，通过数据交换系统，将数据加密推送至住房和城乡建设部。需要查询市级平台具体信息时，可调用市级平台提供的登录接口直接访问。

5. 应用维护系统

通过该模块可以快速搭建业务，定制业务工作流程，设置组织机构，并能够方便快捷地完成工作表单内容样式调整、业务流程修改、人员权限变动、系统数据备份等日常维护工作。系统管理人员可以方便地调整系统使之适应用户需要，并可以在使用中不断地变更系统配置，无须软件开发者的干预，充分赋予了用户自维护、自发展、自适应的能力。

6. 综合展示系统

综合展示系统是基于汇聚本省的城市部件事件监管、城市管理行业应用、相关行业、重点工作任务处理反馈、公众诉求、舆情监测、应急管理、综合评价等数据在内的省级综合性城市管理数据库，以"一张图"为载体，建设12319公众诉求专题、重点工作专题、舆情监测专题、应急管理专题、综合评价专题、数字城管监督专题等综合展示功能。

1）公众诉求专题

对接国家平台的12319诉求数据，针对12319公众诉求数据中的重点信息进行抽取、分析、展示，形成12319公众诉求专题。通过专题展示，便于领导对12319公众诉求案件运行情况的实时监控。12319公众诉求专题包括案件分析模块和案件监控模块。

2）重点工作专题

针对重点工作数据中的重点信息进行抽取、分析、展示，形成重点工作专题，实现领导对专项工作和督办件总体运行情况的掌握，辅助领导决策。重点工作专题中包括查询时间选择、专项工作、地图展示、督办件等模块。

3）舆情监测专题

针对舆情监测数据中的重点信息进行抽取、分析、展示，形成舆情监测专题。通过专题展示舆情信息的综合统计分析，为领导决策提供支持。舆情监测专题包括查询时间选择、舆情量、热点舆情、敏感舆情、舆情来源、舆情类型、地域分布、上月正负面舆情趋势和每日舆情报告等功能。

4）应急管理专题

针对应急管理数据中的重点信息进行抽取、分析、展示，形成舆情监测专题，通过专题，展示应急事件的趋势分析、地区分析、分布情况等。应急管理专题包括事件分析和事件监控等功能。

5）综合评价专题

根据城市综合服务评价指标体系，围绕"干净、整洁、有序、安全、群众满意"等方面，直观展示各个城市的城市综合管理服务综合评价结果，客观评价各地干净、整洁、有序、安全、群众满意程度。

6）数字城管专题

基于各城市上报的数字城管基础数据和运行数据，对全省数字城管建设情况进行统计分析，基于联网运行数据，展示已联网城市的评价数据、运行数据等，通过专题，支撑领导对各市数字城管基础建设情况和运行情况的全面监督，数字城管监督专题包括系统建设、联网运行等功能模块。

7. 执法监督系统

执法监督系统通过建立数据模型对执法监督业务系统归集汇总各地市、县（区）综合执法部门的执法监督、执法业务等执法数据进行数据统计和分析，将执法数据进行可视化的展示，为领导决策、制定执法工作计划等工作提供数据支撑。全省综合行政执法办案系统业务数据通过对接覆盖全省的建设行业执法办案系统获取。

8. 市政监督系统

直观呈现辖区内各项市政设施的基本情况。如各类设施的总数及分区分布情况、物联网设备的个数及在线情况、重点监测指标的趋势变化、最新上报的监测案卷等内容。

9. 环卫监督系统

主要从宏观上监管环卫所有业务的运行情况，根据系统提供的数据分析报表，实时监控当前各种问题的处置进度和状态，提供实时的环卫管理运行状态。

10. 园林监督系统

展示城市绿地、公园、古树名木、园林设施信息及地图分布，查看园林部门人员、车辆、视频信息、实时监控园林养护过程，直观地了解城市园林工作状况。包括园林绿化基础数据和园林动态业务数据统计分析等。

包括功能模块、数据资源、共享与交换体系设计，系统软件、数据库、产品软件选型计划，应用软件开发工作量等。

11. 掌上监督服务系统

掌上监管服务系统包括移动监管系统和全移动公共服务系统。移动监管系统基于浙政钉开发移动监管系统，使用户无须再坐在电脑前监管综合管理服务平台的运行情况，提高效率。通过该功能插件用户可以对各地市推送数据进行监控，实现全局掌握，也可以对具体的案件进行督办，做出领导交办事项。全移动公共服务系统是全体市民与浙江省城市综合管理服务平台之间的一个桥梁。全体市民可以随时将发现的城管问题、投诉建议、问题咨询、文明事迹等信息用手机登录App编辑问题后上报到浙江省城市综合管理服务平台，平台收到市民上报的问题后可以及时回复、反馈市民，实时处理问题或下发给对应的地市进行处理；市民则可通过App及时查看处理后的回复意见及咨询、投诉处理建议。

12. 统一门户系统

统一门户系统是城市管理信息化建设项目综合性信息门户，通过将分散的、异构的信息资源进行集成，提供一个支持信息访问、传递，以及协作化的集成环境，集成的应用包括行业专题系统、城市综合管理服务平台、城管大脑以及局一体化应用等。通过统一门户系统构建，各城市管理者可以随时、随地、按需访问城市管理信息化系统，并为局机关领导、一线工作人员、区县工作人员提供私有、个性化信息服务。

13. GIS 地图

基于省厅已有地图资源，结合省级平台使用要求，进行 GIS 环境的二次开发，形成满足省级平台业务需求的地理信息服务平台，包括地图的基本展示、定位、接口调用及定制开发等。

（二）数据体系建设

省级数据体系主要是按照《浙江省城市综合管理服务平台数据标准》要求，汇聚本省的监督检查、公众诉求、网络舆情、综合评价、城市管理部件事件数据、执法监督数据、环卫监督数据、市政监督数据（按实际拓展），采集城市平台上报数据，融合厅内其他信息系统数据，整合其他省级部门城市管理服务相关数据，形成城市综合管理服务数据体系。

1. 业务指导数据

对接国家平台的业务指导数据，包括城市管理相关的法律、法规、规章、规范性文件和标准规范等数据；城市管理体制机制相关数据；城市管理行政执法职责、配置、范围和查处情况等数据；城市管理典型案例和专项行动等数据。

2. 监督检查数据

对接国家平台布置的重点工作任务及处理结果反馈信息，包括向下级平台布置的工作任务的基本信息、下级平台反馈的工作信息等。

3. 公众诉求数据

对接国家平台"12319 公众服务号"收集的诉求、咨询和建议类数据，包括公众诉求数据、办理数据、回访数据等。

4. 舆情监测数据

通过建设厅舆情监测平台，获取本省城市管理相关的舆情监测数据，并人工录入到城市综合管理服务平台。

5. 城市部件事件监管数据

通过省厅数据仓对接市级平台的城市部件事件监管数据，包括监管问题数据、案件状态更新数据、部件统计数据、人员统计数据等。

6. 综合评价数据

对接市级平台获取城市综合管理服务评价工作所需的"干净、整洁、有序、安全、群众满意"类的评价指标数据、评价过程数据和评价结果数据等。

7. 视频监控数据

通过与浙江省电子政务视联网对接，实现在线调阅，包含"雪亮工程"前端监控设备在内的全省在线视频监控资源，了解城市管理领域突发应急事件现场实时情况。

8. 执法监督数据

通过省厅数据仓对接全省各地市、区（县）的执法主体、执法人员、执法依据、行政处罚、行政检查、行政强制等数据。

9. 环卫监督数据

通过省厅数据仓对接全省各地市、区（县）的环卫设施、环卫设施监测、环卫车辆、机械化作业、环卫人员、环卫监督考评等数据。

10. 市政监督数据

通过省厅数据仓对接全省各地市、区（县）的市政设施监测、市政综合监管、路灯、市政任务等数据。

11. 园林监督数据

通过省厅数据仓对接全省各地市、区（县）的园林基础数据、园林考核数据、园林审批数据、园林知识库等。

12. 数据交换机制

按照《浙江省城市综合管理服务平台数据标准》要求，依托电子政务外网，省级平台通过数据仓数据共享交换平台，收集、处理市级平台的相关数据，再由根据国家平台提供数据共享与交换接口，通过数据交换系统将规定的数据传输至国家平台。

（三）基础环境建设

1. 网络环境

电子政务外网作为推进服务型政府建设的加速器，作为政府门户网站与政务业务系统之间的桥梁，作为政务信息资源的汇聚点、集散中心和可靠的大后方，通过不断建设和发展，已成为浙江省各级政府履行社会管理和公共服务职能的重要载体。

目前，电子政务外网在浙江省已经实现国家、省、市、县四级互联互通。根据节约资源、提高效率，避免重复建设的原则，省级平台将依托浙江省电子政务外网进行网络环境建设，并对其中一台服务器开放外网端口，以供手机端访问使用。

2. 机房环境

省级平台拟部署在浙江省电子政务云平台，由云平台提供省级平台运行所需的网络资源、安全资源、计算资源、存储资源，以及操作系统、数据库等基础软件平台，本项目不再另行建设机房环境。

3. 办公环境

省建设厅设立城市综合管理服务平台指挥办公室，与部里及各地市在线会商、应急指挥等。

4. 运行环境

为满足浙江省城市综合管理服务平台流畅运行，在预测平台访问量、吞吐量、存储量情况下进行硬件资源建设，主要包括应用服务器资源配置及演示电脑配置。

1）应用服务器资源配置

浙江省平台服务器配置清单

服务器类别	操作系统	数量	CPU	内存	硬盘	主频	备注
数据库	CentOS7.5	1	最低16核	64G	5T及以上	1.5GHz以上	
省平台标准应用	CentOS7.5	2	最低8核	16G及以上	200G及以上	1.5GHz以上	
拓展应用	CentOS7.5	2	最低8核	16G及以上	200G及以上	1.5GHz以上	
综合展示数据计算	CentOS7.5	1	最低8核	16G及以上	5T及以上	1.5GHz以上	
手机应用	CentOS7.5	1	最低8核	16G及以上	200G及以上	1.5GHz以上	支持外网访问
其他	Windows Server 2012	1	最低4核	8G及以上	500G及以上	1.5GHz以上	

2）演示电脑配置

名称	配置
CPU	i7 8代以上
内存	32G以上
显卡	建议1080Ti
硬盘	SSD 500G
操作系统	WIN10
网络	千兆网卡，需要外网

（四）平台运维管理

按照住房和城乡建设部《城市综合管理服务平台建设指南（试行）》和《城市综合管理服务平台技术标准》CJJ/T 312—2020的要求，省平台主要包括业务指导、监督检查、综合评价、数据交换、应用维护五个标准系统。同时，将结合浙江省实际情况，扩展建设市政、环卫、园林、执法等多个行业监管系统（综合展示）。

平台业务和数据范围：覆盖省、市、区（县、市）三级。责任主体主要是省住建厅，市、区（县市）的综合行政执法局。

浙江省城市综合管理服务平台运营工作人员服务外包项目主要完后省平台日常信息审核、受理协同、信息维护（非软件运维相关工作）、信息归集及演示解说相关工作。

1.运维内容

1）网络管理内容

网络管理主要实现网络的配置管理、性能管理和可靠性管理。网络管理主要基于网络管理平台和设备管理软件实现。网络配置主要对网络拓扑结构和网络设备参数进行配置，网络性能管理主要通过对被管理设备的监控和轮询，获取有关网络运行的信息及统计数据，并在所收集的数据基础上，提供网络的性能统计；网络可靠性管理主要对网络的运行状况进行监控和检查，及时察觉可能的故障，从而保证网络的正常运行。

2）系统和应用管理内容

系统管理主要实现对系统（主机系统、数据库系统、中间件系统）的配置管理、性能管理和可靠性管理。配置管理包括对系统资源的发现、提供、配置和控制；性能及可靠性管理主要对各系统的关键参数或重要资源进行监控和检查，了解系统运行情况，及时察觉系统可能的故障，从而保证系统的正常运行，提高系统可靠性。应用管理实现对各应用系统的性能管理、可靠性管理、版本管理和数据管理。性能管理包括对应用系统性能的监控和优化；可靠性管理包括及时监控应用系统运行情况，及时发现潜在的问题，保证正常运行；版本管理包括对应用系统的版本/补丁的管理、发布及升级，配合相关部门进行应用系统的相关测试、试运行和推广；数据管理包括按照有关规定及工作流程对后台数据必要的修改。

3）安全管理内容

安全管理对象包括网络安全、系统（主机系统、数据库系统、中间件系统）和应用安全、存储备份安全。管理内容可分为安全管理制度的制定和落实、安全设备的配置以及管理与监控、安全管理故障的处理等。

4）存储备份管理内容

存储备份系统运行维护管理的主要内容是备份策略管理、备份软件管理、备份数据管理及存储硬件管理。备份策略的选择，要统筹考虑需备份的总数据量、线路带宽、数据吞吐量、时间窗口以及对恢复时间的要求等因素，根据不同业务对数据备份的时间窗口和灾难恢复的要求，选择不同的备份方式，亦可将几种备份方式组合应用，以得到最佳的备份效果。数据管理包括数据的备份、异地转储、数据的归档和数据的识读等。存储硬件管理包括存储网络设备（如光纤交换机等）、存储设备及其相应的管理软件、备份设备及其备份软件的日常维护及故障处理、存储设备容量管理。

5）故障管理内容

故障管理包括网络、系统和应用、安全、存储备份的故障发现、故障分类、故障转发、故障诊断、故障处理、故障及处理记录和统计等过程。

2. 网络、安全维护

平台的网络、安全维护实施需满足等保三级要求并保证网络的稳定、安全，使系统正常高效的运行，涉及系统应用的网络、安全维护交由住房和城乡建设部信息中心负责，涉及指挥中心网络、完全维护交由第三方机构负责。

（1）系统需要的主机数目较多，各类硬件可能出现问题，包括路由器、交换机、网络服务器主机、数据库服务器等都需定期保养和提供相应配件。定期对系统进行安全漏洞扫描，安装更新补丁。

（2）防毒软件、防火墙等也要定期进行更新补丁，并且要保证病毒库是最新的，还要定期地进行病毒扫描、木马查杀等工作。

（3）定期将交换机、防火墙、网络服务器主机、数据库服务器等的各项指标信息收集集中，以报表形式呈现，以及早发现问题。

（4）定期测算系统网络速度、数据流量，提前做好服务器扩容等准备工作，以满足访问量、流量逐渐增大的需求。

（5）如机器部件的清洗、润滑，设备故障的检修，易损部件的更换等，这些工作都应由专人负责，定期进行，以保证系统正常有效地工作。

四、平台组织机构和人员

（一）成立平台专项工作专班

成立以厅主要领导任组长"浙江省级城市综合管理服务平台专项工作专班"，统筹协调平台建设运行中的重大事项，加强平台建设顶层设计，落实平台建设资金，明确平台建设责任主体，建立相关工作机制，加强跟踪指导和监督检查，保障平台建设顺利推进。

组长：分管副厅长。

副组长：由厅城市管理执法指导处、城市建设处、信息宣传中心主要负责人组成。

成员：由厅城市管理执法指导处、城市建设处、信息宣传中心和软件开发公司等相关人员组成。

厅城市管理执法指导处：统筹工作安排，确保平台建设及联网工作按进度、高质量交付。负责组织制定省级平台工作方案、建设方案，牵头各项业务规范编制及指导；负责城市管理执法、市容环卫等专项领域的应用建设推进工作；负责市级建设方案审查工作。

厅城市建设处：负责供水节水、污水处理、园林绿化和绿道、城市供气、交通治堵、老旧小区改造等专项领域的应用建设推进工作。

厅信息宣传中心：负责制定省级平台建设技术规范、联网方案，负责对接国家平台完成联网接入及市级平台接入的技术指导，负责省级平台的建设及部署，与省大数据局及相关厅局委办的技术协调、联络工作。

（二）设立省城市综合管理服务监督中心

按照住房和城乡建设部《城市综合管理服务平台建设指南（试行）》的要求，对接住房和城乡建设部，为发挥浙江省城市综合管理服务平台在城市管理方面的省级监督指导和综合协调作用，统筹协调平台建设运行中的重大事项，浙江省住房和城乡建设厅将设立"浙江省城市综合管理服务监督中心"，负责对全省城市管理工作的指导监督、统筹协调和综合评价。

（三）建立省城市综合管理服务平台运行机制

1. 综合协调机制

建立浙江省城市综合管理服务综合协调机制，强化各级城市管理领域各部门职能的整合联动，通过平台纵向上，实现上、下级城市管理主管部门的指导协调；横向上，形成各级相关部门之间信息互通、资源共享、协调联动的工作机制，推动形成共建、共享、共管、共治的城市现代化治理大格局。

2. 监督指导机制

建立浙江省城市综合管理服务监督指导机制，强化对各级城市管理工作效能的监督检查，及时发现各地城市管理工作中存在的薄弱环节，视情况组织专题研究，有针对性地开展业务指导，推动各地城市管理服务水平提升。

3. 综合评价机制

根据城市综合管理服务评价工作要求，参考国家平台评价体系，围绕"干净、整洁、有序、安全、群众满意"5个方面，制定浙江省城市综合管理评价办法，建立健全全省城市综合管理服务评价体系，定期开展综合评价工作。

（浙江省住房和城乡建设厅供稿）

杭州城市大脑赋能城市"数治"

2020年3月31日,习近平总书记来到杭州城市大脑运营指挥中心,观看了"数字治堵""数字治城""数字治疫"等应用展示,对杭州市运用城市大脑提升交通、文旅、卫健等系统治理能力的创新成果表示肯定。期间,习近平总书记指出"运用大数据、云计算、区块链、人工智能等前沿技术推动城市管理手段、管理模式、管理理念创新,从数字化到智能化再到智慧化,让城市更聪明一些、更智慧一些,是推动城市治理体系和治理能力现代化的必由之路,前景广阔"。

新一代的数字化浪潮,使数字赋能城市治理逐步成为新时代推动城市发展的内在需求和必然选择。作为政府公共数据平台的应用集成和城市治理的数字系统解决方案,杭州城市大脑在赋能城市治理时显示出了独有的优势。

一、数字治理的综合应用工具——城市大脑

2020年3月27日,杭州市司法局在《杭州城市大脑数字赋能城市治理促进条例(草案)》中定义城市大脑是"基于云计算、大数据、物联网、人工智能等新一代信息技术构建的,支撑经济、社会、政府数字化转型的开放式智能运营平台,是数字杭州建设的重要基础设施和综合应用工具"。通俗地讲,城市大脑是城市建设发展的新型基础设施、城市数字治理的新平台和服务政府决策的新载体。

城市大脑自2016年诞生以来,主要经历了以下三个阶段。

(一)数字治堵——以城市交通为突破口

2016年以前,杭州在交通治堵过程中出现了道路资源供给矛盾突出、综合治理协同性欠缺、智能交通使用不充分、数据资源难以融合应用等问题,从而导致已有治堵手段严重滞后于道路交通的快速发展趋势。鉴于此,2016年4月,杭州提出建设城市大脑的设想,并打算以交通领域为突破口,开启用大规模数据改善城市交通的探索。2017年10月,杭州城市大脑交通系统1.0版正式发布,旨在充分发挥公安交警部门的经验优势和阿里巴巴等企业的技术优势,为推进城市治理体系和治理能力现代化探索路径和方法。经过努力,杭州交通延误指数从2014年

最高的 2.08 降至 2019 年的 1.64 左右，交通拥堵排名从 2014 年的全国第 2 位降至 2019 年的第 50 位左右。

（二）数字治城——以便民惠民为出发点

随着城市化进程不断加快，传统的依靠大量人力物力投入治理城市的路径在现代社会愈发难以为继，城市化转型发展面临诸多挑战。面对日益突出的城市病问题，城市大脑坚持问题导向，城市治理最需要解决什么，城市大脑就推出什么应用场景。2018 年 12 月，城市大脑综合版发布，涵盖停车、医疗、文旅、基层治理等九大便民领域，标志着城市大脑从单一的交通治堵系统扩展成为服务民生、支撑决策的综合平台，正式实现从单一"治堵"向全面"治城"转变。截至 2020 年 4 月 1 日，城市大脑建设牢牢抓住惠民、便民、利民服务的关键，从民生实事入手，不断拓展便民惠民场景应用，推出的 11 个重点领域 48 个应用场景，让老百姓有实实在在的获得感，使杭州成为率先实施"无杆停车场"、实现"急救车不必闯红灯""入园入住无须排队""就医最多付一次"的城市。比如，"便捷泊车"接入全市 95 万多个停车泊位实时数据，根据车位实时状态进行停车诱导推送，35 万个停车位实现"先离场后付费"；"舒心就医"场景下全市 260 家公立医疗机构实行"先看病后付费"，累计服务 2500 万人次、履约金额超过 10 亿元。

（三）数字治疫——以复工复产为终点线

面对此次新冠肺炎疫情，城市大脑实战应用，根据疫情变化精密智控、精准施策，为统筹疫情防控和经济社会发展提供了有力支撑。在疫情暴发初期，依托城市大脑平台第一时间建立卫健警务——疫情防控系统，精准研判人口流动的态势，及时掌握社区封闭式管理动态，及时掌握医院发热门诊就诊人员情况，并通过数字驾驶舱精准下达指令。在复工复产初期，首创"企业复工数字平台"和"杭州健康码"：搭建数字平台，及时服务企业复工，推动全市 24 万家企业、300 多万名员工注册在线；迅速谋划开发建设"杭州健康码"，实现了"健康证明数字化、人员管控精准化、全市出行便捷化、企业复工高效化"。截至 2020 年 4 月 1 日，"杭州健康码"申领量突破 1700 万，累计使用量 7 亿多次，日最高使用量超过 2685 万次。在城市运行加快恢复阶段，探索建设"亲清在线"数字平台，实行企业诉求在线直达、事项在线许可、政策在线兑付、服务在线落地、绩效在线评价。平台自 3 月 2 日上线以来，截至 4 月 1 日，已累计为 14.8 万家中小微企业、59 万员工兑付补贴 7.6 亿元，将减税降费政策惠及于中小微企业，深入贯彻总书记关于构建亲清新型政商关系指示。在经济社会秩序全力恢复时段，创新开展云招商、云招聘、云签约等云服务。3 月 2 日，总投资 559 亿元的 55 个项目，线上集中签约；探索创立杭州"读地云"，向全球发布45平方公里产业用地；开展"杭向未来云聘会"，吸引10万多名人才在线面试。

二、以现代政府理念赋能城市治理现代化

（一）整体性——解决传统城市管理的碎片化问题

数字时代的城市治理不完全是技术上的数字化变革，而是一个数字时代社会的整体性变迁，核心是治理。针对新公共管理带来的碎片化、空心化政府等一系列问题，20世纪90年代英国学者佩里·希克斯最早表述论证"整体性"治理理论。进入21世纪数字时代后，整体性理论更多地强调以信息技术为治理手段，以协调、整合、责任为治理机制，对治理层级、功能、公私部门关系及信息系统等碎片化问题进行有机协调与整合，为城市治理现代化的实现提供新的解决方案。

在整体性维度上，作为ICT技术集成的信息化综合解决方案和新型基础设施，城市大脑有效实现了以协调、整合和责任为代表的现代化治理机制。首先，城市大脑运用信息技术形成新的连接治理模式，构建了一个互联互通的政府。截至2020年4月1日，城市大脑平台日均处理数据超过1.2亿条，纵向到底、横向到边，市、区县（市）、乡镇（街道）、社区（小区）四级和96个部门、317个信息化系统项目互联互通，让公共数据资源的协调互动成为可能。其次，城市大脑推动了整合型政府组织结构的设计，有利于打破传统官僚制职能部门化所导致的碎片化现象。杭州市委市政府在云栖小镇成立了运营指挥中心，下设城市大脑建设工作领导小组及工作专班机制，领导小组由市委书记任组长，各地各部门主要领导为成员，下设办公室，由数据资源管理局负责日常办公；工作专班则由11个市级部门专班、17个区县专班和一个综合协调专班组成，进而实现从业务的分散走向集中、从空间的分割走向整体，最终实现从治理的破碎走向整合。最后，城市大脑有助于构建激发公职人员责任感的主动性文官体系。围绕经济、政治、文化、社会、生态文明五个方面，城市大脑设计了155个数字驾驶舱，将城市运行核心系统的各项关键数据转换成直观的几何图形、图表和指数，极大地激发了各级各部门的城市治理者参与城市治理的主动性和创造性，为精准精细施策提供重要的技术支撑。

城市大脑部分解决了传统城市管理碎片化、空心化的问题，以协调、整合、责任为治理机制，依托中枢系统算力工具、算法模型，实现政府、企业、社会等数据资源跨业务、跨系统、跨部门、跨领域、跨层级的整体性应用。

（二）协同性——催生共建共治共享的网络化格局

"协同性"治理理念是公共行政领域治理现代化的一个重要维度，在治理理论的基础上，协同治理主要强调合作治理的协同性，指的是处于同一治理网络中的多元主体间通过协调合作，形成彼此啮合、相互依存、共同治理的现代化治理格局。传统语境下的社会治理以政府为单一主体，政府内部及政府与公众、企业间易形成单向沟通模式。在城市大脑的赋能下，首先改变了地方政府"条块分割"的治理模式和"碎片化"的治理效果，使政府部门治理结构更加扁平化；同时，为多元主体参与社会治理提供了技术支撑和表达平台，各主体得以更便捷地参与公共事务管理与决策，产生协同效应，共同推动治理方式的变革。例如实现区县、街道的协同治理：疫情期间，将"健康码"应用下沉到街道社区，通过疫情防控和社区自治有效结合，变被动应对为主动预防，既降低了行政管理成本，又创造了居民自我管理和相互监督的良好运行秩序。再如实现政企协同治理："便捷泊车"场景将社会公共场库的停车资源接入城市大脑数据平台，实现停车资源的一键调配和有效监管，促进城市要素的自由流动和高效配置；此外，2019年12月30日，城市大脑产业协同创新基地正式授牌成立，这是继杭州城市大脑有限公司之后，政企合作推进城市大脑建设的又一重大载体。最后实现政府与公众协同治理：2019年，民意直通车上线。在这之前，城市大脑大多是从政府的视角分析城市治理、市民服务等方面的难点、痛点问题，进而研究确定建设哪些应用场景，与广大人民群众的广泛互动还不够，导致部分项目建用脱节。下一步，将通过民意直通车积极动员全体市民自觉参与、有力监督城市大脑建设。

城市大脑通过多场景应用，充分发挥多元主体协同治理的积极性，体现了政府、市场、数据、技术之间的组合效应，催生"共建、共治、共享"的网络化新格局。

（三）智治性——打造科学智慧高效的现代化政府

2020年3月5日，浙江省省长袁家军在省政府第五次全体会议上强调打造"整体智治、唯实惟先"的现代政府，更好统筹推进疫情防控和经济社会发展。智治即智慧治理，是指多元主体广泛运用ICT数字信息技术提高治理的效率和质量，避免非理性决策；"智治性"强调要把智能化建设作为社会治理现代化的重要抓手，实施大数据战略，提升数字治理水平，进而不断促进社会治理现代化。

在"智治性"维度下，城市大脑建设使多元管理者可以通过技术创新和市场联动整合城市中大量的数据资源，在算力算法的支持下解决部分"城市病"问题，为市民提供兼具效率和公平的公共服务。一方面，"智治性"要求智慧的技术，ICT技术的系统集成和数据安全平台的搭建为智慧治理提供技术支撑。城市大脑叠加了云计算、大数据、区块链、人工智能等最新技术，入选国家首批人工智能开放创新平台。特别是区块链技术在城市治理中得到充分应用，融入了不可篡改的技术特征，实现了所有接入方端口目录及元数据共享，确保全程追溯；同时，城市大脑构建了覆盖多维架构的数据安全平台，实时监控数据流动、共享使用情况，构建全生命周期安全监管体系。另一方面，"智治性"还需有治理的成效。城市大脑首创"延误指数"，对交通态势全维度掌握、对车辆全样本分析、对数据全流程监管，对信号灯控制算法不断优化升级，实时进行交通诱导。2016年以来杭州净增近120万人口、40万辆汽车，总路面通行面积因390km地铁施工减少20%的情况下，但道路平均通行速度反而提升15%。

城市正处于转型升级的关键时期，各类社会矛盾和城市病问题频发；城市大脑运用以大数据、云计算、人工智能为代表的数字技术进行城市的数字化治理，是提升治理现代化水平的重要技术平台。

三、经验总结

习近平总书记在党的十九大报告中明确指出，要加强和创新社会治理，建立共建共治共享的社会治理格局，不断满足人民日益增长的美好生活需要，不断促进社会公平正义。而杭州城市大脑正是社会治理在城市维度的最佳创新实践，值得深入研究和高度关切。

城市大脑以资源整合和信息共享为支撑，推动城市治理从线下转向线上线下融合，从单一部门监管向更加注重部门协同治理转变，为政府精准决策和高效治理提供了强大的技术支撑，有效提升了城市治理能力和水平。作为新生事物和一项基础设施，杭州城市大脑建设当前仍然处于起步阶段，要认清不足，持之以恒推进。而对于部分正在建设城市大脑的城市，杭州在先行先试中解决了部分实际问题，可为其提供一些可复制、可推广的实践经验。

（一）以民为本是城市大脑的初衷使命

城市大脑始终坚持以人民为中心，先后推出48个应用场景，有效解决了城市治理的"痛点""堵点"和群众反映强烈的"热点""难点"，以"小切口"推动"大变化"，提升了城市治理能力和公共服务水平，增强了人民群众的获得感、幸福感和安全感，真正成为可观可感、可用管用、利民惠民的民心工程。

（二）数据算法是城市大脑的基础条件

大数据支撑是城市大脑的立身之本，算力算法是城市大脑的关键要素。城市数字化治理必须以政府公共数据平台为基础，大力推动多元数据双向对接与开放；并经过科学的算法模型和强大的算力处理，才能有效实现数据融合创新，形成对城市运行状态的整体感知、全局分析和智能处置。作为城市治理系统的人工智能中枢和开放运营平台，城市大脑通过大脑中枢、部门系统、区县平台"三位一体"架构体系，实现跨区域、跨层级、跨领域的数据归集和互联互通，在算力上支持全市多源异构数据即时连接、调度、处理，在算法服务上支持主流深度学习框架和算法组件以及一体化算法管理，智能生成城市运行系统的核心指标和关键数据，有效实现不同领域、不同层级数字驾驶舱的实时在线和全局协同。

（三）自我改革是城市大脑的内生动力

城市大脑使政府经历了从"权力"治理向"数据"治理的转型，从由"经验"决策向"智慧"决策的转型，从由"静态"管理向"动态"治理的转型，而根本上是对自我的不断改革，以破除固有的部门壁垒和垄断利益。大数据通过信息和数据共享对行政流程加以优化，提高了行政服务的效率，例如"便捷泊车"改革就是基于打通信息孤岛的政务实践，有效破除特权阶级利益、优化公共服务流程，体现了信息共享的内涵。同时，政府刀刃向内的自我革命和共享信息化建设有助于增强公民对政府的信任感，提升政府的公信力，为构建新型智慧城市建立信心、夯实基础。

（四）政企结合是城市大脑的外在推力

城市大脑是一项十分复杂的系统工程，关键在于有为政府和有效市场协同发力。在推进过程中，杭州市委、市政府在规划引领、统筹协调、政策扶持、应用示范等方面充分发挥了主导作用，同时破除单一的政府投资模式，组建云栖城市大脑科技（杭州）有限公司，成立资金规模20亿元的"杭州城市大脑产业基金"，引入市场化运作机制，探索形成了政府提供场景、企业协同创新、资源优化配置的智慧城市新模式，努力构建"共建共治共享"的社会治理新体系。

四、大数据时代下城市数治的新挑战

（一）数据治理：数据开放与风险防控

数据必须要流动起来才能产生价值，数据的公共物品属性和社会协作性也决定了数据开放的正当性。信息和通信技术（ICT）是数字赋能城市治理的技术基础，建构了数据开放的理念和配套体系。但同时，公共部门的安全性和公民个人的隐私问题成为数据开放时代面临的最严峻挑战之一。虽然在技术层面上，可以通过城市"云"计算的基础设施,搭建无线和无缝对接的数字网络系统,但数据的交互和标准化、设备处理、系统协同能力等技术难题,都可能造成政府部门、商业部门、公民个人关键信息泄露的风险。

政府的数据开放是一种主动公开式的服务提供,但目前针对不同安全等级和敏感程度数据的分级分类精细化管理细则仍有待完善;企业和个人的数据风险问题则更为突出,而且,与传统来自黑客、病毒的威胁不同,窃听、通信分析、统计披露、消费分析等正成为个人隐私泄露的新形式。

在此次新冠疫情防控中,利用手机指令来判断个人行动轨迹,进而判断个人是否去过疫情严重地区等,每个人的动态信息在城市大脑平台下都变得透明化。但是当疫情退去,市民回归正常生活后,大数据背后的隐私和伦理问题也值得思考。就数据开放本身而言,如何从立法角度界定数据获取和使用的权限,如何从服务角度优化政府数据开放的制度设计,如何在保证国家安全、保护商业秘密、保障个人隐私的基础上提高数据资源共享利用的效率等都是数字赋能社会治理过程中必须要考虑的问题。

(二)政府管控:全能政府与多主体参与

大数据时代,处理好政府、市场与社会的关系依然是社会治理的核心问题之一。当前我国正处在行政体制改革的关键期,改革重点是简政放权、约束政府权力,让市场最大限度地发挥资源配置作用。数字赋能社会治理,首先改变了地方政府"条块分割"的治理模式和"碎片化"的治理效果,使政府部门治理结构更加扁平化;同时,为多元主体参与社会治理提供了技术支撑和表达平台,各主体得以更便捷地参与公共事务管理与决策,共同推动政府治理方式变革。

然而必须承认,"全能政府"的影子还没有完全褪去,在政府与市场、社会的合作中,并没有明确的法规制度来界定彼此的参与范围。城市大脑"数据驾驶舱"的建设使用,在推进政府、企业、个人数据资源联通共享的同时,也要警惕政府再度陷入"全能主义"幻象,试图通过技术优势地位支配社会治理体系。

基于此,如何坚持"有限政府"、简政放权的改革方向,推动政府彻底摆脱"全能主义"窠臼,从服务型政府理念出发,充分放权给市场和社会,有效带动政府各部门、社会资本、公民社会的共同参与,充分发挥市场、市民、数据、技术、空间之间的组合效应,催生"共建、共治、共享"的社会治理新格局,是今后需要着重关注的问题。

(三)可持续发展:短期建设与长期运维

IT时代到DT时代,数字赋能城市治理并不等同于传统智能系统功能的简单叠加，而是把城市的各个单元作为一个统一的生命体，以泛在的信息化来为社会各个阶层提供更为精准、全面、实时的服务，实现城市发展转型以及管理方式的革新。

从这个意义上说，城市大脑等"云"基础设施的出现，将成为一股倒逼政府治理改革的强大压力，引发现有政府治理结构、治理过程、治理能力的全面变革。因此，下一步的重点工作应是建立面向可持续发展的运维机制，以确保城市大脑的长期有效运行，对城市的各类信息资源进行最广度的开发、整合和利用。与此同时，各地各级政府在学习城市大脑模式时，要考虑财政绩效，避免重复建设的同时也应该规避不符合市场需求的场景打造。

作者：

张蔚文：浙江大学公共管理学院教授、副院长；浙江大学中国新型城镇化研究院副院长。

金晗：浙江大学公共管理学院博士生。

感知立体化、数据集约化、服务智能化

——秦皇岛智慧城管助力城市治理体系和治理能力双提升

为进一步提升城市管理水平，建立用数据说话、用数据决策、用数据管理、用数据创新的新机制，开创全民参与城市管理的新模式，形成共治共管、共建共享的城市管理新格局。秦皇岛市城市管理综合行政执法局根据《中共中央 国务院关于深入推进城市执法体制改革改进城市管理工作的指导意见》有关要求，综合利用"大智移云物"等现代信息技术，启动建设了秦皇岛智慧城管平台，创建了"感知立体化、数据集约化、服务智能化"的城市管理新路径。

一、基本情况

自 2016 年起，秦皇岛智慧城管分三个阶段逐步建设：2016～2017 年，建立了感知、分析、服务、指挥、监察"五位一体"智慧城管基础框架；2017～2018 年，持续深化现代信息技术在服务、管理、执法工作中的拓展应用；2019～2020 年，进一步提高城市管理科学化、精细化、智能化程度。在项目实施过程中，秦皇岛市城市管理综合行政执法局邀请了北京大学城市治理研究院、扬州大学城市管理研究中心、中国城市科学研究会数字城市专业委员会等科研单位专家学者共同参与研究，并专门聘请了城市管理公众委员，深入智慧城管的立项、可研、完善等重要环节，征求合理化意见建议，多措并举助推秦皇岛智慧城管平台高质量建设。目前，秦皇岛智慧城管平台建立了的一个城市综合管理服务平台和 14 个业务系统，实现了"大城管"格局下的信息化管理全覆盖，并在国家文明城市创建、旅游旺季服务保障、打击"双违"和城市防汛等诸多工作中发挥了重要作用，取得了显著效果。

二、主要做法

（一）加强组织领导，压实工作责任

秦皇岛市委、市政府始终高度重视智慧城管建设工作，市领导多次召开专题会议，亲自听取智慧城管建设工作汇报，做出重要批示，并提出具体要求，解决项目推进中存在的困难和问题。市财政给予大力支持，项目资金落实到位，有力地推动了智慧城管建设工作的顺利开展。

（二）做好顶层设计，细化工作任务

为集中有效资源，高效快捷地实现目标，秦皇岛智慧城管自建设之初始终坚持顶层设计，科学编制建设规划，将智慧城管建设分为三期进行，由点至面，先易后难，从全局的角度，对智慧城管设计的各方面、各层次、各要素进行统筹，建立了任务书、时间表、路线图，确保智慧城管建设工作科学、有序、高效开展。

（三）提高公众参与，坚持群众路线

在秦皇岛智慧城管建设过程中，建立了公众实践基地，招聘了城市管理公众委员，设立了"城管体验日"，组织了城管志愿者培训会，并在全市上下开展了智慧城管"五进"活动，让更多的市民百姓理解城市管理工作，了解秦皇岛智慧城管，为智慧城管建设献策出招，深入结合网上践行群众路线工作，确保智慧城管建设从群众中来，到群众中去，符合公众所需，为全市人民服务。

（四）严选技术支撑，确保物美价廉

信息化社会在不断发展，各类信息技术层出不穷，秦皇岛智慧城管建设始终根据实际情况，以需求为导向谋划建设内容，不盲目追求高精尖技术，不跟风崇尚高大上效果，在软硬件设备的选择上，不选最好，但求最实用，既保证了建设效果，又节省了建设资金。相比其他动辄上亿元的智慧化建设项目，秦皇岛智慧城管三期累计投入3000余万元被称为业内"物美价廉"的典范。

三、主要创新点

（一）感知立体化

1. 天空——无人机让"城市病"无处藏身

购置大、中、小3台无人机，应用于城市管理工作中，充分利用无人机反应

快、机动性强等特点，进一步加强城市巡查工作效率，以无人机的高空视角弥补普通人工视角和视频监控视角的不足，在整治高空违建、建筑工地管理、河道巡查、一区三边等方面工作中具备明显优势。同时，无人机配备4G影像回传功能，监控画面可实时在指挥中心大屏显示，显著提升了对重大保障、恶劣天气、灾害救援方面的应急援助能力。

2. 地表——物联网技术保障市民出行安全

一是智能水尺，在城市区12处易积水地段试点安装电子水位标尺，实现水位实时监测、超限自动报警功能，改变了人工巡查、"肉眼"观察的形式，配合防汛应急预案机制，智能水尺在历年夏季防汛工作中发挥了重要作用，提升了防汛响应效率，有效保障了暴雨期间的人身安全和财产安全得。二是智能井盖，在城市区重点区域和重点路线试点安装井盖监测模块，实现井盖位移、丢失自动报警功能，加强了高危点位井盖动态监测能力，大幅缩短了井盖异常情况的处置时限，有效减少了井盖咬人等事故的发生。通过智能水尺、智能井盖的建设，加大了物联网技术在城市管理领域的应用，实现了城市突发事件的预测、预警、预判、预防，市民百姓的出行安全得到有效保障。

3. 地表——城管"一张图"提升应急处置能力

以高精度二维平面电子地图和2.5维空间电子地图为基础，整合城市管理各领域管理网格，形成智慧城市管理"一张图"。对城区内洒水车、清扫车、执法车等城管车辆试点安装北斗+GPS双定位模块和作业视频监控模块，研发城管信息采集员和执法队员勤务报备管理系统，整合90余部市政防汛手台GPS定位信息和即时通讯模块，实现城管部门人、车、物等资源的动态实时管理，提高对紧急案件的快速反应、迅速处置能力，增强对突发事件整体防控质效，形成集扁平化指挥、点对点调度、实战化应用、可视化督导于一体的实战平台。

4. 地下——管道机器人为城管加装"透视眼"

2016年，秦皇岛市启动城区地下管线普查工程，对城区主干道及两侧给水、污水、雨水、燃气、热力、电力、路灯、工业管道等主管线进行了全面普查，建立了GIS地下三维管线管理系统，辅以管道机器人、探地雷达等设备，利用地理信息系统（GIS）技术、数据库技术和三维技术，直观显示地下管线的空间层次和位置，以仿真方式形象展现地下管线的埋深、材质、形状、走向，以及工井结构和周边环境，为地下管线资源的统筹利用和科学布局、管线占用审批等工作提供了准确、直观、高效的参考，有效避免了管道错误开挖事故的发生。

（二）数据集约化

1. "云上城管"打通部门数据壁垒

在数据的收集与共享方面，秦皇岛智慧城管平台高效整合分散在城管各行业中的海量、多源信息数据，建立结构合理、范围全面、类别清晰、格式统一，支持多维度、多层次调取的综合性城市管理数据库。目前，智慧城管平台接入了供热、供气、供水、污水处置等城市生命线运行数据，共享了公安部门7000余路视频监控、市气象局天气云图、国土部门地理信息等数据，基本实现市容秩序、市政设施、环境卫生、园林绿化、综合执法等行业监管内容，以及其他专项行动（活动）内容全覆盖，建立规范、高效、安全的数据交换机制，为部门之间数据互联互通提供了共享平台。

2. 大数据分析打造城管"气象云图"

在数据的分析与利用方面，秦皇岛智慧城管平台一期建设了决策分析系统，包含城市管理案件区域分析、来源分析、阶段分析等多个分析维度，在数字城管统计分析功能的基础上，强化了可视化分析效果。智慧城管平台二期建设在决策分析系统的基础上，进一步优化、深化、丰富、完善统计分析功能选项，将决策分析系统更名为大数据分析系统，利用大数据、云计算等技术手段，研发城市管理案件热力图，提升对案件高发时间、高发地点、高发类型的动态分析能力，以及人员管理、绩效考评等方面工作的量化分析能力，形成城市管理工作的"天气预报"，为城市治理方向、各类专项行动和领导业务决策提供有力依据。

（三）服务智能化

1. 多渠道服务构建"便捷"城管

为进一步提高城市管理服务水平，践行"美好生活和谐社会共同缔造"理念，秦皇岛智慧城管平台以满足市民实际需求和使用习惯为导向，在原有服务热线的基础上，研发推出"秦皇岛指尖上的城管"微信公众号和"全民城管"手机App。"秦皇岛指尖上的城管"微信公众号划分为"管城市、享服务、乐互动"三个版面，每个版面又划分了多个功能性小程序，操作过程简单易懂、方便快捷，既满足了城市管理工作实际需要，又满足了市民的使用习惯。市民只需通过手机微信关注公众号，便可实现上报城市管理问题，实时跟踪城管部门处理进度，领取市民参与城市管理微信红包奖励等功能。同时，公众号还集成了供热、供水、供气便民缴费，公共厕所、菜市场地图服务，城市易积水点积水信息查询，以及10分钟便民圈、城市管理工作考评、满意度调查等一系列便民、惠民功能。"秦皇岛指尖上的城管"微信公众号上线运行以来，进一步提升了政民交互体验，拓宽了市民百姓参与城市管理的渠道，提高了市民参与城市管理的兴趣与热情。

2. 全方位服务构建"效能"城管

为进一步强化执法规范化程度，服务城管系统各级执法部门和执法队员，秦皇岛智慧城管平台建设了城市管理综合执法系统。一是建立执法协作子系统，畅通城管、公安、环保、规划、建设等部门信息交互渠道；二是建立执法信息数据库，实现对执法对象、法律法规、自由裁量、执法卷宗等信息的统一管理和监控；三是研发城市管理"执法通"终端，建立执法OA子系统，实现立案、取证、审批、处罚等全过程网上办理，现场文书打印，执法全过程记录可回溯；四是建立执法公示子系统，增强执法透明度，形成行政执法过程的统一依据、统一标准、公平执法、依法执法、多级监控格局，进一步提高行政处罚管理水平。同时，智慧城管平台在城管信息采集原使用的"城管通"基础上，研发了城市管理"考评通""领导通"等多款终端设备，全方位的服务设备和信息化系统方便了一线和基层工作者，城市管理部门工作效能也得到进一步提升。

3. 拟人式服务构建"贴心"城管

利用人工智能技术，打造城市管理领域无所不知、无所不晓的智能虚拟机器人，通过拟人式的人机交互功能，在服务市民百姓方面，无须按照传统方式进行多环节操作、多内容输入，只需直接通过与智能虚拟机器人进行语音对话，即可完成所有案件举报、信息查询等，极大简化市民百姓终端操作流程，提高互动乐趣。在服务执法队员方面，智能虚拟机器人可自主识别队员身份，掌握历史任务信息，并根据组织架构和职责范围，将城市管理案件精准推送给执法队员，极大缩短案件人工派遣时间和反馈时间，进而为广大市民百姓和城管队员提供更为贴心、精准的服务。

四、主要成效

（一）数字城管向智慧城管转变

自2017年4月智慧城管一期建设完成并投入使用以来，城市管理问题上报数量提升至15万/年，立案率达到98%以上，问题交办时限缩短至3~5分钟，疑难问题处置效率提升至80%，城市管理监管行业信息化覆盖率由原来的30%提升至90%，市级综合行政执法案件全过程记录覆盖率由原来的40%提升至100%，公众参与城市管理渠道由原来的1个热线拓展至3个端口。综合性城市管理数据库集成了城市管理领域14个业务系统数据，以及城市公用企业运行数据，打破了信息孤岛和数据分割现象，通过数据开放、信息共享和集成运用，改变了传统城市管理中的"差不多"现象和"拍脑袋"决策，城市安全运行状态得到全面感知，促进了城市管理综合考评工作更加规范、科学、精准。

（二）被动管理向主动服务转变

为满足市民群众日常需求和使用习惯，秦皇岛智慧城管目前拥有服务热线、手机 App 和"秦皇岛指尖上的城管"微信公众号三个公众参与城市管理渠道。智慧城管平台上线运行一年内，App、微信公众号的下载关注数量累计突破 6 万余人，日均访问量 1500 余次，日均城市管理问题上报量 100 余条，问题处置率达到 98.5%。秦皇岛智慧城管"一微、一端、一热线"的应用，缩短了城市管理问题的发现时间，提高了城市管理部门的服务质量，让公众参与城市管理的渠道更加便捷，筑牢了秦皇岛城管与百姓的连心桥。

（三）城市管理向城市治理转变

几年来，秦皇岛智慧城管通过将新理念、新技术与城市管理的深度融合，形成了具有秦皇岛特色的工作模式，环境卫生监管力度明显提升，"脏、乱、差"现象有效降低，占道经营、乱设摊点、店外出摊及户外广告、"牛皮癣"等影响市容环境的突出问题得到快速解决，有效促进了城市环境的大幅改善，城市宜居程度大幅提高，城市品质大幅提升，人民群众的幸福感、获得感不断增强。2017 年，经过政府部门与全市人民的不懈努力，秦皇岛市荣获"全国文明城市"荣誉称号。

五、借鉴和推广

2018 年，秦皇岛市作为河北省唯一的城市代表，参加了住房和城乡建设部召开的数字化城市管理平台工作推进会，介绍先进经验，并与北京、上海、重庆、杭州等国内 20 余个城市共同研究全国城市综合管理服务平台建设工作。2019 年，中国智慧城管建设经验交流会落户秦皇岛，来自全国 17 个省、57 个城市、400 余名城市管理工作者参加会议，学习秦皇岛市优秀做法，参观秦皇岛智慧城管平台。几年来，秦皇岛智慧城管平台以科学技术进步带动城市管理体制机制改革，使得城市管理工作取得了新突破，助力了城市治理体系和治理能力的双提升，不仅得到了住房和城乡建设部、国内城管同行的一致肯定，也得到了中国城市科学研究会、北京大学等科研机构的高度认可，更获得了"河北省人居环境范例奖""河北省网上践行群众路线典型案例""中国智慧城市大会优秀案例奖""中国智慧城管研究基地"等诸多荣誉称号。

（秦皇岛市城市管理综合行政执法局供稿）

西安加快城市"智"理
共建共享智慧城市新生活

建设面向未来的智慧城市,是深入贯彻党的十九大关于建设网络强国、数字中国、智慧社会战略部署的重大举措,是西安建设国家中心城市的重要支撑之一。近年来,西安市全面推进城市治理体系和治理能力现代化,着力打造"数字名城·智慧西安",建设符合西安实际的新型智慧城市。

按照市委、市政府要求,西安市城市管理和综合执法局积极探索创新,不断提升城市管理智慧化、信息化水平,提速城市"智"理,用心赢取市民满意,与广大市民群众共建、共享大西安智慧城市新生活。

一、"城市啄木鸟"破壳成长,让精细化全民城管更有热度

城市管理一头连着发展,一头连着民生,是实现城市高质量发展、群众幸福指数提升的重要支撑。要管好城市,仅靠政府部门的力量是不够的,必须激发广大市民的热情,打造全民参与的城市管理新模式。

2019年以来,市城管局运用"互联网+"思维打造了一个全新服务模式——"西安市城市啄木鸟"有奖投诉。以微信小程序作为载体,关联到"西安城市管理服务号""西安城市管理订阅号",无缝对接"数字城管"平台,实现城市管理问题线上投诉、线下解决,为广大市民提供了一个参与城市管理的互动开放式政务O2O渠道。市民可随时随地通过西安市城管局官方微信公众号或"啄木鸟"小程序,一键反映西安市建成区内的城市管理问题,并实时查看案件的处理进度、处理结果,也可对案件的处理效果进行评价打分。

"我们就是希望市民网友能发扬啄木鸟一啄到底的精神,积极主动参与到城市管理中来,及时发现反映问题,人人争当城市文明的守护者、践行者和监督者,呈现'全民城管'的良好氛围,以实际行动共建共享美丽西安。"市数字城管信息处置中心工程师李聘如是说。

运行以来,市城管局每天24小时不间断地受理市民投诉,上报问题进入市"数

字城管"平台后,按照受理、派遣、处置、结案的工作流程,实现城市管理问题的"早发现、快处置"。

"城市啄木鸟"有奖投诉自 2019 年 4 月 15 日试行以来,受到众多市民群众的欢迎,注册用户与日俱增,投诉问题量也逐步上升。尤其是中央、省、市媒体的持续报道,全市关注度快速升温,市民知晓率不断提升,初步形成了"人民城市人民管,管好城市为人民"的良好互动。截至 2020 年 9 月,系统共收集上报问题 11.1 万件,综合立案率 86%,解决率 99%,目前注册市民已超 1.9 万人,总体运行情况良好。据了解,"城市啄木鸟"以其便捷、准确,投诉办理实时全透明公开等诸多优势,已成为西安市城管局为民服务、实践"全民城管"理念的重要渠道。

二、城市管理服务号功能优化,让信息化便民服务更有温度

到公园、广场休闲运动时,许多人都遭遇过找不到附近公厕的问题,如今,这个问题被西安"数字城管"解决了。

西安市城管局完成了全市范围内 2000 余个公厕、800 余个绿地广场和 100 余个公园的实地测绘普查及信息采集,将普查数据共享给高德地图的同时,以为民服务为宗旨,在微信服务号上开发了"地图服务"栏目,结合地理信息技术,将"公共厕所、公园景点、绿地广场"进行了地图展示和在线导航。市民游客可以通过关注"西安城市管理服务号",点击"为您服务"菜单中"地图服务"栏目就可查看附近的公厕信息。与商业地图相比,"西安城市管理服务号"上扩展了更多详细信息,包括公厕照片、管理单位、开放时间、男女厕位数、第三卫生间等,能更精细准确的服务市民。同样方法,游玩时也能查到建成公园信息,让市民出游更方便。西安市城管局每年对新增的公厕、公园、绿地广场等数据持续进行更新,让数据活起来,让服务优起来。

"一座城市的文明不在于人口的密度和楼宇的高度,而在于让市民感受到合适的温度。用信息化的手段让市民群众更便利地找到卫生间,更是契合人民群众日益增长的物质与精神需求的应有策应。这也是市城管局为全面提升城市精细化管理水平、补齐城市管理工作短板、进一步优化城市发展环境的重要举措。"市城管局工作人员说。

三、行业监管平台常态运行,让智能化行业管理更有力度

市政设施、城市照明、建筑垃圾清运等行业监管平台的建成运行,是西安市

城市管理部门在智能化行业管理方面的探索和实践，对实现行业管理的规范化、智能化和科学化发挥了重要作用。

市政设施信息管理系统建设了市政设施巡视管理、道路挖占审批管理等管理模块系统，实现了对 16 类"城市家具"的在线管理，可对主城区 58 处积水点、53 座立交桥、120 座人行天桥和 24 座下穿通道进行实时监测，初步具备了一定区域汛期、融雪等应急事项的管理功能。

城市照明综合管理系统建设了一个中心、两个平台和城市照明监控、单灯监控管理、GIS 资产信息管理等九个子系统，其中照明监控终端 819 台、单灯监控 7000 台、视频监控点位 93 处、GPS 车辆监控模块 50 台。手机 App 管理平台可实现运维工单的闭环工作流程。市民用微信扫描灯杆二维码，一键上报故障。该系统创建了城市照明的"全资产、全过程、全生命周期"管理模式，使城市照明管理实现了数字化、规范化、智能化。

建筑垃圾监管平台可对建筑垃圾清运进行智能化监管，全市建筑垃圾排放工地、消纳场所、资质运输企业以及 1 万多辆清运车辆等基础数据已全部录入系统，14 个区县工地视频监控系统已与市级平台对接并接受监管。平台可提供多种统计与报警数据，所有信息可一图展示，车辆运行情况一目了然，方便监管部门查询。该平台的建设和应用有效提升了西安市建筑垃圾监管能力。

四、平台功能持续拓展，让数字化城市管理更有广度

西安市"数字城管"建成以来，功能不断完善，监管内容不断扩大，加之城市管理机构整合，数字城管的内容从最初的市容秩序管理扩大到涵盖市政设施、园林绿化、市容环卫、燃气热力等方面，收集问题信息的渠道也从最初的城管热线拓展到新媒体互动、市区城管部门暗访检查、城市啄木鸟有奖投诉、视频监控、市民热线转办等渠道，逐渐发展成城市管理问题信息集中受理转办的中枢平台。对各渠道收集的问题，数字城管平台工作人员及时准确转办，针对重点难点问题持续跟踪督办，极大地提升了城市管理效率和城市精细化管理水平。截至 2020 年 9 月，市级"数字城管"平台共收集转办各类群众投诉、咨询和城管部门暗访检查等问题 17 万件，结案率 99.8%。聚焦"便捷高效运行，智能协同管理"的发展目标，西安市城管局将不断扩展平台的应用广度，加强与市大数据资源管理局等相关部门的协作，致力于打造一个面向全市各级城管部门和人员的开放式、共享式线上工作平台，通过科技赋能，助力城市管理提档升级。

（西安市城市管理和综合执法局供稿）

成都共建共享智慧城管　助推双城共融共兴

当前，不断演变的现代信息通信技术和持续发展的创新2.0社会，从多方面重塑了当代社会形态。以智慧城管建设为突破口和着力点，推动现代城市发展和城市治理创新，正在成为许多超大城市的战略选择。为提升城市管理能力，助力智慧成都建设，推动成渝共建互联融通的城市智慧治理体系，成都市城市管理委员会就智慧城管建设开展调研，形成报告如下。

一、智慧城管建设的背景和意义

2020年3月31日，习近平总书记在浙江考察时指出，运用大数据、云计算、区块链、人工智能等前沿技术推动城市管理手段、管理模式、管理理念创新，从数字化到智能化再到智慧化，让城市更聪明一些、更智慧一些，是推动城市治理体系和治理能力现代化的必由之路。4月1日，习近平总书记强调，要抓住产业数字化、数字产业化赋予的机遇，加快5G网络、数据中心等新型基础设施建设，大力推进科技创新，着力壮大新增长点、形成发展新动能。习近平总书记关于智慧城市建设和"新基建"的系列讲话凝聚中国智慧，为智慧城市建设指明了努力方向、提供了根本遵循。

智慧城管是智慧城市的重要组成部分，是在整合再造城市管理资源的数字城管基础上，依托云计算、大数据等现代信息技术，立足知识社会创新2.0环境，推动城市管理实现运行高效、服务最优、开放互动、市民满意的智能化城市管理新模式。智慧城管具有全面透彻的智能感知、迅速高效的问题处置、互联互通的宽带泛在和以人为本的可持续创新等特征。智慧城管建设是指遵循"智能性、实用性、安全性、拓展性"的原则，参考网络信息系统设计共性，结合城市管理业务工作特性，建立完善科学系统的管理体制和工作机制，构建包含基础设施层、数据资源层、业务支撑层、业务应用层在内的智慧城管系统。当前，成都市正处于加快建设践行新发展理念的公园城市示范区的关键阶段，建设智慧城管是实现让生活更美好、让市民更幸福、让城市管理更有效，促进政府转型的有益探索。建设智慧城管，有利于提升城市管理处理海量数据和信息的效率，推动城市管理向可视化、远程化、数据化、智能化方向创新转型，提升城市治理效率；有利于拓宽公众参与渠道，优化城市管理资源配置，降低城市精细化管理成本，提升人性化管理水平，促进城市管理由以城为本、粗放分散向以人为本、精细高效转变，为推进城市治理体系和治理能力现代化奠定坚实基础。

二、重庆智慧城管建设的特色亮点

（一）探索起步时间较早

重庆市江北区于2008年开始探索应用信息化、大数据等手段提升城市管理水平，2013年在全国率先开展智慧城管建设工作，并积极尝试利用人工智能、机器人、"AI+视频"等辅助城市管理工作，提高城市管理问题发现和处置效率。目前，重庆市已建设了智慧城管"1322"整体架构，正在积极构建感知、分析、服务、指挥、监察"五位一体"智慧城市管理体系，"大城智管"格局基本形成。

（二）感知互联应用广泛

传感器和物联网已被运用到城市管理的众多场景。如：在古木上安装传感器，实现及时预警、智能喷灌；在垃圾车、窨井盖、路灯等市政设施上安装物联网装置，实现信息及时捕捉；给执法人员配备"单兵执法设备"，实现人脸车牌自动识别、实时拍摄、现场开单等功能。另外，重庆市在智慧停车、照明单灯控制等方面也有广泛的感知互联应用，为城市管理大数据决策提供了数据基础。

（三）城管大脑初具雏形

建立了全国第一家省级（直辖市）层面城市管理政务云、行业大数据中心、指挥中心实体大厅，初步构建城市管理问题处置效能评估模型和城市管理部（事）件预测关联分析模型，实现了城市管理数据分析智能化、现实决策可视化和行业安全管理、作业车辆监控"一张图"呈现。

（四）智能示范成效显著

市级已建成投用桥梁结构运行状态监测系统、城市桥隧信息管理系统、城市园林绿化管理信息平台、两江四岸城市照明智能监控系统，构建了城市管理视频智能分析融合平台，延伸应用深度和识别精度，强化算力、算法，实现58类城市管理问题的智能动态识别、自动立案派遣、远端核查评价等智能化流程。

三、上海、深圳、杭州等国内先进城市智慧城管建设的经验启示

（一）科学的系统架构是智慧城管建设的重要基础

智慧城管是一个要素复杂、应用多样、相互作用、不断演化的综合性复杂巨系统，其系统架构不仅是技术问题，更是制度问题，关键是要建立智慧城管建设、运行标准规范和管理体系，实现资源整合共享和利益格局的重构。如：上海市构建的"城市大脑"已全面实现"一网统管"，上线了深基坑安全监管、玻璃幕墙安全监管、违法建筑治理、历史建筑保护监管、架空线入地监管、燃气供应监管、群租综合治理、修缮工程管理等多个应用场景，构建起"一屏观天下、一网治全城、一云汇数据、一人通全岗"的城市治理体系。杭州市建立了数据化、在线化、智能化的城市治理操作平台"数字驾驶舱"，将市、区、街、社4级层面的2497个网络单位纳入城市管理监管体系，成立市、区两级协同平台，形成了智慧城管的"杭州模式"。

（二）广泛的智能感知是智慧城管建设的重要条件

智慧城管依靠现代信息技术和感知设备，使获取信息的途径更加多样化，内容更加丰富化，实现对城市管理单元和管理对象的全面感知和记录。如：上海市围绕城市设施、城市运维、城市环境、城市交通、城市安全、城市执法6个领域，研发方便群众生活的智能化场景50余个，安装各类感知设备和传感器近4万个，建设完善了"神经元系统"，增强了对群众需求和城市管理问题的感知能力。杭州市城管局整合市政法委、市交通局、市公共自行车公司、各区城管局等多家单位的5.8万余路监控，基本实现市政、河道、环卫、照明、停车等行业的覆盖，并引入智能视频技术，自动抓取出店经营、机动车违停等城市管理问题，实现了城市精细化管理。

（三）便捷的市民服务是智慧城管建设的重要目标

智慧城管的建设不仅需要政府部门的全力投入，更需要面向社会开放，鼓励市民共同参与。智慧城管把市民的需求作为逻辑起点和根本落点，实现了从管理向服务的转变，强化了政民互动，打通了城市管理领域接触群众的"神经末梢"。如：杭州市上线了"贴心城管"App，汇聚了"找找公厕""天天骑车"等20多项功能应用，为市民提供了一站式的城市管理服务。深圳市率先实现了基于微信客户端的市民互动参与平台"美丽深圳"，与深圳数字城管监督指挥平台无缝对接，

功能包括督导监管等管理支撑功能和随手拍等居民互动的功能模块，市民可通过线上互动获得相应的激励积分，兑换相应的奖品，充分调动市民积极性。

（四）运营的市场逻辑是智慧城管建设的重要动力

智慧城管建设是一个动态变化的过程，要想实现智慧城管建设的可持续发展，就要遵循市场化思维、商业化逻辑，借助大企业的技术力量，学习借鉴企业开发软件的理念，考虑系统建设的成本、运营、产出、效益，让智慧城管建设实现与时俱进。如：杭州市与腾讯、阿里巴巴等企业探索城市管理PPP社会化运营模式，在全国首创信息采集市场化做法，共同打造"城市大脑"，加强算法研究，提升分析决策能力，助推信息经济发展。深圳市与华为、中兴、腾讯、中电等一大批高科技企业交流合作，共同建设数字平台、共同开发应用需求、共同打造智慧城市，充分发挥市场和政府"两只手"的作用，为推动智慧城管提质升级增添了新动力。

四、成都智慧城管建设的现状分析

市十三次党代会以来，成都市以"互联网+城市"行动为统领加强智慧城市建设，深入推进网络理政、政务云、数据资源中心等建设，开展数据大会战，推动政务服务"一网通办"、城市运行"一网统管"、社会诉求"一键回应"，基本形成全天候在线监测、分析预测、应急指挥的智能城市治理运行体系。市城管委围绕"安全、清洁、有序、便民"的目标，聚焦城市管理实时感知、快速发现、高效处置、精细管理能力提升，科学编制《成都市智慧城管"十三五"规划》《成都市智慧城管行动方案（2017—2020）》等智慧城管建设规划，编制完成城市道路桥梁、城市照明、环境卫生基础数据规范等地方标准，大力推进城市管理信息化监管平台建设，构建形成了"两个中心、一套机制、六大平台、两项体系"的"2162"智慧城管系统，基本实现了城市管理主要业务问题发现和解决的线上管理，城市管理正在从数字化向智能化、智慧化方向稳步迈进。"两个中心"，即城市综合管理指挥中心、城市综合管理数据资源中心；"一套机制"，即高位监督、高位协调、高位考核"三高"机制；"六大平台"，即数字化城市管理平台、城市道桥智慧监管云平台、城市照明设施智慧管理平台、工地扬尘监控及建筑垃圾运输处置信息和监管平台、餐厨垃圾清运数字化管理平台、环卫固废智慧监管服务平台；"两项体系"，即标准规范体系、信息安全体系。

总体上看，成都市智慧城管建设还处于数字化向智能化转型升级阶段——智慧城管2.0版的起步阶段。对标上海、杭州等国内智慧城管建设先进城市，成都市智慧城管建设还存在一些亟须解决的短板。一是智慧城管建设缺乏系统、科学的总体规划和系统设计，智慧城管建设导则尚未出台，系统建设缺乏前瞻性，缺乏分阶段、分步骤实施建设的科学思维，以突击式、应付式开发为主，导致系统间相互分割，形成多个信息孤岛，信息数据难以共享，影响了智慧城管系统的实用性和有效性。二是系统设计存在"以我为主"的管理者思想，智慧城管系统致力于管控管治，存在重管理轻服务，重问题发现轻问题解决的现象，聚焦问题解决和市民服务手段不多、力度不够，主动服务、靠前服务、精准服务、联动服务的理念融入不足。三是未紧随现代通信技术的发展而进步，部分城市管理系统平台建设构架还基于2G、3G网络通信技术，没有及时调整、充实、重构，部分业务应用层还未从固定终端向移动终端转变或重构，5G、区块链等先进技术运用不够。四是部分系统操作繁杂、运用效率低，系统平台建设时将线下业务流程直接复制到线上，或者将线下收集、派遣、反馈等流程简单植入线上，对线下业务流程重构再造不够。五是市、区两级分别自主设计、自主建设、自主管理智慧城管平台，系统平台间相互独立，兼容性差，统筹统管的工作机制还未形成，统一指挥调度难度大。六是智能感知手段的先进性、覆盖的广泛性不够，物联网、人工智能等先进技术尚未充分运用到系统建设中，大部分城市管理数据的采集、共享、分析尚未实现自动化，信息收集大多依赖于人工。

五、加快成都智慧城管建设的对策建议

成都智慧城管建设的总体目标是：综合运用大数据、云计算、物联网、区块链等新一代信息技术赋能城市管理，科学编制智慧城管发展规划，统筹融合城市管理数据资源，协同联动业务管理要素，拓展公众服务应用场景，加快构建"统建统管、服务导向、问题牵引、智能感知、数据支撑、创新驱动、蓉城共管"的智慧城管3.0版本。成都智慧城管建设的阶段目标是：近期目标，智慧城管建设目标体系基本建立，全市智慧城管规划基本明确；中期目标，智慧城管业务系统基本健全，科学集约的"城管大脑"基本建成，"一屏展示、一键指挥、综合调度、协同联动"智能管理体系基本建立；远期目标，职责清晰、协同治理、运行高效、惠民便民的智慧化运行体系基本形成，城市管理质效大幅提高，城市运行效率全面提升。

（一）突出系统思维，加强总体设计

加强智慧城管建设顶层设计和整体谋划，加快制定出台成都智慧城管建设导则，统筹智慧城管项目建设，明确系统业务功能，避免出现重复建设。坚持"整体规划、分步实施、突出业务、逐步完善"原则，分步实施，循序开发，高质量

推进智慧城管建设。坚持智慧城管建设"适度超前",注重"系统留白",紧跟时代发展潮流,及时更新运用新技术新手段新方法,确保智慧城管可持续性发展。加强智慧城管系统间关联性研究,跳出一时一地、一处室一行业的局限,增强智慧城管建设的系统性和全局性思维,推动系统业务互联和数据信息共享。

(二)理顺管理体制,健全制度体系

智慧城管建设是一项系统工程和长期工程,涉及多个部门,建议成立由分管城管的副市长担任组长,城管、网络理政等部门为成员单位的智慧城管建设领导小组,打破部门间信息壁垒,加强数据资源交流共享,加大智慧城管建设推进力度。加快建立"市级统建、区级统管、乡镇(街道)通用"的管理体制,打破原有市、区两级分别建设的分割模式,实现信息资源集约化,加快构建"统一指挥、层级分工、部门联动、全域覆盖"的智慧城管工作体系,统筹规范市、区(市)县、乡镇(街道)三级智慧软硬件开发建设与运用管理,各区(市)县不再单独建设智慧城管平台。

(三)加强平台建设,完善系统架构

依托成都市电子政务云,科学设计、统筹建设全市智慧城管系统架构,通过实地调研、充分论证,统筹配置智慧城管建设设备资源,充分布局感知设备,完善智慧城管基础设施。搭建城市综合管理指挥平台,通过统一的访问入口,实现结构化数据资源、非结构化文档、各种应用系统跨数据库、跨系统平台的无缝接入和集成。打造面向全体执法人员和社会大众的具体应用系统,注重用户体验测试,将管理主体、管理对象的运用测试作为应用验收和交付使用的前提,减少交付后出现用户操作不畅、功能不符用户使用要求等问题出现概率,让城市管理精细化、执法工作智能化、市民参与便捷化成为现实。

(四)丰富服务场景,强化市民服务

城市管理与广大人民群众的生产生活密切相关,管理的人性化成为智慧城管建设的重要特征。要从以政府部门管理为中心向以用户服务为中心转变,依托"天府蓉易办"和"天府市民云"等政务服务平台,完善公众参与城市管理的功能模块,设置意见收集和评价版块,对于市民上传的城市管理问题,及时进行处理并第一时间进行反馈,调动公众参与城市管理建设的积极性。优化"互联网+政务服务",拓展各类服务场景,聚焦群众使用频率高的办理事项,上线占道挖掘、广告设置审批、建筑垃圾运输备案及排放证办理等重要城市管理政务服务。拓宽市民参与渠道,充分利用网络的力量,加强与互联网公司的合作,开放市民参与端口,将市民"想要管""能够管""管得好"落地实现,共同推进智慧城管的互动载体创新。

（五）加强问题发现，提高解决质效

注重"天网"视频、卫星、无人机与智慧城管平台相融合，探索推广"卫星遥感＋无人机巡查＋人工核查"为核心的"三查一体"模式应用，充分运用各类传感器、摄像头、手持终端、卫星遥感等感知设备实时采集、获取各类城市管理信息，提升城市管理数据采集和问题发现能力。注重多方汇集、有效整合市民问题反映、政策咨询等数据，拓宽数据采集渠道，将市民由城市被管理者转变为城市治理参与者，实现智慧城管系统基于市民数据反馈的高效治理。加快推动物联网技术、5G和人工智能等新一代信息技术在系统平台建设中的运用，充分利用高性能计算设施和大数据处理平台，强化城管部件实时监管，深度挖掘、深入分析城市管理各项信息，实现城管问题智能研判，为城市管理提供强大的决策支持。

六、加强成渝智慧城管建设协同协作的建议

（一）加强规划衔接，促进合作共赢

聚焦成渝两地智慧城管建设优势互补，统筹规划双城智慧城管建设，畅通规划信息，共享共用规划资料，积极探索制定成渝双城智慧城管建设总体规划。强化总规对各区域规划、专项规划的指导约束作用，同时因地制宜，出台既协调统一又各有特色的、适合本地实际的建设、管理和操作规范。

（二）统一标准体系，实现兼容互认

制定统一的双城标准体系来统筹安排总体框架，搭建两地智慧城管建设的基础数据库，规范开发建设过程，并遵循标准展开各组成部分的建设。在建设及运行的过程中，不断地充实、完善标准，逐渐形成一套全面覆盖智慧城管管理、服务、运行、数据、技术等方面的标准体系，贯穿智慧城管的整个生命周期。

（三）破除数据壁垒，深化数据共享

通过完善跨区域数据共享机制，推进城市管理数据汇聚，加强数据治理，推动成渝双城城市管理数据中心互融互通。在城市管理领域资源目录管理、共享开放规程、数据应用机制等多方向多层次开展合作，破除区域间的"数据壁垒"。

（四）注重协同发展，交流共育人才

聚焦智慧城管方面人才交流、培养和使用，推动形成人才协同发展的制度机制、政策体系和工作格局，促进人才有序流动、发展合作共赢。强化人才共育，开放

共享产学研平台，通过线上＋线下、理论＋实践等方式，深化技术人员、高校专家等多层次人才交流合作，共同培植城市管理领域人才成长"沃土"。

（五）促进产业融合，实现共兴共荣

依托自主创新示范区，促进产学研结合，共同组建跨区域的技术转移中心和产业技术创新战略联盟，开展重大关键共性技术联合攻关。成渝两地根据各自产业链优势，推动智慧城管领域产业融合发展、错位发展，加大两市产业产品相互采购力度，支持新产品的示范运营。

七、当前成都智慧城管建设的重点工作

（一）加快明确智慧城管建设的统筹机构

创新机构设置，将数字监管中心更名为智慧城管中心，负责全市智慧城管建设的归口管理，特别是在运用系统和平台建设等方面统一建设、统一管理、统一运营，统筹协调解决智慧城管建设与运营问题。

（二）加快制定总体规划和工作方案

对标世界一流城市，制定《成都市智慧城管"十四五"规划编制工作方案》，加快编制《智慧城管"十四五"规划》，引领成都市2020—2025年智慧城管发展方向。每年度出台《成都市智慧城管建设重点工作计划》，细化工作措施，明确项目载体，推动城市管理从数字化、网络化向智慧化加速跃升。

（三）加快推进智慧城管项目建设

瞄准服务大运会，以大运会保障为契机，借势而为，按照"2162"智慧城管建设框架，推进成都市综合管理指挥中心、城市综合管理数据资源中心、环卫固废智慧监管服务平台、城市道桥智慧监管云平台、工地扬尘监控及建筑垃圾运输处置信息和监管平台、户外广告招牌管理信息化系统等项目建设，实现城管主要业务全覆盖。紧密结合"天府市民云""天府蓉易办"等政务服务平台建设，打造市民、企业参与城市管理的应用场景。

（成都市城市管理委员会供稿）

临沂市智慧城管综合平台建设情况

一、建设背景、目标和原则

（一）建设背景

1. 国家层面

2018年11月6日，习近平总书记在上海考察城市管理工作时指出"城市管理应该像绣花一样精细。一流城市要有一流治理，要注重在科学化、精细化、智能化上下功夫。既要善于运用现代科技手段实现智能化，又要通过绣花般的细心、耐心、巧心提高精细化水平，绣出城市的品质品牌"。科学化、精细化、智能化为城市治理能力的大幅度跃升插上了坚实有力的翅膀。实现城市又好又快地发展，就要在科学化、精细化、智能化上下功夫，既要用科学理念、科学方法进行城市治理，也要注重细节管理，提高精细化水平，更要利用技术手段，走智能化之路。

中央城市工作会议2015年12月20日在北京举行。习近平主席在会上发表重要讲话，分析城市发展面临的形势，明确做好城市工作的指导思想、总体思路、重点任务。会议指出，"做好城市工作，要顺应城市工作新形势、改革发展新要求、人民群众新期待，坚持以人民为中心的发展思想，坚持人民城市为人民"。做到"要深化城市管理体制改革，确定管理范围、权力清单、责任主体。""要加强城市管理数字化平台建设和功能整合，建设综合性城市管理数据库，发展民生服务智慧应用"。

2015年12月24日，国务院下发《中共中央国务院关于深入推进城市执法体制改革改进城市管理工作的指导意见》，意见中明确指出积极推进城市管理数字化、精细化、智慧化，到2017年年底，所有市、县都要整合形成数字化城市管理平台。基于城市公共信息平台，综合运用物联网、云计算、大数据等现代信息技术，整合人口、交通、能源、建设等公共设施信息和公共基础服务，拓展数字化城市管理平台功能。加快数字化城市管理向智慧化升级，实现感知、分析、服务、指挥、监察"五位一体"。按照中共中央在2015年12月24日《国务院关于深入推进城市执法体制改革改进城市管理工作的指导意见》的总体目标。到2017年年底，实现市、县政府城市管理领域的机构综合设置。到2020年，城市管理法律法规和标准体系基本完善，执法体制基本理顺，机构和队伍建设明显加强，保障机制初步完善，服务便民高效，现代城市治理体系初步形成，城市管理效能大幅提高，人民群众满意度显著提升。

2. 省级层面

2016年8月11日，中共山东省委、山东省人民政府关于印发《山东省深化城市管理执法体制改革实施方案》（以下简称《方案》）的通知，印发山东省深化城市管理执法体制改革实施方案，《方案》指出积极推进城市管理数字化、精细化、智慧化，2016年年底前所有市、县整合形成统一的数字城市管理平台，2017年年底前建成全省统一的12319城市管理服务热线，并实现与110报警电话等的对接；2018年年底前各市、县建成综合性城市管理数据库，强化城市各类运行数据的综合采集和管理分析。每个设区市选择1个县（市）开展行政许可、行政处罚、社会诚信等城市管理全要素数据采集整合试点，2020年实现多部门公共数据资源互联互通和开放共享。

山东省城镇化工作领导小组办公室关于印发《加快推进新型城镇化建设行动实施方案（2018—2020年）》的通知中提出，加快建设智慧城市，推动新一代信息技术与城市治理和公共服务深度融合，建设综合性城市管理数据库，推动数字城管向智慧城管升级，提升城市精细化管理水平。分级分类推进新型智慧城市建设，开展新型智慧城市试点示范，到2020年，打造30个特色鲜明的智慧城市，建设100个绿色智慧住区项目，智慧城管实现全覆盖。深化城管执法体制改革。结合全省综合执法体制改革，贯彻落实《山东省深化城市管理执法体制改革实施方案》，推动城市管理和执法重心下移，全面实现市、县城市管理领域机构综合设置和住建领域行政处罚权集中行使。建设一支依法、规范、文明执法的城市管理执法队伍，完善执法制度，规范执法行为，改进执法方式，加快推动城市管理走向城市治理。

结合以上中央和山东省委省政府相关指示和文件的要求，临沂市智慧城管综合平台迫切需要进行建设，整合建立全市综合性城市管理数据库，发展民生服务智慧化城市管理应用，从而实现将数字城管平台向智慧城管综合平台的提升建设。

3. 临沂背景

1）执法体制改革情况

2016年8月11日，省委、省政府出台《山东省深化城市管理执法体制改革实施方案》，将我市确定为全省改革试点。随着改革任务的全面落实，我市改革试点的红利正在逐步释放。服务、管理、执法"三位一体"的大城管体制进一步理顺，综合协调、综合考核、司法保障等工作机制进一步健全，干事创业、担当奉献的队伍活力进一步增强，精细化、信息化、常态化的管理执法效能进一步提升，我市城市管理工作正在朝着"城市管理让城市更美丽、生活更美好、市民更幸福"的目标阔步向前，全力走在全省城市管理改革发展的最前列。

2）城市精细化管理情况

提高城市管理精细化水平，既是改革的重要目标，也是改革成效的具体体现。临沂市城市管理局按照习近平总书记"城市管理应该像绣花一样精细"的要求，倡导"绣花"精神，实施"绣花"工程，以精细管理提升城市品质、促进城市发展。

一是全面推进常规业务精细化。一手抓面上常态管理，一手抓突出问题整治，在精耕细作与攻坚克难中提升城市品质。在日常管理中，推行"十抓"工作法：抓环卫，保城乡环境洁净；抓秩序，保市容规范有序；抓违建，保城市规划落实；抓设施，保城市健康运行；抓管网，保城市血脉畅通；抓广告，保设置规范有序；抓亮化，保夜景靓丽多彩；抓停车，保城市交通顺畅；抓处置，保城市生态和谐；抓美化，保城市形象提升。二是全面推进管理创新信息化。依托移动互联网技术，将数字化城市管理系统升级为智慧城管（临沂）智信平台，在全省率先实现了平台轻量化、办公移动化、管理扁平化、服务全时化。三是全面推进督导考核常效化。创新推行专线制度，设立11条专线，县级领导干部分工负责、牵头推进，强化了重点工作组织领导。创新推行"五查十看"制度，领导干部和业务科室、单位人员五级联动、上路巡查，重点察看十类问题，做到了问题早发现、快处置。

3）城市管理信息化、智慧化建设情况

为了破解城市管理工作中发现问题不及时、解决问题不迅速、日常管理不高效等难题，我局强化"互联网+城市"思维，在传统的数字化城市管理系统基础上，充分利用移动互联网和视频一体化技术，搭建起综合性的城市管理信息化管理平台，整合形成了全新的指挥调度、信息采集、任务派遣、监督考核、智慧管理五大功能版块，初步实现了从数字化向智慧化的华丽升级。一是加强指挥调度。大力推进市县两级平台一体化建设、一体化运行，即采用"1+X"的平台建设模式，由市数管中心建设全市通用的数字化城市管理系统，县区数管中心直接对接共享市级平台资源，实现了市、县两级数字化城市管理无缝连接，实时在线指挥调度16个县区（开发区）数字化城市管理工作，大幅提高了管理效能。二是强化信息采集。通过信息采集监督员现场采集、12319热线举报、12345热线转办、城市管理"市民通"App、视频立案5个渠道，实现了对城市管理事件、部件信息的全面采集。利用视频一体化技术，对接共享了市综治办"雪亮工程"视频监控探头12万个，共享公安交通视频监控探头5900个，建设安装城市防汛、市容秩序、渣土管理、烧烤治理视频监控探头236个，实现了市、县、乡、村四级视频监控全覆盖。成立了视频立案中队，实行24小时值班，全天候开展视频巡查工作。

三是及时任务派遣。由平台对立案信息进行分析研判,确认权属,通过手机App平台推送到相关部门、单位和一线工作人员的电脑终端或移动终端上,由相关领导和工作人员在第一时间接收信息,做出反应。四是严格监督考核。市政府出台《临沂市城市管理综合考核办法》等相关文件,将数字化城市管理考核作为全市城市管理综合考核的重要组成部分,对全市16个县区政府(开发区管委会)、31个驻城区街道办事处(乡镇政府、工业园区)和23个市直有关部门、单位进行考核,考核结果纳入全市科学发展考核体系。五是创新智慧管理。按照"分步开发、专业应用、一体运行、统一管理"的原则,实施智慧管线、智慧环卫、指挥防汛、智慧照明和重大危险源监管等领域的建设管理。

下一步,将充分运用物联网、大数据、云计算等现代信息技术,全面推进数字化城市管理向智慧化升级,着力打造以信息化为主导的城市管理新模式,建立用数据说话、用数据决策、用数据管理、用数据创新的新机制,真正实现"城市管理让城市更美丽、生活更美好、市民更幸福",为建设"大美新"临沂作出新的更大贡献。

4)违法建设治理情况

自2016年11月起,我市在全市范围内开展为期两年的城市违法建设治理行动,全面彻底查处城市建成区内各类违法建设。临沂市认真贯彻落实中央和省决策部署,将违建治理作为保发展、促公平、树正气的重要举措,作为必须打赢的"孟良崮战役",科学谋划、动真碰硬、合力攻坚,形成了"高点定位谋全局、双向发力造声势、三步联动细排查、四管齐下促拆违、五措并举求长效"的"一二三四五"治违模式,实现了从"要我治"到"我要治"、从"偷着建"到"主动拆"、从"单打独斗"到"齐抓共管"的巨大转变。一是高点定位,谋划违建治理大格局。将违建治理列入市委、市政府重要议事日程,主要领导亲自抓、分管领导靠上抓,形成了党政齐抓共管、拆旧控新双管齐下的违建治理大格局。二是双向发力,营造违建治理大氛围。坚持宣传、教育双向发力,不断扩展违建治理宣传阵地,层层叠加违建治理宣传效果,努力营造"过街老鼠、人人喊打"的违建治理大氛围。三是三步联动,掌握违建治理大数据。采取"主动报、群众告、集中查"三种方式,共排查各类存量违建16344起、面积680万平方米,实现了当事人情况、违建情况、涉及党员干部情况"三个摸清",建立了违建信息数据库。四是管齐下,打赢违建治理大决战。坚持自行整改与集中拆除同步推进,实施一月一清单、一月一攻坚、一月一打分、一月一通报、一月一约谈、一月一督导、一月一督查的月度"七个一"工作制度,持续营造治违高压态势,并啃下了费县银河湾21户别墅违建、兰山区国电家园违反容积率加盖楼层、罗庄区回民街违建等硬骨头。五是多措并举,形成长效治理大合力。综合采取思想、行政、组织、纪律、法律等多种措施,运用组织处理、纪律处分、信用惩戒等多种手段，做到系统治理、依法治理、源头治理、综合施策。

（二）建设目标

临沂市智慧城管综合平台以响应中共中央国务院《关于深入推进城市执法体制改革　改进城市管理工作的指导意见》的指示，立足临沂本地实际情况，推进市县两级政府城市管理领域大部门制改革，整合市政公用、市容环卫、城市管理执法等城市管理相关职能，基于城市公共信息平台，综合运用网格化+、物联网、云计算、大数据等现代信息技术，整合人口、交通、能源、建设等公共设施信息和公共基础服务，拓展数字化城市管理平台功能。加快数字化城市管理向智慧化升级，实现感知、分析、服务、指挥、监察"五位一体"。

临沂市智慧城管综合平台最终目标是要实现更好地管人、管事、管流程（更智慧的发现问题、更科学的考核评价、更长效的城市管理新模式、更高效的问题处置、更开放包容的新理念），把原来需耗费大量人力、物力、财力、时间才能做到的事情让各种机器设备来做，让系统来做，通过进一步解放人力，优化城市管理流程，让我们的城市管理变得更智慧、更简单、更规范，从而大幅提高城市管理效率。

（三）建设原则

先进性原则：系统选用的技术支撑系统和软件产品，必须是业内主导和领先地位的成熟产品；同时具有较好的互操作性，便于系统的集成。除此之外，在整体设计思想上也具备较好的超前性。

高性能原则：为保证系统应用和复杂业务并发处理能力不断增长的需要，系统要采用或设计稳定性高和高性能的硬件环境或处理软件，在宽带网络环境下的数据交换、查询和统计分析等的多用户并发操作时要具有较高响应速度。满足硬件和软件的动态性能扩展。

高可靠性原则：在整体设计中需确保系统的可靠性。系统集成选择当前成熟、先进、容易管理及使用方便的系统，充分利用内存数据库技术、数据库事务机制、数据交换规范等，减少数据出错和宕机概率，开发的功能和技术路线需经过严密的测试验证，使系统能有很好的可靠性。

高扩展性及可推广性原则：在系统的设计中，所有产品的选型及配置都充分考虑到整体系统的可扩展性。系统将满足随着业务的不断发展而随时增加用户及产品的需求。业务处理功能在一定程度内的增加或变更满足快速扩展等需求，后续升级扩展不影响系统的体系结构，并能在最短的时间内实现新的需求。可根据政策、业务和部门调整等要求，实现快速系统调整和部署；突出无代码维护或扩展的系统开发，系统滚动开发工作量小，滚动开发效率高；充分考虑多业务特色，适应特色业务能力强。

安全性原则：在系统设计及实现中，采用优秀的安全机制，在系统架构上，应选用多层结构技术。系统应采用用户分级管理的方法，设置不同的访问权限，建立良好的安全保障机制避免同一用户并发访问，确保系统安全。

开放性原则：本系统和外部的数据交换采用统一的接口标准，使系统具有最大的开放性，满足系统异构数据共享、业务协同工作的需要。如果其他的系统支持，则可以非常方便地互联互通，数据交换按统一的元数据标准格式定义，保障在将来较长时间内可以达到通用的目的。

可管理性原则：系统的设计必须考虑到工程实施完成后系统的操作与维护，因此，该系统必须具备较强的灵活性、可管理性和易操作性，便于系统管理人员能够尽快熟练地掌握该系统的操作和管理技术，并满足不同管理用户的权限可按需分发的需要，以保证系统能安全可靠地运行。

经济性原则：以云计算为核心，实现系统的虚拟化、自动化、服务化，解决现有系统中存在的开发、维护、推广中周期长、投入大、成本高等问题；充分考虑业务需求和投资规模，力求达到最佳性价比和最优平衡点；系统数据建设成本低，系统滚动开发成本低，系统维护成本低。

二、总体建设技术路线

（一）数据体系建设

1. 地理属性数据

1）基础数据建设内容

（1）执法对象数据

通过执法部门上报及共享工商局数据，形成综合执法对象数据库，以供后期监督检查双随机。

（2）执法案件数据

综合执法案件数据库包括执法案件的信息，每个案件对应的有执法人员、执法流程、执法文书、自由裁量权引用、执法流程等信息，为综合执法工作提供对执法行为提供监管依据。

2）执法业务数据

（1）法律法规数据

法律法规数据指完成综合执法日常工作相关执法的依据。法律法规数据建设包括法律、法规、指挥手册等资料。通过法律法规库的建立使得平台业务人员，综合执法办案人员方便快速查阅，做到有法可依、有据可查。

（2）执法资产数据普查

对执法局通过执法处罚没收的暂留资产进行专题管理，包括涉及卷宗、当事人、时间、处理办法、接收记录、返还记录，经办人等。

（3）执法人员数据

执法人员数据建库包含姓名、执法单位、执法类别、执法证件编号等属性字段。

（4）权责清单数据

综合执法权责清单数据库，主要是针对综合执法职权的统一梳理，包括编码、名称、类别、实施依据、公开形式、公开范围、公开时间、收费依据和标准、承办单位等。

（5）执法文书数据

针对执法项目中存在一份处罚文书材料多个部门共用的特性，系统中通过建立统一材料库，实现各部门材料共享的目的。

模板管理是对与工作有关模板的收集、组织以及管理，通过对模板库的建设，让各类模板得到充分共享，提高工作效率。

3）执法业务文书数据

（1）执法文书案由标准化

按一般程序流程，城市管理综合执法系统平台将必填文书进行标准化。将必填文书进行固化，以便于统一采集数据进行统计分析，为分析决策提供数据支撑（表1）。

文书标准化　　　　　　　　　　　　　　表 1

执法阶段	必填文书	选填文书
调查取证	《调查询问笔录》《调查终结报告》	《行政执法通知书》《笔录续页》《证据登记保存审批表》《证据登记保存通知书》《解除证据登记保存审批表》《解除证据登记保存通知书》《鉴定委托书》《鉴定意见书》《现场处罚决定书》
立案	《立案审批表》	
处罚决定	《案件处理意见书》《行政处罚告知书》《行政处罚决定审批表》《行政处罚决定书》《送达回证》	《案件移送书》《责令停止违法行为通知书》《行政执法通知书》《陈述申辩笔录》《听证告知书》《听证笔录》《案件讨论记录》
执行		《强制执行申请书》
结案	《结案报告》《结案审查表》	
归档	《案卷封皮》《卷内目录》《备考表》	

（2）执法视频记录标准化

综合执法视频管理平台将视频监控、GPS、GIS、巡查、处理、监督进行联动，执法人员通过使用单兵执法设备、移动执法 App，实现高效、快捷的执法办理，也方便了主管部门与现场执法人员、相关信息等的实时连接及互动，同时能够对现场的执法情况进行录音录像，并将视频资料传回到指挥中心，有利于提高执法水平和对重大事件处置的应急反应能力，从而实现执法过程可视化、指挥语音集成化、执法视图归档化、执法指挥集成化。

2. 行业管理专题数据

1）智慧广告专题数据普查

户外广告当前形势要求城市户外广告管理部门快速、高效、准确、可靠地建立数字化、可视化城市户外广告牌综合信息库并以此作为管理、执法和决策的依据。现在城市户外广告管理维护主要是以人工测量方式进行，一方面速度慢、效率低、周期长，勘测结束后，城市户外广告现状已发生很大的变化，无法满足城市户外广告管理要求信息准确、及时的目的。此外，人工测量的方式存在着很大的质量隐患，人为因素较多，由于检查的工作量大，无法对管理数据有一个闭环的质量检查体系，直接造成管理数据存在偏差，影响管理效果。

利用人工调绘采集广告牌专题属性数据，将城市的所有广告牌信息标注在电子地图上，对每个单元（包括空间位置坐标、规格信息、报建单位信息、周边广告牌信息、广告内容信息、审批政策信息单、起始时间、联系方式等）信息进行录入。

2）市政公用专题数据

（1）市政公用资产数据普查

市政公用资产数据普查，基于主管部门提供的道路、桥梁、照明、排水等基础数据，分别以大类、中类、小类、图层表明（中文）、几何特征等 6 项信息进行整合入库，而防汛数据在主管部门提供基础数据的基础上并以防汛部门提供数据为准，分别对雨量监测设备、水位监测设备、流量监测设备、水泵远程控制设备、阀门远程控制设备，按照序号、属性内容、字段代码、字段类型、字段长度、是否可控、备注、数据来源等属性内容进行整合入库。

（2）市政公用物联网设备普查

对供水、排水、供热、供气、照明等公共事业监测相关的设备进行普查。

（3）市政公用车辆数据普查

对部门的专职行业车辆信息进行全面的数据普查，包含道路桥梁巡查车、路灯抢险车、排水抢修车、防汛应急车等各类市政公用专职行业车辆的信息属性，并全部纳入数据库，通过对专职行业车辆数据普查可对车辆进行高效管理以及简化责任归属和车辆维修。

（4）市政公用作业人员普查

对道桥养护、照明抢险、排水养护、防汛应急等各类作业人员数据进行普查。

（5）专题视频监控普查

对市政公用涉及道路、桥梁、路灯、排水、防汛等各类视频点位进行普查。

3）地下管线专题数据（数据处理）

基于已有管线数据，按照《城市地下管线探测技术规程》CJJ 61—2003 中对地下管线数据的要求进行处理和转换。实现与智慧城管系统部件井盖、路灯等数据的位置匹配，从而实现通过地下管线数据快速定位标识错误井盖的权属单位和真正用途，减少此类案卷的错误派遣，提高此类案卷的处置效率，结合临沂现有数据进行调整。

（二）系统逻辑架构

1. 总体技术架构

临沂市智慧城管综合平台总体架构如图1所示。

图1 临沂市智慧城管综合平台总体架构

2. "一网"（网格化管理模式）

建设临沂市"网格化+"管理新模式。基于权利清单的处置体系、监管分离的监督体系、数据说话的评价体系，利用数字城市管理单元网格管理法、部件管理法、监管分离管理体制、闭环化管理流程、长效化考核评价，全部实现问题发现、立案派遣、指挥调度、决策分析的网格化管理（图2）。各网格分中心以辖区内社区为基础单元网格，使城市管理职能下沉、重心下移，形成以街道为主体的闭环城市管理工作体系，明确网格人员的具体职责，实现管理主体、管理对象、管理区域的定位，充分调动网格人员工作积极性，增强街道、社区主动发现、快速处置问题的基础管理能力，逐步转变自上而下到自下而上的城市管理模式，提高城市管理效能。网格分中心主要负责通过外网将智慧城市管理系统终端延伸到社区网格内，配置专职网格巡查员，巡查上报、处置和核查辖区内城市管理问题等各项具体事务，使城市管理工作延伸到网格，任务落实到网格，问题解决在网格。

图2 "一网"：网格化管理模式

3. "一库"（城市管理数据共享中心）

建立城市管理数据共享中心。不断完善各类基础资源建设，在优化城市建成区的地理编码数据、单元网格数据、城市部件数据等已有普查数据的基础上，按业务梳理数据来源，归纳数据类型，区分结构化数据和非结构化数据，完成视频监控点位数据、经营店铺点位数据、饭店烧烤点位数据、地下综合管网数据、立交下穿排水泵站数据、户外广告数据、排水井盖数据、各种雨量计、液位计、流量计数据、道路桥梁信息数据、公厕点位数据、垃圾收集站点位数据、城市照明设施数据建筑工地点位数据、污水处理厂数据、垃圾处理厂点位数据、门前三包数据、园林绿化数据等城市管理专题数据普查，建设包含智慧城市管理平台和公共信息数据库、地理信息数据库、城市管理专题数据库、业务运行数据库四大数据库的智慧城市管理云数据中心，夯实"智慧城市管理"数据基础。对现有平台进行系统集成，基于CA数字身份认证，构建智慧城市管理平台统一入口，提供统一用户登录，实现信息集中访问，将各业务系统集成一个统一桌面视窗。实现已有数据的共享和实时交互，提供多种基础信息服务方式和服务接口，实现与相关职能部门业务系统（如各类城市管理系统，城市管理综合执法平台，立体智能城市管理防控系统，地下管线系统，智慧排水系统，智慧照明系统，智慧化环卫系统，道路桥梁检测系统，公共区域监管平台，垃圾处理、污水处理安全生产监管系统，油烟检测系统，噪音、扬尘监测等系统）的信息互联，满足不同对象对城市管理基础信息查询、比对、校核等应用服务需求，最终实现"统一数据库、统一地理空间信息、统一认证登陆"的目标。

4."一平台"

整合建设一个平台，即临沂市智慧城管综合平台：包括智慧城管综合信息平台、智慧城管行业管理平台、市政公用事业综合监管平台。

临沂市智慧城管综合平台是采用大数据理念对系统运行体征进行全面展现，不断发现数据潜在价值，实现数据驱动城市管理运行的动态过程。基于顶层设计构建指标体系；对指标体系进行组合提炼，形成城市管理运行体征；通过事、物、人、资源统筹和考核评价，全面展示城市管理运行状况。同时，应能够根据各级领导职责范围定义不同的指标体系，以满足各级领导的监管需要，并辅助领导决策。

5."一图"（城市管理大脑综合平台）

建设全市统一的地理信息系统平台，实现城市管理一张图。

（1）对于店外经营、流动摊贩、渣土治理、广告管理、烧烤治理这几类城市管理问题，摄像头抓拍以及设备检测报警推送后的案件要在地图上实时展示出来。

（2）油烟检测正常排放店面与超标排放店面在一张地图上要分别显示不同的图形颜色。

（3）建设全市统一的地理信息系统平台，共享地理信息。

（4）实现图元图层管理，达到"可视化展现、针对性查找、全面化覆盖"，可以根据用户角色部门进行分类展示，还可以根据各主题进行展示。不同业务部门登录相应的用户角色，在这张图上可以查看到各自部门需要的静态、动态业务数据，而领导则可以看到我市城市管理系统涉及的所有静态、动态业务数据或者某业务部门的静态、动态业务数据。

（5）通过一张地图即可查看城市管理涉及的各类数据，实现各类数据的空间维度整合，集中展示城市管理的各类静态动态业务数据、各类主题数据及可调度因素数据。

（6）静态数据实时展示：即各类基础设施 GIS 展示，如视频监控点位信息、经营店铺点位信息、饭店烧烤点位信息、地下管线信息、立交下穿排水泵站信息、排水井盖信息、各种雨量计、液位计、流量计信息、道路桥梁信息、垃圾桶点位信息、公厕点位信息、垃圾收集站点位信息、路灯点位信息、建筑工地点位信息、污水处理厂信息、垃圾处理厂点位信息等，在线展示各类基础设施信息的分布情况，便于监控中心设定重点监控区域、应急指挥、规划转运路线等。

（7）动态数据实时展示：信息采集员分布以及轨迹信息、执法队员分布以及轨迹信息、防汛人员分布以及轨迹信息、防汛车辆分布以及轨迹信息、渣土车、建筑垃圾、生活垃圾等转运车辆的收集情况、转运路线、分布以及轨迹信息；信息采集员工作情况、执法队员工作情况、防汛人员工作情况、垃圾收集情况，洒水清扫车的洒水清扫情况等各种类型作业车辆的分布以及运输情况，便于在出现紧急情况时，实现应急指挥调度。

（8）各类主题实时展示：车辆主题；人员主题；考核信息主题；报警信息主题；视频信息主题。

6."一终端"（智慧城市管理App）

打造城市管理专业App。将城市管理运营、数据监管、综合执法、视频监控、决策分析、公众服务，整合至全市统一的App平台中，连接城市管理涉及的领导、部门、街道、社区、处置、巡查、公众等一系列人员，依托部门、岗位、人员，划分App终端权限，实现全移动办公、全移动共享与全移动决策分析，真正做到通过一个App，连接城市管理的一切人、一切事。

（三）技术应用

1. 依托临沂电子政务云平台

电子政务云（E-government cloud）属于政府云，结合了云计算技术的特点，对政府管理和服务职能进行精简、优化、整合，并通过信息化手段在政务上实现各种业务流程办理和职能服务，为政府各级部门提供可靠的基础IT服务平台。

本次平台建设依旧依托临沂现有云计算中心平台为基础进行建设，全面节省本项目软硬件建设费用，同时响应政府将各部门、各地区的电子政务的采购支出集中起来，节省政府每年维护开支。基于云计算的交换平台，将实现政府部门间信息联动与政务工作协同，将大大地提高各级政府机关的整体工作效率。

2. 使用HTML5技术，诠释Web2.0的技术内涵

Web2.0带来的丰富互联网技术，让所有人都享受到了技术发展和体验进步的乐趣。作为下一代互联网标准，HTML5自然也是备受期待和瞩目。HTML5将会取代1999年制定的HTML 4.01、XHTML 1.0标准，以其能在互联网应用迅速发展的时期，使网络标准达到符合当代的网络需求，为桌面和移动平台带来无缝衔接的丰富内容。

3. 使用当前流行的单页面技术，实现MVC、MVP和MVVM模式

单页Web应用（Single page Application，SPA）是一种特殊的Web应用。它将所有的活动局限于一个Web页面中，仅在该Web页面初始化时加载相应的

HTML、JavaScript 和 CSS。一旦页面加载完成，SPA 不会因为用户的操作而进行页面的重新加载或跳转。取而代之的是利用 JavaScript 动态的变换 HTML 的内容，从而实现 UI 与用户的交互。由于避免了页面的重新加载，SPA 可以提供较为流畅的用户体验。主要优点包括：良好的交互体验、良好的前后端工作分离模式、减轻服务器压力、共用一套后端程序代码。

4.三层体系结构

基于网络的数据处理日益成为信息化的中心环节，数据库的灵活性、安全性和可拓展性成为数据处理技术的焦点。应用系统的不断扩充和新功能的不断增加，基于传统的二层数据处理结构中系统拓展性、维护成本、数据安全性和应用间通信功能障碍等原生性问题的存在，已不能适应目前的需要，系统建设必须采用分布式互联网体系结构（Distributed interNet Architecture，简称 DNA 体系）。DNA 体系是一个三层体系结构，如图 3 所示。

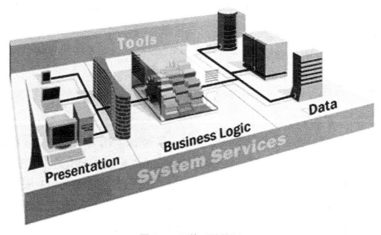

图 3　三层体系结构图

三层体系结构包括数据层（Data Layer）、业务逻辑层（Business Logic Layer）和表现层（Presentation Layer）。其中，表现层也称作用户层，主要指用户界面，它要求尽可能的简单，使最终用户不需要进行任何培训就能方便地访问信息；业务逻辑层对应应用服务器，所有的应用系统、应用逻辑、控制都在这一层，系统的复杂性也主要体现在业务逻辑层，该层根据需要也可以分为多层，所以三层体系结构也称为多层体系结构；最后的数据库服务器存储大量的数据信息和数据逻辑，所有与数据有关的安全、完整性控制、数据的一致性、并发操作等都是在第三层完成。三层结构在传统的二层结构的基础上增加了业务逻辑层，将业务逻辑单独进行处理，从而使得用户界面与应用逻辑位于不同的平台上，两者之间的通信协议由系统自行定义。通过这样的结构设计，使得业务逻辑被所有用户共享。

多层应用结构在各层次上的组件能单独更新、替换或增加、拆除。因此，系统维护更方便，代价相对低得多。而且，因各组件互相独立，更换组件就好比更换组合音响的一个部件，对系统其他部分并无影响，所以更新维护更加安全可靠。

通过将业务逻辑集中到中间层，系统获得了对业务逻辑的独立性，即当用户的需求改变时，构建平台可以迅速地在中间层（应用服务器）上更新业务逻辑，而无需将更新后的应用提交到众多的 PC 终端系统上去，即客户端无须任何改动。

同时，多层体系结构将数据与程序、数据控制与应用逻辑分层独立管理，能更严格地控制信息访问；信息传递中采用数据加密技术，可进一步减低信息失密的风险。应用服务器内建安全控制数据库，实现应用服务器与数据服务器的双重权限控制，对权限的划分更准确、灵活、严格。新系统在信息访问、传递和存储三个环节上均有严格的安全措施。

采用 DNA 体系三层结构，具有如下优点：

（1）实现了分布式数据处理，能完全利用平台的灵活性、Internet 的优势和通讯能力；

（2）在一个共享的中间层封装了商业规则；

（3）使用标准的数据访问接口，跟所使用的数据库无关；

（4）中间层的业务逻辑采用组件技术开发,灵活性大,易于移植,可以快速开发、部署应用程序,不需要对开发者进行重新培训,降低开发者必须写的代码；

（5）各模块皆具有互操作能力，可以方便地向现有系统增加功能，符合开放的协议与标准，可以集成其他厂商的产品。

根据三层体系结构的设计原则，系统的总体结构图如图 4 所示。

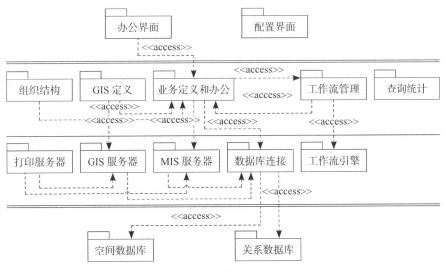

图 4　总体设计架构图

5. Hadoop 技术

Hadoop 实现了一个分布式文件系统（Hadoop Distributed File System，简称 HDFS）。HDFS 有高容错性的特点，并且设计用来部署在低廉的（Low-cost）硬件上；而且它提供高吞吐量（High throughput）来访问应用程序的数据，适合那些有着超大数据集（Large data set）的应用程序。HDFS 放宽了（Relax）POSIX 的要求，可以以流的形式访问（Streaming access）文件系统中的数据。

Hadoop 的框架最核心的设计就是 HDFS 和 MapReduce。HDFS 为海量的数据提供了存储，MapReduce 为海量的数据提供了计算。

6. Redis 技术

Redis 是一个开源的使用 ANSI、C 语言编写、支持网络、可基于内存亦可持久化的日志型、Key-Value 数据库，并提供多种语言的 API。Redis 是一个 Key-Value 存储系统。和 Memcached 类似，它支持存储的 Value 类型相对更多，包括 String（字符串）、list（链表）、Set（集合）、Zset（Sorted set——有序集合）和 Hash（哈希类型）。这些数据类型都支持 Push/Pop、Add/Remove、取交集、并集和差集及更丰富的操作，而且这些操作都是原子性的。在此基础上，Redis 支持各种不同方式的排序。与 Memcached 一样，为了保证效率，数据都是缓存在内存中。区别是 Redis 会周期性的把更新的数据写入磁盘或者把修改操作写入追加的记录文件，并且在此基础上实现了 Master-Slave（主从）同步。

Redis 是一个高性能的 Key-Value 数据库。Redis 的出现很大程度补偿了 Memcached 这类 Key/Value 存储的不足，在部分场合可以对关系数据库起到很好的补充作用。它提供了 Java、C/C++、C#、PHP、JavaScript、Perl、Object-C、Python、Ruby、Erlang 等客户端，使用很方便。

Redis 支持主从同步。数据可以从主服务器向任意数量的从服务器上同步，从服务器可以是关联其他从服务器的主服务器。这使得 Redis 可执行单层树复制。存盘可以有意无意地对数据进行书写操作。由于完全实现了发布/订阅机制，使得从数据库在任何地方同步树时，可订阅一个频道并接收主服务器完整的消息发布记录。同步对读取操作的可扩展性和数据冗余很有帮助。

7. J2EE 体系结构

Java 2 平台企业版（Java 2 Platform Enterprise Edition，J2EE）是一种利用 Java 2 平台来简化诸多与多级企业解决方案的开发、部署和管理相关的复杂问题的体系结构。J2EE 技术的基础就是核心 Java 平台或 Java 2 平台的标准版，J2EE 不仅巩固了标准版中的许多优点，例如"编写一次、到处运行"的特性、方便存取数据库的 JDBC API、CORBA 技术以及能够在 Internet 应用中保护数据的安全模式等，同时还提供了对 EJB（Enterprise JavaBeans）、Java Servlets API、JSP（Java Server

Pages)以及 XML 技术的全面支持(图 5)。

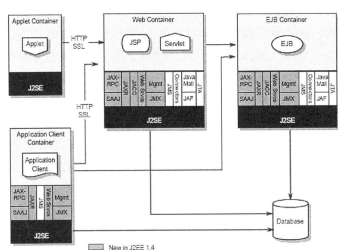

图 5　J2EE 体系结构图

J2EE 体系结构提供中间层集成框架,用来满足无须太多费用而又需要高可用性、高可靠性以及可扩展性的应用需求。通过提供统一的开发平台,J2EE 降低了开发多层应用的费用和复杂性,同时提供对现有应用程序集成强有力支持,完全支持 Enterprise JavaBeans,有良好的向导,支持打包和部署应用,添加目录支持,增强了安全机制,提高了性能。

8. 企业服务总线

企业服务总线(Enterprise Services Bus)和以服务为导向的应用架构体系(SOA)紧密连接在一起,ESB 是 SOA 的核心组成部分,实现各部门、各业务应用子系统间信息交互。ESB 为 SOA 提供了连通性基础架构,是 SOA 架构中应用整合的基础。基于 SOA 架构的业务系统所开放出来的服务,通过 ESB 进行交互,交互请求以事件的方式进行发布和订阅。

9. 全业务 B/S 架构

随着互联网的飞速发展,智慧城管移动办公和区县部门分布办公越来越普及,这需要我们的系统具有扩展性。传统的 C/S 体系结构虽然采用的是开放模式,但这只是系统开发一级的开放性,在特定的应用中无论是 Client 端还是 Server 端都还需要特定的软件支持。由于没能提供用户真正期望的开放环境,C/S 结构的软件需要针对不同的操作系统开发不同版本的软件,加之产品的更新换代十分快,已经很难适应百台电脑以上局域网用户同时使用。而且维护成本高,维护任务量大且效率低。

根据需求,系统架构将全部升级,全部采用 B/S 架构,降低由于部分系统单独部署安装带来的大量维护工作和维护费用以及时间。B/S（Browser/Server）结构即浏览器和服务器结构。它是随着 Internet 技术的兴起，对 C/S 结构的一种变化或者改进的结构。在这种结构下，用户工作界面是通过 WWW 浏览器来实现，极少部分事务逻辑在前端（Browser）实现，但是主要事务逻辑在服务器端（Server）实现，形成所谓三层 3-tier 结构。这样就大大简化了客户端电脑载荷，减轻了系统维护与升级的成本和工作量，降低了用户的总体成本（TCO）。

10. SOA 架构

当前主流的应用系统集成是使用 Web 服务技术实现面向服务的体系结构（SOA）。SOA 是对分布式对象技术从 Web 服务方面推进新的标准方式。可以说 SOA 为分布式对象技术 B/S 体系框架上提供 WEB 服务协议。

SOA 的实现对技术没有限制。SOA 是关于共享和管理服务的结构，对所采用的技术只需要满足它的需要就可以。虽然 Web 服务协议到目前为止还是首选的创建和部署 SOA 架构的标准，但是也可以使用其他标准，比如 CORBA、COM 和 JAVA EE，甚至可以采用私有技术创建 SOA。

11. Spring 开发框架

Spring 框架是一个分层架构，由核心容器、Spring 上下文、Spring AOP、Spring DAO、Spring ORM、Spring Web 模块、Spring MVC 框架 7 个定义良好的模块组成。组成 Spring 框架的每个模块（或组件）都可以单独存在，或者与其他一个或多个模块联合实现。Spring 模块构建在核心容器之上，核心容器定义了创建、配置和管理 Bean 的方式，如图 6 所示。

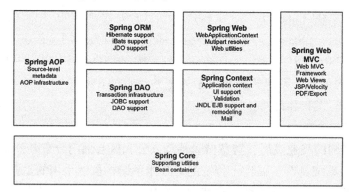

图 6　Sring 开发框架图

Spring 框架的功能可以用在任何 J2EE 服务器中，大多数功能也适用于不受管理的环境。Spring 的核心要点是：支持不绑定到特定 J2EE 服务的可重用业务和数据访问对象。毫无疑问，这样的对象可以在不同 J2EE 环境（Web 或 EJB）、独立应用程序、测试环境之间重用。

Spring 是一个解决了许多在 J2EE 开发中常见的问题的强大框架。Spring 提供了管理业务对象的一致方法,并且鼓励了注入对接口编程而不是对类编程的良好习惯。Spring 的架构基础是基于使用 JavaBean 属性的 Inversion of Control 容器。

12. Android 平台

Android 是基于 Linux 内核的操作系统,是首个为移动终端打造的真正开放和完整的移动软件。Android 主要包括 Linux 微内核,中间件(SQLite 等),关键应用(电话本、邮件、短消息、GoogleMap、浏览器等),提供的 Java 框架,以及 Android 中的 JVM(图 7)。

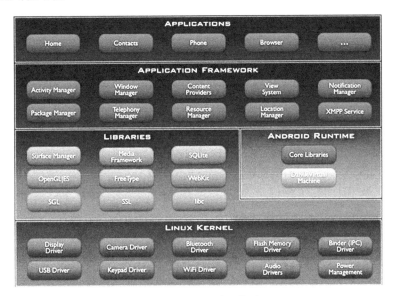

图 7　Android 平台架构图

三、建设内容

(一)应用体系建设

1. 智慧城管综合信息平台

1)智能化数字城管系统

(1)智能化数字城管系统特点

智能化数字城管系统在秉承"能用、实用、好用"的基本前提下,以新时期、新形势下面临的新问题为主要突破口,实现全面的系统升级和全新的用户体验。该系统特点主要体现在以下 8 个方面:

　　a. 实现更快捷高效地处理递增案卷;

　　b. 实现更准确高效地进行案卷派遣;

c. 实现更全面详实地展示关联信息;

d. 实现更灵活地定制所需统计报表;

e. 实现更客观公正地展示评价结果;

f. 实现更简洁地进行运行维护;

g. 实现更智能主动地分析高发问题;

h. 实现统一系统入口,统一导航并单点登录。

(2)无线数据采集子系统

无线数据采集子系统(以下简称"城管通")提供给信息采集监督员使用,主要用于实现信息采集监督员在自己的管理范围内,在巡查过程中向中心上报城市管理问题信息,接受中心的任务指令并反馈。该系统依托移动设备,采用无线网络传输技术,通过城市部件和事件分类编码体系、地理编码体系,完成城市管理问题文本、图像、声音和位置信息实时传递。

(3)监督受理子系统

监督受理子系统是为中心受理员、值班长定制的城市管理问题受理工作平台,通过监督受理子系统,受理员、值班长可对城市管理问题进行登记、受理、立案、下发核实核查指令以及结案等操作。系统支持多种问题来源,包括:热线电话、信息采集监督员上报、网站、微信、视频发现、公众服务类 App、第三方平台转发等。

(4)协同工作子系统

协同工作子系统是供派遣员、指挥长、处置部门等对城市管理问题立案后进行处置的应用子系统。通过该系统派遣员或指挥长可对受理员或值班长立案交办过来的案件进行派遣、回退,还可对处置中所有案件进行督办;处置部门可对处置后的问题进行处置反馈。同时,系统提供案件回退、延期、挂账、授权等必要的业务功能。

(5)地理编码子系统

通过地理编码,将城市现有的地址进行空间化、数字化和规范化,在地址名称与地址实际空间位置之间建立起对应关系,实现地址空间的相对定位,可以使城市中的各种数据资源通过地址信息反映到空间位置上来,提高空间信息的可读性,在各种空间范围行政区内达到信息的整合。

为无线采集、呼叫受理、协同工作、监督指挥等子系统提供地理编码服务,实现地址描述、地址查询、地址匹配等功能,实现对市政综合监管信息的空间定位。

(6)监督指挥子系统

监督指挥子系统是供中心使用,用来监督和展现智慧城市管理信息系统运行情况的综合信息展示平台。该平台包括对体现智慧城市管理信息系统总体运行体征的各项数据指标，还包括案件、人员、视频、基础数据、综合评价等专题展示。系统采用以地图为主的方式进行展现，同时各类数据在地图上直观显示。提供简单查询和信息面板，用于实时、滚动显示区域内的案卷上报事件、报警事件和平台的其他事件。

监督指挥子系统可以在日常工作中实时监控业务运行状况，又可以在相关人员参观时，展示运行成果。

（7）综合评价子系统

综合评价子系统是基于监督中心受理子系统、协同工作子系统和城市管理地理信息系统，运用综合考评模型，实时或定期统计技术，将信息化技术、监督考评的工作模式应用到智慧城管中。通过信息存储和信息查询，实现对历史数据实时或定期的统计，并通过城市管理考评体系数学建模运算评比等级，将其以图形化或表格化的方式显示出来。通过系统建设，推进城市管理监督达到主动、精确、快速、直观和统一的目标，从而实现完善的城市管理考评体系，能形成良好的城市管理监督机制。

（8）应用维护子系统

应用维护子系统是给系统管理员使用的管理平台，是智慧城管业务的配置管理工具和维护平台，用于配置维护城市管理业务基本信息，维护智慧城管业务体系内组织机构，完成岗位、人员权限管理，可以方便快捷地调整系统，使之适应用户需要，并在系统运行过程中不断地完善系统配置以适应业务变化的需求。

（9）基础数据资源管理子系统

基础数据资源管理子系统是给系统管理员使用的管理平台，用于维护系统所使用的空间地理信息数据，实现空间地理信息数据的发布，并对不同地图来源的整合。

当用户空间管理范围、空间数据、部件数据发生变化时，系统管理员通过该子系统可以实现空间数据的维护。

（10）数据交换子系统

数据交换子系统用于实现不同级城市管理系统间以及智慧城管系统与其他业务系统间的信息传递与交换，交换信息包括部件与事件问题信息、业务办理信息、综合评价信息等。通过建立统一的政务信息交换标准规范及数据交换系统，实现城市电子政务信息的整合与共享。

（11）相似案卷智能分析子系统

现实工作中，监督指挥中心座席员在分派案件时，经常发生相似案卷的情况，比如：信息采集员为了完成信息采集的工作任务，多次重复上报同一案卷；或者，某一案件已经被其他信息采集员上报、立案、处理，换班后，另外的信息采集员不了解情况，再次上报该案件。这类相似案卷以前经常依靠监督指挥中心人工的方式来判别，或者是案卷派遣后，由处置部门反馈该案卷为相似案卷，给日常工作带来极大困扰。为了有效避免信息采集员重复上报同一案卷，系统可针对相似案卷进行智能分析，并进行相似案卷的提示，提高工作效率。

（12）案件智能派遣子系统

随着城市精细化进程的不断推进，监督指挥中心对案件派遣方式的要求越来越多样，对案件派遣效率和效果的要求越来越高。系统支持多种案件派遣方式，如推荐派遣、自送派遣、一键派遣、主协办派遣、强制派遣、返工派遣、跨区派遣、双派遣、定时派遣等。

（13）案件智能分配子系统

该系统用于实现案卷的定向分派，案件主动优先推送至闲置人员手中，明确个人工作，提高工作效率，减少重复审查的工作。

（14）不采集区域智能提醒子系统

日常工作中，由于城市管理的实际需要，某类问题在一定时间段和区域内，属于需要特殊处理的问题，可由相关责任人向监督中心申请报备，经审核通过后，监督中心可将该区域该时段发生的问题设置为"限制上报问题"。

（15）微城管子系统

系统支持将案件通过微信发送给其他用户，接收者可直接在微信里处置案件，实现案件的自由派遣，实现一种"微循环"工作。

（16）PC端即时通讯子系统

该系统用于系统平台端的即时通讯，方便平台用户交流。

（17）公文通告子系统

该系统主要提供给管理员使用，用于向各部门人员下发公文通知、内部文件、会议记录等通知类消息，使得各部门及时了解领导要求与部门动态。主要功能包括公告管理、公告提醒等。

（18）业务短信子系统

业务短信子系统是系统在无线网络上的延伸，通过业务短信功能与协同工作系统的紧密结合，可以进一步保障系统参与人员之间的消息畅通。业务短信是为系统提供的交流沟通平台，通过系统可以与业务案件结合向人员发送各种提醒短信，向手机端发送各种提示短信、通知等。

（19）静态交通违法停车子系统

在智慧化城市管理中心平台功能基础上，对静态交通违法停车需要实现案卷可批转、查询、拍照、联络于一身依托GPRS无线网络。

人员在巡逻过程中发现问题后，用手机拍摄现场照片，填写相关表单后与照片同时通过无线网络上报到中心，实现对静态交通违法停车的监管。

（20）定制化系统模块

定制化系统模块主要是用户结合实际工作需要，需要对系统进行定制化的修改以更好地满足用户的工作需要，使工作效率能够大大提高。

2）城市管理大脑综合平台

为贯彻落实党中央和国务院关于加快发展数字经济决策部署，借鉴国内先进城市典型案例，立足临沂市城市管理实际，建设智慧临沂城市管理大脑综合平台，城市大脑以互联网为基础设施，利用丰富的城市数据资源，对城市进行全局的即时分析，用城市的数据资源有效调配公共资源，不断完善社会治理，推动城市可持续发展，城市大脑将实现：城市治理模式的突破，以社会结构、社会环境和社会活动等各方面的城市数据为资源，实现创新的人性化治理模式；城市服务模式的突破，依靠城市大脑可以更精准地服务好城市管理部门、领导、一线人员以及公众，将进入精准和高效服务时代，杜绝公共资源的浪费。

（1）城市日常管理

城市日常管理设置市中心、区分中心、局级部门、街道级别四级管理体系，分别依据城市管理运行体征智能发现全流程管理、实时案件地图分布、市民热线微信市民通、突发事件、重点视频轮巡、对接气象数据、国家授时中心标准时间等功能模块，展示城市日常运行状况，便于领导决策分析。

（2）城市神经元

城市神经元专题包括告警信息、设备地图分布、设备完好率监控、区域物联设备分布等功能模块。告警信息模块能够对各类前端物联监测设备进行监控分析；设备地图分布模块可依托地图将各类前端物联感知设备进行分布展示，同时包括感知设备总数；设备完好率监控模块对各类前端物联感知设备的完好率进行监控展示；区域物联设备分布模块对各类前端物联感知设备所在区的实时告警地址和情况进行分类展示。

（3）市政公用专题

市政公用专题包括设施概况、物联网设备分布、实时监测、报警信息、设施运行情况、问题高发分析、养护统计、道桥、排水、路灯、油烟监测专题等功能模块，可实现对市政设施管理的底数清、情况明，及时发现问题，并上报解决，提升市民对城市管理的满意度。

（4）户外广告专题

户外广告专题可视化是以实现广告资源的可视化管理为目标，将城市内户外广告牌的信息资源进行整合，通过对广告位置基础信息、属性信息和广告案件审批办理情况进行数据分析，实现面向政府管理的资源展示。该专题包括广告统计、规划信息、案件管理、公司管理、监督管理、统计分析等功能模块。

（5）城管执法专题

城管执法专题总体分为左、中、右三块区域，其中左边展示系统静态数据，中间以一张图显示当天包括实时数据、在线人、在线车、在线视频、在线单兵等运行情况，右边显示运行的高发分析、趋势分析、部门考核、人员考核等各维度分析结果。

该专题主要包括执法力量、监管对象、法律法规、实时运行、一张图、高发分析、趋势分析、机构考核、人员考核等模块。

执法力量模块：用于展示城管执法的参与力量；执法事项模块用于展示执法单位所拥有的关于市政公用、园林绿化、环境保护、工商管理和国土规划等的执法事项数量。

监管对象模块：用于展示执法单位所监管对象的数量，分为个人、商铺、企业、民房、广告等类别。

法律法规模块：用于展示系统中录入的法律法规数量，并按类别统计，同时展示从法律法规中拆分出的案由总数。

实时运行模块：用于展示城管执法工作的实时运行情况，从数量和地理分布两个方面展示包括单兵、人员、车辆、视频、案件等的实时情况。

一张图模块：用于宏观展示城市管理资源分布和自动监测信息以及提供GIS查询入口。

高发分析模块：用于展示城市管理问题从时间、空间、问题类型三个维度进行分析，展示其趋势情况。

趋势分析模块：用于展示执法检查、一般程序、简易程序三种类型案卷的发生趋势，分别以"日"为单位进行日趋势展示，以"月"为单位进行月趋势展示。

机构考核模块：用于展示执法机构当月的案件处理情况、巡查情况以及考勤情况。

人员考核模块：用于展示执法人员当月的案件处理情况、巡查情况以及考勤情况。

（6）综合考核专题

综合考核专题包括综合考核月度报表、区县纬度分析、趋势分析图、考核内容纬度展示等功能模块。

综合考核月度报表模块：以月为单位，以表格形式展示全市中心城区、九县以及临港经济开发区和蒙山旅游度假区的城市管理综合考核成绩汇总表。

区县维度分析模块：以中心城区、九县以及临港经济开发区和蒙山旅游度假区为专题，以雷达图分析被考核对象在城市管理业务考核、社会评议（整合）、专项工作、现场观摩（整合）、负面问题清单、加减分项目的得分情况。

趋势分析图模块：以年、季度、月度为维度，专题分析各被考核对象各项考核内容评分以及总评分的趋势线图。

考核内容维度展示模块：通过城市业务管理纬度、社会评议纬度、专项工作纬度展示、现场观摩纬度展示负面清单展示、加分减分项目展示等功能项展示城市管理情况。

（7）智能化数字城管专题

智能化数字城管专题包括运行指标、基本信息、部件信息、实时运行、城管运行、高发分析、区域分析、类型分析、处置分析、趋势分析等功能模块。

运行指标模块：展示总体运行情况，包括案件解决率、及时解决率、网格红灯、公众红灯等。

基本信息模块：展示城市管理的总体情况，行政区域、人口等基本信息。

部件信息模块：展示城市管理的部件设施情况，包括部件总量和各类部件统计数量。

实时运行模块：展示城市管理的实时运行情况，包括案件情况、人员情况、车辆情况、视频情况等。

城管运行模块：展示城市管理资源分布和自动监测信息以及 GIS 查询入口。

高发分析模块：展示城市管理问题发生的时间、空间、类型的规律分析结果。

区域分析模块：展示城市管理问题发生的区域规律分析结果。

类型分析模块：展示城市管理问题的类别规律分析结果。

处置分析模块：展示城市管理处置效能和考核结果。

趋势分析模块：展示城市管理运行的多维度同比、环比分析。

（8）便民服务专题

便民服务致力于将原有的市民办事过程优化，为人们提供更方便、更快捷的服务，提升服务的获得感，着眼于便民这一出发点，重点体现服务的本质。让人民有渠道表达参与城市管理的诉求，享受城市管理的成果，提高城市生活水平。该专题包括热线受理、公共服务、便民热点、便民共享热点、便民查询、便民告知、便民留言、满意度评价等功能。

（9）视频智能识别

视频智能识别包括实时信息、数据检索、审核处理、系统管理等功能模块。

实时信息模块：主要展示今日设备在线数（设备总数、设备在线数、设备离线数），最新事件展示，AI 识别统计、确认违规统计、事件上报业务平台统计，审核率分析、事件发生地点排行、识别有效数 / 事件发生数，事件发生时段排行，事件类型占比等展示模块。

数据检索模块：根据点位信息、违规事件自动识别的时间（今天、近三天、近七天）、事件自动识别类型和事件审核状态对所有的违规事件进行检索，筛选出查阅人感兴趣的所有事件。

审核处理模块：根据算法自动算出的违规事件需要进行人工复核，以确保事件违规分析结果的可靠性。

系统管理模块：是整个城管视频分析系统正常运行的基础，主要包括视频抓拍点位管理和系统参数设置两个部分，主要供给系统管理人员根据各自管理区域的实际情况进行配置，以达到更合适的效果。

（10）城市在线资源

城市在线资源分别通过在线人员一张图、在线车辆一张图、在线视频一张图等模块来展示。

在线人员一张图：依托智慧城管 App，实现对城市管理一线人员的实时定位、轨迹回放、工作量分析，同时实现实时呼叫一线人员，支持语音、视频方式。

在线车辆一张图：实时在线展示各类车辆的实时状态、轨迹分析、预警分析，在线视频、车辆作业状态。

在线视频一张图：以 GIS 地图为支撑，实时展示视频联动一张图，实时查看视频数据，支持抓拍图片并上报城市管理问题等功能。

3）城市管理数据共享中心

（1）建设内容

城市管理大数据中心建设项目以数据资源及数据服务的建设为主，具体建设内容如表2所示。

城市管理大数据中心建设项目表　　　　表 2

建设内容	描述
数据标准规范体系建设	建立数据组织、处理、管理、应用和共享等方面的标准规范体系
数据交换平台建设	建立各类型、各层次数据集成的规则及数据交换的接口；建立数据动态更新机制；完成各类数据向数据中心的交换，实现各类数据的抽取、转换、校验和加载
数据融合平台建设	完成各类数据的治理、初始化、质量监控与分析、数据去重、合并以及数据关联和安全治理
数据共享平台建设	建立数据共享平台，按需求开发数据共享服务，根据数据共享情况，建立资源共享管理、服务监控、安全管理机制
数据资源目录建设	建立数据服务目录体系；对资源目录进行管理，实现跨域数据共享服务
专题库建设	建立数据中心各层次专题数据库
一站式检索平台	提供数据资源一站式搜索功能
计算中心	实时计算和定时任务计算

续表

建设内容	描述
大数据监控展示平台	基于城市管理大数据资源,深度挖掘城市管理数据的内在价值,为城市管理各部门开展全方位、全过程、全天候精细化管理提供科学而精确的指导
接口监控展示平台	对城市管理大数据中心数据接口接入情况进行统计展示

（2）设计原则

总体设计遵循"平台稳定、技术先进、系统完整、结构开放、系统可扩展、网络适应"的总体原则,在设计和开发中坚持"服务人性化、开发平台化、接口开放化、工具实用化"等基本原则,将系统的基本数据、空间数据、矢量数据、多媒体数据和文本数据融为一体。

（3）总体架构

城管大数据中心以数据为核心,实现对业务应用协同的统一支撑,本项目建设根据城市管理发展的特点,以城市管理信息化建设目标为导向,提出了本项目信息化建设的总体框架（图8）。总体技术框架分为四个层次,主要包括基础设施层（网络及软硬件架构层）、数据管理层、数据服务层、数据应用层,为各地城市管理的信息化建设提供有力保障。

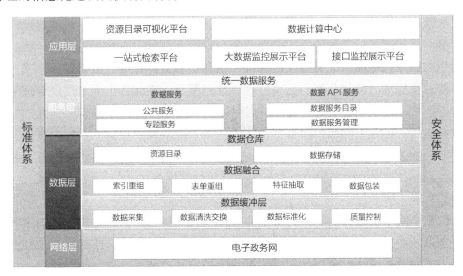

图8 总体架构图

（4）技术架构

大数据资源中心以数据为基础,以数据全链路加工流程为核心,提供数据汇聚、研发、治理、服务等多种功能,既可满足平台用户的数据需求,又能为上层应用提供各种行业数据服务。数据资源平台架构如图9所示。

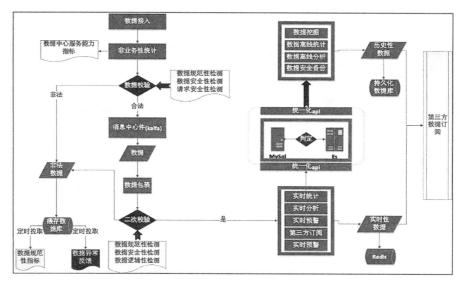

图 9　数据资源平台架构图

（5）大数据中心设计

①数据标准规范

数据标准规范的制定是为了形成一套符合自身实际，涵盖定义、操作、应用多层次数据的标准化体系，包括基础标准、管理标准和应用标准。标准规范以国家标准、行业制定标准为依据，结合业务自身的实际情况对数据进行规范化，包括通用数据字段标准、元数据编码标准、信息资源分类标准、数据接入标准、数据资源目录梳理、数据共享与交换标准、数据服务标准和数据生命周期管理标准等内容。规范化的数据标准体系有助于不同系统、不同格式的数据之间的共享、交互和应用，提升不同部门间数据使用的效率，减少数据传输的损耗。按照标准规范的功能类型分为数据组织类规范、数据处理类规范、数据管理类规范、数据应用类规范、数据共享类规范、数据生命周期管理规范。

②数据交换平台

数据交换平台是按照统一的标准和规范，为支持跨部门、地域间、层级间信息共享以及业务协同而建设的数据接入服务体系。数据交换，或称作 ETL，作用是将不同的业务系统的数据加载到数据仓库中，涉及数据抽取、数据转换、数据验证和数据推送等功能。

③数据融合平台

数据融合平台提供多种数据治理技术，实现城市管理中多源异构数据资源的融合汇集，负责将交换清晰后的异构数据源进行融合与集成，最后加载到城市大数据中心中。重点在于整合数据，把数据转换成信息、知识，成为报表展示、联机分析处理、数据挖掘的数据基础。

数据融合平台建设的目标是对多源数据进行提炼、融合,包含数据(字典、目录、规范性等多方面)治理、数据质量监控与分析、数据去重合并、数据关联和数据安全等内容。数据融合的过程是大数据中心建设的关键步骤,最终实现各业务的异构数据库系统中非结构化数据的整合和集成。

④数据共享平台

数据共享平台主要包括资源共享管理、API服务监控、安全管理。

⑤数据计算中心

数据计算中心平台利用先进的大数据技术、分布式计算引擎技术、人工智能技术、机器智能学习与分布式存储与计算等技术对大数据进行集成、整合、分析与挖掘,突破城市管理系统现有的工作模式,为城市管理提供准确的数据支持。

⑥数据资源平台

数据资源平台主要包括资源目录管理、技术数据库专题、业务数据库、对接系统管理库。

⑦一站式检索平台

一站式检索平台为用户提供良好的资源导航支持。实现一次检索,即可搜索到城管大数据中心所有资源,提升资源获取效率。

通过可视化界面为用户提供资源导航条,按逻辑关系对整个城市管理大数据中心的内容和服务功能加以梳理、概括、分类,使用户一目了然,导航文字简明扼要,字数限制一行以内。

⑧大数据监控展示平台

大数据监控展示平台是基于城市管理大数据资源,统计城市管理大数据中心的数据接入与使用情况。包括市容市貌管理、环境卫生管理、市政设施管理、城市秩序管理、部/事件管理、综合执法等各业务数据的接入量、数据使用量、数据质量等,对不同部门、不同业务、不同属性数据进行统计分析。

⑨接口监控展示平台

接口监控展示平台主要是针对城市管理大数据中心数据接口接入情况进行统计展示。便于分析接口相关的情况。

⑩城市管理行业部门对接

防汛专题平台对接:整合对接城市气象信息、水位信息、重点部位的视频监控和日常防汛物资资源,设置自动报警机制,全方位掌握城市旱涝情况,提早进行汛情预警,掌握城市重点部位的实时情况。实现城市汛情早发现、全掌握,杜绝险情的发生。

供水专题平台对接:对接供水相关的供水泵站水压、流量、流速、水质等数据,结合 GIS 数据，在地图上对各类的监测数据进行供水专题的综合展示。当存在供水异常时，可通过数据分析及时的发现故障出现的站点或者区域。

供热专题平台对接：对接供热站点的管线瞬时流量、温度、压力、累计流量等供热数据、供热站点和泵站视频监控数据、室温监测数据，结合 GIS 数据，在地图上对各供热站点供热相关数据、视频监控等供热专题数据进行综合展示。

排水专题平台对接：在临沂市现有排水系统基础上对接相关排水平台数据，建设具有排水设施资产维护及管理、运行监测、辅助决策、防汛预警等业务功能的智慧排水系统，将为临沂市排水管网系统的管理调度和规划决策提供科学的手段，从而全面提高临沂市排水管网系统运行管理的效率，保障城市的安全。

路灯专题平台对接：通过对接路灯平台数据建立路灯电缆及设施监控数据，实时采集路灯显示路灯总数、亮灯数、连接数，以此计算亮灯率。同时显示各本周能耗和上周能耗的对比，方便用户直观了解路灯能耗。统计近期路灯能耗变化，以曲线图显示近两周的能耗变化。

供气专题平台对接：通过数据对接实时获取、掌握燃气管网和相关设施（包括门站、调压站、阀门、聚水井等）动态数据。为了确保燃气管网安全、稳定、经济运行，提高燃气管理效率，实现燃气管网现代化管理水平。

道路专题平台对接：道路管理是城市管理的重要部分，尤其需要对整个城市的道路维护状况需要进行管理。该平台与道路管理部门进行数据对接，将全市道路数据整合到智慧城市管理信息系统进行管理。

桥梁专题平台对接：城市桥梁管理是城市管理的重要部分，尤其需要对整个城市的桥梁维护状况需要进行管理。该系统与桥梁管理部门进行数据对接，将全市桥梁数据整合到智慧城市管理信息系统进行管理。

4）城市管理综合考核平台

以临沂市城市管理综合考核办法为依据，借助信息化平台的技术优势，建设城市管理综合考核平台，依托电脑终端与移动手机终端平台，结合考核细则，详细设计考核办法对应考核模块、应用模块以统计分析模块，实现综合考核的电子化、智能化，真正使考核工作快速、便捷、简单、公开、公正。

5）智慧城市管理 App

智慧城市管理 App 以智能化数字城管综合平台为基础，依托互联网技术、大数据技术、物联网技术、GIS 技术等，以服务市民、城管行业部门、行业领导、行业人员为主，注重操作体验，旨在打造临沂城市管理行业的专业综合 App，以此为载体，实现各级政府、行业部门、行业人员、市民职能一体化，为各级领导提供城市管理的专业管理平台，实时掌握城市管理热点与动态,掌握城市舆论热点、提供科学决策依据；为行业部门提供移动办公分析平台，提高部门办公效率；为一线部门提供掌上办公终端，提高信息与任务接收、执行、反馈效率，便于领导快速调度一线；为市民提供城市管理服务窗口，既让市民了解行业实时动态、又可以参与城市管理互动，学习行业知识，也便于城市管理重点信息发布与推广。真正做到一个 App 连接城市管理行业的各个部门、岗位、人员。

6）统一身份认证平台（安全体系）

临沂市智慧城管综合平台统一身份管理，将分散的用户和权限资源进行统一、集中的管理，统一身份管理的建设将帮助实现内网信息门户用户身份的统一认证和单点登录，改变原有各业务系统中的分散式身份认证及授权管理，实现对用户的集中认证和授权管理，简化用户访问内部各系统的过程，使得用户只需要通过一次身份认证过程就可以访问具有相应权限的所有资源。

7）城市管理视频智能化管理平台

本平台实现与临沂现有图像智能识别平台对接，结合智能识别平台的成果实现视频识别专题分析的功能应用。

2. 智慧城管行业管理平台

1）智慧广告管理系统

临沂市智慧广告管理平台能够将户外广告所有信息采集入库，形成开放共享数据，纳入系统同时根据情况变化适时更新补充。临沂市户外广告智能管理平台涉及户外广告的全流程对接展示（与电子政务中心）、全生命周期管理、决策分析。

该系统包含业务数据管理系统、审批管理对接展示系统、地理信息管理系统、应用维护系统等。

2）油烟监测平台

针对实际情况在餐饮企业集中区安装餐饮油烟监测设备，全面实时反映重点区域内最真实的油烟排放数据和趋势变化情况，形成精细化的餐饮油烟监测网络。

油烟在线监控系统作为油烟在线监测的中心管理软件，主要实现的功能为对油烟区域在线监控进行整体的数据管理、基础信息管理、监测数据展示及统计分析，并提供针对相关业务流程及现场执法工作的数据服务和办公支持。

油烟在线监控系统由实时监测、数据管理、数据分析、设备管理等六部分功能组成，支持通过 GIS 地图定位展示各餐饮企业的实时监测状态。

3）城市管理综合执法监管平台

临沂现行的执法业务流程体系，是依托《中华人民共和国行政处罚法》关于简易程序、一般程序和听证程序的有关要求，涉及行政强制行为程序的符合《中华人民共和国行政强制法》要求而指定的。根据现行临沂市对简易执法和一般执法的执行、审批环节业务要求，业务系统在设计上充分尊重原有流程规范和规则，尊重现行的执法表单结构。

根据执法业务流程共分为宣传教育、简易程序、一般程序。其中宣传教育、简易程序由执法队员现场记录当事人基本信息情况，制作相应的执法文书数据上传后自动结案，形成执法活动的闭环业务流程。一般程序分为立案、调查取证、处罚决定、决定执行和结案五个环节，实现执法办案闭环业务流程体系。

3. 市政公用事业综合监管平台

随着物联网技术的深入发展，城市水、电、气、热等各部门已经安装建设了许多监测设备，利用现有的智慧化城市管理平台，将各部门现有的监测数据统一接入，实现资源整合、统一指挥、强化协同、高效处置，进一步强化城市管理的精细化。依托智慧城市管理信息系统建设，拓展市政综合监管平台，充分整合现有公用事业基础资源，通过物联网感知、共享交换等信息技术，围绕市政设施的日常管理养护，从问题发现到派遣处置，实现辖区公用事业服务的实时监测、智能告警、高效派遣、长效考核，构建可持续的市政公用事业综合监管新模式，有效加强对提供服务的企事业单位进行监督、评价、考核，提高公用事业的服务质量和群众满意度。

临沂市公用事业综合监管平台基于新一代"智云"框架，通过市政设施全面普查摸底，建立市政设施综合数据库并提供可持续的数据更新服务；基于网格化管理模式，实现市政设施的主动巡检管养，促进市政设施管养维修精细化，提升设施的管养水平和运行效率；借助物联网技术可以掌握市政设施的实时状态，通过监测预警及早发现问题隐患；借助大数据分析技术发现设施管养、维修、故障原因及内在规律，从而有效开展源头治理。

（二）基础环境建设

1. 硬件环境

1）硬件需求

（1）云基础设施建设需求

根据智慧城管发展规划，未来适应移动化发展趋势需要，云服务平台主要需提供包括但不限于以下类型服务：基础设施资源服务、支撑软件资源服务、信息安全技术服务等。

（2）计算资源服务需求

通过统一的云平台，向城管各用户提供计算资源服务，包括但不限于弹性云服务器、裸金属服务器、镜像等服务。

（3）存储资源服务需求

本期智慧城管项目利用存储虚拟化技术，实现存储统一整合和分级共享，提高存储资源利用率，能够快速为用户部署存储空间；按实际用量计费；降低存储成本（存储共享、重复数据删除、数据压缩）；实现弹性扩展；系统管理简单，包括但不限于弹性扩展的虚拟块存储服务和基于对象的海量存储服务。

（4）网络资源服务需求

提供虚拟私有云服务，用于帮助用户在云中虚拟出一个私有的应用运行环境和安全域。VPC 能够提供安全、隔离的网络环境，为城管业务应用或虚拟机提供网络资源，提供 SNAT 和 VPC Peering，实现应用向云上的平滑迁移。采用路由器等设备提供三层通信转发能力，用于 VPC 内不同网络间，及 VPC 内的子网与外部网络的连接配置，为虚拟机提供三层通信转发能力，并保证 VPC 的三层隔离功能。平台可提供弹性 IP 服务、虚拟防火墙服务、安全组服务、弹性负载均衡服务、VPN 服务。

（5）支撑软件服务需求

关系型数据库服务，一种基于云计算平台的即开即用、稳定可靠、弹性伸缩、便捷管理的在线关系型数据库服务。提供专业的数据库管理平台，让用户能够在云中轻松设置、操作和扩展关系型数据库。

支持基于虚拟化资源池自助发放多种类型的关系数据库实例，包括 MySQL、SQLServer、PostgreSQL 数据库。

分析型数据库服务，为用户在已有的分析数据库平台上提供分析数据库服务能力，为服务的申请者发放一个分析数据库平台上的租户或者用户，同时为这个租户分配数据权限和资源配额（SLA），申请者作为这个平台的用户使用，它只有使用权，是一种逻辑多租服务。

（6）容灾备份服务需求

备份服务，包括虚拟机整机备份服务以及云硬盘备份服务，为用户提供针对云服务器/云硬盘的申请即用的备份业务，用户可以根据业务需要灵活申请对指定云服务器/云硬盘进行备份保护，以便于在云服务器/云硬盘数据丢失或损坏时自助快速恢复数据。

双活服务，包括虚拟机整机双活服务以及云硬盘双活服务，针对云主机/云硬盘提供跨数据中心/跨存储设备的高可用，包含当数据中心/单套存储设备发生故障时，数据零丢失，业务不中断。支持在站点故障、链路故障等场景下实现自动切换。

（7）云管理平台建设需求

本期建设智慧城市管理信息系统后，需要对平台进行端到端运维保障，以保障平台稳定运行，向城管各部门提供优质化服务，运维保障服务包含组织架构与人员管理，日常维护、资源维护等。提供包括运维管理组织架构、常规运维服务、应急响应、云平台运维管理服务、服务保障 SLA 等需求。

在平台运营运维服务方面，本期智慧城管项目建立统一的运营运维服务体系，制定服务标准和规范，提供满足需求、响应及时、安全可靠的运维保障服务，包括为保障业务应用的顺利部署、开通，以及网络、硬件、软件、数据、机房环境等安全、稳定、高效运行而进行的一系列策划、实施、检查与改进过程。主要包含运营和运维两大方面。

2）服务器资源（依托政务云平台）

此部分内容依托政务云平台资源。详见预算表云平台扩展建设部分。

智慧城管服务器平台是智慧城管应用软件及相关系统软件的承载、运行的硬件平台，根据主流智慧城管应用软件架构的需要，根据应用功能及所承载的系统软件的不同，可分为数据库服务器、应用服务器、城管通服务器、外网发布服务器等。

本次服务器建设主要依托临沂政务云平台进行建设，通过云平台按照需求划分服务器资源。

考虑到智慧城管系统建成后，将作为城市管理中最为主要、关键的业务和管理支撑系统，需 7×24 小时不间断的运行，对系统的性能及可靠性要求很高，因此我们建议应采用计算机集群技术，在提高服务器平台的性能及可靠性的同时，方便系统今后的扩容。

（1）设计方案

①应用服务器

WEB 应用服务器上安装了智慧城管的核心软件，所有的客户均需要访问 WEB 应用服务器，对并发数量要求较高。所以我们选择较高性能的服务器。

②负载均衡设备

目前，主流的服务器负载均衡设备，均能高效的实现服务器访问的负载均衡。即利用虚拟 IP 地址（VIP 由 IP 地址和 TCP/UDP 应用的端口组成，它是一个地址和端口的组合）来为用户的一个或多个目标服务器（称为节点：目标服务器的 IP 地址和 TCP/UDP 应用的端口组成，它可以是 Internet 的私网保留地址）提供服务。因此，它能够为大量的基于 TCP/IP 的网络应用提供服务器负载均衡服务。并能连续地对目标服务器进行 L4 到 L7 合理性检查，当用户通过 VIP 请求目标服务器服务时，负载均衡设备能根据目标服务器之间性能和网络健康情况，选择性能最佳的服务器响应用户的请求。达到能够充分利用所有的服务器资源，将所有流量均衡的分配到各个服务器，从而有效地避免"不平衡"现象的发生。

负载均衡设备需达到如下要求：

a. 提供内网至 Internet 流量的负载均衡（Outbound）；

b. 实现从 Internet 对服务器访问流量的负载均衡（Inbound）；

c. 支持自动检测和屏蔽故障 Internet 链路；

d. 支持多种静态和动态算法，智能均衡多个 ISP 链路的流量；

e. 支持链路动态冗余、流量比率和切换；

f. 支持多种 DNS 解析和规划方式，适合各种用户网络环境；

g. 支持 Layer2 与 Layer7 交换和流量管理控制功能；

h. 完全支持各种应用服务器负载均衡，防火墙负载均衡；

i. 多层安全增强防护，抵挡黑客攻击；

j. 双机冗余切换机制，能够做到毫秒级切换；

k. 提供详细的链路监控报表，供网络管理员查阅；

l. 对于用户完全透明；

m. 对所有应用无缝支持；

n. 提供优异的硬件平台和性能；

o. 稳定、安全的设备运行记录。

考虑到要避免单点故障。建议采用两台负载均衡设备实现对服务器群访问连接的负载自动均衡和分发。

③手机端服务器

手机端与数据库的接口服务器安装有无线数据采集系统、移动处置系统、领导移动督办系统、移动执法系统、领导移动办公系统等。本次项目的无线应用基本都是基于该服务器的应用。

④GIS 服务器

GIS 服务器是临沂市智慧城管综合平台的地理信息支撑服务器，将实现结合国土局地理信息平台、本次以及以往普查的地理数据进行整合，形成统一的地理信息支撑平台，保障整个系统平台的使用。

（2）存储设备

本次存储设备为 5 年规划的存储，通过估算，智慧城管管理中心平台 5 年内由业务产生的数据容量约为 14TB，城市管理综合执法监管平台 5 年内由业务数据产生的数据容量约为 10.5TB，因此，考虑到 30% 冗余空间，本次需配置的云存储容量应至少为（14+10.5）/0.7 约为 35TB 以上，并能满足随时扩容的需要。

3）城管深度学习智能主机

城管深度学习智能主机规格参数如表 3 所示。

4）前端智能监控

本次项目建设采购 200 路摄像头，用户补充城市管理重点区域、关键区域的监控摄像头缺失问题。保障城市管理全重点区域、高发问题区域、重点路段时间全时段监控，同时结合智能识别技术，实现此类区域问题的快速发现、快速下派、快速核查等。前端智能监控规格参数如表 4 所示。

城管深度学习智能主机规格参数表　　　　　表3

名称	规格参数	数量	单位
城管深度学习智能主机	CPU：Intel Xeon 4110 v4（2.1GHz/八核/十六线程）；内存：32GB·2 DDR4；GPU：NVIDIA RTX 2080TI；系统盘：500G SSD；硬盘：2·4T SATA 7.2K 3.5寸（RAID1）；2·GE网络端口；配置冗余电源、风扇，配置滑轨；支持7×24小时全天候布控分析；视频压缩标准：兼容性支持 H.264、H.264H、H.264B编码；帧速：25帧/秒；视频接口接入类型：网络摄像机（支持RTSP协议、GB/T-28181协议）以及第三方视频管理平台；网络带宽要求：千兆网；画面分辨率：SubQCIF/QCIF/CIF/2CIF/4CIF/720P/1080P；操作系统：Ubuntu16.04；以太网接口：RJ-45接口 10M/100M/1000M自适应；单台支持100路接入授权；支持服务器集群模式；支持无照经营游商、出店经营、非法户外小广告、乱堆物料、沿街晾晒、打包垃圾、暴露垃圾、垃圾箱满溢、非机动车乱停放、机动车违停、人群密度检测、安全帽检测共12种算法识别类型；支持算法识别类型的数量灵活适配；支持算法识别新类型的个性化定制（需提供基础训练数据），训练周期为2个月		

前端智能监控规格参数表　　　　　表4

名称	规格参数	数量	单位
前端智能监控	高清智能分析快速球形摄像机	200	台
	前端立杆，含预埋件、人行道板、大理石板开挖及恢复、垃圾转运等；为方便线缆敷设及系统检测维修，建设窨井，并密封性能和防水性能良好配置	200	套
	前端安装、防雷、漏电保护、交换、设备箱及施工等	200	套
	电源线、光纤、尾纤、光纤盒、熔接	200	套

5）监控后端存储

监控后端存储规格参数如表5所示。

监控后端存储规格参数表　　　　　表5

名称	规格参数	数量	单位
监控后端存储	单路400万像素存储30天录像，图片存储180天	200	套

6）执法装备及配套

执法装备及配套规格参数如表6所示。

2. 软件环境（依托政务云平台）

系统运行的软件主要包括：操作系统、数据库平台、地理信息平台、java程序发布中间件等。

软件选型的原则是在系统安全、性能稳定的前提下，尽可能节约投资成本。

1）操作系统

目前，主流的服务器操作系统主要有Windows Server、Linux、Unix等，考虑到数据的安全性、稳定性和高性能等方面的因素选择，在数据库服务、应用服务、

执法装备及配套规格参数表　　　　　　　　　　　　　　表6

名称	规格参数	数量	单位
执法单兵终端	【五代单兵】【支持400M模拟对讲】 包含：单兵主机（带对讲天线）、锂电池（可拆卸）、电源适配器、数据线； 处理器：四核1.5 Ghz； 操作系统：安卓7.0；运行内存（2G）；内置存储（16G）； 扩展存储为Micro SD（即为TF卡）(TF)卡，最大支持128G； 屏幕：4.7寸1280·720康宁大猩猩III代，支持多点电容触摸； 网络类型：双卡，4G全网通； 相机：后置800万像素防抖相机，前置200万像素相机； 蓝牙：BT V4.0；WAPI/WIFI（802.11a/b/g/n支持2.4/5GHz双频）； 定位：GPS/北斗双模定位； 电池容量：5200mAh； 扩展坞：支持无线相机； 指纹识别：标配侧边按压式指纹； NFC：支持NXP PN548芯片13.56MHz； 模拟对讲：支持VHF 136-174MHz和UHF 400-470MHz； 传感器：重力加速/光距感应/陀螺仪/地磁/气压； 快捷按键：对讲（PTT），报警（SOS），开关机，音量（+、-），自定义； 接口：Micro USB接口，3.5mm耳机接口； 三防等级：IP68，防水、防尘、防摔（1.2m跌落）； 主机尺寸：长度155mm×宽度75.7mm×厚度20.3mm； 主机重量：330g	100	台
肩章摄像机	包含：肩章式单兵外接摄像机，1080P高清相机，自带红外灯，1.5LUX自动开启，4LUX自动关闭	100	台
手持蓝牙打印机	接口：蓝牙/USB； 打印介质：热敏纸；打印密度384点/行；打印速度70mm/秒；打印宽度58mm	100	套
热敏打印纸	配套热敏打印纸，50卷	100	箱
CA签章	CA签章授权	100	套

安全服务等均安装在Linux系统上。

2）地理信息平台

本次系统建设中，地理信息系统平台承担着空间基础数据管理、数据更新和技术服务等方面的工作，软件平台提供足够的数据管理、更新和服务能力，是智慧城管信息系统应用成功的重要保证。

本次系统中应用到了大量的基础地形数据、地理编码数据、部件数据、影响数据，系统应具备频繁的地图放大、缩小、浏览、查询操作，对地理信息平台的要求比较高。

因此，本次建设将采用之前采购的ESRI公司的ArcGIS10系列软件，不必另行建设。

3）中间件平台

全球的企业依靠自己的软件基础架构来运营业务和交付结果，公司必须满足防火墙内外产生的不断增长的计算需求，这就要求快速构建、部署和管理关键任务型企业软件应用。中间件软件架起了连接后端数据源和前端客户的桥梁，可为成千上万的客户提供最好的服务，同时能保护重要数据资产。

目前，市场上技术较成熟且主流的中间件软件主要有 Weblogic、Websphere 和金蝶中间件、TOMCAT。本次中间件的选型需根据项目所选择的应用系统的需求来决定，选用开源 TOMCAT 中间件。

3. 网络环境（依托政务云平台）

1）网络拓扑结构

临沂智慧城管系统是基于无线通信网络，集成基础地理、单元网格、部件和事件、地理编码等多种数据资源，通过信息共享、协同工作，借助以手机为载体的多功能通信传输工具智慧城管 App，采用信息实时采集、传输的手段，再造城市管理流程，从而实现精确、敏捷、高效、可视化、全时段、全方位覆盖的城市管理新模式，因此，网络建设在系统建设中具有非常重要的地位。

临沂市智慧城管系统网络与通信系统的主要功能是提供各级节点（包括智慧城管指挥中心、相关城市管理业务单位等）的数据传输和信息资源共享，使系统中的用户可以在网络上发布信息，实现跨地域、跨部门协作。

2）无线数据传输网络设计

无线数据传输网络同样采用现有临沂核心电子政务无线网络，但需要将区县的无线终端网络进行整合，形成统一的网络平台。

无线终端设备网络基于无线运营商的无线网络，向指挥中心传送的电子表格、照片、声音和问题说明，保证信息的实时性、安全性及可靠性。

（1）无线政务网络

临沂城市管理指挥中心与无线运营商的无线网络设备通过专线相连，各远端使用终端（手机），通过无线运营商的网络与指挥中心相连。

APN 接入点：无线运营商为临沂市智慧城管应用系统分配专用 APN。只有授权的"城管通"手持终端才可以通过专用 APN 点接入无线网络，并与指挥中心之间发送或接收图片声音、表单等数据。

位置服务：无线运营商可选择 GPS 定位、基站定位，或两者相结合的方式对信息采集员进行定位。

终端呼叫限制：为了规范对信息采集员的管理，保障线路的畅通，同时控制成本，要求将信息采集员的"城管通"做部分呼叫限制，具体要求如下：

①手机终端只能呼叫和接听指挥中心的电话和其他紧急号码；

②手机终端只能接收短信不能发送短信；
③手机终端只能通过专有 APN 登陆无线网络，不能登录互联网。

（2）无线互联网

手机终端类平台采用无线互联网方式，将会让更多的用户参与城市管理。

采用互联网方式连接本次建设的系统平台，对网络要求很高，因此在安全建设方面需要考虑很多。本次建设建议政务云平台依托安全隔离、入侵检测等手段进行网络安全保障。

3）Internet 网络

本次社会公众以及物联网设备采用 Internet 网络。

（三）安全体系建设方案

随着政府信息化进程的推进，承载网络上运行的应用系统将越来越多，信息系统变得越来越庞大和复杂。用户对信息系统的依赖性不断增加，因此对信息系统的服务质量也提出了更高的要求，要求信息系统能够提供 7×24 小时的优质服务。所以建立有机的、智能化的网络安全防范体系保护系统正常运行、保护关键数据和关键应用的安全，成为一项不容轻视的任务。

网络安全防范体系应该是动态变化的。安全防护是一个动态的过程，新的安全漏洞不断出现，黑客的攻击手法不断翻新，而电子政务外网自身的情况也会不断地发展变化，在完成安全防范体系的架设后，必须不断对此体系进行及时的维护和更新，才能保证网络安全防范体系的良性发展，确保它的有效性和先进性。

网络安全防范体系构建是以安全策略为核心，以安全技术作为支撑，以安全管理作为落实手段，并通过安全培训，加强所有人的安全意识，完善安全体系赖以生存的大环境。下面将逐一描述安全体系的各个组成部分。

安全策略：是一个成功的网络安全体系的基础与核心。安全策略描述了系统的安全目标（包括近期目标和长期目标），能够承受的安全风险，保护对象的安全优先级等方面的内容。

安全技术：常见的安全技术和工具主要包括防火墙、安全漏洞扫描、安全评估分析、入侵检测、网络陷阱、入侵取证、备份恢复和病毒防范等。这些工具和技术手段是网络安全体系中直观的部分，缺少任何一种对系统都会有巨大的危险。对安全工具和技术手段的使用需要在安全策略的指导下实施。需要说明的是，在网络安全体系中，安全产品并不能只是简单地堆砌，而是要合理部署，互联互动，形成一个有机的整体。

安全管理：贯穿整个安全防范体系，是安全防范体系的核心，代表了安全防范体系中人的因素。安全不是简单的技术问题，不落实到管理，再好的技术、设备也是徒劳的。一个有效的安全防范体系应该是以安全策略为核心,以安全技术为支撑,以安全管理为落实。安全管理不仅包括行政意义上的安全管理,更主要的是对安全技术和安全策略的管理。

安全培训:最终用户的安全意识是信息系统是否安全的决定因素,因此对系统中用户的安全培训和安全服务是整个安全体系中重要、不可或缺的一部分。

随着技术的发展,攻击手段日益先进,系统内的安全对象是复杂的系统,攻击者可以只攻一点,而我们需要处处设防,这些都使得保障网络安全的复杂性大大提高。因此,对安全防范体系建设应本着以安全策略为核心,以安全技术作为支撑,以安全管理作为落实手段,并通过安全培训加强所有人的安全意识来进行。

只有在安全策略的指导下,建立有机的、智能化的网络安全、系统防范体系,才能有效地保障系统内关键业务和关键数据的安全。

1. 安全概述

在临沂市智慧城管综合平台系统建设中,特别是定位于秘密级涉密计算机信息系统建设,其内部的信息安全也是需要重视的,在本方案中,我们按照国家涉密计算机系统安全要求,采用先进的、符合涉密系统安全要求的安全设备和产品,严格遵守中华人民共和国保密局、公安部相关法律和法规,严格遵守国家涉密计算机系统安全保密规范,建立整个网络综合安全保障体系。

2. 信息安全等级保护级别

经咨询公安网监部门,建议将本次系统等级保护级别设置为三级。项目建设中,涉及技术要求部分的物理安全、网络安全、主机安全、数据安全及备份恢复部分等内容直接依托临沂电子政务平台。本次主要考虑应用安全部分包含的身份鉴别、访问控制、安全审计、通信完整性、通信保密性、软件容错、资源控制等内容。

另外,信息安全等级保护三级管理要求中涉及的安全管理制度、安全管理机构、人员安全管理、系统建设管理、系统运维管理等部分内容同样依托政务云平台。

3. 安全风险分析

在提出临沂市智慧城管系统安全方案之前,我们首先需要重点分析一下网络安全性方面可能存在的问题。站在信息系统攻击者的角度看,对现有网络可能采用的攻击手段主要有:

(1)线路窃听:通过搭线截获网上办公通信数据,掌握敏感数据,并可能通过协议分析等手段,进一步对政务系统网络内部进行攻击。

(2)网络入侵:以各种攻击手段如拒绝服务攻击等破坏网络的正常运行。

(3)节点假冒:外部用户可以通过公众网络直接访问对外服务的服务器,同时也有可能访问内部的网络服务器,这样,由于缺乏有效的和高强度的身份验证和监控,内部系统和对外的服务器就比较容易遭到假冒用户的攻击。

（4）伪造网络地址和非法用户：非法设立网络节点，甚至非法复制、安装相应的文件、应用软件。

（5）中间人攻击：以某种机制介导在通信双方之间，对发送方冒充成接收方，对接收方冒充成发送方，从而骗取通信双方的信任，并获得机密信息。

（6）非授权访问：有意避开系统访问控制机制，对网络设备及资源进行非正常使用，擅自扩大权限，越权访问信息。

（7）业务抵赖：在处理完某笔业务后，参与业务的某方否认所做的业务处理。

（8）病毒入侵：对重要的主机或服务器进行基于病毒的攻击，或放置逻辑炸弹和其他病毒，以获取信息或让主机无法正常工作。

（9）管理技术性：缺乏有效的手段监视、评估网络系统和操作系统的安全性。目前流行的许多操作系统均存在网络安全漏洞，如 UNIX 服务器、NT 服务器及 Windows 桌面 PC，缺乏一套完整的安全策略、监控和防范技术手段。

4. 网络安全建设目标

通过安全风险的分析，临沂智慧城管系统的信息安全建设目标是：对临沂智慧城管系统进行全方位的安全防范，确保其系统安全，同时保证系统的稳定运行。具体包括：

（1）保护网络系统的可用性；

（2）保护系统服务的连续性；

（3）防范网络资源的非法访问及非授权访问；

（4）防范入侵者的恶意攻击与破坏；

（5）保护网络信息在存储、处理、传输等过程环节上的机密性、完整性；

（6）防范病毒的侵害；

（7）实现网络的安全管理。

5. 设计原则

临沂智慧城管系统信息安全体系建设应按照"统一规划、统筹安排、统一标准、相互配套"的原则进行，避免重复投入、重复建设，充分考虑整体和局部的利益。

进行临沂智慧城管系统安全体系设计、规划时，应遵循以下原则：

（1）需求、风险、代价平衡分析原则：对任何网络安全技术体系的规划、设计来说，必须明确安全需求的尺度。对网络面临的威胁、可能承担的风险及代价进行定性与定量分析，在三方面找出一个平衡的解决原则。

（2）综合性、整体性原则：运用系统工程方法，分析安全问题，制定具体措施。把多环节、多层次的安全解决措施纳入一个整合的系统性规划设计之中。

（3）一致性原则：网络安全问题与整个网络的工作周期（或生命周期）同时存在，安全体系结构必须与网络的安全需求相一致。

（4）多重保护原则：任何安全保护措施都不是绝对安全的，都可能被攻破。多重保护原则是指各层保护相互补充，当一层保护被攻破时，其他层仍可保护。

（5）适应性、灵活性原则：安全措施能随着网络性能及安全需求的变化而变化，便于定制，策略易于修改。

（6）易操作性原则：安全措施是由人来完成的，如果措施过于复杂，对人的要求过高，本身就降低了安全性。其次，采用的措施不能影响系统正常运行。

（7）利旧原则：充分利用设备本身安全防护功能和网络中原有的安全产品，避免重复投资，造成浪费。

6. 安全系统解决方案

1）安全隔离 – 网闸隔离

临沂智慧城管应用系统与多个网络进行互联，本方案在网络互联时采用网闸实现不同网络之间的有效隔离。

防火墙是指设置在不同网络（如可信任的单位内部网和不可信的公共网）或网络安全域之间（如单位内部不同部门之间）的一系列部件的组合。它是不同网络或网络安全域之间信息的唯一出入口，能根据单位的安全政策控制（允许、拒绝、监测）出入网络的信息流，且本身具有较强的抗攻击能力。它是提供信息安全服务，实现网络和信息安全的基础设施。

防火墙能增强机构内部网络的安全性。防火墙系统决定了哪些内部服务可以被外界访问；外界的那些人可以访问内部的哪些可以访问的服务，以及哪些外部服务可以被内部人员访问。要使一个防火墙有效，所有来自和去往 Internet 的信息都必须经过防火墙，接受防火墙的检查。防火墙必须只允许授权的数据通过，并且防火墙本身也必须能够免于渗透。但不幸的是，防火墙系统一旦被攻击者突破或迂回，就不能提供任何的保护了。

现在的防火墙一般都既有包过滤的功能，又能在应用层进行代理。它应该具备以下特点：

（1）综合包过滤和代理技术，克服二者在安全方面的缺陷；

（2）能从数据链路层一直到应用层施加全方位的控制；

（3）实现 TCP/IP 协议的微内核，从而在 TCP/IP 协议层进行各项安全控制；

（4）基于上述微内核，使速度超过传统的包过滤防火墙；

（5）提供透明代理模式，减轻客户端的配置工作；

（6）支持数据加密、解密（DES 和 RSA），提供对虚拟网 VPN 的强大支持；

（7）内部信息完全隐藏；

（8）产生一个新的防火墙理论。

现在的防火墙既不是单纯的代理防火墙，又不是纯粹的包过滤。它能从数据链层、IP 层、TCP 层到应用层都施加安全控制，且能直接进行网卡操作，对出入的数据进行透明加密、解密。

2）网络分段

网络分段是保证安全的一项重要措施，同时也是一项基本措施，其指导思想在于将非法用户与网络资源相互隔离，从而达到限制用户非法访问的目的。

网络分段可分为物理分段和逻辑分段两种方式，在实际应用过程中，通常采取物理分段与逻辑分段相结合的方法来实现对网络系统的安全性控制。

VLAN（虚拟网技术），主要基于近年发展的局域网交换技术。交换技术将传统的基于广播的局域网技术发展为面向连接的技术。因此，网管系统有能力限制局域网通信的范围而无须通过开销很大的路由器。

以太网从本质上基于广播机制，但应用了交换器和 VLAN 技术后，实际上转变为点到点通信，除非设置了监听口，信息交换也不会存在监听和插入（改变）问题。

由以上运行机制带来的网络安全的好处是显而易见的。信息只到达应该到达的地点。因此，防止了大部分基于网络监听的入侵手段。

通过虚拟网设置的访问控制，使在虚拟网外的网络节点不能直接访问虚拟网内节点。但是，基于 MAC 的 VLAN 不能防止 MAC 欺骗攻击，面临着被假冒MAC 地址的攻击的可能。因此，VLAN 的划分最好基于交换机端口。这就要求整个网络桌面使用交换端口或每个交换端口所在的网段机器均属于相同的 VLAN。

3）入侵检测系统

利用防火墙技术，经过仔细的配置，通常能够在内外网之间提供安全的网络保护，降低了网络安全风险。但是，仅仅使用防火墙、网络安全还远远不够，入侵者可寻找防火墙背后可能敞开的后门；入侵者可能就在防火墙内；由于性能的限制，防火墙通常不能提供实时的入侵检测能力。

入侵检测系统是近年出现的新型网络安全技术，目的是提供实时的入侵检测及采取相应的防护手段，如记录证据用于跟踪和恢复、断开网络连接等。实时入侵检测能力之所以重要首先它能够对付来自内部网络的攻击，其次它能够缩短响应黑客入侵的时间。

与现在流行的产品和扫描器类似，主要识别手段是通过一个攻击数据库来分析。它监控主机或网络中流动的数据、标准或非标准的日志系统的变化和记录、分析已有的特征码、识别可能的攻击尝试。

按照采用的数据来源不同，可分为基于网络（Network Based）、基于主机（Host Based）和基于机群（Hosts Based）的入侵检测系统。

简单来说，基于网络数据包分析在网络通信中寻找符合网络入侵模版的数据包，并立即作出相应反应；基于主机在宿主系统审计日志文件中寻找攻击特征，然后给出统计分析报告。它们各有优缺点，互相作为补充。

基于主机的入侵检测系统：用于保护关键应用的服务器，实时监视可疑的连接、系统日志检查、非法访问的闯入等，并且提供对典型应用的监视，如 Web 服务器应用。

基于网络的入侵检测系统：用于实时监控网络关键路径的信息。

部署方式：部署方式一般有两种，基于网络和基于主机。基于网络的入侵检测产品放置在比较重要的网段内，不停地监视网段中的各种数据包。对每一个数据包或可疑的数据包进行特征分析。如果数据包与产品内置的某些规则吻合，入侵检测系统就会发出警报，甚至直接切断网络连接。目前，基于网络的入侵检测产品是主流。基于主机的入侵检测产品通常是安装在被重点检测的主机之上，主要是对该主机的网络实时连接以及系统审计日志进行智能分析和判断。如果其中主体活动十分可疑（特征或违反统计规律），入侵检测系统就会采取相应措施。

系统结构：一个入侵检测产品通常由两部分组成：传感器（Sensor）与控制台（Console）。传感器负责采集数据（网络包、系统日志等）、分析数据并生成安全事件，大部分的网络入侵检测产品传感器在 Unix 上实现。控制台主要起到中央管理的作用，商品化的产品通常提供图形界面的控制台，这些控制台基本上都支持 Windows NT 平台，也有些产品的控制与管理功能支持与网管软件如 HP OpenView 等的集成。此外，Dragon 支持以 Web 界面管理。

4）防病毒系统

网络是病毒传播的最好、最快途径之一。病毒程序可以通过网上下载、电子邮件、使用盗版光盘或软盘、人为投放等传播途径潜入内部网。因此，病毒的危害是不可轻视的。网络中一旦有一台主机受病毒感染，则病毒程序就完全可能在极短的时间内迅速扩散，传播到网络上的所有主机，可能造成信息泄漏、文件丢失、机器死机等不安全因素。

病毒的攻击是造成网络损失的重要原因。从单机用户到网络用户和互联网用户都应制定病毒防护策略。保护今天各种网络免遭不断增长的计算机病毒和恶意代码的威胁决非一项简单的工作。现在的病毒有 5.5 万多种，加之每个月新产生的 300 多种病毒，因此保护有价值的数据不受病毒的攻击已迫在眉睫。对于临沂智慧城管系统网络，全面部署防病毒系统，对网络系统进行全面的保护，从服务器到桌面，非常重要。

由于操作系统及应用程序的多样性，造就了计算机病毒机理的多样性；随着网络的发展，又为计算机病毒提供了更加简便快捷的传播方式。有鉴于此，当今防病毒技术必须具有一系列诸如实时监控性、支持多平台及各类服务应用程序之类技术为基础，对于新型病毒进行不间断监控、快速防治与控制为前提，才能为当今互联网时代提供真正的全方位的防病毒产品及技术。

7. 应用软件安全设计

1）身份鉴别

（1）提供专用的登录控制模块，对登录用户进行身份标识和鉴别；

（2）提供用户身份标识唯一和鉴别信息复杂度检查功能，保证应用系统中不存在重复用户身份标识，身份鉴别信息不易被冒用；

（3）提供登录失败处理功能，可采取结束会话、限制非法登录次数和自动退出等措施；

（4）启用身份鉴别、用户身份标识唯一性检查、用户身份鉴别信息复杂度检查以及登录失败处理功能，并根据安全策略配置相关参数。

2）访问控制

（1）提供访问控制功能，依据安全策略控制用户对文件、数据库表等客体的访问；

（2）访问控制的覆盖范围应包括与资源访问相关的主体、客体及它们之间的操作；

（3）由授权主体配置访问控制策略，并严格限制默认账户的访问权限；

（4）授予不同账户为完成各自承担任务所需的最小权限，并在它们之间形成相互制约的关系。

8. 密码算法安全

为了保障商用密码的安全性，国家商用密码管理办公室制定了一系列密码标准，包括 SM1（SCB2）、SM2、SM3、SM4、SM7、SM9、祖冲之密码算法（ZUC）等。其中 SM1、SM4、SM7、祖冲之密码（ZUC）是对称算法；SM2、SM9 是非对称算法；SM3 是哈希算法。

目前，这些算法已广泛应用于各个领域中，本次将采用 SM9 标准，SM9 标识密码算法是由国密局发布的一种 IBE（Identity-Based Encryption）算法。IBE 算法以用户的身份标识作为公钥，不依赖于数字证书。

四、项目机制体制

（一）城管委机构情况

1. 领导机构

1）城市管理委员会

依托现有城市管理委员会，领导智慧城管的规划、建设工作，负责对智慧城管的体制机制建设等各项建设工作进行最终决策和项目建设的高位协调。

2）城市管理委员会办公室

城市管理委员会办公室具体负责全市智慧城管的组织、指导、协调和督促工作。在项目建设期间，办公室负责智慧城管相关管理模式、管理流程、考核评价体系的研究制定工作，组织各参建厂商开展系统建设工作，负责指导协调数据普查工作。系统运行后，办公室具体负责智慧城管的协调指挥和监督考核职能，定期召开市级处置部门、各区监督指挥中心、区处置部门和县级监督指挥中心、县级处置部门协调会，促进智慧城管模式的实际推动。

2. 监督指挥中心

智慧城管监督指挥中心，依托现有中心编制以及中心座席编制，继续履行监督指挥中心职责。

3. 专业部门

专业部门主要包括各市、区相关委、办、局，并延伸至街道办事处、社区及有关企事业单位。

专业部门作为智慧城管的处置部门，负责将市、区指挥中心派遣的问题处理完毕并及时反馈，接受监督指挥中心的考评。

4. 监督员队伍

监督员是智慧城管问题的主要发现者，信息来源的收集者，负责城市管理问题的现场信息和处置结果信息的采集、分类、报送。负责对城市管理问题的核实和核查工作。

主要工作内容：

（1）负责在工作区域内对城市管理事件和部件的巡查工作，并将发现的城市管理事件或部件问题及时上报监督指挥中心；

（2）负责对社会公众等渠道举报的城市管理事件或部件问题进行现场核实；

（3）负责对城市管理事件或部件处理结果进行现场核查确认。

5. 管理制度

为保障智慧城管的顺利运行，需要制定一系列的规章制度。

《监督员工作制度》规定了监督员的工作职责和"城管通"使用办法。

《监督指挥中心人员工作制度》明确了值班长、受理员、派遣员等工作人员的岗位职责、行为规范和奖惩制度。

按照住房和城乡住建部已经颁布的《城市市政综合监管信息系统——绩效评价》标准，制定《综合评价标准》，详细规定评价指标及评价方法。

（二）城管局机构情况

根据省委、省政府批准的《临沂市人民政府机构改革方案》（鲁厅字〔2009〕45号）和《中共临沂市委临沂市人民政府关于临沂市人民政府机构改革的实施意见》（临发〔2010〕4号）、《关于临沂市人民政府职能转变和机构改革的实施意见》（临发〔2014〕23号）等文件，设立临沂市城市管理局，为市政府工作部门。内设办公室、研究室、人事科、财务科、政策法规科、市容环卫科、督导考核科、户外广告管理科、市政管理科九个职能科室。主要职能是贯彻执行国家、省、市关于城市管理和开展城市管理相对集中行政处罚权方面的方针政策、法律、法规和规章，拟定全市城市管理工作发展规划和全市城市管理工作的政策措施并组织实施。具体负责市区环境卫生管理、市政设施管理、户外广告设置管理、机动车停车场管理以及数字化城市管理、城市管理行政执法等工作。下设市城市管理行政执法支队、市环境卫生管理处、市数字化城市管理中心、市城市道路管理处、市城市排水维护管理处、市城市照明管理处、市停车设施管理办公室、临沂雕塑公园、临沂人民公园等单位（图10）。

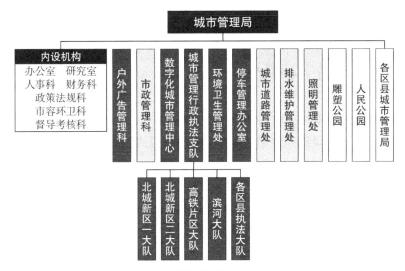

图10 城市管理局机构组成

（三）领导和管理机构

建议由临沂市城市管理委员会成立项目建设领导小组，全面负责智慧城管综合平台建设领导、规划和组织工作，对重大的技术、管理、业务规范和部门关系协调等进行决策，项目领导小组下设项目综合协调组和项目专家组。主要负责：

（1）批准建立项目建设组织机构，明确人员和职责分工；

（2）审核和批准项目考核、监督、管理制度及相关信息化管理制度；

（3）审查和确定项目建设目标，批准项目建设方案；

（4）审议项目建设、应用的有关规定、政策和标准；

（5）监督和批准项目建设任务和年度计划；

（6）审核和批准业务调整和优化方案；

（7）协调各有关部门的关系和项目重要事项；

（8）审核和批准项目验收结论；

（9）负责项目实施过程中各方面的咨询顾问工作；

（10）统筹协调项目建设过程中出现的困难和问题。

（四）项目实施机构

项目实施机构下设技术设计组、标准规范组、项目集成组、项目管理组、质量保障组、实施单位组、资料管理组，负责项目具体实施和管理，承担项目进度管理、质量管理等工作。主要职责包括：

（1）负责整个项目实施的全面管理，保证项目实施的质量，控制项目进度和成本，协调内、外部关系；

（2）制定、监督项目计划的执行，组织技术评审；

（3）参加制定工作流程调整、优化方案的工作，向领导小组提交业务流程调整方案；

（4）提出《合同》变更事宜，并提交给项目领导小组，批准后负责处理《合同》变更事宜；

（5）制定项目实施过程中的考核、奖惩办法；

（6）提出项目建设的监控措施和规章制度，上报项目领导小组，批准后负责执行；

（7）组织和参与策划项目中人员的培训工作，确定项目中参加培训的人员名单；

（8）负责组织需求分析、设计、上线运行、项目验收等项目实施工作；

（9）项目完成后，承担数据和系统的维护工作。

（五）运行维护机构

智慧城管项目建设将利用相关技术手段，检测、监控各服务系统的运行，分析、优化系统性能，及时发现故障、处理故障，保证各服务系统的持续稳定运行。具体职责如下：

（1）异常情况下，尽快恢复各服务系统的正常服务；

（2）整个系统运行中各类发生事件对城市管理业务的最小化影响；

（3）确保统一处理各类问题而不会有任何遗漏；

（4）定向组织到位最需要的支持资源；

（5）持续改进支持流程，减少事件数量和执行管理计划的信息；

（6）持续提高临沂市智慧城管综合平台的稳定性和运行能力，确保各服务系统的正常、稳定运行；

（7）执行预先定义的措施，防止意外事件对各服务系统正常运行的破坏和干扰，降低风险事件对系统的影响。

（六）安全审计

（1）提供覆盖到每个用户的安全审计功能，对应用系统重要安全事件进行审计；

（2）保证无法删除、修改或覆盖审计记录；

（3）审计记录的内容至少包括事件日期、时间、发起者信息、类型、描述和结果等。

（七）通信完整性

采用校验码技术，保证通信过程中数据的完整性。

（八）通信保密性

（1）在通信双方建立连接之前，应用系统利用密码技术进行会话初始化验证；

（2）对通信过程中的敏感信息字段进行加密。

（九）软件容错

（1）提供数据有效性检验功能，保证通过人机接口输入或通过通信接口输入的数据格式或长度符合系统设定要求；

（2）在故障发生时，应用系统能够继续提供一部分功能，确保能够实施必要的措施。

（十）资源控制

（1）当应用系统的通信双方中的一方在一段时间内未作任何响应，另一方能够自动结束会话；

（2）能够对应用系统的最大并发会话连接数进行限制；

（3）能够对单个账户的多重并发会话进行限制。

（北京数字政通科技股份有限公司供稿）

构建全区时空信息共享服务体系
全面加强时空数据综合服务能力

——兰州新区时空一体化管理和数字城市的典型案例

总投资 11.27 亿元、22 个重大项目、39 家单位、全区 1585 平方公里、核心城区 40 平方公里……这一连串看似简单的数字，正是兰州新区新型智慧城市建设"蝶变"的核心。兰州新区在国家整个西北战略板块中肩负着重要的历史意义，具有重要的综合战略地位。兰州新区新型智慧城市项目之时空信息服务平台项目作为 22 个重大项目之一，是基于兰州新区的发展定位，依托云计算、物联网、移动测量等信息技术，以"分散的数据集中化、分散的系统集同化、分散的服务平台化"为指导，按照"整合、优化、共享、服务"的理念，整合资源、整合系统、整合服务，构建二维/三维一体化、静态/动态一体化的城市时空资源数据体系，建立虚拟/现实一体化、窗口/后台一体化、线上/线下一体化、天/空/地一体化的全区时空新型服务体系，创建时空信息资源共享、政府科学决策、综合治理协同的城市时空资源管理体系，为"兰州新区智慧城市"相关行业、领域开展智慧应用提供时空地理信息基础支撑服务，实现了兰州新区时空信息的全面开放与共享，推动了兰州新区政府、企业、公众的专题地理空间应用系统建设，促进了时空信息的高效整合与利用，已为规划建设管理局、自然资源局、环境保护局等委办局和企事业单位提供快速、多元的地理信息服务。

一、统一时空基准，时空关系高度一致

兰州新区作为西北地区工业基地和综合交通枢纽，向东承接、向西开放，是丝绸之路经济带的重要节点和新亚欧大陆桥的重要通道，拥有不可替代的天然地缘优势。时空基准是指时间和地理空间维度上的基本参考依据和度量的起算数据，是经济建设、国防建设和社会发展的重要基础设施，是时空大数据在时间和空间维度上的基本依据，是所有时空成果生产的基础，所有时空成果生产必须建立在统一的测绘基准上。综合考虑国家相关标准规范要求及兰州新区实际情况，开展

统一时空基准建设，构建联合高度一致的时空关系，实现精确定位。基于统一的时空基准，以统一时空基准的对象、位置、时间基础信息为主体，深入挖掘人口、法人、教育、卫生、交通、国情等时空大数据蕴含的知识与规律，探索人口分布、公共设施布局、交通出行、防灾减灾、应急管理等主题挖掘应用，为兰州新区区域经济发展和宏观政策制定提供参考和辅助。

二、健全时空标准规范体系，推进时空标准化实施

根据兰州新区实际情况，结合城市管理时空信息运行情况，在兰州新区时空信息服务平台建设所需的各项政策、标准、指南、技术规范等方面积极探索，建立健全智慧城市时空信息服务标准体系，研究制定相关政策制度和标准规范，持续增强时空信息化支撑能力，全面提升时空数据标准化程度。组织编制智慧城市时空信息服务平台建设、运行、验收、考核的标准规范，进一步提高兰州新区时空信息服务平台建设和应用水平。按照项目初步设计和时空数据建设流程，基于结构化思想，构建兰州新区时空信息服务平台标准体系；按照时空信息实施步骤，紧密围绕时空信息服务需求，研究制定时空信息标准、技术规程、服务标准、运维管理规范等。建设兰州新区时空信息服务平台标准规范体系、运维保障体系，实现城市时空信息管理、平台系统建设等方面的体系化、规范化，保障时空信息服务平台建设过程中的数据、系统、服务等的安全防护，提供全方位管理和维护，确保时空信息服务平台的良性运转、可持续运行。

三、搭建大数据服务支撑环境，"结构非结构"同步管理

不同于传统信息化建设，兰州新区时空信息服务平台项目需要汇聚和处理大量的时空数据，并对不同来源、不同维度的时空数据进行归并处理、分析建模，形成一个融汇聚通的集中数据平台。针对海量异构数据管理，充分考虑业务连续性，通过搭建高可靠性、高扩展性、高容错性、易运维的大数据服务支撑平台，实现结构化和非结构化数据的导入、查询、统计分析，提供集群管理能力、图形化用户界面、快速并行处理海量数据能力、海量数据实时处理能力、分布式协调服务能力等。

四、丰富时空大数据，改善信息碎片现状

着眼全面增强兰州新区新型智慧城市时空信息综合服务能力，逐步构建时空

大数据集。通过时空数据资源的统一治理，加快形成标准统一、门类齐全、数据鲜活、共享共用的时空信息大数据库，进一步提升时空数据资源共享共用的范围和深度。一是建立完善的智慧城市时空大数据资源体系。梳理城市管理基础时空数据及共享交换时空数据清单，逐步构建标准统一、目录清晰、动态更新、共享校核、权威发布的兰州新区新型智慧城市时空大数据资源目录体系。二是全面开展时空数据采集整合建库工作。加强时空数据资源治理能力，覆盖航空影像、高程数据、地名地址、兴趣点、高清全景、三维模型、互联网电子地图数据，形成全方位时空大数据集，提升城市管理领域各类时空资源的汇聚能力，破除数据孤岛，逐步建立高质量、有价值的时空大数据库，推动时空数据资源的共享与应用。三是优化提升兰州新区新型智慧城市时空大数据管理能力。搭建一体化时空大数据管理体系，加强数据采集、清洗融合、数据管理等时空数据管理能力建设，推动时空数据资源融合增值，为全区时空大数据应用提供基础支撑。围绕"时空数据整理、时空大数据管理、时空数据库引擎"等重难点工作，强化时空数据统一支撑和统一管理能力，为政务办公、城市精细化管理、领导决策提供强有力的时空数据支撑。

五、构建时空信息服务平台，全面提升时空服务能力

围绕全面构建时空信息服务平台统一支撑能力，面向全区各委办局，搭建时空数据、功能、软件等全方位时空服务平台，实现"从二维空间的平面可视，发展到三维空间的立体呈现；从虚拟场景，发展到真实环境"，完成平台复用能力、统一支撑能力和快速开发能力全面提升，促进全区大系统共治和大服务融合。一是统筹建设时空信息服务平台。以复杂、多样、动态的政府单位时空信息应用需求为导向，形成数据服务、平台服务、软件服务和知识服务等服务资源，利用服务引擎、地名地址引擎、业务流引擎、知识化引擎等技术，建设面向政务、企事业单位、社会公众及移动应用的时空信息服务平台，增强时空分析、智能装配、辅助决策功能，形成全方位时空信息服务体系，积极推动时空大数据资源在重点领域、重点业务、重点部门的广泛应用，加强时空信息资源的共建共享，为政府部门和社会公众提供优质的时空信息服务，为兰州新区社会经济发展做出更多的贡献。二是完善兰州新区时空信息服务体系。利用时空信息服务平台，通过数据服务、功能服务、API接口等多种关联对接模式，完成与各类智慧化应用的无缝对接，实现时空数据及功能服务的全集成，形成时空信息长效运行机制，建立全区时空一张图，完善全区时空信息一体化服务体系（图1）。

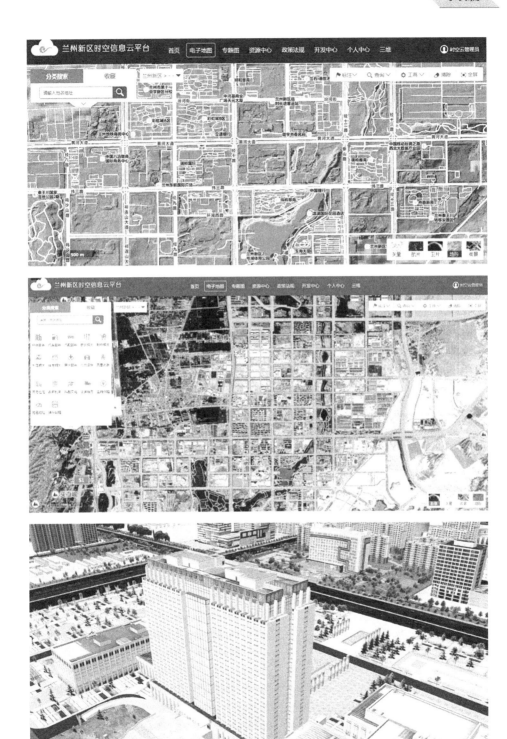

图 1 建设成果图

兰州新区时空信息服务平台作为兰州新区智慧城市的心脏，是其他各类大数据集成共享的基础。综合利用大数据、云计算、移动测量技术，健全并完善了时空大数据标准，建立了基于大数据技术体系的全套时空信息服务体系，完成了核心区域三维精细模型建设、互联网电子地图服务制作，可提供二三维时空信息服务，已为数十个部门单位提供了时空信息服务，推动了兰州新区政府、企业、公众的专题地理空间应用系统建设，为"兰州新区智慧城市"相关行业、领域开展智慧应用提供时空信息基础支撑服务。2018年11月15日，"兰州新区新型智慧城市建设项目"在国家信息中心与国际数据集团（IDG）联合举办的"2018亚太智慧城市发展高峰论坛"上，荣获"2018中国智慧城市创新奖"。

智慧城市是城市信息化建设的新高度，在智慧城市建设中，时空大数据是基础。一个智慧的城市，需要运用先进的移动测量技术，来构建时空信息架构，快速采集、处理、发布和更新海量时空信息，形成空天地一体化时空大数据生产体系。建设兰州新区新型智慧城市时空信息服务平台是落实新型智慧城市建设的重大举措，是服务兰州新区新型智慧城市建设的需要，是加快形成与新型智慧城市相匹配的城市管理能力的要求。以信息化推进兰州新区时空管理体系和管理能力现代化，构建兰州新区时空服务核心能力，全面提高兰州新区时空信息服务水平，切实提升城市精细化管理水平、服务能力和功能品质，为打造国家级新型智慧城市样板区、促进兰州新区地理信息产业发展，奠定强有力的支撑！

（立得空间信息技术股份有限公司供稿）

◎ 城市垃圾分类发展情况

以末端处置促前端分类　推动垃圾分类全覆盖
——长沙市推进生活垃圾综合治理的创新与实践

引言

2016年12月，习近平总书记在中央财经领导小组会议上强调"普遍推行垃圾分类制度，关系13亿多人生活环境改善，关系垃圾能不能减量化、资源化、无害化处理"，全国垃圾分类工作从此开始步入快车道。2018年11月，习近平总书记在上海考察时强调"垃圾分类就是新时尚！""实行垃圾分类，关系广大人民群众生活环境，关系节约使用资源，也是社会文明水平的一个重要体现。"

一、背景情况

近年来，长沙市经济社会迅速发展，人口不断增加。截至2018年，常住人口已达815.47万人，人口增速位居全国主要城市前列，与之相对应的就是全市生活垃圾产生量的迅猛增加，由2004年的1700吨/天增加到了2017年的近8000吨/天。为破解"垃圾围城"的困局，打好污染防治攻坚战，一直以来长沙持续推进生活垃圾综合治理，从整体上看，可分为四个阶段：

第一阶段：起步阶段。2012年6月至2014年10月。长沙市生活垃圾处理采取荒地、小山谷或湘江沿线浅滩就近填埋处理。2003年4月，位于黑麋峰的长沙市固体废弃物处理场建成并投入运行，全市所有生活垃圾统一运输到该处理场通过卫生填埋方式处理。2012年6月至2014年10月。餐厨垃圾处理项目建成投产，实现餐饮企业的餐厨垃圾与生活垃圾分开处理，宣告长沙垃圾分类走出了探索性的第一步。

第二阶段：改革推动阶段。2014年10月至2016年10月。2014年，中共长沙市委将城市生活垃圾分类工作纳入了8项生态文明提质改革重点事项之一。2015年，长沙市人大常委会启动了《长沙市生活垃圾管理条例》立法的相关调研和准备工作。长沙委托第三方开展课题研究，形成调研报告。

第三阶段：试点分类阶段。2016 年 10 月至 2019 年 1 月。2016 年 10 月，在城区 10 个街道 57 个社区启动生活垃圾四分类试点。2017 年，创新出台了全市生活垃圾分类实施制度方案、阶梯计费管理办法和生态补偿暂行办法。2018 年 1 月 18 日，长沙清洁焚烧项目开始试运行，长沙垃圾处理由填埋迈向清洁焚烧时代。当年，还在全市 8 区县 342 个社区进行四类分类试点，创建了省委统战部、省政协、天心区政府大院等一批示范机关。并推行源头大分流，建成了 15 处大件垃圾、园林绿化垃圾、农贸市场易腐垃圾、建筑垃圾就地就近资源化利用项目。2018 年生活垃圾产生量在连续多年保持 10% 以上的增速基础上首次出现历史性拐点，首次出现了 13.59% 的负增长，实现生活垃圾实际减量 23% 以上。

第四阶段：全面覆盖阶段。2019 年 1 月至今。2019 年长沙市《政府工作报告》确立了"全面推进生活垃圾分类减量，社区覆盖率达到 100%"的目标，全市垃圾分类工作进入全面覆盖推进阶段。2019 年 10 月底，全市 633 个社区基本实现了"组织发动、设施投放、居民参与、分投分收"面上工作全覆盖。全市每天产生生活垃圾 8000 余吨（不包括浏阳市、宁乡市），其中餐厨垃圾 1000 余吨，实现了全覆盖收运、全资源化处理，另外 7000 多吨左右生活垃圾中，有 80% 以上可通过清洁焚烧方式处理，有 1000 余吨仍实行卫生填埋。

当前，推进生活垃圾综合治理，全面实行生活垃圾分类工作进入深水区，打造生活垃圾分类工作"升级版"的难度和复杂性面临诸多难题，重点表现在以下方面：

（一）居民参与率和投放准确率不高

从实际效果来看，居民投放参与度不够、投放准确率不高的问题依然存在，特别是混投现象严重。2019 年 9 月，全市湿垃圾收运量仅为 32751.57 吨，仅占全市垃圾总量的 14.89%。这主要是由于社区在深入家庭的入户宣传和实际投放过程的桶边指导落实还不够，没有成立队伍、形成常态；且大部分物业企业存在等待和观望思想，缺乏主动参与分类的积极性，同时部分居民没有良好的垃圾分类知识、没有真正形成分类的习惯和意识有关。

（二）可回收物和有害垃圾市场缺乏规范

可回收物的市场仍以个体回收者和拾荒者占主导，规模企业不多，规范化管理程度不够，回收渠道不可控，加上各个环节逐利，无序竞争激烈，导致大量可回收物流入小作坊，后端再生利用企业处理水平低、环保设施不完备，处理过程中容易引发二次环境污染。有害垃圾的收集、运输环节可由市场主体参与，但是相应的工作无明确规范，加之有害垃圾运输、处置需要一定的成本，导致有害垃圾收集、运输不及时，大量的有害垃圾集中堆积反而容易引发新的安全问题和环境问题等，因此，强化可回收物和有害垃圾行业统筹、规范行业管理等工作迫在眉睫。

（三）垃圾分类立法相对滞后

目前，46个试点城市中，已经有包括上海、深圳、杭州在内的26个城市出台了地方性法规或规章，针对个人违规投放，多数城市最高罚款200元，单位违规投放或随意倾倒堆放生活垃圾的将最高处以5万元罚款，太原、铜陵、杭州等城市还对违规投放垃圾增加了信用承接措施，地方性法规或规章的实施对工作推动提供了强力保障。《长沙市城市生活垃圾（分类）管理条例》2019年4月列入立法计划，通过前期调研、内容研讨等阶段，目前已经形成了《长沙市城市生活垃圾（分类）管理条例》讨论稿3稿。我市管理条例的缺失，导致垃圾分类工作缺乏约束和强制，具体操作办法、分类指导方案不明晰，缺乏统一分类、收集、清运、处理的流程标准和责任主体，对机关单位、各级政府和社区、物业管理企业进行强制垃圾分类处理的约束不够，导致工作存在一定程度的上"热"下"冷"现象，垃圾分类居民参与率增长缓慢。

二、主要做法

近年来，长沙市深入贯彻落实习近平总书记关于垃圾分类工作的系列重要指示精神，把生活垃圾分类作为打好污染防治攻坚战、擦亮"全国文明城市"金字招牌、全面建设现代化长沙的重要抓手，高效有序推进，走出了一条具有长沙特色的生活垃圾分类之路，主要表现在：一是以末端处置促前端分类。与大部分城市先推进前段分类投放，再逐步完善末端分类处置设施不同。我市的垃圾分类将着力点首先放在完善垃圾处置终端设施建设上，并已具备承接前端各类垃圾处理任务的能力。通过末端处置设施的完善，最大程度避免了最受市民诟病的"分投混运"现象产生，有力助推前端分类投放、分类收集、分类运输环节的畅通，带动前端群众分类热情。二是以源头分流促末端减量。鼓励引导各区就地就近建设垃圾资源化利用项目，建成了一批大件垃圾、园林绿化垃圾、农贸市场易腐垃圾、装修垃圾处置项目，将这部分垃圾从产生源头上进行分流减量，既减轻了后端收运和处置的压力，也使这部分垃圾能得到更好的资源化利用。三是以经济杠杆促主动减量。出台生活垃圾阶梯计费管理、生活垃圾终端处理设施区域生态补偿两项政策，改变过去区县垃圾产生多少一个样，全部由市财政买单的"吃大锅饭"

方式，建立费用市、区共担，区县"超量处罚、减量奖励"的新模式，引导和促使区县主动去想方设法减少垃圾产生量，工作的主观能动性和积极性明显增强。具体做法为：

（一）党政齐抓，建成"一盘棋"领导机制

一是坚持高位统筹。市委、市政府高度重视垃圾分类工作，成立了由市长任组长、市委副书记任常务副组长的全市生活垃圾分类工作领导小组，建立市级统筹、市区联动、部门协同、齐抓共管的工作推进机制。市垃圾分类工作领导小组根据《2019年长沙市生活垃圾分类工作方案》，对各区县分类工作实行周调度，对社区全覆盖目标任务实施挂图作战，根据全覆盖工作考核验收办法，覆盖一个销号一个。每月对区县进行考核排名，排名结果以提示函形式直接报送各区县党政一把手。

二是部门协同作战。市直部门"管行业就要管垃圾分类"。市住建局、市国资委负责对物业小区、国有企业垃圾分类工作的行业指导，市生态环境局、市商务局负责指导、监督有害垃圾和可回收物分类工作，市教育局负责教育系统、中小学校垃圾分类，开展"小手拉大手"活动，组织暑假垃圾分类实践，通过孩子影响家庭和社会。市机关事务局牵头负责公共机构垃圾分类，全市公共机构率先示范、走在前列。市总工会联合市住建局开展垃圾分类百日劳动竞赛活动，表彰先进。团市委启动"长沙蓝"青少年公益志愿三年行动计划系列活动，发布长沙生活垃圾分类吉祥物。妇联组织"垃圾分类我先行美家美妇在行动"巾帼志愿服务活动。全市各级、各部门党政一把手亲自调研调度，全力推动垃圾分类工作进程。

三是压实属地责任。各区县全面负责辖区垃圾分类具体工作，以全市"城市基层党建年"为契机，将生活垃圾分类工作纳入基层党建，以党建引领推进生活垃圾分类工作，条块联动，共同发力，形成了我市垃圾分类工作强大合力。

四是规范管理体系。坚持把健全制度和建立标准作为试点工作的"推进剂"，出台《长沙市生活垃圾分类设施设备设置规范》，印制生活垃圾分类指导手册和投放指南、制定社区全覆盖考核验收办法和细则，研究制定干湿垃圾分类收运体系规范及湿垃圾、可回收物、有害垃圾、装修垃圾、大件垃圾、园林绿化垃圾、农贸市场果蔬垃圾分类作业规范，逐步形成投放、收集、运输、处理全过程的标准引领、制度保障和落实机制。

（二）政策激励，实施"多元化"奖补模式

一是实行财政直补，将垃圾治理工作资金列入财政预算，2018年市本级安排专项资金10.49亿元用于垃圾处理、餐厨垃圾收运补助等工作。

二是实行以奖代补，实行生活垃圾阶梯计费管理，分区县确定控量指标，年

度实际处理总量超过控量目标3%（含）以内，按垃圾处理综合单价全额缴纳；对超过3%、不超过9%（含）的部分，按1.5倍缴纳；对超过9%的部分，按2倍缴纳；低于控量目标部分则由市财政对区县予以奖补，政策推行第一年，节省市财政垃圾处理经费9900万余元，并全部返还给区级政府用于生活垃圾分类工作。

三是实行生态补偿，生活垃圾输出区对接纳区（望城区、开福区）缴纳生态补偿费，区级财政缴纳生态补偿费6000万余元，生态补偿费实行专款专用，全部用于生活垃圾接纳区生态环境修复和改善。各区均明确了资金保障措施，并因地制宜出台政策鼓励分类，其中望城区制定《2019年城乡环境卫生整治和垃圾分类减量引导专项资金管理办法》，发挥资金的导向和激励作用。

（三）设施先行，形成"全链条"处理体系

一抓前端，加快覆盖分类投放设施。建设垃圾分拣中心，规范标识标牌，建立完善基础台账。全市公共机构分类垃圾桶、分类标识投放到位，所有住宅小区分类投放设施今年9月底已经全部到位。

二抓中端，加快打通中间转运环节。2019年市财政投入1.5亿元，按照干、湿分类处理，实施城区公厕、公共垃圾中转站、环卫车辆新能源改造环卫基础设施"三改"行动，还依托长沙工程机械制造产业优势，实施环卫车辆新能源改造，配置新能源环卫车辆180台。垃圾站的垃圾以"日产日清"方式集中运送到市第一垃圾中转处理场进行压缩转运，每天转运生活垃圾7000多吨，具有良好的社会效益和环境效益。

三抓终端，加快完善终端处置体系。干垃圾处置方面，2018年1月，生活垃圾清洁焚烧一期项目建成投产，目前运行平稳，日均处理生活垃圾5000吨以上，各项技术指标均走在全国前列。

目前，长沙市污泥和生活垃圾协同焚烧二期项目也正在建设，2021年建成后，可率先实现干垃圾全量焚烧。餐厨垃圾处置方面，以联合餐厨项目为主，坚持餐厨垃圾全覆盖收运、市场化运作、资源化处置、全方位监管，实现了3万家大中小型餐饮单位餐厨垃圾收运处理的全覆盖，日均能力达到800吨以上，目前处理量日均1000吨左右，长沙成为全国唯一实现餐厨废弃物收运全覆盖、全处理的城市。同时湿垃圾处理项目也将于2019年10月底前投入运行，建成后日处理湿垃圾可达2000余吨。可回收物处置方面，由市商务部门牵头，市场化运作为主，涌现了一批新型的回收企业和新的回收模式，如现代收易公司"互联网+共享"的O2O模式、"一起分类"网络公司以社区蓝岛为基础打造的再生资源循环利用"长沙县模式"。有害垃圾由长沙危险废物处置中心（运营服务单位为湖南瀚洋环保科技有限公司，市生态环境局负责行业监督）进行处置，可以处置43大类危险废物，

拥有焚烧、物化、安全填埋"三位一体"的废物处置设施设备,年处置能力5.7余万吨。大件垃圾、园林垃圾、装修垃圾、农贸市场果蔬垃圾处理等方面,在各区已经建成了一批资源化利用项目,由各区自行处理。渣土、盾构土、医疗废物等方面垃圾处理均取得较好成绩。

(四)宣传引领,确保"新时尚"蔚然成风

一是广泛发动群众。积极在中央电视台、学习强国等平台推广长沙垃圾分类,充分利用省市媒体传播力、影响力广的优势,在湖南卫视、湖南日报、红网等主流媒体上广泛开展垃圾分类宣传,中央电视台、湖南卫视等主流媒体专题报道了长沙生活垃圾分类工作,社会反响良好。充分利用LED显示屏、楼栋及电梯宣传栏、公交、地铁移动广播等广告载体,开展垃圾分类宣传,举办生活垃圾分类"五进"宣传活动,每月联合各区县开展主题宣传,社会反响很好。

二是广泛发动社区。在物业保洁、热心业主、党员干部、社区干部、义工组织、退休干部等群体中,广泛招募志愿者,组建责任心强、业务过硬的督导员队伍,入户宣传,桶边指导。社区自治,部分热心居民自发组织、社会义工组织积极参与,成为基层开展垃圾分类的强大力量。激励引导,对验收达标的示范社区、楼盘小区、街道(村)生活垃圾分类回收站进行专项资金奖励,相关区县也对工作完成好的街道、社区进行奖励。

三是广泛发动干部。明确将垃圾分类工作纳入基层党建,作为党员干部管理重要内容,纳入党员积分管理。全市党政公共机构、各区县积极动员党员领导干部、基层党员、退休老党员参与垃圾分类,三季度参与垃圾分类的党员干部人数约12万人次。

四是广泛发动学生。将垃圾分类作为暑期学生社会实践的重要内容,教育系统在人人通App"校园活动"版块开设了"我爱长沙蓝五个一"实践活动,记录学生的实践过程,将其纳入综合素质评价系统。组织"垃圾分类文明你我"暑假活动,要求每位中小学生至少参与一次垃圾分类实践活动。三季度全市共开展垃圾分类实践活动2800余场,参与的中小学生91余万人次。共青团、妇联、社区、社会义工组织等单位、团体积极组织,分层次、分批次广泛开展学校、家庭、社区垃圾分类互助实践,形成了全民共同参与垃圾分类的良好氛围。

三、经验启示

经过多年的实践,长沙生活垃圾综合治理成效逐步显现。总结近年来的工作,主要有以下几点经验启示:

（一）必须始终坚持着眼全局发展大局，不断提升政治站位

必须牢固树立"四个意识"、坚决做到"两个维护"，深入贯彻落实习近平生态文明建设和绿色发展理念，以更高站位、更开阔视野，主动从服务长沙经济社会发展大局去思考，从湖南创新引领开放崛起战略去定位，把深化生活垃圾综合治理、推进垃圾分类工作作为加强生态文明建设、推动高质量发展的基础性工作来抓，强化责任担当，办好这件关乎人民美好生活需要的大事，关乎生态文明建设的要事难事。

（二）必须始终坚持以人民为中心，汇聚共治共享磅礴力量

把垃圾分类工作作为增强群众获得感、幸福感、安全感的民生实事来抓，全面融入城市服务管理、社会综合治理、文明创建等领域，汇聚民智民力，广泛动员物业人员、热心群众、志愿者、党员宣传垃圾分类、践行垃圾分类，切实发挥广大群众的主人翁作用，深化"党建＋垃圾分类""教育＋垃圾分类"活动，多层次、多渠道、多方式开展居民垃圾分类精细提升行动，让垃圾分类宣传更有声势、更深入人心、更融入日常，耐心培养群众分类习惯和文明生活方式。

（三）必须始终坚持对标先进一流，持续推进改革创新

要将生活垃圾综合治理落到实处，必须时刻保持时不待我、只争朝夕的使命感和责任感，善于学习借鉴国内外先进城市的理念、做法和经验，善于把握自身特色和优势，在扬长避短、取长补短中提升竞争力和工作实效，以工作创新为动力破解瓶颈制约，在长沙经济社会高质量发展的大背景下，对标国家标准和政策要求，用"经济杠杆"撬动上下工作活力，用市场手段破解基础设施建设的融资难题，综合施策破解垃圾处理设施建设的"邻避效应"，努力探索符合市情民意的生态发展新路，争当创新实践、绿色发展的排头兵、先行者。

（长沙市城市管理和综合执法局供稿）

坚持目标和问题导向

——厦门市不断开创生活垃圾分类工作新局面

近年来，厦门市深入学习领会并坚决贯彻习近平总书记关于垃圾分类工作的重要批示指示精神，全面落实住房和城乡建设部、福建省生活垃圾分类工作的部署和要求，在市委、市政府正确领导下，在市人大、市政协的关心指导下，在各级各部门通力协作和共同努力下，全市垃圾分类工作持续稳步向前发展。

一、取得的工作成效

（一）形成了垃圾分类工作强大合力

全市已经形成一把手亲自抓、四套班子合力抓、"大小手"同时抓、职能部门协同抓、上下统筹层层抓，全面动员、全员参与、全市"一盘棋"的工作局面，全市垃圾分类氛围浓厚。

（二）规范了垃圾分类工作过程

出台《厦门经济特区生活垃圾分类管理办法》，对垃圾分类全过程进行了规范，并配套出台《厦门市餐厨垃圾管理办法》《厦门市大件垃圾管理办法》等配套制度；依托国家《城市生活垃圾分类标志》，编制《厦门市生活垃圾分类操作指南》，全面细化和规范了生活垃圾分类标准。

（三）建成了垃圾分类工作体系

按照可回收物、厨余垃圾、有害垃圾、其他垃圾四分类要求，全面配套分类投放、分类收集、分类运输、分类处理设施。基本形成了以法治为基础、政府推动、全民参与、城乡统筹、因地制宜的垃圾分类制度。

（四）提高了垃圾分类工作成效

通过近三年垃圾分类工作实践和创新推动，市民垃圾分类知晓率100%，参与率90%，准确率80%，无害化处理率100%。

（五）深化了垃圾分类"厦门模式"

创新总结了全民众参与、全机构协同、全流程把控、全节点攻坚、全方位保障的"五全工作法"，逐步向坚持环保与人文、教育与立法、政府与社会、软件与硬件、节点与日常、城市与农村、传统与现代的"七个相结合"延伸。首次全国和全省垃圾分类工作现场会在厦门市顺利召开。截至2019年底，在住房和城乡建设部对全国46个垃圾分类重点城市工作情况通报中，厦门市连续六个季度名列第一。

二、主要工作举措

（一）持续高位推进，形成强大合力

厦门市始终把推进垃圾分类工作作为改善人居环境、提升城市品质的重要抓手和守初心担使命的具体实践，从全局高度、系统谋划、高位推进。市委书记多次召开市委常委会研究垃圾分类工作，并主持召开全市垃圾分类推进大会进行再动员再部署；多次微服深入小区，实地检查垃圾分类工作开展情况和存在问题。市长主动挑起全市垃圾分类工作领导小组组长重任，多次召开市政府常务会研究垃圾分类工作；市委副书记担任领导小组常务副组长，负责垃圾分类日常工作；四套班子分管领导分别担任副组长，定期召开会议研究推进垃圾分类工作。各区、各部门、各街（镇）"一把手"根据市委市政府决策部署，上下联动、通力协作，层层落实责任，为全市推进垃圾分类提供了源源不断的强大动力。

（二）多维宣传教育，推动习惯养成

一是全方位宣传发动。全市以广播电视、报纸网络、楼宇梯视、微信公众号等全媒体为载体，开展全方位、多层面、密集型的宣传；以垃圾分类"主题宣传月"为契机，在黄金时段持续播放公益宣传片，制作一系列喜闻乐见、寓教于乐的垃圾分类文艺作品，不断将垃圾分类知识和法律宣传潜移默化地融入居民日常生活中，让垃圾分类知识和理念入心入脑入行，营造浓厚工作氛围。

二是"小手拉大手"。在全国率先编写了中学、小学和幼儿园三种版本的生活垃圾分类知识读本，将垃圾分类知识融入学校课堂教学，融入校园文化建设，融入学生实践活动，引导学生养成垃圾分类习惯。同时，充分发挥"小手拉大手"作用，形成"教育一个孩子、影响一个家庭、带动一个社区"的良性互动。

三是强化党建引领带动。市领导带头在市委党校开设"垃圾分类厦门在行动"

专题辅导讲座。市文明委启动"快乐健步走,文明齐动手"洁净家园活动,市领导示范带头,利用休闲时间开展健步健身、洁净家园活动,宣传垃圾分类和垃圾不落地。将垃圾分类纳入基层党建重点任务,作为锤炼党性的实践课堂。

(三)注重设施建设,完善分类体系

一是投放环节,编制了《厦门市生活垃圾分类投放设施设备导则》,对小区、公共机构等生活垃圾投放点设置进行规范,因地制宜设置分类桶,配套洗手池等人性化设施,不断增强民众的舒适感、美好感、幸福感。

二是运输环节,在厨余垃圾、有害垃圾、可回收物"定点收集、桶车对接、公交化直运"的基础上,推行其他垃圾直运,计划2020年底实现四类生活垃圾分类直运。形成一家收运企业就能溯源分类成效的机制,彻底解决混装混运问题。

三是在处置环节,目前,全市分类后的厨余垃圾、其他垃圾、有害垃圾均专门处理;并建立起收运和资源化利用一体的可回收物管理体系,大大提高了低值可回收物回收利用水平。

(四)突出农村重点,提高分类质效

印发了《厦门市农村生活垃圾分类工作实施方案》《厦门市农村生活垃圾分类示范村工作示范》,用于指导岛外农村垃圾分类工作。一是加大基础设施投入。对分类硬件设施进行更新维护,完善农村地区生活垃圾分类体系建设,把分类直运、城市可回收物回收体系向农村延伸,并推动上门收集。二是减少外运量。农村厨余垃圾通过"种植消化"(沤肥还田)和"过腹消化"(喂食鸡、鸭、猫、狗)等进行源头减量。三是建立逐级考核制度。市垃圾分类办制定完善农村生活垃圾分类暗访和第三方相结合的考评制度,推动各项任务落细、落实。

(五)聚焦科学管理,完善长效机制

一是优先要素保障机制。坚持把垃圾分类工作作为一项民生补短板、为民办实事的重要内容,在规划引领、项目立项、用地保障、资金保障等相关要素保障方面,开通绿色通道,予以政策倾斜,纳入优先保障范畴。

二是专业处理运营机制。依托厦门市环境能源投资发展公司,从收运环节入手,逐步完善收集、运输、末端处理全过程服务体系,将城市多种废弃物统一收集处理,形成收集、运输及末端处置完整的产业链,并提供一揽子解决方案。

三是常态督办考评机制。实行周调度、月例会、现场协调会等制度,及时协调解决生活垃圾分类工作中存在问题,确保工作有人抓、有人管、有人议;建立并完善暗访督查、第三方考评、专业考评等机制,增强"晒"的力度,每日、每月、

每季在《厦门日报》《工作简报》和"市微信工作群"公布考评结果排名,并借鉴住建部的做法,将各区的季度考核结果通报给各区主要领导。年终将考评结果纳入年度工作绩效考评。

四是动态执法处罚机制。构建生活垃圾分类执法工作的日常沟通、联席会诊、联合执法工作机制,实现对垃圾分类各个环节常态、动态和全覆盖执法,及时曝光典型执法案例,扩大执法影响力和约束作用。通过媒体对典型案例曝光,有效震慑、教育了一批垃圾分类违法行为的当事人。

三、下步工作思路

厦门市将继续深入学习习近平生态文明思想和垃圾分类工作系列重要指示精神,进一步提高政治站位,不断把习近平总书记亲自部署、亲自过问的"关键民生小事"持续推向深入,推动垃圾分类成为全社会的意识自觉、行为自觉,坚决打好垃圾分类攻坚战、持久战。

(厦门市市政园林局供稿)

◎ 城市环境整治情况

水清河畅　岸绿景美　宿州描绘生态秀美画卷

初秋的大地,碧空如洗,白云如浪,清澈的河流贯穿城区,人们早晨在河边锻炼,傍晚在河边散步,大家怡然自得、流连忘返……

这样的画面,在今日的宿州已不稀奇,然而,几年前却还是奢望。昔日,城区的河道无不藏污纳垢、臭气熏天,是典型的黑臭水体,严重制约城市生态环境提升,影响人们的生活质量。

值得欣慰的是,通过几年综合治理,黑臭水体整治工作取得显著成效。2018年,宿州市荣获全国首批黑臭水体治理示范城市;2019年,主城区12条黑臭水体全部通过省住建厅和生态环境厅的联合验收,黑臭水体消除比例达100%。

如今,"水动、鱼游、景美、灯亮、绿道通"的生态秀美画卷已在皖北大地徐徐展开,一个更加美丽的宿州正在渐行渐近。

一、坚持标本兼治,喜获百姓点赞

"一条大河波浪宽,风吹稻花香两岸……"记者日前来到位于三八河沿线的杨庙公园,退休老人陈银轩正在公园长廊内引吭高歌。

提起三八河,陈银轩有话说:"以前这河又脏又臭,夏天蚊子还多,家里都不敢开窗,现在水也清了、景也美了,变化简直是天翻地覆!"她告诉记者,自从三八河治理之后,她就和一群爱唱歌的老朋友组建了"长廊飞歌"歌唱团,天天在附近公园里排练节目。

"河水清澈多了,没有臭味,河边种上这么多花草,让人看了就高兴。"76岁的李永安老人对记者说。

"我们开车每天围着宿城转,到处都是清亮亮的河水,看着心里就舒服。"出租车司机苏天旺这样说。

近年来,宿州市委、市政府坚持五大发展理念,以问题为导向,利用工程化手段,治理城市生态环境,解决百姓诉求,探索出一条黑臭水体治理的"宿州模式"。

"黑臭水体治理，涉及几十年堆积而成的顽症，要彻底根除，难度可想而知。"宿州市城管局设施建设科科长彭林告诉记者，在治理过程中，市城管局围绕"截污、控污、减污、清污、治污"五大任务，做到了标本兼治、正本清源。

黑臭水体治理之初，就坚持专业化治理思路，成立专家团队，评审论证、深化优化治理方案。工程推进过程中，实施"一河一策"综合整治方案；坚持水岸同治、水陆同治原则，强力推动地下管网排查治理工程，以及雨污分流和管网能级提升工程，确保实现治理目标。

二、完善系统链条，构建生态水系

在黑臭水体治理过程中，宿州市不仅注重治标与治本同时着力，而且兼顾到了目前与长远、修复与美化的关系。

通过聚焦河道水生态，完善系统全链条，打造沿河两岸景观，目前宿州市已经初步实现"水动、岸绿、景美、群众满意"的治理目标。

实施中水补给建设。为补给水源，增强水动力，营造水环境，实施城南再生水厂10万吨二期扩建项目，再生水厂日处理能力达16万吨，每年补给河道水量达3000万立方米。

实施生态公园建设。规划建设三八河生态公园和沱北生态公园，总占地面积达16万平方米。将再生水引入公园，形成水景观，然后通过浅表径流、过滤沉淀、深度净化后流入河道，滋补涵养河道水源。

实施水生态建设。增设126台增氧曝气装置、种植150万株水生植物、放养10余种水生动物，构建完整食物链、生物链，增强水体自净能力。与中国科学院水生物研究所合作，研究再造水生态系统，初步成果日益彰显。

实施绿地景观建设。运用海绵理念，建设初期雨水收集池、植草沟、雨水花园、下沉式绿地，减少水体面源污染和初期雨水污染。按照"有水必有路，有路必须通"原则，实施城区水系贯通项目建设。截至目前，沿河新建15个游园、100万平方米绿地，生态驳岸80千米，绿道贯通74千米。昔日的黑臭水体，已成为市民休养生息区和生活休闲综合体。

三、固化治理成果，推进长治久清

"三八沟臭了几十年，如今都治理干净了，咱们老百姓没有不高兴的！"陈峰在埇桥区三八街道大吴村生活了50多年，亲眼看到三八沟这几年由黑转"靓"的变迁，如今面对记者，他感慨良多，"照这个势头，今后这儿的环境肯定越来越好！"

"整治结果来之不易,要实现长久的水清岸绿,还得建立长效机制,加强日常管理。"在采访中,彭林表示,目前宿州市城管局组建了水治理执法中队、园林河道执法中队、市政设施执法中队和环境卫生执法中队等队伍,实施黑臭水体常态化监督管理。同时,还建立完善智慧平台,完善在线监控八大系统,通过集中管理、分散控制、数据共享,实现全河道、全流域运行监管、生产调度、水质检测、保洁维护等在线监控。"我们还通过普及黑臭水体治理常识,畅通电话网站等监督渠道,不断提高社会各界和群众的参与度和满意度"。

记者在杨庙公园内看到工作人员正在驾船打捞水面漂浮物。"我们每天都对水体进行一次全面打捞作业,并定期维护岸带景观。"宿州北排水环境发展有限公司主要负责主城区三八沟、三八河和宿蒙大沟等处黑臭水体治理项目。总经理程筱雄告诉记者,公司通过狠抓水体源头管控,安排巡查人员对沿河排污口进行巡查,同时设置增氧曝气等装置,确保实现河道和水体景观景美岸绿的目标。

(宿州市城市管理局供稿)

强力整治　涅槃重生　昔日"臭水沟"蝶变"景观河"

——安阳市洪河治理情况

安阳市洪河（京广铁路桥—光明路洪河桥段）长8.9公里，横贯高新区东西，涉及两个办事处、11个社区。整治之前，洪河过水断面小，堤防残缺，防洪标准不足5年一遇。沿途村庄、学校、老旧居民区较多，存在严重的污水直排和溢流现象；岸边垃圾随意堆放，散发阵阵恶臭；河道底泥淤积，内源污染严重，水体生态系统几乎完全丧失。近年来，安阳市为改善城市人居环境，强力推进黑臭水体整治工程，高新区坚决贯彻市委市政府决策部署，通过强有力整治，将昔日的"臭水沟"，变成了秀丽的景观河。

一、科学规划，稳步推进水体整治

高新区站在讲政治、保民生的高度，将洪河整治工作作为重中之重，总投资3.2亿元，分四个阶段进行治理：第一阶段，工程于2012年开工，完成京广铁路-长江大道段长约3.55公里，河道清淤及护坡、沿岸绿化工作；第二阶段，工程于2014年开工，完成长江大道—光明路长约5.35公里，开挖疏浚、底泥清理、护坡整治、控源截污等工程；第三阶段，洪河（京广铁路桥—长江大道洪河桥）2017年安排部署黑臭水体整治，河道清淤、违建拆除、排污口封堵等工作，共完成封堵排污口30个、清淤约12万方、拆除沿线厕所2座、拆除违建共27间约31000平方米；第四阶段，2018年全面完成洪河黑臭水体整治工作后，为巩固整治效果，加强管理，建立长效机制，建立责任落实制度，确保每个河段都有专人巡查，建立定期巡查制度，发现问题及时整改（图1、图2）。

二、高标定位，大力开展生态修复

紧扣习总书记讲话精神，按照"公园城市"理念，以及"内源治理、生态修复、活水保质、景观提升"整体思路和步骤要求,以控源截污为核心,以提升水体自净能力为目标,从控制污染源和水生态修复两方面着手,进行科学化、精细化、生态化治理。

鉴于洪河是水泥硬质驳岸,水体自净能力极弱,上游又无充足优质水源进行生态补水,高新区进一步采取生态修复和活水保质措施,通过低水位运行,实现水体自循环和自净化,并缓解了城市内涝情况。同时结合高新区建设规划理念(绿化、美化、彩花、亮化、净化),对洪河沿线进行了景观打造。

图 1　整治前

图 2　整治后

三、引进项目,努力打造靓丽景观

大力推进洪河生态改造项目,在黄河大道—光明路段,建设"一河二路一公园",

新增绿地面积（不含水体）1500亩，全长约6.7公里，占地规模2500余亩。具体包括河堤硬化、河道两旁道路及照明、滨河绿化带及滨河公园建设等。方案设计的基本原则是以生态为主导，以文脉为依托，引入海绵城市理念，突出地方特色，营造空间层次丰富、适宜游人游玩的城市开放空间。将建成一条集生态、文化于一体的风光旅游休闲景观带，提高城市承载力，提升城市品位。

目前，洪河公园已建成开放，该项目以森林湿地风光和安阳文化为主题，围绕丰富的景观变化和游园活动，传承安阳文化精粹，构建风光现代、体验新奇、省内一流的综合性公园。公园以营建各具特色的休闲、游乐项目为主，增加公园的生态效益、社会影响力和经济效益，主要分为六个特色区域，分别为水木溢清区、林中怡情区、人文展示区、岸芷汀兰区、智趣童乐区以及工作管理区（图3）。

图3　洪河公园

四、强化引导，务求实现长治久清

经过治理，目前洪河已经消除黑臭，实现了从黑臭水体到地表水Ⅴ类标准的跃升。安阳市民惊喜地发现，当漫步在河边映入眼帘的是碧水、绿草、花海、白鹭，与以前相比，完全是华丽地蝶变，极大提升了洪河周边人居环境质量，得到了市民的一致认可，老百姓也亲切的将洪河称为"民心河"。为巩固整治效果，加大宣传力度，营造良好舆论氛围，利用各种方式普及水环境保护知识，让生态、文明理念深入人心，引导和鼓励更多群众主动参与到水体保护工作中来，实现真正意义上的河道清洁、河水清澈、河岸美丽。

（安阳市住房和城乡建设局供稿）

立足试点区域　建设海绵城市
——北京城市副中心海绵城市试点建设足迹

2013年12月，习近平总书记在中央城镇工作会议上提出，建设"自然积存、自然渗透、自然净化"的海绵城市。在2014年3月关于保障水安全的重要讲话中，习总书记再次强调：城市规划和建设要自觉降低开发强度，保留和恢复恰当比例的生态空间，建设"海绵家园""海绵城市"。2015年4月，由国家财政部、住房和城乡建设部、水利部（以下简称"三部委"）联合开展国家海绵城市试点建设示范相关工作。2015年7月，北京新城绿源科技发展有限公司受北京市水务局委托，启动海绵城市试点（第二批）申报工作，经过5个月的实地踏勘、资料收集、数据准备确定了试点区域的选择，同时进行试点区实施方案的编制及申报材料的准备；2016年4月10日至4月12日进行申报材料的线上提交和线下报送，4月17日至4月22日进行了竞争性评审答辩，4月25日国家三部委公布了"2016年中央财政支持海绵城市建设试点城市名单"，自此，北京成为国家第二批海绵城市试点城市，开启了建设北京特色海绵城市的时代新征程。

一、落实国家战略，千年大计

通州地处北京城市东南部，九河下梢，多河富水，是京杭大运河的最北端，承接着中心城的主要排水任务。历史上曾多次出现洪涝灾害、地下水超采严重、供水设施能力不足、水资源保护紧迫性强的水资源问题，黑臭水体污染严重、污水处理设施不完善、水生态功能退化、水环境景观品质较低的水环境问题，骨干防洪河道未按规划标准实施、中小河道治理标准低排涝能力不足、河道维护管理薄弱、非工程措施建设滞后、雨洪利用工程未形成规模效益的水安全问题等，需通过海绵城市建设来降低通州区的城市排涝、城市防洪运行压力和运行成本；削减城市面源污染，改善城市水环境，提高城市供水安全稳定性；实现雨水综合利用，涵养水源，保障城市水资源量；实现生态城市建设目标，提升生态涵养功能。

规划建设城市副中心，与河北雄安新区形成北京新的两翼，是以习近平总书记为核心的党中央作出的重大决策部署，是千年大计、国家大事，落实国家战略，努力打造绿色城市、森林城市、海绵城市、智慧城市、人文城市、宜居城市，使城市副中心成为首都一个新地标，已成为发展之需，民之所盼。

试点区位于北京城市副中心核心区域，西南起北运河，北到运潮减河，东至春宜路，总规划面积19.36平方公里。其中，建成区约7.21平方千米；以商业公建及住宅小区为主。行政办公区管控分区约6.75平方千米；为新建行政办公区及其配套设施。其他新建区约5.20平方千米；包括人民大学及规划用地。

二、坚持高点定位，管控一体

新的时代，新的起点，北京市和通州区政府坚持高标准、高水平，践行"世界眼光、国际标准、中国特色、高点定位"的指示要求，全力推进试点区海绵城市建设，充分体现城市精神、展现城市特色、提升城市魅力。

为深入贯彻落实国务院办公厅《关于推进海绵城市建设的指导意见》（国办发〔2015〕75号）精神，北京市建立了海绵城市建设联席会议制度，印发了《关于推进海绵城市建设的实施意见》（京政办发〔2017〕49号），明确了海绵城市建设的总体要求、工作目标、基本原则、工作任务和保障措施。

（一）完善组织体系，建立体制机制

国际标准，中国特色。试点区海绵城市建设，按照北京城市副中心"三最一突出"要求（最先进理念、最高的标准、最好的质量和突出绿色、低碳、可持续发展思路），围绕体制机制、过程管控和技术支撑等关键环节，制定并逐渐形成了一套完整的海绵城市建设制度体系。

加强领导，落实责任。成立通州区海绵城市建设领导小组，下设办公室（以下简称"区海绵办"），统筹试点区海绵城市建设各项工作，明确各成员单位的责任分工。建立分管副区长调度会、区海绵办周例会和联络员制度，加大工作推进力度。为了更好地建设副中心海绵城市，试点区聘请了专业的技术团队：北京新城绿源科技发展有限公司，其在试点区的建设过程中提供全过程技术咨询服务。

完善制度，确保推进。区海绵办印发了由北京新城绿源科技发展有限公司参与编制的《通州区海绵城市建设试点建设管理暂行办法》《北京市海绵城市试点区域海绵城市建设目标任务书》《通州区海绵城市建设档案管理制度》等制度文件，确保了各项工作有规可依，规范推进。

(二）针对现实问题，明确建设目标

针对防洪排涝风险高、体系标准无法满足城市副中心的建设需要问题，确立规划建设防洪排涝体系，借鉴古人治水理念，建设"通州堰"防洪体系，提高防洪排涝标准；针对内涝积水影响居民出行问题，着重解决内涝积水点，做到小雨不积水，大雨不内涝；针对合流制溢流污染问题，规划建设雨污分流系统，一切围绕建设生态宜居环境，满足人民的美好生活需要为目标。

科学统筹，综合采取"渗、滞、蓄、净、用、排"等海绵措施，实现试点区内"水安全保障、水环境改善、水生态修复、水资源优化配置、水文化复兴"的整体综合目标。

（三）注重顶层设计，系统优化方案

海绵城市试点建设，不仅要改变传统排水方式，彻底解决城市涉水问题，更要尊重自然，着眼未来。因地制宜，突出特色，进行海绵城市建设总体规划。

落实北京市城市总体规划和城市副中心控制性详细规划，制定《北京市海绵城市专项规划》和《通州区海绵城市专项规划》，明确试点区海绵城市建设目标及指标体系，按照排水分区管控和管理特点，将试点区划为建成区、行政办公区以及其他新建区三个管控分区，科学系统的开展海绵城市建设工作。

从源头到末端，点、线、面相结合，着眼雨水径流全周期管控，系统思考，科学规划。源头规划建设减排设施，拓展绿色空间，小区透水铺装、雨水调蓄池、绿色屋顶；中端规划建设雨污分流系统，加强雨水污染治理、管网改造、防洪排涝设施建设；在末端进行水系治理与生态修复，开展黑臭水体综合整治。

（四）加强过程管控，强化技术支撑

积极探索创新过程管控。为了保障海绵城市建设效果，通州区海绵办出台了由北京新城绿源科技发展有限公司主导编制的《通州区海绵城市建设"两审一验"制度》，针对试点区内的海绵城市建设项目的方案合理性及施工图合理性进行审查，保证海绵城市专项方案及施工图的设计合理；对完工的项目进行海绵城市建设专项验收。为保证海绵城市建设工程施工质量，区海绵办发布了由北京新城绿源科技发展有限公司主导编制的《海绵城市建设施工巡检制度》，对正在进行施工建设的项目根据建设进度进行施工巡检工作。确保全过程的海绵该工程建设质量，大大强化方案审查、施工图审查、竣工验收及施工阶段巡检、监督和管理工作，确保施工巡检中发现的问题及时整改。

通州区在设计、施工、技术支撑方面均有质量保证。海绵城市建设工程由国

内多家实力强大的设计院进行设计,在设计水平方面有较强的保障;施工以北京建工集团等国内大型建筑企业为主力,其中北京建工集团是全球最强250家最大国际工程承包商,中国工程承包商前10强企业,有以上施工团队进行试点区的海绵工程建设更是有了较强的工程质量保障和进度保障;同时,作为区海绵办的技术咨询服务单位北京新城绿源科技发展有限公司与各设计单位进行沟通交流,进行方案及施工图的合理性审查,与各施工单位进行沟通交流,高频率的进行施工巡检,从设计到施工再到验收全过程进行跟踪服务,双重提高了建设质量与效率。

由专业技术咨询单位北京新城绿源科技发展有限公司参与编制,通州区海绵办发布《北京城市副中心海绵城市建设技术导则》《北京市海绵城市植物选型导则》《北京市海绵城市试点区域海绵城市模型模拟技术导则》《北京市海绵城市试点区域低影响开发设施施工、验收、管理养护指南》等技术文件,指导试点区海绵城市建设。

为了充分发挥北京科技资源优势,依托"十三五"国家水专项"北京市海绵城市建设关键技术与管理机制研究和示范"和"北京城市副中心高品质水生态与水环境技术综合集成研究"两项课题,推动海绵城市建设新理念、新技术、新产品在试点区的应用,实现科研与实践互促互融,北京新城绿源科技发展有限公司探索了海绵城市建设的产学研新路径,并在试点区域内做了大量海绵城市示范技术研究。

(五)开拓创新,带动产业

强化产业带动,助力各类产业发展。一是通过海绵城市建设进一步拉动了城市固定资产投资,促进了农民工就业,推动了城市供给侧结构性改革,借势提升城市发展质量。二是通过海绵城市建设,带动了一批海绵相关产业的发展,如利用再生骨料加工垫层、透水砖等,达到了资源综合利用的目的。

通州区作为典型的北方城市,冬季寒冷干燥,夏季高温多雨。试点区优先于其他北方试点城市在工程中应用了再生骨料透水砖等多种环保型透水材料,为海绵城市积累了经验,也为北京地区乃至北方地区的海绵城市建设提供了新的途径。

(六)加强国际交流,提升技术支撑

加强国际交流,提升技术支撑。在技术培训与交流方面,北京新城绿源科技发展有限公司参与组织邀请美国、德国、荷兰、丹麦、瑞典、芬兰等多位国内外知名专家来通州交流指导工作,专家们针对海绵城市建设进行了经验交流,表示

希望今后加强在水资源领域的交流与合作，积极推进城市防洪管理水平的提高。多次的交流学习工作既促进了通州区海绵城市建设的技术沟通，也凸显了海绵城建设的设计理念，为通州区海绵城市建设经验的积累起到了良好的效果。

（七）建设成效，效果显著

试点区的建设按照排水分区系统推进，从源头减排、过程控制直至系统治理思路出发进行建设，完成了包括建筑与小区、公园绿地、道路、防洪排涝、管线改造、水环境治理、园林绿化、再生水管线建设8种海绵类型的工程建设。达到了建成区年径流总量控制率75%、年污染物去除率37.5%、雨水资源利用率3%的建设目标；其他新建区达到了年径流总量控制率85%、年污染物去除率42.5%、雨水资源利用率5%的建设目标，行政办公区年径流总量控制率90%、年污染物去除率50%的建设目标。

三、坚持全面立体，注重实效

通过市区两级政府、各相关部门及技术服务单位的不懈努力，经过三年多的建设，试点区海绵城市建设成效逐渐显现，初步形成了蓝绿交织、水城共融的生态格局体系。

（一）水安全问题有效缓解

建设防倒灌设施和排涝泵站，有效缓解内涝风险。镜河工程、排水暗涵、多功能泵站等，有效解决行政办公区的洪涝问题。试点区防涝标准达到50年一遇，防洪标准达到百年一遇。

（二）水生态环境持续改善

建设一批高品质的海绵型公园绿地项目，建设合流制溢流调蓄池，将年均溢流次数控制在4次以内。实施黑臭水体治理，建设镜河水系工程，使北运河、运潮减河水质逐年改善。

（三）非常规水资源有效利用

建设源头调蓄池和镜河暗涵系统，有效利用雨水资源，雨水利用率超过3%。再生水管线一期、二期建设工程，将河东再生水厂的再生水资源完全利用，实现清水替代。

（四）促进水文化保护传承

在试点区海绵城市建设中，促进漕运码头、运河故道、验粮楼等水文化遗产的保护与修复，实现了水文化与水景观的有机融合，丰富了城市文化内涵，提升了城市文化软实力。

（五）人民幸福感不断提升

通过海绵型小区建设，居民雨季出行不便问题得到改善，扩展了休闲游憩空间。在城市副中心，海绵理念已经深入人心，全社会参与、支持海绵城市建设的良好氛围正在形成。

四、注重宣传，形象示范

在形象示范方面，通州区海绵城市试点区域选择多种类型的项目进行示范，如：海绵型建筑与小区、海绵型绿地与广场等，作为样板工程，重点打造，为后续的建设起到了示范和标杆的作用；同时，也为北京其他区县、外省市和国外人员来我区参观与交流提供了典范与样品。

在宣传方面，通州的海绵城市建设打造了以政府、企业、自媒体三位一体的宣传模式；政府部门以区海绵办为主体，由宣传部作为具体实施主体，加大试点区海绵工作宣传力度，确保每周有新闻；企业以项目公司为主体，借助开展的海绵城市工作进行宣传；由区海绵办及北京新城绿源科技发展有限公司邀请自媒体来试点区参观，不定期通过微博、微信进行宣传；同时，在宣传及展示方面，北京新城绿源科技发展有限公司多次制作了海绵城市宣讲折页、学习手册等科普性资料，方便了社会大众对海绵城市的认知和学习。

五、坚持以点带面，辐射市域

积累经验，逐步推广。海绵城市理念不仅在试点区内进行了示范建设，在试点区域以外的城市绿心、环球影城等项目中均已实施，更是辐射到北京世园会、冬奥会赛区、大兴国际机场、西郊雨洪利用工程、三城一区等一批重点区域和重点项目的建设，相继按照"首都标准、北京特色"进行规划、设计和建设。

"海绵城市"是北京城市副中心"六个城市"建设目标之一，是习近平总书记生态文明思想的有力践行，是关乎未来发展的千年大计，也是副中心实现和谐宜居现代化城区建设目标的有效抓手。

人民对美好生活的向往就是我们的奋斗目标，北京新城绿源科技发展有限公司将全力推进特色海绵城市建设，积极总结建设经验，提炼建设模式，为全国海绵城市建设贡献"智慧"，不忘初心，砥砺前行！

（北京新城绿源科技发展有限公司供稿）

推进扬尘污染精细治理
稳步提升南宁空气质量

——南宁市城市精细化管理案例

近年来，南宁市坚持以习近平新时代中国特色社会主义思想为指导，贯彻落实习近平总书记视察广西重要讲话精神，牢固树立"绿水青山就是金山银山"的发展意识和"生态环境就是民生福祉"的为民理念，紧紧围绕建设生态宜居城市目标，坚决打好污染防治攻坚战，持续深化开展扬尘污染治理及改善环境空气质量攻坚工作，特别是2016年以来，先后开展了3个"100天"扬尘污染治理专项行动、空气质量巩固提升、制度建设构建治尘长效机制，历经2016年集中整治、2017年巩固提升、2018年长效治尘三个阶段，在治理机制、标准规范、管理手段、应急响应、源头管控、末端执法、考评体系以及公众参与等八大领域，做足精细治理文章，逐步将扬尘治理工作纳入常态化，推进了扬尘污染治理能力现代化，构建了空气质量稳步提升的良好局面。

一、治理成效

2013年，国家空气质量新标准开始执行。2013年，南宁市空气质量优良率仅为75%。2016年以来，南宁市以高压态势、雷霆手段强力推进扬尘污染治理，经过"2016年集中整治、2017年巩固提升、2018年长效治尘"的连年努力，持续推进了工地、消纳场、搅拌站、采石场扬尘源头的标准化建设，创新搭建了扬尘综合治理监管平台——"慧眼"系统，逐步健全完善了污染联防联控、应急响应等扬尘治理长效机制，扬尘治理能力和水平不断提高，治理成效显著。

2016年，南宁市空气质量明显改善，市区空气质量优良率达95.1%，较2013年上升20.1个百分点；2017年空气质量优良率全区排名由2016年的第7上升到第2；2018年空气质量位居全国169个地级以上城市第20位；2019年空气质量在全国168个重点城市中排名第17位；2020年上半年市区空气质量在全国168个重点城市中排名第15，"南宁蓝"成为常态。

二、主要做法

（一）高位指挥推进，实现治理机制升级

坚持高位推进，把扬尘治理摆到更加重要的位置。将环保单一部门牵头治理转变为由市"美丽南宁·整洁畅通有序大行动"指挥部办公室——即市"大行动"办统筹，充分发挥指挥部领导由市委副书记、市人大常委会、市政府和市政协领导兼任的高位指挥作用，由建委、环保局、城管局、交警、国土局分别牵头开展"两点一线"扬尘污染、工业及交通排放污染、焚烧烟尘污染、工程车辆扬尘污染、裸露土地扬尘污染五大整治，强化部门联动、综合施治，构建起"共建共治共享"的治尘新格局。

（二）标准规范精细化，夯实管理与执行基础

不断完善扬尘治理领域顶层设计，相继出台《南宁市扬尘污染治理专项行动方案》《南宁市开展打赢"蓝天保卫战"建立治尘长效机制工作方案》等系列方案，加快推进《南宁市城市扬尘治理条例》立法进程，制定了《露天烧烤油烟治理规范》《建设工程施工现场网格化管理手册》《南宁市储备土地管护及临时利用管理办法》等制度规范，划定禁止露天焚烧秸秆区域，为治理提供制度支撑。推进标准化建设，落实行业主管责任，坚持执法环节与行业管理责任同步，按照六个100%（施工100%围挡、裸露黄土100%覆盖、运输渣土车辆100%洁净、出入口100%硬化、产尘工序100%湿法作业、视频监控100%安装）和出入口建设标准（配备自动冲洗平台、水槽、两台高压水枪、24小时视频监控等出入口设施设备和管理人员），从源头推动完善降尘措施，变责任主体由被动监管为主动管理，有效减少本地污染源。强化扬尘治理信用惩戒，对扬尘防治措施落实不到位的在建工地承建施工企业，由市住建部门进行施工企业信用考评扣分，累计对60个涉及扬尘防治不到位的建设工地项目实施信用考评扣分。

（三）管理手段精细化，推动"智慧"治尘转型

坚持智慧治理，依托信息技术等现代手段，构建南宁市扬尘治理视频综合管理系统（"慧眼"系统），专门成立市智慧城管信息中心，对已纳入"慧眼"系统的市区625个土方作业工地、68个消纳场、50个混凝土搅拌站、13个采石场、9个扬尘污染联合执法卡点、8个环保监测数据及重点运输道路，实施实时监控、部门监管监督、大数据分析、信息共享、部门联动的智慧化综合监管。2018年"慧眼"系统运行以来，截至2020年8月底，累计发现扬尘违规案件4834起，办结4390起，

处置率达 90.8%，智慧治尘震慑效应逐步显现。

（四）应急响应精细化，提高污染防控能力

网格化精细监测全覆盖，市区共建成 39 个空气质量自动站点，在全区率先实现市区建成区街道（乡镇）网格化监测全覆盖。污染趋势精细研判，增加未来一周空气污染扩散气象条件逐日预报、未来一个月空气污染扩散气象条件趋势预测；通过道路积尘负荷走航监测，研判道路扬尘重点防治区域；根据实时空气质量及预报预警结果，锁定夜间为污染高发时段和重点防控对象。强化预判分析应急响应，密切关注空气质量实时监测数据状况，建立每小时空气质量指数通报机制，发现空气优良指数提升较快，临近污染临界的，及时发布通知，要求属地城区和相关部门即刻启动应急措施，加强路面洒水降尘，加强几大污染源头治理执法巡查，及时遏制污染态势。上限重罚重点管控工地扬尘。Ⅰ级（红色）预警期间，要求全市建成区范围所有房屋建筑和市政基础设施工程一律停止土方开挖、土方运输、房屋拆迁、道路挖掘等扬尘作业。对违反上述规定的工地，情节严重的，依据新《大气污染防治法》相关规定对其违法行为按上限（10 万元）进行处罚，并直接扣除企业全部诚信分和停止投标 1~3 个月。

（五）源头管控精细化，推动管理关口前移

坚持抓小抓细，抓牢源头，变被动管控为主动监管，转变了以往"事后管理"的老思想。小袋大用，防止泥浆滴漏。全市统一制作防滴漏袋，向混凝土生产及运输企业免费发放安装，有效解决了水泥浆滴漏污染路面的问题。拆降挡板，遏止超高超载。2017 年全市 2237 辆旧式"泥头车"全部完成降挡板整改，消除了"泥头车"加高改装现象。技术改造，推动科技降尘。鼓励和支持混凝土生产企业开展降尘技术改造，2016 年，全市 35 家混凝土生产企业投入扬尘治理节能环保技改资金 6970 万元。疏堵结合，放开白天运输。强化渣土运输监管，自 2018 年起，全市建筑垃圾运输车辆由限时段运输转变为规定线路允许白天运输。大力推广新型密闭建筑垃圾运输车辆，逐步逐年淘汰旧式运输车辆，目前南宁市累计引入新型密闭车辆 2895 辆，占全市 3300 辆建筑垃圾运输车的 87.72%。

（六）末端执法精细化，推动管理合力提升

坚持严管重罚，扎实推进联合执法，建立多部门联动机制，切实解决扬尘治理中因权责交叉、多头执法的问题，转变了以往"九龙治水"老局面。优化卡点，一线执法联动。在城市主要出入口优化设立 9 个扬尘治理联合执法卡点，由城管、公安、交警、交通等部门人员组成执法队伍，24 小时轮班值守，严查城市工程运输车辆撒漏、超载等违法行为。协同查处，部门追责联动。建立运输车辆污染道路案件联动查处机制，实行工地源头处罚、车辆处罚。联动惩戒，提高违法成本。研究建立"黑名单"数据库和违法违章信息发布制度，将车辆及企业违法信息纳入信用信息系统，联合住建等部门进行联合惩戒。

（七）考评问效精细化，推动治尘责任压实

坚持考评导向，建立扬尘治理考核评价体系，健全激励约束机制，层层压实责任。创新制定空气质量分担考评机制。按空气质量自动监测站点3公里半径的敏感片区内涉及城区、开发区一并纳入同一点位进行考评，实现一个点位由多个辖区分担、一个辖区负责多个点位管控的齐抓共管新局面。因地制宜科学量化考评。通过增设环境空气质量得分项（占考评总分15%），把"慧眼"系统采集扬尘案件、扬尘各大源头案件采集列入考评暗访版块，将各级各部门扬尘治理工作情况纳入"大行动"考评。将建设工地、消纳场、采石场、搅拌站等污染源头纳入网格管理，明确各级治理责任人，扩宽101个"数字城管"网格覆盖范围，每周组织一次对巡查网格外区域扬尘源头治理暗访，实现扬尘污染治理问题案件采集全覆盖。奖惩问责强化结果运用。每月依据考评结果对各城区（开发区、风景区）进行30万~50万元不等现金奖惩。对于连续三次考评低于85分且排名最末的，按干部管理权限进行问责，以考评杠杆倒逼责任落实。

（八）引导全民参与，构建"共建共治共享"格局

激发社会主体力量参与治理，转变以往"干部在干，群众在看"的老意识。巧用平台，汇聚监督合力。依托媒体平台，曝光扬尘治理典型案例，通过舆论监督，向有关责任部门传导压力，倒逼问题整改，引导社会公众积极参与。有奖举报，正向激励引导。2016年8月出台《扬尘污染治理有奖举报方案》，并于2018年11月进一步优化完善举报内容和领奖流程，发动市民举报建筑垃圾运输车辆不密闭等五大类扬尘污染违法违规行为，给予举报人发放奖金30元，激励引导市民参与治理。

（南宁市城市管理行政综合执法局供稿）

成都市体育赋能"金角银边"的实践与思考

2020年8月10日,《文汇报》刊登《体育赋能"金角银边",全面共享健康生活》中指出:"上海多渠道提升体育场地设施供给和服务,城市的'金角银边'被赋予体育功能,增加健身场地供给有了新的抓手。坚持因地制宜,充分合理利用空间,提供便民利民的健身场地设施呈现出更多可能。"8月17日,省委常委、市委书记范锐平在《文汇报》上批示"请规自局、住建局、公园局、城管、文旅、教育、体育、社治等部门学习借鉴研究"。对此,市城管委党组高度重视,赓即组织召开城市"金角银边"工作研究专题会,分析城管领域"金角银边"工作相关现状,学习国内外先进地区经验做法,对体育赋能"金角银边"的基本原则和具体措施进行了探索研究。

一、当前成都市城管领域体育赋能"金角银边"的实践探索

"金角银边",原指围棋棋子放置的位置不同,其效率也相应不同,下在角上最高,边上其次。2020年5月20日,国家体育总局印发《促进体育消费试点工作实施方案》,提出要合理利用城市空置场所、建筑物屋顶、地下室等"金角银边",建设更多举步可就的体育设施,拓展体育消费空间。因此,"金角银边"可以理解为在城市疏解升级过程中产生的具备便利性、开放性、分布广泛等特点的城市公共空间。近年来,市城管委认真贯彻落实市委第十三次党代会精神,将"中优"战略部署和公园城市建设理念贯穿城市管理工作全过程,以"安全、清洁、有序、便民"为目标,全面推进城市管理工作提档升级,有序开展体育赋能"金角银边"工作,持续提升城市宜居性、市民获得感和认同感。

(一)"两拆一增"广泛植入运动基因

在"两拆一增"工作中,对于拆除围墙、违建后,具有较大空间的点位,市城管委通过设施嵌入、功能融入,不断拓展"两拆一增"的内涵及外延,持续优化体育设施服务供给,推动多元运动场景营造与绿色开敞空间打造的有机融合,

为城市"金角银边"赋予体育功能,缓解了周边群众缺乏运动健身场所的状况。现已打造武侯区交大花园足球运动场、成华区青年时尚运动广场、金牛区金泉运动部落、高新区新南社区广场等一系列点位。据统计,在 2018 年以来累计建成的 3641 个点位中,植入体育运动场景的点位共计 239 个,其中设置足球场的点位 20 个、设置篮球场的点位 33 个、设置乒乓球场的点位 39 个、设置健身器材的点位 173 个。

(二)城市桥下空间大量增设体育设施

按照安全优先、合理利用、公益为主的原则,市城管委稳步推进城市桥梁桥下空间综合利用,配合相关单位打造了武侯区人南立交桥桥下民俗艺术馆、健身角、合唱台、茶艺园等综合场景;利用沱江一桥桥下空间,融入文、体、商、旅、游等多重城市功能,增设乒乓球桌、健身器材、篮球场等体育设施,建成健身阳光活力园,丰富了群众的活动空间。此外,推动中心城区营门口立交桥、北星高架桥、双桥子立交桥等桥下空间的综合利用,为市民提供了健身休闲娱乐场所。

(三)铁路沿线整治有效融入运动元素

在牵头铁路沿线环境整治过程中,市城管委坚持因地制宜融入体育运动元素,打造了系列环境品质改善提升的典型案例。如锦江区在推进高铁沿线示范段整治中,拆除危及铁路运行安全的违章建筑 60 余处、面积 1 万余平方米,消除沿线乱堆乱放、违章搭建、危险建筑物、农民捡栽捡种等安全环境隐患问题,同时调整该区域规划形态,植入生态保障、体育运动、慢行交通、应急避难等多种功能,打造锦江体育公园,提升了周边群众生活品质。

二、国内外先进城市体育赋能"金角银边"的经验启示

(一)因地制宜、强化空间利用,是推进体育赋能"金角银边"的关键环节

改建闲置场地,打造城市"金角银边"需要依托现有条件"精打细算"、因地制宜,既要对接服务半径内群众不断迭代的健身需求,又要实现复合功能和兼容设计,有效提高利用率。一是融体于绿,让健身场地设施进公园进绿地。广州、衡水、石家庄等多地采取在公园绿地、街道小区、河流生态修复工程等规划建设全民健身场地设施,补充全民健身设施场地的"融体于绿"项目。二是见缝插针,挖掘边角土地、立交桥下等空间潜力。北京在每日流通人口超过 20 万人的金融街打造"智慧步道",张家口、杭州等地则利用高架桥下的空间建设了运动健身场地,荷兰在高速路下建造了停车场、多种体育设施、雕塑、喷泉等,在城市空间日益

紧迫的当下，合理布局、充分挖掘城市"金角银边"。

（二）与时俱进、强化科技支撑，是推进体育赋能"金角银边"的趋势

在"金角银边"的建设中，很多城市借助现代科技力量，打造智慧型的运动场地，给市民带去了优质的运动感受。一是智慧设计，通过科技设施丰富运动生活。大连、西安等地的智能运动公园配备有智慧工作站、健康柱及人流量检测系统等智慧器材设施，为广大市民提供运动排名、环境监测、健身数据等智慧服务。荷兰斯奇丹市高速公路隧道顶部的体育场，为保证场地安全，用欧洲最大的帆布制成幕布把场地包裹起来，兼具功能性与艺术性。二是上天入地，利用科技水平开拓垂直空间。杭州、上海、南京、重庆等地都在商场楼顶建立了天际运动场，以铁丝网进行包围，满足市民的健身需求。河南、上海等地也运用"轨道+体育"一体化综合开发理念，结合便捷的轨道交通建设大型地下体育综合体。

（三）系统设计、强化政策支持，是推进体育赋能"金角银边"的着力重点

截至2019年底，我国人均体育场地面积为1.86平方米，要想多渠道盘活存量、扩展增量，让闲置土地变废为宝，政府部门的引导和相关政策支持是重点。一是慧眼识珠，挖掘废弃土地的潜能效用。呼和浩特市政府通过勘察市区边角土地，投资兴建500个笼式足球场向市民开放。天津市体育局致力改造城市废弃环城铁路，使其在保留原有铁路主题风貌的同时，成为集健身、休闲、观光功能于一体的健身绿道。二是筑巢引凤，鼓励社会力量参与建设。温州体育局提供政策支持和资金补助，激发了当地投资者的积极性，落成了"梧田迪奥斯网球中心"。宁波北仑区春晓湖畔成立的斯达克俱乐部，也离不开春晓街道及省市两级体育总局在土地使用政策及体育产业资金上的大力支持。

（四）统筹协同、强化部门联动，是推进体育赋能"金角银边"的重要保障

城市"金角银边"的建设，经常涉及多个部门的交叉管理，需要各部门理顺工作机制，协调工作职责，保障"金角银边"的规划设计、建设打造、监督管理等顺利进行。衡水人民公园的篮球场由市园林管理局出资出地，市体育局提供技术支持和场地设施，加上当地街道办的组织维护，最终得以建成。温州瓯海区体育局将瓯海区梧田街道林村东岸路的闲置土地纳入"拆后利用"项目，由住建、国土、规划、消防等相关职能部门共同组成的联席会议共同审核把关，镇、街道则对项目建设、运营进行监督，实现了垃圾堆的华丽转身。杭州市公路部门联合国土规划、综合执法等部门大力推进高架桥下土地整治，先基本纠正了管辖范围内的桥下空间乱象，再对整治后的桥梁进行施工建设，最终建成公益性的市民活动场所。

三、关于推进成都市体育赋能"金角银边"的对策建议

（一）准确把握体育赋能"金角银边"的原则

一是坚持公益优先，便捷实用，全面优化公共服务供给原则。建设全民健身场地设施，需要牢固树立公益优先的基本理念，创新公共服务建设，优化公共服务供给。在保持广场、公园等绿化区域基本规划的情况下，利用公园、广场等绿地空间因地制宜建设健身场地设施，在社区内部尤其是老旧小区建设健身场所，改造公园、广场、街边绿地等居民户外活动的重要区域。既要政府统筹，部门协同，全面梳理城市"金角银边"可用资源，统一规划建设一批便捷实用、开放共享的健身场地，推动形成全龄段人群看得见、用得上的运动格局；也要鼓励社会力量参与建设管理，利用废旧厂房、闲置空地建设多功能运动场所，实现公益性与经济性有机融合。

二是坚持因地制宜，功能复合，全面丰富运动场景营造原则。城市"金角银边"的打造需要根据不同土地及周边环境的实际情况灵活施策，充分挖掘"金角银边"开发利用潜能，结合各类"金角银边"资源大力实施体育、文化、音乐等类型的赋能改造，推动运动、文化、休闲、娱乐等场景建设于一体，有效提高空间利用率。充分利用街头绿地、闲置空地、市政用地、桥下空间、第五立面等场地资源，按照"设施嵌入、功能融入、场景带入"的理念，优化绿化景观建设，实现融体于绿的运动格局，因地制宜建设环形步道、笼式足球场、笼式篮球场、羽毛球场等健身场地，才能营造满足多层次人群需要的运动场景。

三是坚持以人为本，创新经营，充分满足人民群众需求原则。开展城市体育赋能"金角银边"工作要坚持以人民为中心，落实全民健身国家战略，把满足人民健身需求、促进人民的全面发展作为工作的出发点和落脚点，广泛深入开展群众健身需求调研工作，全面围绕群众诉求进行科学决策，尤其重点关注居住人口密集且健身场地稀缺的街道社区，着力构建15分钟健身圈。激活"金角银边"，需要将群众诉求与设施建设高度融合，科学规划建设一批小型多样、全龄友好、使用率高的智能体育场地设施，创新经营管理场地，进一步化解运动场地供需矛盾，不断满足人民群众家门口的健身需求。

（二）着力突破体育赋能"金角银边"的难点

一是科学规划布局，加快增加供给。坚持全市一盘棋思想，在安排年度土地利用计划时，加大对体育产业新增建设用地的支持力度，将体育设施用地纳入城乡规划、土地利用总体规划和年度用地计划，合理安排用地需求。鼓励各类市场

主体利用工业厂房、商业用房、仓储用房等既有建筑及屋顶、地下室等空间建设改造成体育设施，并允许按照体育设施设计要求，依法依规调整使用功能、租赁期限、车位配比及消防等土地、规划、设计、建设要求。

二是盘活存量资源，创新运营管理。全面梳理城市"金角银边"体育设施存量可用资源，在政策范围内采取必要激励机制，支持有条件的中小学和机关事业单位体育场地设施进行社会通道改造，实行优惠和减免双向开放。建立完善"金角银边"长效管理维护机制，明确管理维护部门，提高市民使用率，让增设的各类设施发挥效果，真正服务于群众。鼓励、吸引社会资本参与体育产业发展，鼓励社会力量鼓励以购买服务方式引入专业机构运营管理。

三是完善配套政策，加大扶持力度。建立由体育部门牵头，规划、住建、公园城市、安全、城管、水务等部门参与的工作协调机制，加强行政主管部门联动合作，着力解决"金角银边"打造过程中，涉及土地利用性质调整、消防安全配套、道路绿化设施占用、公共屋顶开发、桥下空间利用等各环节的行政审批掣肘，积极给予政策支持。建立健全全市体育赋能"金角银边"建设资金投入机制，实行项目化管理，持续加大经费投入。

四是鼓励全民健身，弘扬体育文化。实施全民健身行动，努力打造百姓身边的健身组织和"15分钟健身圈"。进一步研究鼓励群众健身消费的优惠政策，培养健身技能，增强体育消费黏性，激活健身培训市场。整合传统媒体和新媒体、自媒体，构建强大的体育宣传矩阵平台，宣传报道各类体育赛事、全民健身活动以及文化、旅游等活动，丰富人民群众精神生活，提高广大市民的文化素养和体育意识，为世界赛事名城建设营造氛围。

（三）扎实抓好城市管理领域推进体育赋能"金角银边"的重点工作

一是深化两拆一增，优化"金角银边"城市空间。将"金角银边"区域作为"两拆一增"工作的重点，优化开敞空间，持续深入开展点位场景营造，对具备条件的建成点位进行设施叠加，进一步增加场地健身功能。对计划实施整治，且具较大空间，周边群众有健身运动意愿的点位，合理规划设置休闲区、健身区，推动实现休闲、娱乐、运动等一体化功能建设。

二是整治背街小巷，加强"金角银边"违建治理。结合背街小巷等整治，会同住建、公园城市等单位充分利用建筑物楼顶、道路边角地、桥梁下空地等城市公共空间，建设嵌入式，小型多样、灵活简易的健身场地设施，因地制宜实施运动场景植入。集中整治公园绿地、高架桥下及建筑楼顶的违法建设，并做好美化和环境打造。加大日常巡查和执法力度，全面遏制新增违法建设，确保"金角银边"健身场地及周边违建"零增长"。

三是强化景观营造,提升"金角银边"环线夜景。优化城市功能照明,开展城市"金角银边"功能照明"补短板"行动,实施城市道路陈旧照明设施提升,全面保障城市照明。加强对"金角银边"景观照明提升方案的指导,集中规划、统一设计,在分析景观效果的基础上,结合人流路线及体育设施分布情况,开展高品质的夜景照明提升行动,打造城市靓丽夜景。

四是规范广告招牌,确保"金角银边"安全整齐。集中整治"金角银边"区域广告招牌"缺笔少划、超大超亮、一店多招"、招牌色彩杂乱等广告招牌乱象问题,结合违规广告招牌专项整治工作加大各类违规招牌的查处力度,建立"金角银边"问题广告招牌清理台账,倒排任务按月推进,确保广告招牌设置安全、协调、美观。

五是加强道桥维护,改善"金角银边"周边设施。加强"金角银边"周边道路、桥梁的管理维护,采取车巡加步巡方式进行巡查,及时发现并处置道桥病害问题。加大"金角银边"周边道路设施的集中整治,加强挖掘城市道路的监督管理,严禁占道施工"占而不用""围而不动"等行为,确保"金角银边"区域整体面貌干净整洁有序。持续推进道路路面黑化、人行道整治,提升"金角银边"道路品质。

六是美化箱柜线缆,提升"金角银边"路面风貌。推进"金角银边"地下管网改造,加强电力、通信等管线治理,归并散乱架空线缆,清除废弃线缆线杆,确保管线下地入网。借鉴先进城市的做法,制定整治方案,采取拆除、合箱、清洗、涂装、装饰等方法,协调相关部门共同实施整治。加强箱柜设施的设置、管理和维护,消除脏污破损现象,结合"金角银边"体育设施具体风貌,进行全面美化升级。

(成都市城市管理委员会供稿)

◎ 城市公园建设情况

宁波全力打造"绿盈名城、花漫名都"城市景观

近年来，宁波市城市园林绿化工作在市委、市政府的正确领导下，以国家生态园林城市创建为目标，城市园林绿化全面健康发展。通过"增绿添彩、提质增效"活动，强化责任、勇挑重担、狠抓落实、精细工作，全力打造"绿盈名城、花漫名都"的宁波城市新景观。

一、基本概况

宁波市委、市政府一贯高度重视城市绿化工作。通过全市园林绿化工作者的共同努力，2003年12月，宁波市成功荣膺"国家园林城市"称号，并先后于2009年、2014年和2018年通过国家园林城市复查。先后印发《关于进一步加快园林绿化事业持续健康发展 助推美丽宁波建设的指导意见》（甬政办发〔2015〕203号）、《宁波市公园绿地街景建设与管理工作实施方案》（甬政办发〔2018〕100号）等文件。修订完成《宁波市城市绿化条例》，制定了《宁波市城市绿地养护质量等级标准》等一系列地方或行业标准规范，推动城市绿化事业发展。

截至2019年底，宁波市中心城区绿地面积达15861公顷，公园绿地面积达4556公顷；建成区绿地率38.16%，绿化覆盖率41.69%，人均公园绿地面积13.92平方米。城区公园187个，面积达2267公顷，其中水域面积达193公顷。初步达到了"绿盈名城、花漫名都"的城市景观效果。

二、主要工作和做法

（一）规划引领，城市绿地系统不断完善

宁波市高度重视城市绿地系统规划及各类专项规划的修编和实施工作。合理的规划有利于城市各类优势生态资源的整合利用，促进城市空间布局的科学化、长效化。

1. 绿地系统规划统筹布局

城市生态绿地系统规划是对各类城市绿地进行定性、定位、定量的统筹安排。2002年,编制完成《宁波市城市绿地系统规划(2002—2020)》,城市形象得到大幅提升。2014年,根据城市总体规划修改,重新修编完善《宁波市生态绿地系统专项规划(2014—2020)》,通过对风景名胜区、水源保护区、郊野公园、森林公园、自然保护区、风景林地、城市绿化隔离带等非建设用地的全局统筹,搭建绿地系统生态体系,基本形成符合发展需求的绿色生态框架。同时,宁波市注重规划项目的落地实施,为有效保障各类绿地的建设,规划公园根据实际情况被列入每年建设计划中,并有序实施;防护绿地实施率达到86.02%,总体实施效果良好。2019年,宁波市正式启动了新一轮《宁波市生态绿地系统专项规划(2021—2035)》编制工作。目前,作为国土空间规划体系的重要组成部分,编制工作正在有序推进中。

2. 各类配套规划齐头并进

宁波市是国内绿线管理工作开展较早的城市,早在2002年就正式颁发了《宁波市绿线管理规定》,对绿线管理范围和管理办法做了明确规定。2014年,宁波市编制出台了《宁波市中心城绿线控制规划》,对于强化城市绿地管理,优化城市绿地布局,提升城市品质品位等具有重要指导意义。树种规划方面,宁波市于2000年出台了《宁波市园林绿化树种规划》,并于2019年结合宁波各类绿地实际情况,因地制宜编制完善《宁波市城区园林绿化树种规划》,以乡土树种为基础,引入新优品种,优化空间布局,形成种类丰富、结构合理、色彩鲜明的园林树种结构,进一步形成宁波城市树种特色,符合大花园建设需求。

(二)加强建设,城市绿量不断增加

园林绿化建设是城市建设的点睛之笔,根据《宁波市生态绿地系统专项规划》《宁波市人民政府办公厅关于进一步加快园林绿化事业持续健康发展助推美丽宁波建设的指导意见》(甬政办发〔2015〕203号)和《宁波市公园绿地街景建设与管理工作实施方案》(甬政办发〔2018〕100号)等文件精神,宁波市近年来加大绿地建设力度,统筹安排工作任务,三大绿化指标稳步提升,城市绿量呈上升态势。

1. 公绿建设任务超额完成

2014年,宁波市制订完成《宁波市园林绿化建设三年新增560公顷绿地项目计划书》,按照三年行动计划总体要求,目标完成新增公共绿地560公顷。在相关单位的不懈努力下,截至2016年底,圆满完成了新典公园、夏禹公园、包家河公园二期、姚江北岸滨江绿地、东部生态走廊、东部中央广场、宁波植物园、鄞州公园二期等38个公绿建设项目,共计563.96公顷,超额完成三年目标任务。其中 2014 年完成 169.95 公顷公绿建设，2015 年完成 181.17 公顷公绿建设，2016 年完成 212.84 公顷公绿建设任务。此后，在市、区两级管理部门和建设单位的共同努力下，新建公园绿地和闲置地绿化建设每年按计划实施。2017 年，完成双古渡公园、湾头万象公园等公园绿地 125 公顷；2018 年，完成姚江北岸谢家地块滨江景观带、滨江绿带整治工程六期等市政府实事工程 100 公顷公绿建设任务；2019 年，完成姚江南岸滨江休闲带一期、姚江北侧青林渡桥以西滨江绿地等公园绿地 50 公顷；2020 年将新增姚江南岸滨江休闲带（青林渡路—育才路）、宝庆寺公园等项目 50 余公顷。此外，宁波市还提升改造了日湖公园、院士公园、绿岛公园等一批老旧公园，有效提升了城市公园景观形象。

2. 公园绿地结构逐步完善

在城区供地日趋紧张的形势下不断深挖潜力，通过成片绿地建设与"见缝插绿"相结合，不断扩展绿地建设途径，进一步完善"综合公园—社区公园—街旁绿地"的三级公园绿地体系。2018 年，完成悠云公园、永丰门遗址公园、清河路东侧公交场站小游园、东裕公园等 20 个"口袋公园"的建设改造。2019 年，通过改造居住区周边小游园和道路交叉口绿地，新增海曙区玲珑公园、江北区中马路公园、鄞州区象棋公园、宋诏桥公园、镇海区世纪大道沿河小游园等"口袋公园" 22 个，使公园绿地服务半径覆盖率进一步提高。

3. 绿道绿网日渐织密

宁波市绿道自规划建设以来，经过近几年的建设，各地绿道建设因地制宜、彰显特色，做足"拥江"文章——三江六岸核心区规划 50 公里，已建"可走、可跑、可骑" 33 公里；挖掘"揽湖"潜力——东钱湖环湖，"慢行、慢游、慢活"，规划全长 37 公里，已建成 19 公里；凸显"滨海"风情——象山县"环象绿道"以海为韵、以绿为脉，顺势百里黄金海岸；打造"沿山"绿脉——余姚市以"森林余姚"建设为目标，打造"环山、顺水、沿城、连景"，按照山水人文、碧水青山绿道骨架，沿四明山、翠屏山建设"沿山"绿道；串联"城市"绿道——东部新城"H"形绿道全长 21 公里，串联生态走廊、甬新河、后塘河两岸、中央公园、市民广场等绿地，已建成 19 公里。截至目前，全市各级各类绿道总里程已突破 1300 公里，涵盖滨水、路侧、园地、郊野、便道、林地等多种类型，串联城市自然山水人文，服务群众休闲游憩健身，促进城乡绿色协调发展，让群众共享生态文明建设成果。

（三）创新思路，绿化形式不断更新

为打造宁波特色，不断美化彩化城区绿化景观，近年来，宁波市不断创新绿化形式，按照"一路一品""一公园一特色"的要求，通过老旧公园升级、特色花卉景观营造等手段，打造了一批景观精品和特色绿化形式。

1. 特色工作为甬增绿添彩

花卉景观大道和花漾街区能有效提高市民对城市绿化的体验感，在花期营造出令人愉悦的环境。"十三五"期间，宁波市城区完成道路提升76条，打造海曙丽园路、江北大庆南路、鄞州甬港北路、北仑太河南路等由月季、梅花、巨紫荆等组成的花卉景观大道11条。建成江北老外滩、海曙莲桥第、镇海福业街、奉化万达商业街等花漾街区7个。特色公园方面，完成了福民公园（杜鹃园）、白云公园（田园休闲）、绿岛公园（体育文化）、黄鹂公园（海棠园）、镇安公园（红枫园）、丹凤社区公园（桂花园）、大步公园（芙蓉花）等15个特色公园改造工作。

2. 立体绿化建设量增质升

在城市用地紧张的情况下，实施立体绿化能有效增加城市绿量，还具有节能减排的功效。根据《宁波市城市绿化条例》的规定，可折算入绿地率指标，进一步提升了立体绿化的实施推行。近年来，宁波市不断丰富绿化形式，如主题绿雕建设、高架桥桥墩（桥面）垂直绿化建设、墙体垂直绿化建设、屋顶绿化建设等。建成屋顶绿化15万平方米，绿墙2.3万平方米，高架桥桥面绿化50公里，主题绿雕35座。

3. 环境美化保障有效到位

在重大活动和节日期间，营造良好的绿化美化环境，对外充分展示宁波市的城市之美。在国家领导人来甬及中东欧博览会、航海日、智博会、春节、国庆期间，在重点区域布置花卉造型，年度摆花总量达500万盆以上。

（四）争先创优，优秀典型不断涌现

1. "国家园林城市系列"创建踊跃

近年来，宁波市加大对各区、县（市）及中心镇园林绿化创建工作的指导力度，截至目前，宁波市中心城区、余姚市、慈溪市、宁海县和象山县均已建成园林城市（县城）。同时，多渠道落实各区、县（市）所辖镇开展园林镇创建工作，多次组织专家开展实地指导工作。目前，已建成慈溪市周巷镇"国家级园林镇"，海曙区集士港镇、江北区慈城镇、慈溪市观海卫镇、余姚市泗门镇"省级园林镇"，其中余姚市泗门镇已提交"国家级园林镇"创建申请。这些荣誉称号的获得标志着宁波市城镇园林绿化水平实现新提升。

2. 各类评比引领行业先进

为树立典型，宁波市每年定期开展优质综合公园、绿化美化示范路、园林式单位（居住区）创建工作，并推荐参加省级评比。2019年，宁波市获评8个省级优质综合公园、8条省级绿化美化示范路和14个省级园林式单位（居住区）。目前，全市已有省级优质综合公园32个，绿化美化示范路32条（居全省第二位），园林式单位（居住区）23 个。

3. 三大专项评选促建促管

2019 年，宁波市开展了"最佳口袋公园、最佳花卉景观大道、最美隔离带书带草景观"三大专项评选。43 个项目入围参评，通过实地考察、综合考评，最终评选出 9 个设计新颖、施工精良、具有导向意义的项目为获奖项目。最佳口袋公园为奉化区中山公园南门口公园、鄞州区后庙路口袋公园、宁海县金水路与学勉路交叉口项目；最佳花卉景观大道为海曙区丽园北路、江北区大庆南路、鄞州区甬港北路（中山东路—百丈路）；最美隔离带书带草景观为慈溪市北三环路隔离带、宁海县科技大道绿化项目、北仑区黄山隔离带。并结合日常养护考核成绩，开展"最优""最差"绿地评选。通过考核与评先相结合的方式进一步提升宁波市园林绿化养管水平和景观质量。

（五）提升技能，养护管理不断精细

通过精细化管理，加强对绿化养护企业的监管，确保绿化成效，不断提升绿化品质，绿化养护水平明显提升。

1. "行走甬城"深入环境整治

按照《市城管系统环境综合整治工作实施方案的通知》要求，为查找短板、破解难题，宁波市于 2018 年 1 月起在全市范围内启动了园林绿化行业环境综合整治，并根据《市综合行政执法局关于印发行走甬城发现问题马路办公解决问题实施办法的通知》工作要求，在园林绿化行业开展"行走甬城"专项行动。在本次专项整治行动中，采取高强度、多频次、广覆盖的行动原则，以全域化考核为目标，落实行走甬城马路办公解决问题要求，对海曙、鄞州、江北、奉化、北仑、镇海、高新七个区范围,实行绿地养护管理常态化监管模式。2018 年，共出动 2140 余人次，实地考核点位 570 余个，对全市 1560 余处绿地开展巡查，发现问题 2400 余个，以案件形式上报"甬城管+"App 近 430 余件，共编制形成 36 期绿地环境整治周报。2019 年，宁波市共出动 536 余人次，实地考核点位 459 余个，发现问题 2314 余个，上报"甬城管+"App 案件 1200 余件，编制完成 77 期绿地环境整治周报，通过及时发现和整改，为城市绿化提供强有力的保障，使宁波市园林精细化管理水平有了很大提高。

2. 诚信体系建设强化监管

宁波市于 2014 年启动了城市管理领域行业的信用评价和管理工作，建设开发了"宁波市市政公用养护建设市场信用信息系统"。同时，积极做好园林养护市场信用评价系统网站配套升级维护工作,推进信用评价应用,落实园林行业重点监管，加强对园林养护项目的日常监管，加大了项目专项指标考核力度。截至目前，全

市入库园林养护类企业已达228家，录入养护项目3657个，通过数3612个，通过率达98.77%。此外，为促进园林养护质量的进一步提升，采用奖惩机制，对考核中存在问题采取直接扣款形式，明确养护企业退出机制。

3. 制度标准全面规范完善

近年来，宁波市加快制订一系列精细化管理标准，包括《城市绿地养护技术规程》《行道树养护技术规程》《公园绿地养护作业规范》《道路绿地养护作业规范》《行道树树穴实施导则》5个行业技术标准；《行道树养护定额标准》《立体绿化养护定额标准》《城市绿地养护定额标准》3个绿化养护定额标准，进一步促进宁波市城市绿化事业更好发展。

4. 园林废弃物资源化处置

宁波市以绿化植物废弃物100%资源化利用为目标，加快园林废弃物资源化处置场所、就地消纳场所的建设。完成制订《宁波市城市绿化植物废弃物管理办法（试行）》，规范收集、转运、处置各环节，打造全市园林废弃物高效循环处置体系，以实现园林废弃物处置的无害化、减量化、资源化。目前，城区已建成园林废弃物处置场所9处，江北区园林废弃物处置中心及鄞州绿化垃圾处置中心均已进入试运营，年处理量均达7000吨以上，基本实现了辖区内园林废弃物的资源化处置；镇海区园林废弃物循环化处置项目启动试运行，年处理量达8000吨，基本能够实现全区园林废弃物资源化处置。

（六）立足民生，群众性绿化不断丰富

群众绿化工作是园林服务市民的有效途径，通过活动既提高了市民绿化知识和园林绿化从业人员养护技术水平，也营造了全民爱绿护绿懂绿的浓厚氛围。

1. 义务植树活动蓬勃开展

全市开展各类主题突出、形式多样、内容丰富的义务植树活动。2016年，宁波市首次打破传统植树方式，创新义务植树形式以来，在"宁波园林"微信号推出"打卡植树"活动，受到群众积极响应。"十三五"期间，宁波市克服土地资源紧缺的困难，开展了"播撒希望，相伴成长""我为汽车种棵树——植树·护绿·打赢蓝天保卫战"等主题活动，以及美丽庭院、美丽家园评比等爱绿护绿活动，以更广泛充分地调动各方面积极性，开创全面义务植树的新局面。2019年，城区71万人次参加义务植树活动，植树185万株，尽责率81%以上。

2. 绿地认养认管良好发展

宁波市于每年3月开展城区绿地和树木认养认管活动，表彰年度先进单位及个人，并进行新一轮城区绿地认养认管协议签订仪式，推出的绿地、树木被单位、学校和市民认养、认管，至今已有17个年头。从2004年推出的21公顷到2020

年的 220 多公顷，面积扩大了 10 多倍，认管单位也由起初 10 多家到现在的 100 多家。2004 年至今，已有 241 家单位及 47 位个人荣获"护绿贡献奖"及"护绿先进个人"荣誉称号。

3. 花展花事活动精彩纷呈

为推进"绿盈名城，花漫名都"城市的建设，提升宁波绿地品位和档次，花事活动开展如火如荼。分别推出郁金香、杜鹃、菊花、兰花、绣球等花卉主题展，宁波园林博物馆开展主题文化系列宣传，受到了市民的一致好评，引导和带动更多的市民参与种树养花。

4. 园林科普知识强化宣传

针对广大市民对各类绿化知识的需求，宁波市园林绿化部门有针对性地开展了园林绿化法律法规、宁波藤本植物资源及应用、月季种植及养护管理、树木修剪等多次园林绿化广场宣传和知识讲座。通过活动既提高了市民绿化知识和宁波市园林绿化从业人员养护技术水平，也营造了全民爱绿护绿懂绿的浓厚氛围。

（七）强化监管，依法治绿护绿不断深化

依法行政、依法治绿护绿是确保城市绿量和提高绿化水平的重要抓手。近年来，宁波市不断提升园林绿化管理法制化规范化水平，为城市绿化赢得空间，引领城市绿色发展。

1. 依法治绿体系不断完善

2018 年 3 月 1 日，新修订的《宁波市城市绿化条例》（以下简称《条例》）正式施行。新《条例》的施行，在原有基础上进一步加强了绿地管控和保护，提升了宁波市依法治绿水平。为完善《条例》，宁波市还出台了《宁波市城市绿地认建认管认养实施办法》《宁波市城市立体绿化地下设施顶板绿化折算实施办法》等配套法规规范，不断建立和完善城市绿化规划、建设、保护和管理法规体系。

2. "最多跑一次"改革持续深化

抓好城市园林绿化行政许可事项管理工作，强化动态管理，加强对各区、县（市）绿化审查审批事项的指导和监管工作。根据《宁波市城市管理局关于中心城区绿化审查审批相关事项调整工作协调会议纪要》（甬城管会纪〔2018〕16 号），做好中心城区绿化审查审批相关工作。同时，深化"最多跑一次"改革。根据省、市有关部门要求做好省政务服务网 2.0 版事项梳理和执法监管事项上报工作。运用执法监管平台和"浙政钉"开展园林绿化专项检查、双随机、日常检查等，提供行业监管能力。

3. 古树名木普查保护管理到位

"十三五"期间，宁波市根据《宁波市城市绿化条例》《浙江省古树名木保护

办法》和《浙江省古树名木认定细则》，按照计划做好五十年以上大树及古树名木普查、汇总、建档、命名等工作。各区、县（市）按照计划完成对辖区内五十年以上大树及古树名木的普查和保护管理工作，并完成汇总和建档。截至目前，宁波市城区古树共有324棵。同时，继续加强古树名木的日常养护管理和防火防台防汛工作，及时对濒危树木进行复壮，并加大了对后备资源及大树的就地保护工作。此外，继续完善古树名木智慧城管平台的实时监控管理工作，通过平台实现市区两级第一时间掌握所有古树名木的实时动态，处理各类应急问题，提高养管及处置效率。

（八）科技驱动，促进科研成果转化应用

1. 科技创新推进科学养管

根据园林绿化管理工作专业性强、技术要求较高、精细化程度亟须进一步推进等实际情况，管理部门加强与企业事业单位及高校的合作，采用新技术、新材料、新方法，积极开展引种驯化、物种资源保护、水质净化、水生态保护等实用性、前瞻性研究，实现科学养护、智能养护、精细管理。同时借助"数字园林""智慧城管"等多个数据平台，实现全面、科学、高效的绿地指标统计、园林绿地建设管理、行业监督考核。

2. 生态园林应用研究硕果累累

近年来，宁波市致力于园林绿化科技研究工作，结合"产学研"相结合模式，促进科研成果的转化应用。完成《城区大型桥梁绿化技术研究与示范》《观花行道树引种驯化》等课题研究；出版了《宁波植物》《宁波花境》等书籍；建成了龙山苗圃科研基地等工作。继续做好垂直绿化、木本花卉控花技术及草本花卉使用等课题的研究，尽快实现科研成果转化，为宁波市垂直绿化、年度重大活动及节庆期间环境布置工作做好技术引领和指导。同时，各区、县（市）应积极开展园林绿化知识培训，加强园林绿化行业技术人员的业务素质。

三、下步工作计划

（一）立足长远统筹，高标准规划引领建设管理

为更好地了解和掌握宁波城区绿地现状，规划和指导城市公园绿地发展，服务宁波"国家生态园林城市"的创建，计划编制完成《宁波市生态绿地专项规划（2021—2035年）》，结合时代背景与使命，进一步优化绿地系统规划体系，旨在形成生产空间集约高效、生活空间适度宜居、生态空间山清水秀的空间格局，积极响应人民美好生活需求，实现绿色空间高质量发展。同时，制定宁波市城绿线规划方案，启动新一轮绿线专项规划编制工作。不仅要从宏观层面控制绿地空间结构及绿地类型，更要从中、微观的角度控制绿地布局，保障城市绿地布局均衡、分布科学。同时，更好地保护现有绿地不被随意占用，规划绿地不被随意调整。

（二）明确目标任务，加快绿地建设力度

根据《宁波市人民政府办公厅关于印发宁波市公园街景建设与管理工作实施方案的通知》文件要求，每年有计划分阶段实施一批新建公园绿地和闲置地绿化项目。高标准、高质量完成宁波"法国园"建设项目。同时加快道路绿化、防护绿地等各类绿地建设步伐，确保园林绿化三大指标稳步增长。充分开展基础调研，对接规划、住建等部门，压实年度绿地建设责任。此外，开展"口袋公园"建设改造，实施高架、公建设施立体绿化，鼓励企事业单位、社会组织积极参与，确保绿地增量增质。

（三）强化考核监管，提升精细化管理水平

全面加强绿化养护考核监管，持续推进"行走甬城，马路办公"环境整治专项行动，通过"最优、最差"绿地等专项评比活动提高养护企业履责能力和技术水平。继续出台和落实有关技术标准规范，树立"大城管"工作理念，建立执法联动机制，加大绿化保护和管理，及时处置绿化案件。进一步完善园林绿化养护企业诚信体系建设。

（四）对标先进典型，优化园林绿地管理服务品质

一是深化星级文明公园创建工作，对全市重点公园及特色公园实施公园"园长制"，优化公园服务品质，按星级公园分级管理。二是通过微改造和有机更新等养护性提升措施，提升公园、道路、重要节点的景观，实现三季有花、四季有景的美丽城市景观。三是做好省优质综合公园、绿化美化示范路、园林式单位（居住区）等建设工作。

（五）坚持依法治绿，加强法律法规实施力度

进一步加强对《宁波市城市绿化条例》和相关法律法规的宣传推广力度，提高市民爱绿护绿意识。对《宁波市城市绿化条例》实施情况进行调研，了解、发现、掌握《条例》的实施成效、存在问题以及各方面对法规实施的意见、建议；加大园林绿化执法力度，严厉打击损绿、毁绿、违规占绿等违法行为，有效提升依法行政、文明执法的工作水平和社会效果。

（六）精准整合资源，推进养管新模式发展

按照省、市关于集中财力办大事的总体要求，推进园林绿化行业各级财政事权和支出责任划分，根据现行体制，认真细化梳理行业职责，以中山路等城市道路"一体化"养管试点为模板，总结成熟经验，扩大新模式应用。集中各行业管理部门力量，整合管理资源，在高架桥绿化养管工作上推广一体化养护管理新模式，并做好园林绿化行业相关标准、要求的制定及日常考核监督。

（宁波市园林绿化中心供稿）

福州市城市园林绿化工作成效显著（2016—2020年）

2016年7月以来，福州市城市园林绿化工作以"全民动员、绿化福州""绿进万家、绿满榕城""生态公园建设""串珠公园建设"等一系列行动为总抓手，践行以人民为中心的发展思想，种大树、造绿荫、惠百姓，汇聚了推动城市园林绿化环境迅速提升的强大力量，掀起了一轮植树造荫、绿荫惠民的热潮。

截至2019年底，福州市建成区绿地率为42.22%，建成区绿化覆盖率达45.39%，人均公园绿地面积为15.33平方米，公园绿地服务半径覆盖率93.81%。城市林荫网络逐渐完善，园林绿化环境大大提升；市民身边的小公园日渐增多，城市公园绿地分布明显改善。园林正在以各种方式深深地融进市民群众的生活，植入城市的生态肌体，市民的参与感、获得感越来越强，越来越多的市民群众可以推窗见绿、出门进园、行路见荫。

一、绿满榕城，绿进万家，城区园林绿化环境显著提升

2016年7月，福州市开展"全民动员、绿化福州"行动，树立以人为中心、实用第一、造荫第一的新型绿化观，让绿化为人服务，而不是人为绿化服务，推动从赏绿向享绿转变，坚持植绿造荫、绿荫惠民，以为市民可享用的绿色空间为重点，建设提升可进入式绿地，全面提升市民"绿化"获得感、幸福感。2019年至2020年，又接续升级，开展"绿进万家、绿满榕城"行动。生成各类项目任务2339个，通过省、市媒体向市民征集"种大树、增绿荫"线索300多条。截至目前，共梳理提升林荫道路342条，完成交通等候区和公交站遮阴工程173处，完善提升单位、小区等绿化项目155个，城区种植乔木45万株，全市种植乔木82万株。林荫道路、林荫等候区、林荫公交站、林荫停车场等逐渐形成了一个林荫网络，既使得绿化环境焕然一新，又为市民提供了舒适惬意的出行体验。

为了做好城区园林绿化精准补绿、精细提升，福州市园林中心创新脚步丈量法，将项目推进例会从办公室移到路上，每周四晚上路上走、现场看，哪里可以种树、种什么样的树、市民需要什么样的绿化，都是现场揣摩和思考。四年多来，

每周都在坚持,已经走遍了福州的大街小巷。在走街串巷中,总结出了加密、加厚、填空白、加品种、添层次等15种城区绿化提升模式,已成为福州各县市区和其他城市的经验参考。

二、串绿成线,串珠成链,市民身边多了一大批休闲空间

福州城区内河水系发达,遍布市民生活周边。结合城区水系综合治理项目,以沿岸步道和绿带为"串",以有条件、可拓展的块状绿地为"珠",串绿成线、串珠成链,在内河沿岸建设串珠式公园绿地,打造水清、河畅、岸绿、景美的内河景观。按照"一个不少于、六个不能断"的要求,即沿岸绿带不少于6米,树不断、路不断、林荫不断、景不断、灯不断、设施不断,构建了一个市民生活需要、联系更加紧密的"串珠式"公园绿地网络和公共空间网络,进而形成连续不断、有机衔接的城市生态通道、绿色走廊、人文空间。在建设过程中,不断创新"园林+"理念,同步协调和安装平安福州监控探头、24小时图书馆、体育健身设施、环卫公厕等,提升小公园的综合服务功能。目前,已在市民家门口建成滨河亲水绿道500.8公里,串珠公园376个,串联建设提升公园绿地约320公顷。

为了建设好市民身边的小公园,满足水系生态需求和市民空间需求,确保园林绿化在水系综合治理过程中不走偏、不走样,福州市园林中心创新机制,形成了以"保姆式服务、体验式设计和清单式管理"为主要内容的一线工作方法。一是派出专业队伍和专业人员,到各水系项目包进行全方位贴身式"跟包",从交地到设计、从施工到监管,全过程保姆式服务,又好又快推进串珠公园"卷地毯"式攻坚。二是将图审会的会场放在现场,开展体验式设计,周边的地形条件、交通条件、居住条件、景观条件等一览无余,市民需求、空间需求、交通需求、景观布局等了然于胸,保证了家门口的公园更加实用,满足市民需要。三是对在现场和施工过程中发现的问题进行挂账登记和整改销号,实施清单式管理。共挂账各类问题2966个,目前整改销号2859个。

从2019年开始,参照内河串珠公园的做法,继续在道路边社区边开展串珠公园建设,共建设道路串珠公园427个,社区串珠公园122个。滨河串珠公园、道路串珠公园、社区串珠公园,大大小小的公园遍布山边水岸、街头巷尾,让市民身边多了一大批可以休闲健身的共享空间,推窗可赏绿、出门可游园。

三、显山露水,自然融合,绿色生态福利广泛释放

以生态、自然理念,发挥福州山、水优势,彰显山、水特色,对山体、水体、

绿化进行修复整合，建设12条"无障碍"休闲步道和15个生态公园，打造最美晋安河，联通西湖左海，改造提升冶山公园、屏山公园、于山风景名胜公园，建设提升公园绿地8000多亩。曾经人迹罕至、垃圾堆积、交通不便的山郊水岸，成为市民群众日常出游休憩的场所，市民群众也可以尽享山水之美，城市也融合了更多的生态肌理。

以牛岗山公园为例，曾经的牛岗山，由于拆迁留下的瓦砾、渣土堆填，被称为"垃圾山"，旁边的一支河也成为污染严重的黑臭河。为治理这一问题，福州市就地利用，堆坡造山，在保留自然山水格局的基础上，通过植被恢复、人工造林等生态修复手段，同时融合吸水、蓄水、渗水、净水的海绵理念，建成了牛岗山鹤林生态公园。曾经无人问津的"垃圾山"，如今逆袭为人见人爱的网红打卡地。牛岗山公园、鹤林生态公园和正在建设的晋安湖公园，将连成一片，形成福州面积最大、生态系统最丰富的城区公园。

在城市园林绿地迅速增加的基础上，按照环城达山、沿溪通海、绿道串公园、顺路联景点的总体思路，加速推进城市生态休闲绿道建设，共建成福道、揽城栈道、闽江两岸休闲道等1014公里。其中，"福道"开创了中国钢架悬空栈道的先河，荣获了新加坡设计领域的最高奖项"新加坡总统设计奖"，被央视《新闻联播》《朝闻天下》等节目多次报道点赞。

四、全民动员，社会参与，园林绿化助力美好生活

以市民美好生活需要为核心，让园林走入百姓生活，推动"园林美、生活美"成为一种生活方式，成为市民美好生活提升的重要增长点。依托"福州园林"微信公众号，开发了"绿色银行"网络小程序，鼓励和引导市民通过参加园林课堂、提供爱绿护绿补绿线索、建言献策、志愿服务活动等形式，引导和鼓励市民获取积分，参与园林绿化，推广庭院绿化和家庭园艺，增厚社会爱绿护绿氛围。获取的积分可以兑换绿植、花肥、种养工具、动物园门票及儿童公园游乐设施门票等。

截至目前，绿色银行已有包括五城区园林中心和市园林中心基层单位的成员单位20家，组织各类园林活动129场次，收集爱绿护绿线索及意见建议400多条。市民可就近在五城区18个公园及单位领取兑换的绿植等物品。此外，绿色银行还开通了植物医院、家庭养花等，帮助市民解决家庭养花中遇到问题。

"十三五"期间，福州市园林绿化工作取得了长足的进步和显著的工作成效。概括起来，主要体现在以下三点：一是间绿透绿、显山露水，建成了一批在市民中间有热度、有影响的城市生态公园，市民可以畅游山水之美、畅享山水之乐。如金牛山福道、晋安公园、流花溪公园等。二是串绿成线、串珠成链，通过滨河

串珠公园、道路串珠公园、社区串珠公园，在市民身边建设了一大批畅通、便利的小公园，拓展了市民的生活空间，提升了市民的生活品质。三是精准补绿、精细提升，摸索出中心城区绿化再提升的模式，让城区园林绿化环境焕然一新。

这些成绩的取得，最根本的是福州市园林绿化工作对"以人民为中心的发展思想"的坚定贯彻、对"绿水青山就是金山银山"绿色发展理念的自觉坚守、对"城市管理应该像绣花一样精细"的不懈执着。这些指导思想就像肥沃的土壤，孕育出了"建设可进入绿地，让绿化为人服务"的新绿化理念，培育出了"周四晚上的现场会""体验式设计"等园林一线精神，绽放出了"园林+""+园林"等一批园林绿化建设管理模式。

接下来，福州市园林绿化工作将继续生动践行习近平新时代中国特色社会主义思想，贯彻落实福建省、福州市决策部署，紧紧围绕人民美好生活需要，扎实开展福州园林绿化工作，为建设有福之州、幸福之城贡献力量。

（福州市园林中心供稿）

践行生态文明　建设美丽荆州

园林绿化是城市活力的象征,是城市生态文明的主要载体,是城市现代化的生动体现,是城市可持续发展的重要标志。近几年来,随着荆州市委、市政府"争当多极发展排头兵,实现荆州大振兴"发展战略的深入实施,荆州城市建设进入前所未有的快速发展期,荆北、沙北、纪南文旅区、荆州高新区、开发区五大新区建设突飞猛进,老城区改造深入开展,城市面貌正发生着日新月异的变化。

在城市快速发展的过程中,荆州市委、市政府坚持创新、协调、绿色、开放、共享的发展理念,以创建"公园城市"和"国家生态园林城市"为目标,立足"特色立市、生态美城",凸显绿色城市、水韵城市、文化城市特色,不断彰显"绿"的生气,升华"水"的灵气,提升"文"的大气,走出了一条自然生态型、文化保护型、资源节约型、环境友好型的城市品牌创建之路,城市生态环境进一步改善,城市形象和品位进一步提升,城市竞争力进一步增强。

一、夯实创园成果,打造绿色之城

绿色是城市美丽、健康的标志,为进一步夯实来之不易的创园成果,我们按照"增面积、上档次、创特色、出亮点"的要求,积极开展形式多样的绿化行动,打造出堤防绿浪、古城毓秀、公园幽美、林渠秀丽、有路皆绿的城市景观。

(一)规划上力求精心

规划是城市建设的龙头,是科学建绿的前提。我们按照"城区园林化、城郊森林化、道路河渠林荫化、单位小区花园化"的思路,坚持用规划引领城市绿化建设,编制完成了荆州市绿地系统规划、绿线管制规划、绿道规划、海绵城市规划、地下综合管廊规划、湿地公园建设规划等一批专项规划,"三心分布、三带相连,十园镶嵌、百苑点缀,水绿交融、人水和谐"的城市绿地系统布局特色更加鲜明。为保证规划城市绿地落地,荆州市人大常委会还专门作出了《关于对中心城区重要城市绿地和城市水域实行挂牌保护的决定》,对中心城区 26 块重要城市绿地和水域实行挂牌保护,切实维护了规划实施的统一性、严肃性。

（二）建设上力求精美

绿地建设如同打造"城市客厅"，是城市品位和形象的重要体现。我们按照生态型、节约型、亲民型、功能型的原则，采取建景显绿、见缝插绿、拆违还绿等措施，积极实施公园建设、城市门户景观建设、林荫路建设、绿道建设、水系生态保护与修复、园林式单位（居住区）创建等系统工程。一是建设一批城市生态林和道路绿带。积极推进城市生态林建设，建成了王家港防护林、长江大堤两侧等一批具有一定规模和生态效益的生态林景观带，形成了城郊一体的绿地系统，大幅提升了城市总体绿量。大力开展道路绿带建设及绚丽荆州四季花城乔灌花草布置，清理无树路、缺株路，实施江津路、长港路、荆沙大道等20多条主次干道林荫路建设工程，升华了一路一景、一街一品的城市道路绿化景观。为满足市民绿色出行需求，提升市民幸福指数，城区绿道规划建设也于2012年启动，按照《荆州市城市绿道规划》，已建成城市绿道10条，总长38.3千米。二是新建和改造一批公园和游园。近几年来，先后建成明月、临江仙、荆襄外河、荆襄内河、玉桥、范家渊、荆江园、"楚国八百年"等一批城市公园，改造荆沙河、西干渠两个带状公园，提档升级中山、文湖等公园及20多个街头游园，公园绿地大面积增加。其中临江仙公园紧邻长江，占地78.8公顷，投资近4亿元，于2014年7月建成开放；明月公园占地21.5公顷，投资2.32亿元，与临江仙公园同步建成开放；玉桥公园采用BT方式建设，融资1亿元，于2015年10月建成开放。2019年10月，荆州成功举办主题为"辉煌荆楚，生态园博"的湖北省第二届园林博览会，得到省、市各级领导及广大市民及游客高度赞扬。根据规划，目前我们正在实施城南公园、叶家渊公园、学堂洲郊野公园、白水滩湿地公园等公园建设及"环长湖"绿道建设，积极打造"环古城5A级景区"，继续推进"环古城、滨长江、沿长湖、伴运河"城市景观带建设。三是创建一批园林式居住区。紧密依托各区、各市直部门，大力开展"园林式单位（居住区）"创建和"拆墙透绿"工作，为提高创建积极性，市委、市政府将园林式单位创建作为文明单位创建的前置条件、将"拆墙透绿"工作作为为民办实事"十大攻坚任务"之一强力推进。2018年中心城区拆除实心围墙118处、总长23396米；目前，城区园林式单位（居住区）共有238家。单位庭院和新建居住区绿地率达到35%以上，旧居住区改造绿地率达到30%以上。通过"三个一批"工程建设，一片片公共绿地、一块块"城市绿肺"、一座座"天然氧吧"，遍布全城，随处可见，成为市民亲近自然、放松心灵的好去处。

（三）管理上力求精细

园林绿化"三分建、七分管"，管理是关键，特别是国家园林城市创建成功以后，管理好、巩固好创园成果显得更为重要。我们坚持"建管并重、依法治绿",制订城市绿线、蓝线、紫线管理制度,强化城市绿地网格化养护,彻底改变了过去重绿化、轻管理的局面。一是健全管理制度。根据《城市绿化条例》和《国务院关于加强城市绿化建设的通知》精神,结合荆州实际,编制出台《荆州市园林植物常见病虫害防治手册》《荆州市园林绿化养护管理技术手册》《荆州市园林绿化养护管理标准定额》《荆州市园林绿化工程施工验收规范》等技术管理文件,为园林绿化管理工作提供了强有力的制度和技术保障。二是创新管理方法。为进一步提高园林绿化管理水平和效率,荆州作为全国第四个试点城市,在全省率先建成城市园林绿化数字化管理系统。该系统拥有城市园林绿化电子数据库、城市建成区园林绿化情况整体分析、任意区域园林绿化情况分析、公园服务半径覆盖分析、公园智能选址推荐、城市三线(绿线、蓝线、紫线)保护分析等九大功能,为城市绿地科学管理、决策提供了有力的技术支撑平台。三是严格依法管理。强化"绿线"管理,将各类建设项目的绿地率指标,作为土地招拍挂的前置条件和综合竣工验收范围。健全完善"绿色图章"制度,严把行政审批关,实行绿化一票否决制,确保绿化建设与项目建设同步规划、同步建设、同步验收,树立了"生态优先"的城市建设理念。四是加强日常养护。出台《荆州市园林绿化管养绩效考核办法》和考评标准,引入市场竞争机制、推进园林绿化管养市场化步伐,积极开展"选聘市民园长、共管城市公园"活动,深入探索生物防治病虫害等科学管养方法,很好地实现了"绿化养护精细化、卫生保洁常态化、局部整治重点化、地栽鲜花出彩化、病媒防治创新化、应急处理高效化、管养申报规范化",精细化标准化管养考核的模式及齐抓共管的绿化管理格局已然形成。

二、着眼水乡特色,打造亲水之城

荆州依水而立、因水而兴,水是荆州的灵气和神韵所在。我们把水当作塑造城市特色的重要元素,突出水系资源的保护和水乡生态园林特色打造,继续推进水系连通、生态补水、污染治理,促进"水、城、人"和谐共生,持续打造"城绿水清、人水和谐"的亲水之城。

(一)彰显绿岸特色

按照"连江接湖、清淤截污、修桥铺路、显城露水"的思路,实施水系连通工程,完成对荆沙河、护城河、内荆襄河、西干渠等总长39.2公里河道的植被绿化、水系联通,改善河道水质,美化沿河景观,畅通了城市"血脉";推进荆江风情带洋码头景区建设,荆江园已经建成,洋码头、渔乐园等项目已完成招标工作;

注重城市滨水绿道建设，扎实推进荆襄外河、荆襄内河湿地公园建设，打造休闲广场、亲水平台、园艺雕塑等滨水景观。目前中心城区这种"绿随河走、绿沿湖绕"的绿色长廊，已经成为深受市民喜爱的休憩空间。

（二）彰显活水特色

"流水不腐，户枢不蠹"，城市水系必须连通流动，才能充满生机、凸显灵气。我们从水体保护入手，实施生态补水工程，在引沮漳河水入护城河的基础上，增加引水线路，将长江水通过江汉运河自港南渠引入护城河，再从护城河流经荆沙河、荆襄河、西干渠，使城区水系连起来、动起来、清起来；目前通过倒虹吸方式直接引长江水入江津湖的项目也已完成，江津湖碧波荡漾已成常态；同时，积极开展黑臭水体专项整治，加强污水处理设施建设，新建雨污管网130公里，提档改造污水处理厂3座，城区水环境质量进一步改善，真正实现了清水绕城、人水相亲。

三、传承荆楚文脉，打造魅力之城

荆州的魅力在于她独特而厚重的历史文化底蕴。我们在城市园林绿化建设过程中，竭力将文化融于绿色，用绿色彰显文化，使两者有机结合，相得益彰。

（一）注重古迹植被保护

我们历来注重文物古迹、古树名木的精心呵护和合理利用，将历史文化、现代文明、自然特色融于城市建设之中。荆州古城是我国南方不可多得的完璧，我们把保护古城摆到保护我们生命的高度，把保护古城绿化树木像保护我们的眼睛一样对待。近几年来，先后投入资金近5000万元，对荆州古城内外环和依托古城墙的古城公园进行植树增绿、保树护绿，使古城绿色得到有效保护和彰显。建于明朝嘉靖年间的万寿宝塔伫立在著名的长江观音矶头，驻守长江天险，凝视荆江变迁，是抗洪的历史见证，政府投资300万元实施了宝塔公园绿化改造升级，完善了万寿园停车场等配套设施，重修了塔周亭廊，栽植了树木花草，环万寿宝塔新建了临江仙公园和荆江园，总长17.5公里的滨江风情带也正在建设推进中，万寿宝塔已成为市民观景休憩的胜地。与此同时，我们认真抓好古树名木保护，及时开展病虫害防治和濒危古树名木抢救复壮工作，古章华寺内的楚梅，历经2000多年风雨依然枝繁叶茂，明辽王府的古银杏树，虽屡遭虫害侵袭依旧丰茂葱茏，成为荆州积淀深厚而又蓬勃发展的象征。

（二）注重精品景观打造

为延续"荆州无物不繁华，楼阁春藏十里花"的景象，我们始终坚持造园与文脉传承相结合，充分挖掘荆楚文化内涵，提升文化底蕴，深入打造景观优美、内涵深厚的人文景观，努力擦亮魅力古城名片。在中山公园，先后拆除多个游乐设施，建成梅园、樱花长廊等特色景观带，修复园区解放亭、锄云阁等历史景观建筑，完成卷雪楼复建主体工程建设，人文景观与水、亭、阁、绿巧妙融合，公园文化内涵更加丰富多彩，成为融旅游休闲和革命传统教育于一体的综合性公园。在明月公园，为恢复古城湿地景观，我们充分尊重原有地形、地貌，保留原有的河道、塘堰，保留自然水体中原有的野生荷花、芦苇、菖蒲、鸢尾等水生植物，保留护坡上蒲公英、看麦娘、薄荷等原生野花，保留堤岸上自然分布的枫杨、垂柳、水杉等乡土树木，只对堤岸周边环境进行整治，形成了简洁大气、自然野趣的乡土景观。如今，公园内候鸟翔集、荷花满塘、野花遍地，成为现代城市中一道独特的原生态风景。对于全国四大盆景园之一的江陵盆景园，我们师法古建，因势造景，沿湖整修790米长廊，沿长廊建设荷、松、竹、梅"四园"，造就了园中有园、四季有花的复合景观，充分展现了北方皇家园林的豪华气度和南方水乡园林的玲珑秀美；每年在该园举办灯会、诗会和牡丹、荷花等各种花展，成为市民游乐、文人汇聚的好地方。在精品景点打造中，我们注重艺术创造、园艺造型，体现层次感和立体感，将楚文化、三国文化以物化的形式表现出来，产生了艺术美与自然美、形式美与生态美和谐统一的艺术效果，形成了"春季花团锦簇、夏季绿树成荫、秋季层林尽染、冬季绿意葱茏"的绿化美景。

实践证明，城市园林绿化建设不仅是改善城市环境、塑造城市品牌的有效途径，更是改善民生、建设和谐社会的现实需要；不仅是城市管理水平的具体体现，更是对各级党委、政府以人为本、执政为民理念的最好检验。从市民的一张张笑脸、一句句赞美、一阵阵掌声中，我们已经感受到市民对改善城市环境的充分认可，更加坚定了我们深入开展城市园林绿化建设的信心和决心。

"路漫漫其修远兮，吾将上下而求索"，城市生态文明建设只有起点，没有终点；只有更好，没有最好。我们虽然在巩固国家园林城市创建成果的过程中做了一些探索，取得了一些阶段性成果，但与创建国家生态园林城市的新目标相比，与建设公园城市的新要求相比，还有一定的差距。主要表现在：一是全民爱绿、护绿意识还有待进一步增强；二是园林规划建设理念还有待进一步更新；三是园林绿化景观还有待进一步提档升级；四是园林绿化长效管养机制还有待进一步健全。下一步，我们将以创建公园城市和国家生态园林城市为抓手，牢固树立"环境优先、生态优先"的城市发展理念，继续保持城市创建的热情不减、信心不减、力度不减，对照标准找差距，攻克难点抓提升，最大限度地促进城市生态系统的改善和城市可持续发展，努力把荆州建设成为生态更加优良、环境更加优美、内涵更加丰富、特色更加鲜明的水乡生态园林城市。

我们坚信，只要持之以恒、扎实开展城市创建活动，荆州将会天更蓝，水更秀，地更绿，城更美，居更宜。荆州这个掩映在蓝天、碧水、绿树间的楚天明珠，一定会更加璀璨夺目，一定会更加富有生机与活力！

（荆州市园林中心供稿）

坚持生态引领　打造宜居城市

——驻马店市城市园林绿化工作综述

驻马店市位于河南省中南部，总面积1.5万平方公里，总人口960万人。其中，市中心城区建成区面积95.08平方公里，常住人口51.51万人。驻马店市属亚热带向暖温带过渡区，气候温暖，雨量充沛，适宜多种植物生长。市区有风景秀美的练江河、小清河、骏马河、开源河，周边有金顶山、嵖岈山、宿鸭湖等风景名胜区，为开展城市园林绿化提供了得天独厚的自然条件。

党的十八大以来，驻马店市认真践行习近平生态文明思想，紧扣城市总体规划和城市绿地系统规划，大力推进"城市公园化、道路游园化、水系生态化、设施配套化"建设，围绕"四横四纵、七楔两带、绿纤融城"的绿地系统规划和八纵九横二渠、七带五连四湿地生态水系构架，强力推进绿网、绿廊、绿水、绿地建设，基本实现"城乡一体、田园相融、绿道相连、河湖相通、水清岸绿、廊道成荫"的生态建设格局。

截至目前，市中心城区建成区绿化面积由2011年成功创建国家园林城市时的1759万平方米提升到3740万平方米，八年累计增加1981万平方米，翻了一番还要多。绿地率、绿化覆盖率、人均公园绿地面积分别达到39.8%、45.5%和16平方米，基本形成道路绿荫化、公园功能化、绿地综合化的绿化新格局。驻马店市相继被评为"中国优秀旅游城市""国家园林城市""双拥模范城市""全国文明城市""国家卫生城市""国家节水型城市"等称号，正向国家生态园林城市目标阔步前进。

一、践行绿色发展，筑牢生态文明新理念

驻马店市始终把打造优美环境作为城市发展的第一资源来抓，把城市绿化建设作为改善生态环境、拉动城市经济、建设宜居城市的重要工程来抓，"让绿色走进城市，让城市拥抱绿色"。一是牢固树立抓城市园林绿化就是抓发展的理念。城市不仅是一个国家或者地区的政治、经济、文化、科技和教育中心，而且已经成为经济增长的强大引擎。良好的城市生态环境不单单是广大市民的期盼，也是众

多投资者的首选。为此，驻马店城市建设充分融入"绿色天中文化"理念，注重生态效益与经济效益并重，努力将环境优势转化为经济优势，带动了商贸、房地产、文化旅游等产业快速发展，城市的知名度、美誉度和竞争力得到显著提升。二是牢固树立抓城市园林绿化就是抓民生的理念。驻马店市始终把创造良好的人居环境、提升广大群众生活品质，作为改善民生的重要内容，作为城市建设的"一号工程"，通过实施规划建绿、腾地造绿、拆墙透绿、见缝插绿等，让广大市民"看到绿色、闻到花香、听到鸟鸣"，让天更蓝、水更清、空气更清新，营造舒心舒适的宜居环境，真正把生态建设的成果惠及广大人民群众。三是牢固树立抓城市园林绿化就是抓品牌的理念。驻马店市坚持从实际出发，坚持从本市的经济社会发展水平、气候地理特点和文化历史传承出发，因地制宜，走本地化的建设之路，确立了"突出天中城市特色、培育绿色文化景观"的生态园林城市发展定位。在绿化建设的过程中，坚持凸显天中文化主题，盘古园、梁祝园、重阳园、练江河主题公园、人民公园等一大批特色文化园建设，彰显了民俗风情，平添了天中文化的韵味。

二、坚持规划引领，勾画园林绿化新蓝图

近几年，驻马店全面贯彻中央、省委和省政府关于生态文明建设的一系列战略部署，紧密结合住房和城乡建设部和河南省省委政府提出的创建国家生态城市、百城建设提质建设总体部署，强力推进城市绿色发展、高质量发展，紧紧围绕生态公园体系建设、生态廊道建设、水生态建设，制定出台了《驻马店市城市绿地系统专项规划》《驻马店市人民政府办公室关于建设节约型园林绿化建设的指导意见》《森林驻马店生态建设规划（2018—2027）》《驻马店市人民政府办公室关于印发森林驻马店生态建设五年行动方案（2019—2023年）的通知》《驻马店市人民政府办公室关于印发驻马店市2019年国土绿化实施方案的通知》《驻马店市湿地保护修复制度工作方案》等一系列涉及生态绿地建设、森林驻马店建设、生态建设及修复等多方面专项规划、指导性文件，制定出台了《驻马店市城市绿化条例》《驻马店市城市绿地管理办法》《关于中心城区市政道路建设和绿化有关问题的规定》《森林驻马店生态建设造林技术指导意见》等条例办法，推进规划及相关项目建设落地实施。在此基础上，驻马店市按照"统一规划、带状布局、片区突破、组团开发"的城市发展思路，以建设国家生态园林城市为目标，依据《驻马店城市总体规划》，聘请具有城乡规划编制甲级资质的专业城市规划设计公司完成了《驻马店市城市绿地系统规划》的修编，同时邀请国内一流机构，高标准实施重点绿化项目设计，提高园林绿化设计品位。以练江河为代表的沿河景观带、以小清河

为代表的生态水系公园等规划设计,为我市今后建设风景路、精品园树立了样板和标杆。

三、树立精品意识,塑造园林绿化新形象

驻马店市获得国家园林城市称号以来,围绕巩固和提升创建成果,采取市财政投资、社会融资、BT、BOT、PPP、EPC等多种投资模式,多渠道筹措资金投入城市园林绿化,先后实施各类绿化项目430多项,累计完成绿化投资620多亿元。同时,市财政每年投入近亿元绿化改造资金,不断改造提升公园游园、绿化道路、滨河景观带的彩化、美化、亮化水平,城市绿化建设较2011年通过国家园林城验收时,不仅实现了量的扩张,更有了质的提升。一是狠抓重点工程建设。新建了开源公园、蓝天游园、和园、翠景园、李斯园、桓宽园、鹊桥园等一批公园游园,实施了开源河、练江河、骏马河、小清河、黄酉河、朱氏河等中心城区生态水系连通工程和配套滨河绿地建设,完成了开源大道、铜山大道、驿城大道、汝河大道、解放大道西段等160多条市政道路建设及绿化配套,新增绿化面积1600多万平方米,道路绿化普及率达到95.7%。二是实施绿地改造提升。紧密结合城市创建和市民需要,以老城区为重点,完成了置地公园荷花主题文化园、盆景园、南海公园牡丹观赏园、靖宇广场、儿童公园、重阳园、梁祝园、盘古园等30多个公园游园的升级改造,增加绿化新品种,配齐了健身器材、公厕、石桌凳等基础设施,提升了公园游园配套服务水平;完成了中华大道与文明大道、置地大道与乐山大道等近20处交通路口渠化改造,对开源大道东段、雪松大道西段等21条主干道进行景观提升,道路更加通畅、美观。三是大力提升绿化事业社会参与度。深入开展省、市级园林单位、园林小区创建活动,不断促进庭院绿化向深层次、生态化方向发展,每年都有20~30个单位(小区)获得省、市级园林单位(小区)称号。同时,我市还通过开展义务植树、捐建绿地等形式,有效地增加了城市绿化面积,改善了人居环境。特别是2019年以来,驻马店市围绕市民对公园绿地的需要,先后建成占地14万平方米的开源公园,占地60.6万平方米的练江河主题公园、占地225万平方米的清河湖公园,人民公园、富强公园、运动公园等一批综合性公园建设也在快速推进中。结合旧城改造和"四改一拆",按照"300米见绿、500米见园"目标,在市区165公里绿带内打造近百个"珠链式"生态游园。利用国有收储零星土地,启动47个公园、微公园、小游园建设。目前,市中心城区建成区各类公园游园达到205处,公园绿地服务半径覆盖居住区面积2550万平方米,公园绿地服务半径覆盖率达到91%,形成以综合公园为重点,各类公园游园均衡分布的复合型公园体系。城在园中、园在城中的美好愿景逐步实现。

四、注重科技应用，提升园林绿化新高度

大力实施节水、节能、节地、节材等新技术，把城区零星绿地、待建空地、街角屋头等小块空地等充分利用起来，拓展城市公共绿地，推进节约型园林绿化建设。采取沿路栽树，建坛种花，见缝插绿，保留高大乡土树种，增加道路绿地厚度，使绿色遍布城区的大街小巷。加大立体绿化推广工作。出台鼓励政策，制定实施方案，加强对屋顶绿化技术的研究和推广，扩大屋顶绿化试点。近几年，市中心城区实施居住区屋顶绿化示范点9处，街头公厕屋顶绿化示范点12处，累计栽植藤本植物90万株，新增垂直绿化覆盖面积约11万平方米，形成一定规模的立体绿化景观。推进环城绿化圈建设。按照城市安全、防灾、环保等要求，结合生态水系建设、道路绿化建设、京广铁路和石武高铁防护林带建设，建成长234千米的生态廊道、168千米的生态绿道，特别是开源大道、置地大道、风光路等主次干道建成297千米的林荫路，高大乔木冠大荫浓，遮天蔽日，绿化普及率达到100%。城市生态廊道南北交错，东西纵横，形成绿荫覆盖、绿廊交织、生机盎然的城市绿色网络。积极实施海绵城市规划建设。委托中国城市规划设计研究院编制完成市中心城区海绵城市专项规划，公园、游园、绿地、广场建设广泛采用下沉式设计，选用耐水湿、吸附净化能力强的乡土植物，提升城市绿地汇聚雨水、蓄洪滞涝、补充地下水、净化生态的功能。练江湖公园、练江河主题公园、清河湖公园、国际会展中心、驿城大道、玉兰路和天中第一城居民小区等工程，通过完善城市雨水综合灌流系统，有效控制雨水径流，改善水环境、涵养水资源，实现了小雨不积水、大雨不内涝、水体不黑臭、热岛有缓解的建设目标，城市水生态环境得到极大改善。大力实施生态保护和修复。制定山体、水体、湿地保护修复工作方案，加强生态环境修复和生态资源保护，努力改善鸟禽、植株的栖息、繁衍环境。近几年，城市园林绿化植物品种由210种增加到230多种。积极推动园林绿化美化彩化。在设计上注重乔、灌、花、草的多层次、多色彩搭配，突出市树、市花的应用，以开源大道为代表的57条主干道、以G328为代表的19条外联道路、以练江河中段为代表的7条沿河景观带、以人民公园为代表的生态水系公园、以"一园两馆"为代表的场馆建设，设计标准高，色彩层次丰富，成为新的风景路、精品园、新地标。

五、推动规范管理，促进管控服务新提升

牢固树立用"绣花功夫"管理城市理念，大力推进网格化、数字化管理，量

化内容标准，完善管理体系，规范管理行为。先后修订完善了《驻马店市城市绿线管理办法》《驻马店市城市园林绿化管理检查标准》《驻马店市城市绿地养护技术规程》等实施细则，健全园林绿化工程、养护、监督、病虫害防治等一系列管理办法，建立公示公告、检查评比、绩效考核、志愿服务以及社会监督员等一整套管理制度，城市园林绿化管理工作实现制度化、规范化。在全面贯彻落实国家、省各项绿化法规、办法的基础上，研究制定《驻马店市绿化条例》，并于2018年8月颁布实施，城市园林绿化管理规章制度日趋完善。明确管理职责，集聚工作合力。市中心城区红线在25米以下的道路、面积在3000平方米以下的公园游园，按照属地管理的原则由所在区管理养护，主干道、3000平方米以上的公园游园由市园林绿化部门负责管理，市区协调联动，分工负责，齐抓共管。深化公园绿地规范管理、科学管理，数字园林有序推进，智能数据采集、分析和控制系统建成投用，智慧化、精细化、机械化管理向前迈进一大步。实施公园绿地提质工程，增绿补绿插绿，消除黄土裸露，增设园林小品，提升景观效果。加强基础设施维护，及时维修园路、园灯、健身器材、公厕等，确保完好率保持在98%以上。积极开展志愿服务，在公园设置志愿服务站（点）、直饮水、医药应急包、母婴室、轮椅、无线WIFI覆盖等一应俱全。积极实施拆墙透绿，儿童公园、南海公园、置地公园、世纪广场等一批公园广场拆除了围墙，增设无障碍通道，方便群众游园。充分利用公园游园活动阵地，深入开展法律宣传、社会主义核心价值观宣传、卫生健康宣传、生态文明宣传、爱绿护绿宣传，倡导文明新风，共享建设成果。

六、健全保障机制，激发城市创建新活力

开展国家生态园林城市创建是驻马店市委、市政府作出的重要部署，是践行绿色、生态、可持续发展的具体行动，也是建设美丽驻马店的庄严承诺。一是加强领导，明确责任。成立高规格的国家生态园林城市创建指挥部，市委书记、市长分别任政委、指挥长，制定方案，明确职责，为开展创建工作提供了坚强的组织保证。全市各部门各单位成立相应工作机构，明确职责任务，形成上下联动、协调推动的良好局面。二是创新思路，多元投资。探索投入方法，拓宽融资渠道，采取财政预算安排、社会融资、BT、PPP、EPC模式等筹措建设资金，通过市直单位（企业）认建公园游园、认养公共绿地，片区参与城市绿化工程建设等多种形式，逐年扩大投资规模，提供资金保障，推动城市园林绿化持续快速发展。三是深入宣传，营造氛围。充分利用新闻媒体全方位、多视角地宣传创建工作，宣传城市园林绿化重要性，开展美化家园行动、创建园林单位（小区）等活动，多形式、多层次、多角度地开展宣传，增强市民爱绿、植绿、护绿意识，形成"人

人都是护绿主体、共建和谐美好家园"的浓厚创建氛围。四是督查督导,注重成效。成立市中心城区园林绿化工作领导小组,分管副市长任组长,市住建局、市城管局、市财政局、市园林绿化中心等主要负责同志任副组长,抽调专家组成考核组,开展日巡查、月考核、季点评、年总结,对绿地管理单位评分排序。同时,开通服务热线、信息网站、数字化管理系统,听取群众意见建议,不断改进完善工作。通过持续的投入、改造、提升,城市功能日臻完善,城市管理日趋精细,城市品位明显提升。

如今的驻马店,城市居民越来越享受到生态文明建设和城市绿化美化带来的丰富成果,"推窗见绿,出门见景,人在绿中,城在园中""水清、岸绿、景美、宜居"的美好生态画面徐徐展开。

驻马店——这座古城驿站在社会主义新时代焕发蓬勃生机和无限活力。

(驻马店市园林管理局供稿)

◎ 旧城改造情况

鄂州大力实施老旧社区改造工程，探索社会治理体系建设

近年来，鄂州市坚持以人民为中心的发展思想，以夯实党执政基础的高度，实施老旧社区整治改造工程，投入8亿元对主城区原40个老旧社区（后整合为33个）全部进行整治改造（以下简称"40工程"），获中央奖补资金3.6亿元。目前，该工程已覆盖31个社区，涉及面积32.4平方公里，改造小区385个，惠及居民37万人。

一、党旗引领，夯实工程基础

一是发挥高位统领支撑作用。市委主要负责同志21次深入实地调研督导，7次现场会研究"40工程"，各市级领导分别包保社区，现场督办、协调，保障有序推进工程实施。建立和完善街道"大工委"、社区"大党委"、小区（网格）党支部、楼党小组、党员中心户的组织格局，着力发挥基层党组织的思想引领、组织保障和推动落实作用，围绕"40工程"出实策、办实事、求实效，赢得广大群众的支持。

二是发挥党员干部先锋作用。开展市直机关常态化参与社区区域化党建工作，建立"双报到，双报告"制度，75家市直单位、7800余名在职党员分别到社区报到，为社区党建和服务工作献计出力。各社区成立由老党员、老干部组成的议事委员会，及时协调解决工程实施相关困难问题564个。

三是发挥党员群众代表纽带作用。85名社区党员群众代表全程参与"40工程"，在方案设计、拆除违建、工程施工、监督协调等环节发挥桥梁纽带作用。党员群众代表和设计人员一同到社区调研踏勘、出点子、拿方案，设计方案经党员群众代表签章后才能开工。

二、聚焦民意，谋划民心工程

一是精细摸排群众需求。从项目可研报告、建议书编制到规划设计、建设施工等阶段，入户走访辖区居民12000余户、收集意见4000余条。组织社区设计方案专家评审会6场，充分融合群众需求和专家意见，力保群众满意。

二是精心设计改造方案。坚持"一社区一方案"，充分尊重群众生活习惯、历史人文、区域特点和个性化需求，立足基础设施建设条件，打造3个示范社区、14个特色小区，使小区改造接地气、贴民心、顺民意。

三是精准解决民生问题。将"40工程"与"不忘初心、牢记使命"主题教育紧密结合，明确老旧社区整治改造11个方面重点任务，着力解决老旧社区活动空间狭小、停车困难、交通拥堵、道路破损、排水不畅、公共照明缺失等群众反映的焦点问题。

三、匠心打造，实施精品工程

一是精心遴选施工单位。为确保工程质量，充分发挥工程设计的主导作用，着力破解"40工程"特有的设计难、协调难、施工难等问题，该项目以EPC总承包模式，通过公开招标投标遴选资质过硬、口碑良好的中建三局为施工单位。

二是因地制宜特色改造。按照"因地制宜保民生、因陋就简展文化、到边到角显精细"的理念，将"40工程"明确为基础型、标准型、示范型三个类型，实施差异化改造。示范型以环境整体打造为主，标准型以整治排水不畅、道路不通、停车难等问题为主，基础型以社区破损恢复、修补为主。

三是科学统筹整体推进。坚持"先地下后地上、先民生后提升、先功能后景观"原则，一体推进"地上地下"改造，统筹解决水、电、气、路等问题。地下实施雨污分流，实现城区污水全收集全处理；地上优化街区路网结构，美化社区环境。

四是全面治理提升品质。实施"一拆、二清、三改、四修、五绿"系列工程，共拆除违法建设4435处13.9万平方米，打通消防通道112处，规整"蜘蛛网"947处，拆除违法户外广告4.7万平方米；修复道路22.7万平方米，解决公共照明377处，新增景观绿化1.3万平方米。

四、服务群众，畅通沟通桥梁

一是加强社区硬件建设。调整优化主城区老旧社区布局，将原有的40个城市社区和 12 个城中村整合为 33 个新社区。推进社区党群服务中心标准化建设,投入 1.5 亿元对 33 个社区党群服务中心进行新建或改造升级,打通服务群众最后一公里,为群众就近提供更为优质的养老、托幼、医疗、休闲等服务阵地。

二是推进社区治理创新。出台《鄂州市推进"党旗领航？社区创新"工作方案》,制定社区职责"四张清单",明确社区"1+9"功能(即 1 个便民服务大厅和党员活动、综治警务、教育培训、文体活动、老幼残服务、家庭与妇女服务、卫生健康服务、环境物业服务、社会组织活动 9 项服务功能)。出台《鄂州市建立社区工作准入制度的实施意见》,凡拟进入社区的组织机构、工作任务以及检查考核等事务,全面实行准入制度,推动社区减负增效。

三是推动公共服务下沉。深化"放管服"改革,将 9 家市直单位 25 项政务服务办理权限下放社区,实现居民在家门口办事。在东塔社区试点推行"1+7"管理模式,推动城管、环卫、园林、设施等 7 个职能部门进驻社区,为群众提供零距离服务。在飞鹅社区试点"民有所呼、我有所应"网格化管理,建立"邻里呼"微信平台,将居民反映的问题第一时间分办处置,着力构建共建、共治、共享基层社会治理体系。

(鄂州市城市管理局供稿)

福州市老旧小区改造工作情况

近年来，福州市委、市政府高度重视老旧小区整治提升工作，将其作为一项突出重要民生工程来抓。在市委、市政府的正确领导下，在市直各部门和各区政府的共同努力下，福州市老旧小区综合整治提升工作成效显著。2017年11月，省委书记于伟国在调研台江区苍霞新城小区时，充分肯定了福州市老旧小区整治的经验做法。2019年住房和城乡建设部将福州市列为城镇老旧小区改造七个试点城市之一。

一、工作开展情况

2012年至2016年，福州市五城区共改造完成859个2000年以前建成的老旧小区，投入资金约8.51亿元，惠及居民近21.3万户，占全市2000年以前建成的小区数的98.1%，基本上涵盖了2000年以前建成的老旧小区。

为了进一步提高市民的获得感和幸福感，2017年以来，福州市委、市政府下大力气，按照"环境提升、配套完善、管理到位、群众满意"的工作目标，将改造对象又放宽到2005年建成的基础设施配套缺失或损坏严重、百姓改造意愿强烈的小区，同时对前期改造标准不高、改造不够彻底的2000年以前建成的老旧小区进行"回头看"。2017～2019年共实施改造提升415个老旧小区，总建筑面积942万平方米，惠及10.45万户居民，投入整治资金约11.4亿元。整治后的老旧小区变得"绿起来、亮起来、畅通起来、和谐起来"，房屋保值增值，政府投资直接转化成居民受益，居民获得感不断增强，社会效益十分明显，获得了社会各界的广泛认可。

二、工作成效

一是小区居住环境得到改善。通过改造，完善了小区的雨污管网、道路、安防监控、绿化卫生等基础配套，解决老旧小区雨污混流、道路破损、安防监控缺失等问题。同时，落实了长效管理机制，居民居住环境得到改善、生活品质得到提高，业主物业得到保值增值,让广大居民得到了实惠。

二是居民满意度得到提高。充分保障业主、居民的"知情权、参与权、选择权、监督权",改造前,在小区进行方案公示,走家入户,广泛倾听民声,对整治方案进行不断细化完善,力求整治方案贴近民意、符合民需,通过改造,居民满意度得到提升。经第三方调查评测,老旧小区综合整治项目实施后居民的满意度由 51.02% 提升到 83.22%。

三是对稳增长有一定贡献。通过改造,除拉动了建筑业市场外,还极大拉动和促进了内需和相关产业行业的投资与发展,对稳增长有一定明显。老旧小区改造后,据统计,二手房买卖和商户租金较改造前提升10%,30% 居民进行了住房内部二次装修,购置了家具电器,每户投资 3～5 万元,拉动了装潢装修、家用电器、厨卫设施等行业。

三、主要经验做法

一是认识到位,目标明确。群众关注的热点难点就是党委政府工作的重点,福州市坚持以人民为中心的理念,把老旧小区改造作为市委市政府中心工作,并纳入为民办实事项目予以推进。

二是强化领导,落实责任。市政府成立由市长担任组长的老旧小区整治工作领导小组,下设成立了综合整治督导组、资金保障审核组、方案指导审查组、质量安全技术指导组、弱电管线整治技术指导组 5 个专业小组,由市房管局负责牵头抓总,资源规划、建设、财政等相关部门各司其职、相互配合,各区政府具体组织实施。建立市级统筹协调、各区组织实施、街道参与、专人负责的工作模式,确保责任落实到部门,工作落实到个人。

三是精准摸底,找准对象。用"两条腿走路"的办法,下沉到一线摸排老旧小区实际情况,掌握一手数据。同时,根据每个小区存在问题,反复勘查现场,征求群众意见,充分论证方案,科学规划设计,对症下药,明确相对应的整治方案,形成"一区一策",彻底解决群众最关心的雨污分流、垃圾分类、"平安小区"建设等问题。

四是出台标准,完善机制。为了确保工作有计划实施,福州市专门制定出台了《福州市老旧住宅小区综合整治实施方案》以及《福州市老旧小区改造技术导则》,明确了老旧小区改造范围和整治内容,从配套设施建设、居住环境改善、公共服务提升三个方面入手,实施"12+N"项改造,将沟通、路平、灯亮、安全、有序等基础设施方面作为 12 项必选项目,2019 年必选项目增加至 16 项;结合小区现有条件和居民意愿需要改造的内容作为自选项目。

五是现场监管,确保效果。一是强化现场监管,成立工程质量监督小组。以小区为单位在现场设立改造指挥部,督促施工单位、监理单位按技术规范进行施工和监督,保障工程质量。二是发动群众积极参与工程质量监督和验收,调动居民参与热情,将居民义务监督员吸纳进改造指挥部,随时接受监督,随时整改问题,发挥业主监管作用。

六是严格考核,落实奖惩。一是将老旧小区改造工作纳入市对区的年度绩效考核内容,对任务未完成或者质量品质不过关的予以扣分。二是老旧小区改造资金以市、区两级财政出资为主,市财政出资部分采取"以奖代补"的形式拨付,市级验收未通过的,市财政不予以拨付资金。

七是巩固成果,注重管养。在改造的同时,同步建立物业长效管理,在资金拨付时预留工程款10%作为落实物业长效管理的考核指标,以解决整治后期维护和管理难题,避免因管理缺失、无序而造成老旧小区改造成效不持续、走回老路等老问题。一是推行小区分类治理。根据小区实际情况,推行居民自治管理、购买菜单式物业管理以及引进专业物业公司管理服务等模式,促进小区管理持续规范。二是创新思路,破解引进物业管理难题。针对老旧小区规模较小,收费标准低、物业服务企业不愿意进的现实,试点采取"肥瘦搭配"的形式,具体以区或街(镇)统一打包招标,引进优质的物业服务企业进驻管理老旧小区。三是保持改造成果,建立长效机制。建立了四级管理体系,突出了以区为主的物业管理工作机制,按照"条块结合、属地管理、权力下放、重心下移"的原则,将物业管理纳入社区建设统一管理,形成上下联动、齐抓共管的工作格局,建立由社区居委会、业主委员会和物业服务企业三方共同参与、共同规范物业管理工作机制,保持老旧小区改造成果。

四、几点思考

一是改造对象方面。福州市老旧小区整治分两个阶段,第一阶段是2012年至2016年,改造的对象主要是2000年以前建成的基础设施配套缺失或损坏严重、百姓改造意愿强烈的老旧住宅小区,这类小区大部分属于公房、房改房,没有住宅专项维修资金,同时基础配套设施功能缺失或损坏。第二阶段是2017年以来,部分2005年前建成的小区因建设年限较长,基础设施配套损坏严重,同时没有或只有少量专项维修资金,从2017年开始将改造对象放宽到2005年前建成的小区,同时对前期整治标准不高、整治不彻底的小区进行改造提升。

二是资金投入方面。福州市老旧小区改造费用基本上是由市、区财政按照1:1比例补助。2018年改造资金约7亿元,基本上依靠财政投入。老旧小区改造是长期的渐进过程，仅靠财政投入过于单一，地方财政压力较大。想要市场化运作老旧小区改造，就必须实现资金的平衡，只有在保障业主权益的前提下，保证企业有一定的利润空间，才能实现项目运作推广，因此有必要制定提供老旧小区改造的财税减免政策和金融政策，吸引社会资本参与。

三是发动群众参与方面。老旧小区居民对政府推进老旧小区改造非常欢迎，意见和建议也很多，各区、街镇在改造过程中也充分征求了居民业主意见，但居民业主意见往往难以统一，达成共识，间接影响了老旧小区改造工作的推进。如具体实施中，在公共区域违章建筑拆除方面，2018年老旧小区改造中有5个小区，涉及违章建筑、搭盖拆除，利益相关业主抵触大、拆除难、进展慢。在绿化提升和增设停车位方面，有汽车和没汽车的业主意见不一，易发冲突、协调难、效果差。

四是改造标准方面。老旧小区普遍前期建设标准低，规划设计基本上无法满足现在的生活，因国家没有出台相应统一的整治标准，福州市的老旧小区整治工作也是"摸着石头过河"，边摸索边总结，整治内容、标准上也是在逐步完善。

五是在长效管理机制方面。大部分老旧小区存在规模小、资金少、居民缴费意识差、物业收费难等问题，如2018年改造的小区中有246个（约占82%）无住宅专项维修资金，每户每月物业费仅30～50元，物业经营收支入不敷出，主要靠社区无偿提供基本服务，离物业服务的标准和要求差距甚远，改造完成后物业管理长效机制难以建立。

（福州市住房保障和房产管理局供稿）

宁波市城镇老旧小区改造试点工作经验

老旧小区改造是改善居民生活环境、提升城市品质的一项重大民生工程。宁波历届市委、市政府都高度重视这项工作，通过老旧小区改造城市面貌得到了较大改善，受到市民的广泛赞誉。2017年12月，宁波市成功入选住房和城乡建设部老旧住宅小区改造试点城市，2019年9月，宁波市又一次被确定为国家城镇老旧小区改造试点城市，这是对宁波市的鼓舞和鞭策。两年多来，宁波市城镇老旧小区改造政策体系基本建立，基本形成了"党建引领、基层推动、多元共建、建管并举"的老旧住宅小区改造"宁波模式"，不仅有效提升了人居环境品质，增强了人民群众的获得感和幸福感，还探索实现了从"政府包办"向"共同缔造"、从"点上修整"向"综合更新"、从"单纯改造"向"长效善治"的思路性转变。

到2019年底，宁波市完成了76个项目改造、面积308.81万平方米，今年城镇老旧小区改造计划实施834万平方米，截至10月底，已有17个小区完工，涉及建筑面积131万平方米，107个小区进行施工，涉及建筑面积743万平方米，累计完成投资额8.8亿元。电梯加装有序推进，新增通过审批电梯加装87台。

一、工作进展及成效

老旧小区改造总体推进情况

市委、市政府对此高度重视老旧小区改造工作，组织各地各相关部门，去年11月和今年7月两次组织召开全市推进会专题会议研究部署，重点围绕"九个机制"试点工作要求，逐块对照、逐条研究，提出不能简单满足于完成试点任务，必须走在前列、力拔头筹，力争在建立小区长效管理机制等核心问题上率先破题，为全国老旧小区改造工作的全面铺开提供"宁波方案""宁波经验"，着力开展了以下几方面工作：

一是组建了一个工作专班。将原中心城区老旧小区整治改造领导小组更名为城镇老旧小区（棚户区）改造工作领导小组，下设办公室在市住建局，负责统筹协调推进城镇老旧小区改造各项工作。为确保工作顺利推进，积极督促各区县（市建立相应的工作机构和推进机制,同时对原市级工作专班做了"扩充升级",进一步强化工作力量,成立了综合组、改造组、督查组、宣传组四个工作小组,近20人集中办公。

二是出台了一批政策文件。根据试点工作要求,在总结上一轮试点工作的基础上,积极构建"1+X"配套政策保障体系。"1"是《宁波市城镇老旧小区改造三年行动方案(2020—2022年)》;"X"包括城镇老旧小区改造2020年工作要点、竞争性管理的指导意见、改造设计指引、管线整治改造工作的指导意见、专项工程统筹整合的指导意见、规划师进社区工作方案、设计师进小区工作方案、目标责任考核办法、改造设计导则、工程质量验收导则等一系列文件。

三是构建了"三大工作体系"。构建"目标体系",已基本确定三年改造数量,初步排定了改造计划。列入三年改造计划的有555个小区,面积2720万平方米。同时,积极谋划片区化改造项目,确定了海曙孝闻、北仑星阳等6个片区化改造试点项目。今年,计划实施834万平方米的老旧小区改造项目,完成300万平方米的民生实事工程;电梯加装方面,全市推进电梯加装工作攻坚行动;污水零直排方面,全年确保完成80个生活小区"污水零直排区"创建项目。构建"融资体系"。资金保障问题一直是困扰老旧小区改造的难题。多次组织、发改、国开行等单位和部门共同研究、合力攻坚,力争通过争取各级财政补助资金和拓展外部融资两种方式和途径,统筹解决老旧小区改造的资金困局。目前,全市已获得中央财政专项资金1.88亿元,中央预算内专项资金2.1亿元,相关资金已陆续到位。江北、余姚、镇海、鄞州已安排5.7亿元地方政府专项债券,海曙、象山、奉化、宁海排约5亿元抗疫特别国债用于老旧小区改造项目。海曙、镇海片区化改造项目争取国家开发银行融资的工作正有序推进。构建"考核体系"。将老旧小区改造列入区县(市)目标考核,起草了考核办法,将"污水零直排区"创建、既有多层住宅加装电梯、片区化改造等重点工作也一并纳入考核。

二、建立老旧小区改造"九项机制"情况

(一)建立城镇老旧小区改造工作统筹协调机制

成立了全市城镇老旧小区(棚户区)改造领导小组,由市长任组长,各地各部门主要负责人为成员。领导小组下设办公室,在市住建局,负责统筹协调推进城镇老旧小区改造各项工作,实现了职责明确、分级负责、统筹联动的工作格局。出台了《关于城镇老旧小区改造项目实施专项工程统筹整合的指导意见》《关于城镇老旧小区管线整治改造工作的指导意见》等文件,建立了电力、通信、供水、排水、供气等相关经营单位统筹协调机制和责任清单。

（二）建立城镇老旧小区改造项目生成机制

印发了《关于宁波市城镇老旧小区改造项目竞争性管理的通知》，明确城镇老旧小区改造项目生成的基本原则和要求，将主动配合小区环境整治、群众参与度高、改造意愿强、建立长效管理机制的小区，优先列入改造计划。摸清底数，优先将2000年前建成老旧小区纳入改造范围，建立了老旧小区三年改造项目储备库，列入三年改造计划的小区有555个，面积2720万平方米。强化项目库应用管理，要求各地在申请中央补助资金、市级财政补助资金及申报地方政府专项债时均应以项目储备库项目为基础。项目储备库实行动态管理，原则上每年可调整一次。

（三）建立改造资金政府与居民合理共担机制

出台了《宁波市城城镇老旧小区改造三年行动方案（2020—2022年）》，明确改造内容类别和不同改造资金来源。完善《宁波市城镇老旧小区改造专项资金管理办法》，加强政府资金的使用管理。

（四）探索社会力量以市场化方式参与的机制

鼓励和引导社会资本以多种方式参与老旧小区改造，特别是对建设停车库（场）、置换广告位等有现金流的改造项目，充分运用市场化方式吸引社会力量参与，按照"改造+运营服务"一体化的市场运作模式推进小区改造。鄞州区把区域性居家养老服务中心作为朱雀小区改造工程的一部分，引进社会资本宁波恰颐养老服务有限公司投入326万对社区原有的公用大车棚进行改造，该养老服务中心已建成并投入使用。

（五）探索金融机构以可持续方式支持的机制

在不增加地方政府隐性债务，保持本地区房地产市场平稳健康发展的前提下，探索金融机构以可持续方式加大对城镇老旧小区改造的金融支持。北仑区星阳片区已明确市滨港建设投资有限公司为融资主体，今年完成了星阳菜场改造项目，启动三条道路整治提升工程，全年将完成投资4000万元。

（六）建立健全动员群众共建机制

印发了《在城镇老旧小区改造中开展美好环境与幸福生活共同缔造活动实施方案》，确定了7个美好环境与幸福生活共同缔造试点社区。搭建沟通议事平台，实现决策共谋、发展共建、建设共管、效果共评、成果共享。组织专业力量参与老旧小区改造，出台了《关于在全市开展社区规划师试点工作的通知》《关于在全市开展设计师进小区试点工作的通知》。

（七）建立健全改造项目推进机制

明确城镇老旧小区改造的责任主体和实施主体。制定城镇老旧小区改造工作流程、项目管理机制，明确相应的责任制。研究制定了《关于进一步简化宁波市城镇老旧小区改造项目办理流程和审批环节的实施意见》，结合工程建设项目审批制度改革，建立审批绿色通道。健全适应改造需要的标准规范体系，研究编制《宁波市城镇老旧小区改造设计技术导则》《宁波市城镇老旧小区改造工程验收导则》《关于加强城镇老旧小区改造工程文明施工管理的通知》。推进老旧小区改造项目施工许可证发放，并将工程质量安全纳入监管，镇海区、余姚市的所有改造项目，均已申领施工许可证并纳入质量安全监管。

（八）建立存量资源整合利用机制

合理拓展改造实施单元，推进相邻小区及周边地区联动改造，实现片区服务设施、公共空间共建共享。研究支持存量资源整合利用的政策，推进既有用地集约混合利用。整合老旧小区周边存量闲置政府公房资源，盘活小区内及周边闲置社会商业用房进行统筹使用。奉化区光明片区完成广南商城（底商住宅）改造提升，并通过周边拆违和边角地改造，增设停车设施，完善公共服务功能。

（九）完善小区长效管理机制

制定出台《关于党建引领协同治理推动住宅小区物业管理工作的指导意见》，逐步健全完善党建引领社区治理框架下的物业管理体系，构建协同治理机制科学有效的物业管理新格局。加强业委会人选的组织把关，强化业委会履职监管，健全业委会工作纠错和退出机制。加强物业服务行业监管，研究制定物业行业规范性标准，出台《宁波市物业企业和项目经理信用信息管理办法》《宁波市物业招投标管理办法》，把物业招标投标与物业企业信用相挂钩，营造公平竞争、优胜劣汰的市场环境。镇海区聚焦建立物业管理长效机制，区委、区政府主要领导召开了小区物业管理提升工作会议，出台了《关于加强基层社会治理全面提升小区物业管理水平的实施意见》，积极探索社区运维与区域物业管理高效机制。

三、主要经验做法

（一）坚持党建引领，健全组织实施机制

一是建立统筹协调机制。市级层面，在领导小组的统筹协调下，完善顶层设计，

制定政策办法，创新体制机制，组织编制宁波市老旧小区改造年度计划，并推进实施。区级层面，区县（市）党委、政府是老旧小区改造的责任主体，建立健全工作推进机制，对街道办事处实施老旧小区改造进行指导监督。街道层面，作为实施主体，通过"两次表决"，组织征集辖区老旧小区居民改造意愿并确定改造方案，向区县（市）住房和城乡建设等部门提出改造申请，委托开展老旧小区改造方案设计、工程预算、施工招投标等，组织开展竣工验收及决算审核，做好居民出资收取。社区层面，配合街道组织和发动居民、相关单位参与改造各个环节，指导建立健全后续长效管理机制。

二是发挥社区党组织"战斗堡垒"作用。把推进城镇老旧小区改造与加强基层党组织建设有机结合，联合市委组织部和起草了《强化党建引领推动住宅小区治理的实施意见》，积极构建以小区党支部为战斗堡垒，街道、社区、业委会、物业服务企业多方参与的小区治理工作机制，充分发挥街道、社区党组织的核心领导作用，统筹推进入户调研、宣贯动员、答疑解惑、组织实施等工作，有力保障改造工作的顺利推进。

三是激发党员干部"先锋模范"作用。开展党员"一员双岗"锋领行动，要求机关事业单位在职党员到居住地社区党委"报到"，通过定期和不定期的培训，打造一支素质高、能力强、多元化的城市社区专业化人才队伍，以身作则协助开展老旧小区改造、生活垃圾分类等社区工作。海曙区在高塘花园、白鹭园、东方花园三个老旧小区101个楼道建立党员包片联系岗，制定党员包片责任清单，35名党员认领上岗，在推进老旧小区改造中发挥了积极作用。

（二）健全群众共建机制，共享美好人居环境

运用"美好环境与幸福生活共同缔造"的理念和方法，推进城镇老旧小区改造，初步构建了"纵向到底、横向到边、协商共治"的社区治理体系。

一是决策共谋，凝聚民意。坚持群众的事让群众商量着办，应用各种线上线下手段，因地制宜搭建小区议事协商平台，从提出改造倡议到商量改造方案均由居民全程参与。开发了业主投票决策信息系统，通过互联网终端方便居民在线申请改造资格、在线确认改造方案、在线投票决策。

二是发展共建，凝聚民力。充分激发社区居民"主人翁"意识，动员居民筹捐资、出劳力，鼓励社区居民参与老旧小区改造全过程管理。江北区槐树社区统筹国家电网和宁波自来水江北公司相关建设资金，协同用于管网改造。白沙街道居民主动清理长期以来堆放在车棚中的物品，腾出空间改造设置充电桩。

三是效果共评，凝聚民声。老旧小区改造效果好不好，由居民来评价。在老旧小区改造完工后，组织居民对改造效果进行评价和反馈，并根据居民意见，持

续推动各项工作改进。鄞州区对老旧小区改造成果实行"三亮三考",由群众亮灯亮牌亮剑,以大众点评指数来衡量改造效果。

(三)完善支持政策,扎实推进城镇老旧小区改造

在城镇老旧小区改造中,创新完善体制机制和政策体系,为推动城市由外延扩张式发展,转为注重内涵的集约式发展,探索了可行路径。

一是将改造范围拓展至社区。社区是基层治理的基本单元,也是推进老旧小区改造工作的关键。在推进改造过程中,打破传统"小区"概念,合理拓展改造范围至片区,以街区更新统筹推进老旧小区连片改造提升,整合利用相邻小区及周边地区的公共空间,系统推动小区内外公共服务和社会服务联动更新,实现存量资源在利用、改造、运维等方面的统筹与整合,打造15分钟生活圈。全市6个片区化改造试点项目已形成片区整体空间规划方案,主要涉及市政基础设施改造提升、社区养老抚幼设施完善、菜场改造提升和停车场(库)建设等内容。

二是改革和精简工程审批手续。建立绿色通道,提升服务效率,制定了《进一步简化宁波市城镇老旧小区改造项目审批流程和环节的实施意见》,审批时间压缩到20个工作日,并同步推行工程总承包(EPC)、全过程工程咨询试点等工程建设新模式,有序推进改造项目实施。江北区对列入辖区老旧小区改造的工程项目,其单项合同估算价在100万元人民币以下的勘察、设计、监理服务项目,经各街道(镇)班子会议集体讨论决定后,可采取直接委托的方式,进一步加快了项目改造进度。

三是努力实现"综合改一次"。为了避免反复改造扰民问题,按照"实施一批、谋划一批、储备一批"的原则,统筹安排改造时序,优化项目组织实施,实现所有改造任务统一谋划、一次性完成改造;推动规划师进社区、设计师进小区,辅导居民有效参与老旧小区改造。在资金使用上,整合住建、民政、公安、水利等部门政策和资源,发挥各条块资金集聚效应,结合居民意愿,同步整治小区环境秩序类的"面子"问题,改造基础设施和公共服务设施等"里子"问题,切实改善小区居住条件。全市改造的老旧小区中原有老人服务场所的,相关房屋、设施在改造中均得到了更新提升。余姚市以老旧小区改造工作为平台,将供电设施改造升级、雨污分流工程有机整合,同步实施,不仅节约了招标代理、设计、监理等配套费用,降低了土建施工成本,还加快了项目改造进程。

(四)长效治理有为有效,积极谋划制度创新

老旧小区改造完成后的管理维护,面临极为复杂的现实条件,必须建立长效

机制，推动建管并举，在难题破解中转变居民传统观念，重塑居民行为习惯，才能标本兼治，实现"长效善治"。宁波市坚持问题导向，在破解老旧小区物业管理模式、执法进小区等方面做了一些探索。

一是破解"维护"难题，引导居民和社会资本长期投入。鼓励引导居民建立"购买服务"习惯，率先试点开展物业专项维修资金"即交、即用、即补"改造新模式，小区按照新建项目物业专项维修资金的60%～80%交纳后，立即可以使用，并享受市、区两级财政50%补贴资金。制定老旧小区物业服务收费提价奖补资金管理办法，对2000年底前建成交付且提价到位的老旧小区，按提价后市级物业服务费收缴户数面积，给予0.15元/月·平方米的补助，"以奖代补"一补三年，着力破解"物业服务标准低、居民缴费率低"的恶性循环。探索社会力量以市场化方式参与，针对建设停车库（场）、加装电梯等现金流改造项目，建立"改造+运营服务"市场运作模式，江北区日湖家园将小区停车纳入市级智慧停车平台试点，有效整合小区停车资源存量，增加停车收费收益。此外，鄞州区推动电梯保险，推出"物联网+保险+服务"的电梯运行维管模式，解决质保期后的电梯安全维护问题。

二是破解"执法"难题，推动部门执法清单管理。针对"执法不进社区"的顽疾，梳理发布住宅小区行政执法清单，明确5大类37项违法违规行为执法主体，营造人人知晓、责任明晰的执法氛围。镇海区同心湖社区成立联合执法勤务室，整合住建、综合行政执法、公安机关、市场监督、环保等多部门，在小区内对行政执法清单开展公示，有效促进联商联议。江北贝家边小区充分依托网格化管理手段，将需要执法部门参与的问题上报至社区网格长的网格手机，协调综合行政执法、市场监管、消防、公安、交警、税务、住建等执法部门进行联合执法。

三是破解"认同"难题，挖掘提升特色文化底蕴。针对老旧小区居民构成相对复杂、归属感不强、参与热情不高的问题，在本轮试点改造中，宁波市加强对社区文化特色的挖掘和提炼，对小区大门等标志性设施提出改造要求，为小区居民留住乡愁，量身打造文化家园。江北绿梅小区原为海洋渔业公司职工宿舍楼，在社区大门、墙绘及配套设施建设中融入海洋文化元素，打造海洋文化场景类社区。江北日湖家园小区中包含两幢老铁路北站职工宿舍楼，改造中以墙绘等方式融入火车元素，融合火车情结与家园情怀。江北正大花园所在地曾是正大火柴厂原址，改造中将火柴、火花元素广泛应用于小区文化墙、门禁卡、宣传栏等，还将从居民处搜集到的老式收音机、电话机等老物件，镶嵌在活动室的围墙上，唤起居民共同的文化记忆。

下一阶段，宁波市将以提升基层治理体系和治理能力为目标，运用社会治理的理念和方法，在项目生成、项目实施、督查考核、长效机制等方面全面发力，多点突破,致力打造全国城镇老旧小区改造可复制可推广的"宁波经验",努力让人民群众生活得更方便、更舒心、更美好。

(宁波市城市管理局供稿)

附 录

市场监管总局　住房和城乡建设部关于加强民用"三表"管理的指导意见

国市监计量〔2019〕6号

各省、自治区、直辖市及新疆生产建设兵团市场监管局（厅、委）、住房和城乡建设厅（委员会、城管委、经信委、水务厅、水务局、建设局）：

民用水表、电能表、燃气表（以下简称民用"三表"）与人民群众生活密切相关。近年来，部分地区民用"三表"设备老化，造成计量失准，给人民群众生活带来不便。为进一步加强民用"三表"管理，保障人民群众切身利益，现提出以下意见。

一、指导思想

全面贯彻党的十九大和十九届二中、三中全会精神，以习近平新时代中国特色社会主义思想为指导，认真落实国务院"放管服"改革要求，以保障和改善民生为宗旨，以完善监管机制为基础，进一步落实企业主体责任，强化对民用"三表"的监督管理，积极妥善解决民用"三表"问题，切实提升服务质量水平，不断满足人民日益增长的美好生活需要。

二、基本原则

——坚持以人民利益为根本。把解决好人民群众关心的民用"三表"有关问题作为工作出发点和落脚点，保障人民群众的切身利益。

——坚持以企业责任为主体。落实企业主体责任，保障民用"三表"产品质量和计量准确性，提升民用"三表"服务质量和水平。

——坚持以依法监管为手段。完善法律法规，建立长效监管机制，依法依规开展民用"三表"监管工作。

三、重点任务

（一）严格落实企业主体责任

坚持以企业为主体，督促民用"三表"制造企业和供电、供水、供气服务企业落实主体责任，增强社会责任感，提高服务意识。民用"三表"制造企业要加强管理，严格按照《计量法》规定，对制造的计量器具进行出厂前检定，保证产品计量性能合格，并对合格产品出具合格证。各供电企业、供水企业、供气企业（均含国企、股份制、中外合资、外资控股、民营、集体企业等）要积极提升优质公共服务供给能力，对在用的民用"三表"的产品信息、安装和使用时间、是否超期使用、轮换情况等方面进行登记造册，摸清在用民用"三表"的详细情况，2019年6月底前完成此项工作，并报当地市场监管部门备案。同时，要及时做好计量失准的计量器具的更换工作。

（二）确保新建住宅建筑安装的民用"三表"质量过关

切实加强新建住宅建筑验收环节计量监管，完善新建住宅建筑民用"三表"的计量监管机制。新建住宅建筑民用"三表"安装使用前应进行首次强制检定。对未经首次检定以及首次检定不合格的民用"三表"，不得安装和使用。建设单位要依据现行法律法规和工程建设标准，督促或组织"三表"安装质量验收，确保符合设计和规范要求。

（三）加强民用"三表"计量监管

强化对民用"三表"安装使用前首次检定、到期轮换的监督管理。各级市场监管部门、住房和城乡建设部门要结合当地实际，完善双随机监督检查机制，督促供水、供电、供气服务企业落实好民用"三表"轮换制度。要充分利用现有资源，进一步健全和完善对包括法定计量检定机构在内的建标、授权、检定等全过程规范管理，提高检定工作质量，提升计量检定机构对民用"三表"的检定能力和水平。各省级市场监管部门对当地供电、供水、供气服务企业上报的民用"三表"相关情况进行汇总整理，并做好后续的实时更新工作。

（四）畅通投诉举报渠道

各供水、供电、供气服务企业要畅通群众投诉渠道，完善投诉处理机制，及时妥善处理人民群众反映的计量纠纷并反馈结果。供电、供水、供气服务企业对人民群众举报的失准民用"三表"要及时进行处理和更换。

（五）建立长效监管机制

各级市场监管部门要积极探索建立民用"三表"监管长效机制，落实好监管责任。对发现的已经安装或者使用的未经首次检定的民用"三表"，要求供水、供电、供气服务企业立即整改，并将情况通报当地住房和城乡建设部门；对后续检定或者检查中发现不合格的民用"三表"，要督促供水、供电、供气服务企业及时予以调换。对民用"三表"的计量违法行为，各地要坚决进行查处，切实维护人民群众的合法权益。

四、工作要求

（一）提高思想认识，高度重视民用"三表"管理工作

党的十八大以来，以习近平同志为核心的党中央高度重视民生问题。党的十九大报告强调，保障和改善民生要抓住人民最关心最直接最现实的利益问题，既尽力而为，又量力而行，一件事情接着一件事情办，一年接着一年干。各级市场监管部门、住房和城乡建设部门要充分认识做好民用"三表"管理工作的重要性，切实把思想和行动统一到中央的决策部署上来，把落脚点落到让人民群众过上更高质量的生活上来，积极作为，敢于担当，把民用"三表"管理工作做好、抓实、管到位。

（二）加强协调配合，切实抓好民用"三表"相关工作

各级市场监管部门、住房和城乡建设部门要积极探索和完善协调配合工作机制，部门联动，齐抓共管，形成工作合力。要积极联合开展民用"三表"检查和执法，对安装的民用"三表"质量不合格的、轮换制度执行不到位等行为进行查处，督促其限期整改，确保在用民用"三表"质量过关、轮换到位。

（三）加大宣传力度，不断提高供水、供电、供气服务企业和人民群众的计量法制意识

各地要在日常工作中做好民用"三表"的计量宣传工作，营造良好舆论氛围。要向供水、供电、供气服务企业宣传计量法制要求，引导其增强主体责任意识和服务意识，督促企业抄表到最终用户，提升服务质量和服务水平。要向广大人民群众宣传关于民用"三表"的计量常识和法制要求，争取对轮换工作的理解和支持。

附 录

国家市场监督管理总局
中华人民共和国住房和城乡建设部
2019 年 1 月 3 日

住房和城乡建设部办公厅 国家发展改革委办公厅关于开展 2019 年国家节水型城市复查工作的通知

建办城函〔2019〕172 号

河北、山西、辽宁、江苏、浙江、山东、河南、湖北、湖南、广东、广西、贵州、宁夏、新疆、云南省（区）住房和城乡建设厅、发展改革委，北京、上海市水务局、发展改革委：

按照《住房城乡建设部国家发展改革委关于印发〈国家节水型城市申报与考核办法〉和〈国家节水型城市考核标准〉的通知》（建城〔2018〕25 号）要求，现就 2019 年国家节水型城市复查有关工作通知如下：

一、复查范围

（一）2002 年命名的国家节水型城市：北京、上海、唐山、太原、大连、徐州、杭州、济南、青岛、郑州。

（二）2007 年命名的国家节水型城市：廊坊、张家港、昆山、宁波、潍坊、东营、日照、海阳、蓬莱、桂林、银川。

（三）2011 年命名的国家节水型城市：镇江、江阴、苏州、常熟、太仓、舟山、嘉兴、泰安、龙口、济源、黄石、常德、深圳、贵阳、昆明、乌鲁木齐。

（四）2015 年命名的国家节水型城市：常州、连云港、宿迁、诸暨、青州、肥城、丽江。

二、有关工作要求

（一）请有关省、自治区住房和城乡建设厅会同发展改革委（经济和信息化委、工业和信息化厅）按照建城〔2018〕25 号文件要求，于 2019 年 6 月 30 日前组织对本省（区）国家节水型城市进行复查，并于2019年7月15日前将本省（区）复查报告（附电子版）报住房和城乡建设部、国家发展改革委（以下简称两部委）。两部委将委派1—2名专家参加省（区）复查工作。

（二）请北京、上海市水务局会同发展改革委于2019年6月30日前将经城市人民政府同意的自查报告报两部委，由两部委组织复查。

（三）依据建城〔2018〕25号文件规定，对经复查不合格的城市，两部委将给予警告，并限期整改；整改后仍不合格的，撤销国家节水型城市称号。对不按期复查、连续两次不上报节水统计数据或工作报告的城市，撤销国家节水型城市称号。

（四）被列入复查的城市要认真准备复查材料，实事求是、全面真实，不得弄虚作假；发现弄虚作假行为的，视为复查不合格。

（五）严格工作纪律。复查工作期间应严格落实中央八项规定及其实施细则精神。

中华人民共和国住房和城乡建设部办公厅
国家发展和改革委员会办公厅
2019年3月14日

住房和城乡建设部办公厅关于做好 2019 年城市排水防涝工作的通知

建办城函〔2019〕176 号

各省、自治区住房和城乡建设厅，北京、天津、上海市水务局，重庆市住房和城乡建设委员会、城市管理局，海南省水务厅，新疆生产建设兵团住房和城乡建设局：

2019 年 3 月以来，我国南方地区提前进入汛期，部分区域雨量较往年同期偏多，给城市排水防涝工作造成较大压力。近日，国务院对做好 2019 年防汛工作作出部署。为全面贯彻落实《国务院办公厅关于做好城市排水防涝设施建设工作的通知》（国办发〔2013〕23 号）和国务院有关部署要求，确保 2019 年城市安全度汛，现就做好城市排水防涝工作有关事项通知如下。

一、严格城市排水防涝工作责任落实

（一）落实城市人民政府主体责任。省级住房和城乡建设主管部门要按照《住房和城乡建设部关于公布 2019 年全国城市排水防涝安全及重要易涝点整治责任人名单的通告》（建城函〔2019〕37 号）要求，督促本地区城市按照国办发〔2013〕23 号文件精神，进一步落实城市人民政府主体责任，实行城市排水防涝工作行政首长负责制，对照本城市排水防涝责任清单，将工作部署、项目建设、汛前准备、指挥调度、应急管理、物资保障、组织协调、巡检问责等工作责任落实到具体项目、岗位和人员。向社会公布城市重要易涝区段、责任人和应急措施，接受公众监督，严肃考核问责，杜绝出现责任盲区，避免出现因暴雨内涝导致的人身伤亡事故和重大财产损失，确保城市安全度汛。

（二）落实管渠河道清疏维护责任。城市排水主管部门要组织做好排水管道清疏，按照管网的实际工况和存泥量，科学确定清疏次数，做到下井清淤、入管除积、错峰施工，消除管道堵塞、淤积、损坏等问题。对施工工地周边、低洼易涝区段、易淤积管段，增加清掏频次，确保排水管网过水能力。及时整治疏浚具有排涝功能的城市河道，保障雨水行泄通畅。

（三）落实设施设备维修养护责任。城市排水主管部门要组织加强对涵闸、调蓄池、截污堰、溢流井、拍门、鸭嘴阀等设施及各类机械、电气设备的养护，保证闸门阀门能够灵活开启关闭、雨水调蓄设施无积水积泥、各工作部件正常运转、电机可靠安全。对排涝泵站进行汛前维护，做好水泵维修保养、捞渣机清理除锈、闸门口垃圾漂浮物打捞、泵站前池清理等工作，定期进行试车。及时清理和改造道路雨箅子等雨水收集口，清掏检查井中的沉积物。加强对窨井盖的管理，及时补齐或更换丢失、破损的井盖，检查井要安装安全防护措施，防止发生车辆、行人坠落导致的伤亡事故。加强对易积水路段周边的路灯、通信等配电设施的安全防护，避免积水时发生漏电事故。

（四）落实安全管理责任。城市排水主管部门要严格按照《城镇排水管渠与泵站运行、维护及安全技术规程》CJJ68-2016和《住房和城乡建设部办公厅关于加强城镇排水、污水处理等设施维护作业安全管理工作的通知》（建办城函〔2017〕443号）等要求狠抓安全管理，在进行管道清淤、带水（火）作业、电气维护和地下有限空间施工时，安排安全员进行现场管理，监督作业人员严格遵守安全操作规程，落实作业备案、现场应急等安全生产措施，避免发生中毒、触电、爆炸、溺水、坠落等各类伤亡事故。

（五）落实信息共享与联动责任。城市排水主管部门要认真执行汛期雨情、涝情信息共享与联动机制，加强与气象、水利、交通运输、公安、教育、卫生健康、民政等相关部门的信息共享，及时准确了解降雨趋势、强降雨预测和实时雨情等气象信息；全面掌握流域洪涝情况、河道水位、堤防设施运行情况等信息，做好河道与市政排水管网的水位协调调度，汛前要预先腾空或降低河道水位；根据雨情涝情协助做好城区交通组织、疏导和应急疏散等。

（六）落实宣传引导信息公开责任。城市排水主管部门要在汛前通过多种渠道加大宣传，告知公众本地区的城市排水防涝应对的降雨标准、可能发生积水内涝的区域，引导公众主动应对；广泛宣传城市排水防涝安全常识，提高公众防灾避险意识和自救能力。在汛中协调新闻媒体加强对城市排水防涝工作的宣传报道，主动发声回应舆论关切；按职责及时准确发布预警预报、交通管制、应急措施、疏散转移等实时动态信息，引导公众配合应急指挥。

二、扎实推进城市排水防涝补短板工作

（一）滚动谋划项目。省级住房和城乡建设主管部门要督促本地区纳入国务院城市排水防涝补短板范围的重点城市，进一步完善实施方案，按照城市市政基础设施补短板项目储备工作的有关要求，分近期、中期、远期谋划建设项目，不断

完善城市排水防涝设施建设补短板项目储备库。落实项目报送制度，在我部城市排水防涝补短板项目库中及时准确报送项目进展情况。

（二）加快项目实施。要在汛前加快推进补短板项目建设，存在尚未开工整治易涝区段的城市（见附件1）要倒排工期、抓紧开工，明确每个易涝区段整治的时间节点、进度计划、具体措施和责任人；已经开工的要加快工程进度，确保排水防涝补短板取得实效。到2019年底前，纳入国务院城市排水防涝补短板范围的60个重点城市要基本完成城市排水防涝补短板项目建设，消除易涝区段。进一步落实工程建设项目行政审批制度改革要求，加强协调，提高补短板项目审批效率。要按照国办发〔2013〕23号的要求，切实保障项目资金，把城市建设维护资金、土地出让收益和城市防洪经费等优先用于排水防涝补短板项目。

（三）严控工程质量。城市排水主管部门要会同市政工程质量监督部门、市场监督管理部门，严格补短板项目的工程质量管理、管材设备质量管理；灵活采取飞行检查、双盲随机抽查等方式，确保管材、设备质量合格；组织专业力量深入施工现场，重点做好排水设备、测量放线、沟槽开挖和管线基座施工、设备安装调试、管道装设和接口等环节质量监督，杜绝质量把关不严、管控不力、责任不落实等问题。

三、全面做好汛前检查

（一）汛前全面进行排查。省级住房和城乡建设主管部门要督促城市排水主管部门对工作责任落实情况、应急准备情况等进行全面自查，参照《2019年城市排水防涝汛前工作自查表》（见附件2），围绕排水防涝工作机制建设、巡查和设施维护、应急管理、易涝区段整治等逐项查找不足，要盯人、盯事、盯效果，认真排查问题，按照"一个问题、一个方案、一抓到底"的原则，力争在汛期到来之前整改到位。汛前自查工作应严格落实党中央关于统筹规范督查检查考核工作要求。

（二）加强重点部位检查。城市排水主管部门要组织对排涝管渠泵站、污水处理厂（站）、涵闸等设施设备管理维护责任落实情况进行重点检查；对立交桥下、低洼地带、施工工地、棚户区等易涝区域的汛期值守、现场管控责任落实情况进行重点核查；对地铁等在建地下工程周边的排水设施进行重点排查，防止出现施工导致的市政排水管网堵塞、损坏等问题。

（三）严肃查处违法行为。依据《城镇排水与污水处理条例》，落实排水许可制度，严肃查处堵塞和破坏市政排水设施的各类违法行为，特别是要杜绝私接乱建、违法排放，以及将道路清扫垃圾、施工泥浆（灰浆）、建筑垃圾渣土、沿街商贩泔水等倒入市政排水管网的行为。

（四）做好应急抢险准备。省级住房和城乡建设主管部门要督促本地区城市排水主管部门按照排水防涝应急预案，进一步明确应急预案中各相关部门的工作任务、响应程序和处置措施，保障应急抢险顺畅高效。充实各级排水应急队伍，实行动态管理，优化人员结构，开展业务培训，强化抢险应急演练，不断提升责任意识、安全意识和应急抢险能力；在主要易涝区段增加监控测深设备，在有条件的易涝区段布置自控排水设施，及时掌控、调度和处置重要区段的内涝情况；配备适用、可靠的排涝抢险专用设备，充分发挥抢险设备的性能功效；按照"数量充足、分布合理、管理方便、调用快捷"的原则，对防涝物资设备实行分类、分区、分级存放，进一步完善物资储备管理制度及调用流程，严格物资核销、更新、增储等工作程序，严控物资仓储安全隐患，落实防火、防盗、防虫、防潮、防腐等安全措施。

（五）落实隐患应对措施。对于汛前暂不能整治到位的易涝区段、隐患点，城市排水主管部门要制定临时应急处置措施，明确汛期巡查值守人员，配置应急抽排设备，设立醒目、易于辨识的公众警示标记，安排应急抢险和交通疏导等措施，避免发生安全事故。

我部将于2019年下半年组织开展城市排水防涝专项评估，对60个重点城市、内涝灾害风险高城市的补短板工程项目实施进展情况和效果等进行评估，重点评估地方政府责任落实、已有政策落地、设施建设、资金筹措、内涝治理成效等情况。具体工作安排另行通知。

附件：1.尚未开工整治易涝区段名单
   2.2019年城市排水防涝汛前工作自查表

中华人民共和国住房和城乡建设部办公厅
2019年3月18日

抄送：国家防汛抗旱总指挥部办公室，水利部、应急部、审计署办公厅。

住房和城乡建设部等部门关于在全国地级及以上城市全面开展生活垃圾分类工作的通知

各省（自治区）住房和城乡建设厅、发展改革委、生态环境厅、商务厅、教育厅、文明办、团委、妇联、机关事务管理局，直辖市城市管理委（城市管理局、绿化市容局）、发展改革委、生态环境局、商务委、教委、文明办、团委、妇联、机关事务管理局，新疆生产建设兵团住房和城乡建设局、发展改革委、环境保护局、商务局、教育局、文明办、团委、妇联、机关事务管理局：

为深入贯彻习近平总书记关于生活垃圾分类工作的系列重要批示指示精神，落实《中共中央国务院关于全面加强生态环境保护坚决打好污染防治攻坚战的意见》《国务院办公厅关于转发国家发展改革委住房城乡建设部生活垃圾分类制度实施方案的通知》（国办发〔2017〕26号），在各直辖市、省会城市、计划单列市等46个重点城市（以下简称46个重点城市）先行先试基础上，决定自2019年起在全国地级及以上城市全面启动生活垃圾分类工作。有关事项通知如下：

一、总体要求

（一）指导思想。以习近平新时代中国特色社会主义思想为指导，全面贯彻习近平生态文明思想，切实落实党中央、国务院关于生活垃圾分类工作的决策部署，坚持党建引领，坚持以社区为着力点，坚持以人民群众为主体，坚持共建共治共享，加快推进以法治为基础、政府推动、全民参与、城乡统筹、因地制宜的生活垃圾分类制度，加快建立分类投放、分类收集、分类运输、分类处理的生活垃圾处理系统，努力提高生活垃圾分类覆盖面，把生活垃圾分类作为开展"美好环境与幸福生活共同缔造"活动的重要内容，加快改善人居环境，不断提升城市品质。

（二）工作目标。到2020年，46个重点城市基本建成生活垃圾分类处理系统。其他地级城市实现公共机构生活垃圾分类全覆盖，至少有1个街道基本建成生活垃圾分类示范片区。到2022年，各地级城市至少有1个区实现生活垃圾分类全覆盖，其他各区至少有1个街道基本建成生活垃圾分类示范片区。到2025年，全国地级及以上城市基本建成生活垃圾分类处理系统。

二、在地级及以上城市全面启动生活垃圾分类工作

（三）做好顶层设计。各地级城市应于2019年底前，编制完成生活垃圾分类实施方案，明确生活垃圾分类标准，以及推动生活垃圾分类的目标任务、重点项目、配套政策、具体措施。46个重点城市要完善既有实施方案，持续抓好落实，确保如期完成既定目标任务。国家生态文明试验区、各地新城新区要对标国际先进水平，制定更高标准、更加严格的实施方案及配套措施，更大力度实施生活垃圾分类制度。长江经济带沿江省市要率先实施生活垃圾分类制度。各地要按照属地化管理原则，通过军地协作，共同推进军队营区生活垃圾分类工作。

（四）公共机构率先示范。各地级及以上城市机关事务管理等主管部门要组织党政机关和学校、科研、文化、出版、广播电视等事业单位，协会、学会、联合会等社团组织，车站、机场、码头、体育场馆、演出场馆等公共场所管理单位，率先实行公共机构生活垃圾分类。指导各国有企业和宾馆、饭店、购物中心、超市、专业市场、农贸市场、农产品批发市场、商铺、商用写字楼等经营场所，比照党政机关积极落实生活垃圾分类要求。

（五）夯实学校教育基础。各地级及以上城市教育等主管部门要依托课堂教学、校园文化、社会实践等平台，切实加强各级各类学校的生活垃圾分类教育。要深入开展垃圾分类进校园、进教材、进课堂等活动，切实以生活垃圾分类为载体，培养一代人良好的文明习惯、公共意识和公民意识。

（六）开展青年志愿活动。各地级及以上城市团委等部门要创造条件，鼓励和引导青少年积极参与生活垃圾分类，树立生态文明价值观，带头践行绿色生活方式，让绿色、低碳、公益成为更多青少年的时尚追求。培育志愿者队伍，引导青少年志愿者深入基层社区，与群众面对面开展生活垃圾分类宣传、引导和服务等实践活动，不断提升志愿活动的专业性，使广大青少年在生活垃圾分类工作中发挥主力军和突击队作用。

（七）动员家庭积极参与。各地级及以上城市妇联等部门，要通过开展形式多样的社会宣传、主题实践等活动，面向广大家庭大力传播生态文明思想和理念，倡导绿色生活方式，普及生活垃圾分类常识，引导家庭成员从自身做起，从点滴做起，自觉成为生活垃圾分类的参与者、践行者、推动者。

（八）开展示范片区建设。各地级及以上城市要以街道为单元，开展生活垃圾分类示范片区建设，实现生活垃圾分类管理主体全覆盖，生活垃圾分类类别全覆盖，生活垃圾分类投放、收集、运输、处理系统全覆盖。以生活垃圾分类示范片区为基础，发挥示范引领作用，以点带面，逐步将生活垃圾分类工作扩大到全市。

三、加快生活垃圾分类系统建设

（九）采取简便易行的分类投放方式。各地级及以上城市要以"有害垃圾、干垃圾、湿垃圾和可回收物"为生活垃圾分类基本类型，确保有害垃圾单独投放，逐步做到干、湿垃圾分开，努力提高可回收物的单独投放比例。鼓励居民在家庭滤出湿垃圾水分，采用专用容器盛放湿垃圾，减少塑料袋使用，逐步实现湿垃圾"无玻璃陶瓷、无金属杂物、无塑料橡胶"。鼓励有条件的地方开展社区生活垃圾定时定点投放。要依靠街道社区党组织，统筹社区居委会、业主委员会、物业公司力量，发动社区党员骨干、热心市民、志愿者等共同参与，宣传和现场引导、监督生活垃圾分类。启动生活垃圾分类的社区，要安排现场引导员，做好生活垃圾分类投放的现场宣传和引导，纠正不规范的投放行为，做好台账记录。

（十）设置环境友好的分类收集站点。实施生活垃圾分类的单位、社区要优化布局，合理设置垃圾箱房、垃圾桶站等生活垃圾分类收集站点。生活垃圾分类收集容器、箱房、桶站应喷涂统一、规范、清晰的标志和标识，功能完善，干净无味。有关单位、社区应同步公示生活垃圾分类收集点的分布、开放时间，以及各类生活垃圾的收集、运输、处置责任单位、收运频率、收运时间和处置去向等信息。

（十一）分类运输环节防止"先分后混"。分类后的生活垃圾必须实行分类运输，各地级及以上城市要以确保全程分类为目标，建立和完善分类后各类生活垃圾的分类运输系统。要按照区域内各类生活垃圾的产生量，合理确定收运频次、收运时间和运输线路，配足、配齐分类运输车辆。对生活垃圾分类运输车辆，应喷涂统一、规范、清晰的标志和标识，明示所承运的生活垃圾种类。有中转需要的，中转站点应满足分类运输、暂存条件，符合密闭、环保、高效的要求。要加大运输环节管理力度，有物业管理的小区，做好物业部门和环境卫生部门的衔接，防止生活垃圾"先分后混""混装混运"。要加强有害垃圾运输过程的污染控制，确保环境安全。

（十二）加快提高与前端分类相匹配的处理能力。要加快建立与生活垃圾分类投放、分类收集、分类运输相匹配的分类处理系统，加强生活垃圾处理设施的规划建设，满足生活垃圾分类处理需求。分类收集后的有害垃圾，属于危险废物的，应按照危险废物进行管理，确保环境安全。根据分类后的干垃圾产生量及其趋势，"宜烧则烧""宜埋则埋"，加快以焚烧为主的生活垃圾处理设施建设，切实做好垃圾焚烧飞灰处理处置工作。采取长期布局和过渡安排相结合的方式，加快湿垃圾处理设施建设和改造，统筹解决餐厨垃圾、农贸市场垃圾等易腐垃圾处理问题，严禁餐厨垃圾直接饲喂生猪。加快生活垃圾清运和再生资源回收利用体系建设，推动再生资源规范化、专业化处理，促进循环利用。鼓励生活垃圾处理产业园区建设，优化技术工艺，统筹各类生活垃圾处理。

四、建立健全工作机制，确保取得实效

（十三）强化省级统筹。各省级住房和城乡建设（环境卫生）、发展改革、生态环境等有关部门要在同级党委和政府的领导下，统筹推进本地区生活垃圾分类工作，督促指导各地级及以上城市落实生活垃圾分类工作主体责任。各省级住房和城乡建设（环境卫生）部门要定期汇总、分析本辖区内各地级及以上城市垃圾分类工作进展情况，及时解决生活垃圾分类推进过程中出现的问题，并于每年1月15日、7月15日向住房和城乡建设部报送半年工作报告。

（十四）全面系统推进。各地级及以上城市住房和城乡建设（环境卫生）、发展改革、生态环境等有关部门，要积极争取同级党委和政府的支持，建立党委统一领导、党政齐抓共管、全社会积极参与的生活垃圾分类领导体制和工作机制。要探索建立"以块为主、条块结合"的市、区、街道、社区四级联动的生活垃圾分类工作体系，加快形成统一完整、能力适应、协同高效的生活垃圾分类全过程运行系统。要结合实际，适时做好生活垃圾分类管理或生活垃圾全过程管理地方性法规、规章的立法、修订工作。依法依规通过教育、处罚、拒运和纳入社会诚信体系等方式进行约束，逐步提高生活垃圾分类准确率。

（十五）强化宣传发动。各地级及以上城市要加大对生活垃圾分类意义的宣传，普及生活垃圾分类知识。要做好生活垃圾分类的入户宣传和现场引导，切实提高广大人民群众对生活垃圾分类的认识，自觉参与到生活垃圾分类工作中，养成生活垃圾分类习惯。

（十六）强化督促指导。各省级住房和城乡建设（环境卫生）、发展改革、生态环境等有关部门要积极争取同级党委和政府的支持，建立健全生活垃圾分类工作激励、奖惩机制，将生活垃圾分类工作纳入相关考核内容。住房和城乡建设部将汇总各省（区、市）城市生活垃圾分类工作进展情况，定期向党中央、国务院报告。

中华人民共和国住房和城乡建设部
中华人民共和国国家发展和改革委员会
中华人民共和国生态环境部
中华人民共和国教育部
中华人民共和国商务部

中央精神文明建设指导委员会办公室
中国共产主义青年团中央委员会
中华全国妇女联合会
国家机关事务管理局
2019 年 4 月 26 日

（此件主动公开）

附件：相关用语含义

一、有害垃圾。是指生活垃圾中的有毒有害物质,主要包括:废电池(镉镍电池、氧化汞电池、铅蓄电池等),废荧光灯管（日光灯管、节能灯等）,废温度计,废血压计,废药品及其包装物,废油漆、溶剂及其包装物,废杀虫剂、消毒剂及其包装物,废胶片及废相纸等。

二、可回收物。主要包括：废纸,废塑料,废金属,废玻璃,废包装物,废旧纺织物,废弃电器电子产品,废纸塑铝复合包装等。

三、干垃圾。即其他垃圾。由个人在单位和家庭日常生活中产生,除有害垃圾、可回收物、厨余垃圾（或餐厨垃圾）等的生活废弃物。

四、湿垃圾。即厨余垃圾。居民家庭日常生活过程中产生的菜帮、菜叶、瓜果皮壳、剩菜剩饭、废弃食物等易腐性垃圾。

五、餐厨垃圾。相关企业和公共机构在食品加工、饮食服务、单位供餐等活动中,产生的食物残渣、食品加工废料和废弃食用油脂。

六、易腐垃圾。主要包括：餐厨垃圾；厨余垃圾；农贸市场、农产品批发市场产生的蔬菜瓜果垃圾、腐肉、肉碎骨、蛋壳、畜禽产品内脏等。

七、生活垃圾回收利用率。未进入生活垃圾焚烧和填埋设施进行处理的可回收物、易腐垃圾的数量,占生活垃圾总量的比例。

住房和城乡建设部 生态环境部 发展改革委关于印发城镇污水处理提质增效三年行动方案（2019—2021年）的通知

建城〔2019〕52号

各省、自治区、直辖市人民政府，国务院有关部委、直属机构：

经国务院同意，现将《城镇污水处理提质增效三年行动方案（2019—2021年）》印发给你们，请认真贯彻落实。

中华人民共和国住房和城乡建设部
中华人民共和国生态环境部
中华人民共和国国家发展和改革委员会
2019年4月29日

城镇污水处理提质增效三年行动方案
（2019—2021年）

为全面贯彻落实全国生态环境保护大会、中央经济工作会议精神和《政府工作报告》部署要求，加快补齐城镇污水收集和处理设施短板，尽快实现污水管网全覆盖、全收集、全处理，制定本方案。

一、总体要求

（一）指导思想

以习近平新时代中国特色社会主义思想为指导，全面贯彻党的十九大和十九届二中、三中全会精神，将解决突出生态环境问题作为民生优先领域，坚持雷厉风行与久久为功相结合，抓住主要矛盾和薄弱环节集中攻坚，重点强化体制机制建设和创新，加快补齐污水管网等设施短板，为尽快实现污水管网全覆盖、全收集、全处理目标打下坚实基础。

（二）基本原则

立足民生，攻坚克难。把污水处理提质增效作为关系民生的重大问题和扩大内需的重点领域，全面提升城市生活污水收集处理能力和水平，提升优质生态产品供给能力，优先解决人民群众关注的生活污水直排等热点问题，不断满足人民群众日益增长的优美生态环境需要。

落实责任，强化担当。地方各级人民政府要建立上下联动、部门协作、多措并举、高效有力的协调推进机制。要强化城市人民政府主体责任，做好统筹协调，完善体制机制，分解落实任务，加强资金保障，确保三年行动取得显著成效。住房和城乡建设部、生态环境部、发展改革委要会同有关部门协同联动，强化指导督促。

系统谋划，近远结合。在分析污水收集处理系统现状基础上，统筹协调，谋划长远，做好顶层设计，强化系统性，压茬推进；三年行动要实事求是，既量力而行又尽力而为，定出硬目标，敢啃"硬骨头"，扎实推进，全力攻坚，为持续推进污水处理提质增效打好坚实基础。

问题导向，突出重点。坚持问题导向，以系统提升城市生活污水收集效能为重点，优先补齐城中村、老旧城区和城乡接合部管网等设施短板，消除空白，坚持因地制宜，系统识别问题，抓住薄弱环节，重点突破。

重在机制，政策引领。抓好长效机制建设，力争用3年时间，形成与推进实现污水管网全覆盖、全收集、全处理目标相适应的工作机制。强化政策引导,优化费价机制,落实政府责任,调动企业和公众各方主体参与积极性,实现生态效益、经济效益和社会效益共赢。

(三)主要目标

经过三年努力,地级及以上城市建成区基本无生活污水直排口,基本消除城中村、老旧城区和城乡接合部生活污水收集处理设施空白区,基本消除黑臭水体,城市生活污水集中收集效能显著提高。

二、推进生活污水收集处理设施改造和建设

(一)建立污水管网排查和周期性检测制度。按照设施权属及运行维护职责分工,全面排查污水管网等设施功能状况、错接混接等基本情况及用户接入情况。依法建立市政排水管网地理信息系统(GIS),实现管网信息化、账册化管理。落实排水管网周期性检测评估制度,建立和完善基于GIS系统的动态更新机制,逐步建立以5~10年为一个排查周期的长效机制和费用保障机制。对于排查发现的市政无主污水管段或设施,稳步推进确权和权属移交工作。居民小区、公共建筑及企事业单位内部等非市政污水管网排查工作,由设施权属单位或物业代管单位及有关主管部门建立排查机制,逐步完成建筑用地红线内管网混接错接排查与改造。(上述工作由住房和城乡建设部牵头,生态环境部等部门参与,城市人民政府负责落实。以下均需城市人民政府落实,不再列出)

(二)加快推进生活污水收集处理设施改造和建设。城市建设要科学确定生活污水收集处理设施总体规模和布局,生活污水收集和处理能力要与服务片区人口、经济社会发展、水环境质量改善要求相匹配。新区污水管网规划建设应当与城市开发同步推进,除干旱地区外均实行雨污分流。明确城中村、老旧城区、城乡接合部污水管网建设路由、用地和处理设施建设规模,加快设施建设,消除管网空白区。对人口密度过大的区域、城中村等,要严格控制人口和企事业单位入驻,避免因排水量激增导致现有污水收集处理设施超负荷。实施管网混错接改造、管网更新、破损修复改造等工程,实施清污分流,全面提升现有设施效能。城市污水处理厂进水生化需氧量(BOD)浓度低于100mg/L的,要围绕服务片区管网制定"一厂一策"系统化整治方案,明确整治目标和措施。推进污泥处理处置及污水再生利用设施建设。人口少、相对分散或市政管网未覆盖的地区,因地制宜建设分散污水处理设施。(住房和城乡建设部牵头,国家发展改革委、生态环境部等部门参与)

(三)健全管网建设质量管控机制。加强管材市场监管,严厉打击假冒伪劣管材产品;各级工程质量监督机构要加强排水设施工程质量监督;工程设计、建设单

位应严格执行相关标准规范,确保工程质量;严格排水管道养护、检测与修复质量管理。按照质量终身责任追究要求,强化设计、施工、监理等行业信用体系建设,推行建筑市场主体黑名单制度。(住房和城乡建设部、国家市场监管总局按照职责分工负责)

三、健全排水管理长效机制

(一)健全污水接入服务和管理制度。建立健全生活污水应接尽接制度。市政污水管网覆盖范围内的生活污水应当依法规范接入管网,严禁雨污混接错接;严禁小区或单位内部雨污混接或错接到市政排水管网,严禁污水直排。新建居民小区或公共建筑排水未规范接入市政排水管网的,不得交付使用;市政污水管网未覆盖的,应当依法建设污水处理设施达标排放。建立健全"小散乱"规范管理制度。整治沿街经营性单位和个体工商户污水乱排直排,结合市场整顿和经营许可、卫生许可管理建立联合执法监督机制,督促整改。建立健全市政管网私搭乱接溯源执法制度。严禁在市政排水管网上私搭乱接,杜绝工业企业通过雨水口、雨水管网违法排污,地方各级人民政府排水(城管)、生态环境部门要会同相关部门强化溯源追查和执法,建立常态化工作机制。(住房和城乡建设部、生态环境部牵头,国家市场监管总局、国家卫生健康委等部门参与)

(二)规范工业企业排水管理。经济技术开发区、高新技术产业开发区、出口加工区等工业集聚区应当按规定建设污水集中处理设施。地方各级人民政府或工业园区管理机构要组织对进入市政污水收集设施的工业企业进行排查,地方各级人民政府应当组织有关部门和单位开展评估,经评估认定污染物不能被城镇污水处理厂有效处理或可能影响城镇污水处理厂出水稳定达标的,要限期退出;经评估可继续接入污水管网的,工业企业应当依法取得排污许可。工业企业排污许可内容、污水接入市政管网的位置、排水方式、主要排放污染物类型等信息应当向社会公示,接受公众、污水处理厂运行维护单位和相关部门监督。各地要建立完善生态环境、排水(城管)等部门执法联动机制,加强对接入市政管网的工业企业以及餐饮、洗车等生产经营性单位的监管,依法处罚超排、偷排等违法行为。(生态环境部、住房和城乡建设部牵头,国家发展改革委、工业和信息化部、科技部、商务部参与)

(三)完善河湖水位与市政排口协调制度。合理控制河湖水体水位,妥善处理河湖水位与市政排水的关系,防止河湖水倒灌进入市政排水系统。施工降水或基坑排水排入市政管网的,应纳入污水排入排水管网许可管理,明确排水接口位置和去向,避免排入城镇污水处理厂。(水利部、住房和城乡建设部按职责分工负责)

(四)健全管网专业运行维护管理机制。排水管网运行维护主体要严格按照相关标准定额实施运行维护,根据管网特点、规模、服务范围等因素确定人员配置和资金保障。积极推行污水处理厂、管网与河湖水体联动"厂—网—河(湖)"一体化、专业化运行维护,保障污水收集处理设施的系统性和完整性。鼓励居住小区将内部管网养护工作委托市政排水管网运行维护单位实施,配套建立责权明晰的工作制度,建立政府和居民共担的费用保障机制。加强设施建设和运营过程中的安全监督管理。(住房和城乡建设部牵头,财政部参与)

四、完善激励支持政策

(一)加大资金投入,多渠道筹措资金。加大财政投入力度,已安排的污水管网建设资金要与三年行动相衔接,确保资金投入与三年行动任务相匹配。鼓励金融机构依法依规为污水处理提质增效项目提供融资支持。研究探索规范项目收益权、特许经营权等质押融资担保。营造良好市场环境,吸引社会资本参与设施投资、建设和运营。(财政部、国家发展改革委、中国人民银行、银保监会按职责分工负责)

(二)完善污水处理收费政策,建立动态调整机制。地方各级人民政府要尽快将污水处理费收费标准调整到位,原则上应当补偿污水处理和污泥处理处置设施正常运营成本并合理盈利;要提升自备水污水处理费征缴率。统筹使用污水处理费与财政补贴资金,通过政府购买服务方式向提供服务单位支付服务费,充分保障管网等收集设施运行维护资金。(国家发展改革委、财政部、住房和城乡建设部、水利部按职责分工负责)

(三)完善生活污水收集处理设施建设工程保障。城中村、老旧城区、城乡接合部生活污水收集处理设施建设涉及拆迁、征收和违章建筑拆除的,要妥善做好相关工作。结合工程建设项目行政审批制度改革,优化生活污水收集处理设施建设项目审批流程,精简审批环节,完善审批体系,压减审批时间,主动服务,严格实行限时办结。(住房和城乡建设部牵头,相关部门参与)

(四)鼓励公众参与,发挥社会监督作用。借助网站、新媒体、微信公众号等平台,为公众参与创造条件,保障公众知情权。加大宣传力度,引导公众自觉维护雨水、污水管网等设施,不向水体、雨水口排污,不私搭乱接管网,鼓励公众监督治理成效、发现和反馈问题。鼓励城市污水处理厂向公众开放。(住房和城乡建设部、生态环境部按照职责分工负责)

五、强化责任落实

(一)加强组织领导。城市人民政府对污水处理提质增效工作负总责,完善组织领导机制,充分发挥河长、湖长作用,切实强化责任落实。各省、自治区、直辖市人民政府要按照本方案要求,因地制宜确定本地区各城市生活污水集中收集率、污水处理厂进水生化需氧量（BOD）浓度等工作目标，稳步推进县城污水处理提质增效工作。要根据三年行动目标要求，形成建设和改造等工作任务清单，优化和完善体制机制，落实各项保障措施和安全防范措施，确保城镇污水处理提质增效工作有序推进，三年行动取得实效。各省、自治区、直辖市人民政府要将本地区三年行动细化的工作目标于2019年5月底前向社会公布并报住房和城乡建设部、生态环境部、发展改革委备案。（住房和城乡建设部、生态环境部、国家发展改革委负责指导和督促各地开展）

（二）强化督促指导。省级住房和城乡建设、生态环境、发展改革部门要通过组织专题培训、典型示范等方式，加强对本行政区域城镇污水处理提质增效三年行动的实施指导。自2020年起，各省、自治区、直辖市要于每年2月底前向住房和城乡建设部、生态环境部、发展改革委报送上年度城镇污水处理提质增效三年行动实施进展情况。（住房和城乡建设部、生态环境部、国家发展改革委按照职责分工负责）

抄送：中央组织部，各省、自治区、直辖市住房和城乡建设厅（住房城乡建设委、住房城乡建设管委、城市管理局、水务局、水务厅）、生态环境厅（局）、发展改革委，新疆生产建设兵团住房和城乡建设局、生态环境局、发展改革委。

住房和城乡建设部关于开展规范城市户外广告设施管理工作试点的函

建督函〔2019〕101号

长春市、武汉市、成都市、厦门市、青岛市、深圳市、无锡市、株洲市、如皋市人民政府：

为深入贯彻习近平总书记关于住房和城乡建设工作的重要批示精神，落实全国住房和城乡建设工作会议部署，按照城市品质提升的总体要求，经协商一致，决定在长春、武汉、成都、厦门、青岛、深圳、无锡、株洲、如皋等9个城市开展规范城市户外广告设施管理工作试点。

一、试点目的

以"安全、美观"为目标，以解决城市户外广告设施数量多、设置乱、品质低等突出问题为切入点，清除违法违规城市户外广告设施，建立长效管控机制，提高城市户外广告设施管理工作水平，促进城市品质提升。通过工作试点，总结形成一批可复制可推广的经验，并在此基础上研究出台指导全国规范城市户外广告设施管理工作的规范性文件。

二、试点时间

试点工作自2019年6月开始，时间1年。

三、试点任务

试点城市要结合实际，选择2～3条道路和1～2个区域开展试点，重点围绕以下任务开展工作：

（一）坚持规划引领。试点城市要坚持"先规划、后治理"的原则，依规划清理整治、依规划实施许可。依法编制城市户外广告设置规划（以下简称广告设置规划），明确总体布局、控制目标和广告类型。广告设置规划要因地制宜，符合城市实际，突出人文内涵和地域风貌，有机融合历史、文化、时代特征、民族特色等，避免"千城一面"。试点道路和区域要依据广告设置规划编制路段和区域城市户外广告设置的详细规划（以下简称"详细规划"）。

（二）完善政策措施。试点城市要抓紧推动出台或完善城市户外广告设施管理地方性法规、政府规章。加强政策配套衔接，建立健全行政许可、技术规范、安全管理、风险防控、监督检查和考核奖惩等一系列配套制度，优化管理体制，明确管理职责，加强部门协同，增强城市户外广告设施管理的系统性、整体性、协同性，保障试点工作依法依规、稳妥有序推进。

（三）开展整治提升。试点城市要全面摸清试点路段和区域城市户外广告设施的设置情况，分类逐一建立台账。在广泛征求权属单位、居民和专家意见的基础上，依据广告设置规划和详细规划制定城市户外广告设施整治提升方案，明确分类处置办法，清除一批、规范一批、提升一批。对未经许可擅自设置的、不符合广告设置规划和详细规划的、违反相关标准规范的、存在安全隐患的以及严重影响市容市貌的城市户外广告设施，依法予以拆除。

（四）建立长效机制。试点城市要建立健全城市户外广告设施长效管控机制，落实日常监管责任，加强监督检查，坚决遏制违法新设城市户外广告设施，巩固整治提升成果，促进管理常态化、长效化。强化社会信用管理，推动建立对失信责任主体的联合惩戒机制，促进行业自律。有条件的试点城市可探索建立城市户外广告设施管理信息平台，提高管理效率。

四、工作要求

（一）加强组织领导。试点城市要加强组织领导，强化部门协作，将规范城市户外广告设施管理工作纳入重要议事日程。抓紧编制试点方案，落实工作责任，确保试点取得实效。

（二）坚持依法规范。试点城市要坚持疏堵结合，稳妥有序推进试点工作。严格遵守安全生产相关法律法规，坚持严格规范公正文明执法，坚决杜绝简单任性和违规执法，保障群众合法权益。

（三）注重宣传引导。试点城市要通过报刊、广播、电视、网络等多种渠道，加强对规范城市户外广告设施管理工作的舆论宣传，为顺利推进试点工作营造良好的社会氛围。

（四）坚持共同缔造。试点城市要充分调动市民、商户等社会力量的积极性，坚持共谋、共建、共管、共评、共享，在编制广告设置规划和详细规划、制定整治提升方案阶段充分听取并吸收群众意见，工作成果及时向社会公开，接受群众监督。

有关省住房和城乡建设厅要加大对试点城市的支持力度，指导试点城市制定试点方案并督促落实。我部将适时组织专题调研。

请试点城市于2019年7月31日前报送试点方案，每月5日之前报送工作进展。

中华人民共和国住房和城乡建设部

2019年6月17日

（此件主动公开）

抄送：吉林省、江苏省、福建省、山东省、湖北省、湖南省、广东省、四川省住房和城乡建设厅。

住房和城乡建设部 工业和信息化部 国家广播电视总局 国家能源局 关于进一步加强城市地下管线建设管理有关工作的通知

建城〔2019〕100号

各省、自治区住房和城乡建设厅、通信管理局、广播电视局，直辖市住房和城乡建设（管）委、通信管理局、广播电视局，北京市城市管理委、交通委、水务局，上海市交通委、水务局，天津市城市管理委、水务局，重庆市城市管理局、文化和旅游发展委，海南省水务厅，新疆生产建设兵团住房和城乡建设局、文化体育广电和旅游局；各省、自治区、直辖市及新疆生产建设兵团发展改革委（能源局）、经信委（工信委、工信厅），国家能源局各派出监管机构：

党的十八大以来，各地认真贯彻中央城市工作会议精神，深入落实党中央、国务院关于加强城市地下管线建设管理、推进地下综合管廊建设的决策部署，针对"马路拉链"、管线事故频发等问题，加大统筹治理力度，取得积极进展。但地下管线建设管理统筹协调机制不健全、管线信息共享不到位、管线建设与道路建设不同步等问题依然存在。为进一步加强城市地下管线建设管理，保障城市地下管线运营安全，改善城市人居环境，推进城市地下管线集约高效建设和使用，促进城市绿色发展，现将有关事项通知如下：

一、健全城市地下管线综合管理协调机制

（一）加强部门联动配合。各地有关部门要严格按照《中共中央 国务院关于进一步加强城市规划建设管理工作的若干意见》《国务院办公厅关于加强城市地下管线建设管理的指导意见》（国办发〔2014〕27号）和《国务院办公厅关于推进城市地下综合管廊建设的指导意见》（国办发〔2015〕61号）要求，共同研究建立健全以城市道路为核心、地上和地下统筹协调的城市地下管线综合管理协调机

制。管线综合管理牵头部门要加强与有关部门和单位的联动协调，形成权责清晰、分工明确、高效有力的工作机制。结合实际情况研究制定地下管线综合管理办法，进一步强化城市基础设施建设的整体性、系统性，努力提高城市综合治理水平。中央直属企业、省属企业要按照当地政府的统一部署，积极配合做好所属管线的普查、入地入廊和安全维护等建设管理工作。

（二）统筹协调落实年度建设计划。城市道路是城市交通系统、通信设施系统、广播电视传输设施系统、能源供应系统、给排水系统、环境系统和防灾系统等城市基础设施的共同载体。凡依附城市道路建设的各类管线及附属建筑物、构筑物，应与城市道路同步规划、同步设计、同步建设、同步验收，鼓励有条件的地区以综合管廊方式建设。各地管线综合管理牵头部门要协调城市道路建设改造计划与各专业管线年度建设改造计划，统筹安排各专业管线工程建设，力争一次敷设到位，并适当预留管线位置，路口应预留管线过路通道。城市道路建设单位要及时将道路年度建设计划告知相关管线单位，牵头组织开展道路方案设计、初步设计等阶段的管线综合相关工作。

二、推进城市地下管线普查

（三）加强城市地下管线普查。各地管线行业主管部门要落实国务院有关文件要求，制定工作方案，完善工作机制和相关规范，组织好地下管线普查，摸清底数，找准短板。管线单位是管线普查的责任主体，要加快实现城市地下管线普查的全覆盖、周期化、规范化，全面查清城市范围内地下管线现状，准确掌握地下管线的基础信息，并对所属管线信息的准确性、完整性和时效性负责。管线行业主管部门要督促、指导管线单位认真履行主体责任，积极做好所属管线普查摸底工作，全面深入摸排管线存在的安全隐患和危险源，对发现的安全隐患要及时采取措施予以消除，积极配合做好管线普查信息共享工作。

（四）建设管线综合管理信息系统。各地管线行业主管部门和管线单位要在管线普查基础上，建立完善专业管线信息系统。管线综合管理牵头部门要推进地下管线综合管理信息系统建设，在管线建设计划安排、管线运行维护、隐患排查、应急抢险及安全防范等方面全面应用地下管线信息集成数据，提高管线综合管理信息化、科学化水平。积极探索建立地下管线综合管理信息系统与专业管线信息系统共享数据同步更新机制，加强地下管线信息数据标准化建设，在各类管线信息数据共享、动态更新上取得新突破，确保科学有效地实现管线信息共享和利用。

三、规范城市地下管线建设和维护

（五）规范优化管线工程审批。各地有关部门要按照国务院"放管服"改革要求，进一步优化城市地下管线工程建设审批服务流程，将城市供水、排水、供热、燃气、电力、通信、广播电视等各类管线工程建设项目纳入工程建设项目审批管理系统，实施统一高效管理。推行城市道路占用挖掘联合审批，研究建立管线应急抢险快速审批机制，实施严格的施工掘路总量控制，从源头上减少挖掘城市道路行为。严格落实施工图设计文件审查、施工许可、工程质量安全监督、工程监理、竣工验收以及档案移交等规定。严肃查处未经审批挖掘城市道路和以管线应急抢修为由随意挖掘城市道路的行为，逐步将未经审批或未按规定补办批准手续的掘路行为纳入管线单位和施工单位信用档案，并对情节严重或社会影响较大的予以联合惩戒。加强执法联动和审后监管，完善信息共享、案件移送制度，提高执法效能。

（六）强化管线工程建设和维护。建设单位要严格执行城市地下管线建设、维护、管理信息化相关工程建设规范和标准，提升管线建设管理水平。按标准确定管线使用年限，结合运行环境要求科学合理选择管线材料，加强施工质量安全管理，实行质量安全追溯制度，确保投入使用的管线工程达到管线设计使用年限要求。加强管线建设、迁移、改造前的技术方案论证和评估，以及实施过程中的沟通协调。鼓励有利于缩短工期、减少开挖量、降低环境影响、提高管线安全的新技术和新材料在地下管线建设维护中的应用。加强地下管线工程覆土前质量管理，在管线铺设和窨井砌筑前，严格检查验收沟槽和基坑，对不符合要求的限期整改，整改合格后方可进行后续施工；在管线工程覆土前，对管线高程和管位是否符合规划和设计要求进行检查，并及时报送相关资料记录，更新管线信息。管线单位要加强对管线的日常巡查和维护，定期进行检测维修，对管线运行状况进行监控预警，使管线始终处于安全受控状态。

（七）推动管线建设管理方式创新。各地有关部门要把集约、共享、安全等理念贯穿于地下管线建设管理全过程，创新建设管理方式，推动地下管线高质量发展。加快推进老旧管网和架空线入地改造，消除管线事故隐患，提升服务效率和运行保障能力，推进地上地下集约建设。有序推进综合管廊系统建设，结合城市发展阶段和城市建设实际需要，科学编制综合管廊建设规划，合理布局干线、支线和缆线管廊有机衔接的管廊系统，因地制宜确定管廊断面类型、建设规模和建设时序，统筹各类管线敷设。中小城市和老城区要重点加强布局紧凑、经济合理的缆线管廊建设。鼓励应用物联网、云计算、5G网络、大数据等技术，积极推进地下管线系统智能化改造，为工程规划、建设施工、运营维护、应急防灾、公共服务提供基础支撑，构建安全可靠、智能高效的地下管线管理平台。

各地有关部门要系统总结近年来在城市地下管线综合管理和综合管廊建设方面的经验，从系统治理、源头治理、依法治理、科学治理等方面统筹发力，统筹运用各项政策措施加强地下管线建设管理，大力推进"马路拉链"治理，建立健全占道挖掘审批和计划管理、地下综合管廊有偿使用等相关配套政策，强化监督引导，确保各项政策措施落到实处。

中华人民共和国住房和城乡建设部
中华人民共和国工业和信息化部
国家广播电视总局
国家能源局
2019 年 11 月 25 日

住房和城乡建设部办公厅关于进一步做好城市环境卫生工作的通知

各省、自治区住房和城乡建设厅,直辖市城市管理委(城市管理局、绿化市容局):

新冠肺炎疫情发生以来,各地环境卫生主管部门和环卫作业单位坚决贯彻落实习近平总书记系列重要指示精神,按照党中央国务院决策部署,全面投入疫情防控的人民战争、总体战、阻击战,全力保障城市整洁、守护公众安全,取得了重要成绩。特别是广大一线环卫工人,发扬"宁愿一人脏,换来万家净"的精神,沐风栉雨、尽职尽责、勇于担当、不辱使命,成为疫情中的逆行者和城市中的暖人风景线。为进一步巩固疫情防控期间城市环卫各项工作成果,保障各地复工复产,弘扬城市环卫精神,推进城市环卫工作健康发展,现将有关事项通知如下:

一、切实关心关爱一线环卫工作者

(一)继续做好安全防护。各级环卫行业主管部门要结合当地实际,加快完善同疫情防控相适应的城市公共区域清扫保洁、生活垃圾收运处理、公厕管理和粪便收运处理等工作的流程规范,指导督促环卫作业单位不折不扣执行。要在属地卫生健康、疾病控制等部门的指导下,完善环卫作业人员防护措施,督促环卫作业单位切实履责,指导环卫职工增强自我保护意识,坚决防止松懈、麻痹大意思想,保护环卫工人的生命安全和身体健康。继续做好对环卫作业工具、作业场所、工间休息场所,以及环卫职工宿舍、食堂、浴室等区域的消毒灭菌工作。

(二)适时启动休息调整。要督促指导环卫作业单位根据环卫作业量的变化,加强力量统筹、做好生产调度,采取轮休、补休等方式,保证长期在一线作业的环卫职工得到必要休整。对长时间高负荷一线作业的环卫职工,要加强人文关怀,组织开展心理疏导。千方百计做好一线环卫工人的饮食调剂和休息保障工作。开展必要的走访慰问活动,帮助一线环卫职工解决家庭实际困难。

二、全力巩固城市环卫疫情防控成果

（三）继续做好清扫保洁和消毒杀菌工作。各级环卫行业主管部门要根据疫情防控形势变化和当地部署，按照标准规范要求，指导环卫作业单位做好城市道路等清扫保洁工作，强化机械化保洁作业方式，科学设置人工普扫频次。结合地区实际，继续做好医院、商超市场等重点区域及其周边的清扫保洁，并在当地卫生健康部门的指导下，对必要点位进行消毒灭菌作业。根据当地复工复产后防疫工作预案，积极有效做好企业园区、公交站点、交通枢纽等复工后人流密集区域周边的保洁和消毒杀菌工作。

（四）严格生活垃圾收集运输管理。根据复工复产后生活垃圾产生量的变化，合理调配作业力量，加强生活垃圾全过程监管，及时收集、清运、处理，确保生活垃圾日产日清，继续严格防止医疗废物混入生活垃圾。严格落实《国家卫生健康委办公厅关于做好新型冠状病毒感染的肺炎疫情期间医疗机构医疗废物管理工作的通知》（国卫办医函〔2020〕81号）《国家卫生健康委办公厅关于加强新冠肺炎首诊隔离点医疗管理工作通知》（国卫办医函〔2020〕120号）等要求，医疗机构和首诊隔离点在诊疗新冠肺炎活动中产生的口罩等废弃物，继续按照医疗废物进行管理。继续对废弃口罩收集、清运实行分类分区域管理。居民日常使用产生的口罩，作为生活垃圾管理，要严格实施无害化处理。

（五）规范生活垃圾处理设施运行管理。要督促指导生活垃圾处理设施运营单位严格执行相关标准规范，做好生活垃圾转运站、填埋场、焚烧厂等运行管理工作，保证生活垃圾得到无害化处理。要进一步规范进入处理设施各类生活垃圾的检验、称重计量和数据统计，严格禁止医疗废物等进入处理设施。当地党委和政府另有规定的可从其规定。

（六）做好公厕运行管理和粪便收运处理。要督促指导各责任单位继续做好公厕和化粪池的日常维护。全面落实公厕保洁、消毒、运行维护措施，加强化粪池巡查监管。做好对粪便收运车辆设备、处理设施、作业场所的日常维护和消毒杀菌。根据实际情况，适当调整粪便处理设施工艺参数，保证粪便无害化处理。

三、全面推进环卫各项工作

（七）扎实推进生活垃圾分类工作。46个重点城市要增强紧迫感，按既定方案加快建立分类投放、分类收集、分类运输、分类处理系统，积极有序推进厨余垃圾等分类处理设施建设，努力把疫情造成的损失降到最低限度，确保如期完成生活垃圾分类目标任务。武汉、北京等疫情防控重点地区，要在落实防疫措施前提下推进生活垃圾分类工作。各省、自治区住房和城乡建设厅要督促指导其他各地级城市，进一步细化实施方案，确定生活垃圾分类标准，明确目标任务、重点项目、配套政策、具体措施，扎实推进生活垃圾分类工作。

（八）扎实推进在建新建项目复工开工。各级环卫行业主管部门要进一步摸排本地区各类环卫设施存在的短板，特别是梳理疫情防控期间暴露出的设施短板。要抓住机遇，有针对性加快各类环卫设施建设，包括生活垃圾分类转运和焚烧、填埋、生物处理设施，垃圾渗滤液处理设施，建筑垃圾处置和资源化利用设施，填埋场封场治理项目等。要对全部在建和新建环卫设施项目，建立项目台账，细化项目规模、工艺、投资、开工时间等内容，配合有关部门多渠道落实建设资金，确保项目及早复工、开工，扎实有序加快建设，为积极扩大有效需求多做贡献。

（九）加强建筑垃圾治理工作。总结推广建筑垃圾治理试点经验，加强建筑垃圾全过程管理。建立渣土堆放场所常态化监测机制，消除安全隐患。加快建筑垃圾填埋消纳设施建设，规范作业管理。加快建筑垃圾回收和再利用体系建设，推动建筑垃圾资源化利用，因地制宜推进再生产品应用。35个建筑垃圾治理试点城市要建立长效机制，巩固试点成果，充分发挥示范带头作用。

（十）持续加大宣传力度。各地要建立健全长效宣传机制，全面展示环卫人任劳任怨、无私奉献的风采。要及时总结疫情防控期间，环卫行业攻坚克难、履职尽责、慎终如始，圆满完成所承担的日常及应急任务的经验做法，挖掘先进人物、先进集体、先进事迹，大力开展正面宣传。要深入分析疫情对环卫行业的影响，明确相关文件、标准规范、操作指南、技术规程的适用范围和时间，研究提出下一步推进环卫工作的建议。

中华人民共和国住房和城乡建设部办公厅
2020年3月20日

住房和城乡建设部办公厅关于印发城市管理执法装备配备指导标准（试行）的通知

建办督〔2020〕34号

各省、自治区住房和城乡建设厅，北京市城市管理综合行政执法局，天津市城市管理委员会，上海市住房和城乡建设管理委员会，重庆市城市管理局，新疆生产建设兵团住房和城乡建设局：

　　城市管理执法装备是城市管理执法工作的物质基础，是城市管理执法队伍建设的重要组成部分。为贯彻落实《中共中央　国务院关于深入推进城市执法体制改革改进城市管理工作的指导意见》关于"制定执法执勤用车、装备配备标准"的要求，我部组织制定了《城市管理执法装备配备指导标准（试行）》（以下简称《标准》），现就有关事项通知如下：

　　一、《标准》主要适用于直辖市和市、县（含县级市、市辖区）城市管理执法部门，开发区、工业园区等功能区城市管理执法部门，可参照执行。地方各级城市管理执法部门要积极争取将执法装备配备资金纳入本地区政府财政支出的优先安排领域，加大执法装备资金投入力度，满足实际执法需要。

　　二、地方各级城市管理执法部门要坚持"保障需要，厉行节约"原则，参照《标准》要求配备执法装备。有条件的地区，可结合城市管理执法工作新形势、新任务、新要求，在《标准》的基础上，进一步补充完善执法装备配备品类和数量。

　　三、地方各级城市管理执法部门要建立健全城市管理执法装备使用、维护、报废、更新等方面管理制度，创新管理方式，对部分使用频率高、宜损耗的装备，可建立实物储备和按需申领模式；加强执法装备使用、维护、管理等方面的业务培训，提高执法装备使用效率，推动执法水平不断提升。

　　四、省级政府城市管理主管部门要加强对本行政区域城市管理执法装备配备管理工作的指导，督促抓好《标准》的落实，并及时将各地执法装备配备工作中遇到的问题反馈我部城市管理监督局。

中华人民共和国住房和城乡建设部办公厅

2020年7月3日

（此件主动公开）

城市管理执法装备配备指导标准（试行）

类别	序号	通用名称	配备标准	主要功能	备注
一、执法交通类	1	行政执法车	1座/人	日常巡查、行政执法、监督检查	1.配备标准单位中的"人"特指一线执法人员；配备标准单位中的"执法车"包括行政执法车和执法工具车。（下同） 2.行政执法车主要指用于日常巡逻、巡查的轿车或者其他小型客车；执法工具车主要指用于装载暂扣物品的皮卡等车辆。 3.行政执法车和执法工具车的合计总座数应满足1人1座的标准；各地可根据实际情况，统筹配备行政执法车与执法工具车
	2	执法工具车		执法过程中装载暂扣物品等	
	3	行车记录仪	1部/执法车	实时取证	全景行车记录仪，具备夜视功能
	4	车载卫星定位系统	1台/执法车	车辆实时动态定位	
	5	车载指示灯	1台/执法车	蓝黄色、便于执法车辆夜间识别	在遵守当地交通管理规定的基础上使用
	6	专用指挥车	根据需要	长期固定搭载数据采集、宣传教育、移动通信等专业装备，用于重大活动或应急状况下行政执法	
	7*	电动自行车	根据需要	执法巡查	
	8*	自行车	根据需要	执法巡查	
	9*	电瓶车	根据需要	执法巡查	在遵守当地交通管理规定的基础上使用
	10*	船舶	根据需要	执法巡查	含河湖执法区域的执法机构可配备
	11*	移动执法站	根据需要	1.执法巡查；2.重点地区值守；3.临时便民服务	
	12*	车载照明器材	根据需要	高亮度照明	
	13*	车载净化器	根据需要	雾霾天气队员防护	

续表

类别	序号	通用名称	配备标准	主要功能	备注
二、执法取证类	14	执法记录仪	1部/人	执法现场取证	1. 单员执法装备； 2. 根据实际需要配备一定数量的备用机； 3. 支持连接执法记录仪采集站； 4. 支持数据传输； 5. 存储文件格式应为通用格式，通用播放软件可播放
	15	执法记录仪采集站(工作站)	1台/基层执法部门	存储音视频证据	1. 应支持对应型号的执法记录仪； 2. 执法记录仪配备数量超出执法记录仪采集站支持数量的，根据实际情况增加配备； 3. 支持数据传输
	16	车载取证设备	1套/执法车	1. 执法现场取证； 2. 指挥决策调度	存储文件格式应为通用格式，通用播放软件可播放
	17	执法手持终端	1台/人	1. 采集巡查数据； 2. 查询政策法规； 3. 现场执法终端	可根据需要配备蓝牙耳机。
	18	应急电源	1台/人	执法装备应急充电	
	19	高清摄像机	1部/5—10人	执法取证	存储文件格式应为通用格式，通用播放软件可播放
	20	数码照相机	1部/5—10人	执法取证	
	21	数码录音笔	1部/2人	1. 一线执法取证； 2. 谈话笔录取证	
	22	手持喊话筒	1部/执法车	1. 执法现场指挥； 2. 执法现场维稳	
	23	激光测距仪	根据需要	辅助测量	
	24	皮尺	1个/执法车	辅助测量	
	25*	红外夜视仪	根据需要	夜间执法取证	1. 用于夜晚取证，具备照相、摄像功能； 2. 存储文件格式应为通用格式
	26*	标签打印机	根据需要	打印证据编号	
	27*	便携式打印机	1台/执法车	现场打印执法文书	
	28*	移动扩音系统	1台/执法车	1. 执法现场指挥调度； 2. 执法现场维稳	

续表

类别	序号	通用名称	配备标准	主要功能	备注
三、通信类	29	数字集群终端	1部/人	指挥决策调度	根据实际需要配备一定数量备用机
	30	内部视频监控系统	1套/基层执法部门	内部场所实时监控	覆盖重点场所和区域
	31	录音电话	1台/办公室	1.电话录音取证；2.谈话笔录取证	存储文件格式应为通用格式，通同播放软件可播放
	32*	数字集群终端车载台	根据需要	指挥决策调度	船舶、移动执法站可根据情况配备
	33*	外部监控指挥系统	根据需要	辖区重要场所监控	
四、防护用具类	34	防刺服	1套/人	人身防护	
	35	防割手套	2副/人	人身防护	
	36	强光手电	1个/人	夜间执法照明	
	37	防护头盔	1个/人	施工工地等现场执法	
	38	防护眼镜	1副/人	1.强光环境防护；2.工地扬尘防护；3.防紫外线、风沙等	
	39*	防暴盾牌	根据需要	人身防护	
	40*	皮手套	2副/人	寒冷天气防冻保暖	
五、其他类	41	水壶	1个/人	外出执法补水装备	
	42	肩闪灯	1个/人	夜间执法安全防护	
	43	应急照明灯	1—2个/执法车	夜间执法照明	船舶、移动执法站可根据情况配备
	44	交通指挥棒	1—2个/执法车	夜间执法指挥	
	45	执法文书包	1个/人	存放文书	要求有一定的硬度，可作为手写笺
	46	单员装备柜	1独立隔断单元/人	存放单员装备	
	47	执法装备柜	根据需要	存放执法装备	
	48	执法装备包	1个/人	存放执法装备	
	49	防霾口罩	根据需要	雾霾天气防护	
	50	工作手套	2副/人	日常执法基本防护	
	51	急救包	1个/人	受伤急救	

续表

类别	序号	通用名称	配备标准	主要功能	备注
五、其他类	52	急救箱	1个/执法车	受伤急救	船舶、移动执法站等可根据情况配备
	53	加力钳	1把/执法车	障碍清理	
	54	警戒带	1—2盘/执法车	现场执法围挡、警戒	
	55	灭火器	2罐/执法车	消防安全	移动执法站、船舶等可根据情况配备
	56	打气筒	根据需要	1. 车辆维护；2. 便民服务	
	57*	路挡	根据需要	现场执法围挡	移动执法站可根据情况配备
	58*	验钞机	根据需要	清点罚款现金	
	59*	机修工具套装	根据需要	维护执法装备	移动执法站、船舶等可根据情况配备
	60*	视频会议系统设备	根据需要	1. 决策指挥调度；2. 传达会议精神、研究部署工作	主要包括MCU设备、电视、摄像头、麦克风、电脑等
	61*	无人机	根据需要	高空巡查	在遵守相关法律法规要求基础上使用
	62*	防火毯	1条/执法车	消防应急	移动执法站、船舶等可根据情况配备

注：标有"*"的装备，由地方各级城市管理执法部门根据实际工作需要选配。

住房和城乡建设部等部门印发《关于进一步推进生活垃圾分类工作的若干意见》的通知

建城〔2020〕93号

各省、自治区、直辖市人民政府,中央和国家机关有关部门、单位:

《关于进一步推进生活垃圾分类工作的若干意见》已经中央全面深化改革委员会第十五次会议审议通过,现印发给你们,请结合实际认真贯彻落实。

住房和城乡建设部
中央宣传部
中央文明办
国家发展改革委
教育部
科技部
生态环境部
农业农村部
商务部
国家机关事务管理局
共青团中央
中华全国供销合作总社
2020年11月27日

抄送:各省、自治区、直辖市党委。

关于进一步推进生活垃圾分类工作的若干意见

近年来，各地区、各部门扎实推进生活垃圾分类工作，为满足人民群众对美好生活的需要、构建基层社会治理新格局、推动生态文明建设、提高社会文明水平发挥了积极作用。但也要看到，我国生活垃圾分类工作总体尚处于起步阶段，在落实城市主体责任、推动群众习惯养成、加快分类设施建设、完善配套支持政策等方面还存在不少困难和问题。为进一步推进生活垃圾分类工作，现提出如下意见。

一、总体要求

（一）指导思想

以习近平新时代中国特色社会主义思想为指导，深入贯彻习近平生态文明思想，全面贯彻党的十九大和十九届二中、三中、四中、五中全会精神，按照党中央、国务院决策部署，坚持以人民为中心的发展思想，落实新发展理念，按照高质量发展要求，坚持党建引领，坚持共建共治共享，深入推进生活垃圾分类工作，提高生活垃圾减量化、资源化、无害化水平，为建设美丽中国作出贡献。

（二）基本原则

科学管理，绿色发展。普遍实行生活垃圾分类和资源化利用制度，坚持源头减量，建立分类投放、分类收集、分类运输、分类处理系统，形成绿色发展方式和生活方式。

党政推动，全民参与。建立健全党委统一领导、党政齐抓共管、全社会积极参与的体制机制，广泛开展"美好环境与幸福生活共同缔造"活动，加强宣传教育和督促引导，形成全社会人人动手的良好氛围。

示范引领，持续推进。转化推广先行先试成果，发挥生活垃圾分类示范工作的引领带动作用，加强生活垃圾分类技术研发，提高末端分类处理能力，促进源头分类投放，持之以恒推进生活垃圾分类工作。

制度保障，长效管理。完善生活垃圾分类相关法律法规和制度标准，建立市、区、街道、社区四级联动的工作体系，加快形成生活垃圾分类全过程管理系统。

因地制宜，城乡统筹。加强分类指导，从各地实际出发，合理制定工作措施，坚持问题导向、目标导向、结果导向，有序推进生活垃圾分类工作，不搞"一刀切"，逐步建立城乡统筹的生活垃圾分类系统。

（三）主要目标

到 2020 年底，直辖市、省会城市、计划单列市和第一批生活垃圾分类示范城市力争实现生活垃圾分类投放、分类收集基本全覆盖，分类运输体系基本建成，分类处理能力明显增强；其他地级城市初步建立生活垃圾分类推进工作机制。力争再用 5 年左右时间，基本建立配套完善的生活垃圾分类法律法规制度体系；地级及以上城市因地制宜基本建立生活垃圾分类投放、分类收集、分类运输、分类处理系统，居民普遍形成生活垃圾分类习惯；全国城市生活垃圾回收利用率达到 35% 以上。

二、全面加强科学管理

（四）合理确定分类类别

参照《生活垃圾分类标志》GB/T 19095—2019，区分有害垃圾、可回收物、厨余垃圾和其他垃圾，因地制宜制定相对统一的生活垃圾分类类别，设置统一规范、清晰醒目的生活垃圾分类标志，方便居民分类投放生活垃圾。（住房和城乡建设部、市场监管总局等负责指导，各省、自治区和各城市人民政府负责落实并持续推进。以下均需各省、自治区和各城市人民政府落实并持续推进，不再列出）

（五）推动源头减量

推行生态设计，提高产品可回收性。推动建立垃圾分类标识制度，逐步在产品包装上设置醒目的垃圾分类标识。鼓励和引导实体销售、快递、外卖等企业严格落实限制商品过度包装的有关规定，避免过度包装，可以采取押金、以旧换新等措施加强产品包装回收处置。落实国家有关塑料污染治理管理规定，禁止或限制部分一次性塑料制品的生产、销售和利用。旅游、住宿等行业推行不主动提供一次性用品。餐饮经营单位倡导"光盘行动"，引导消费者适量消费。鼓励使用再生纸制品，加速推动无纸化办公。（国家发展改革委、工业和信息化部、生态环境部、住房和城乡建设部、商务部、文化和旅游部、国家市场监管总局、国管局、国家邮政局、供销合作总社等按职责分工负责）

（六）推进分类投放收集系统建设

结合本地实际设置简便易行的生活垃圾分类投放装置，合理布局居住社区、商业和办公场所的生活垃圾分类收集容器、箱房、桶站等设施设备。推动开展定时定点分类投放生活垃圾，确保有害垃圾单独投放，提高玻璃等低值可回收物收集比例，逐步提升生活垃圾分类质量，实现厨余垃圾、其他垃圾有效分开。（住房和城乡建设部、商务部、供销合作总社等按职责分工负责）

（七）完善分类运输系统

建立健全与生活垃圾分类收集相衔接的运输网络，合理确定分类运输站点、频次、时间和线路，配足、配齐分类运输车辆（船舶）。发挥居（村）民委员会在组织社区环境整治、无物业管理社区生活垃圾清运等方面的积极作用，加强与物业单位、生活垃圾清运单位之间的有序衔接，防止生活垃圾"先分后混、混装混运"。逐步推行"车载桶装、换桶直运"等密闭、高效的厨余垃圾运输系统，减少装车运输过程中的"抛洒滴漏"。做好重大疫情等应急状态下生活垃圾分类相关工作。（住房和城乡建设部、科技部、工业和信息化部、民政部、交通运输部、国家卫生健康委、供销合作总社等按职责分工负责）

（八）提升分类处理能力

加快推进生活垃圾分类处理设施建设。科学预估本地生活垃圾产出水平，按适度超前原则，加快推进生活垃圾焚烧处理设施建设，补齐厨余垃圾和有害垃圾处理设施短板，开展垃圾无害化处理市场化模式试点。合理布局生活垃圾焚烧飞灰处置设施。鼓励生活垃圾处理产业园区、资源循环利用基地等建设，优化技术工艺，统筹不同类别生活垃圾处理。从生活垃圾中分类并集中收集的有害垃圾，属于危险废物的，应严格按危险废物管理。（住房和城乡建设部、国家发展改革委、生态环境部等按职责分工负责）

（九）加强分类处理产品资源化利用

鼓励各地采用符合本地实际的技术方法提升资源化利用水平。加快探索适合我国厨余垃圾特性的处理技术路线，鼓励各地因地制宜选用厨余垃圾处理工艺，着力解决好堆肥、沼液、沼渣等产品在农业、林业生产中应用的"梗阻"问题。推动再生资源回收利用行业转型升级，统筹生活垃圾分类网点和废旧物品交投网点建设，规划建设一批集中分拣中心和集散场地，推进城市生活垃圾中低值可回收物的回收和再生利用。（住房和城乡建设部、国家发展改革委、科技部、工业和信息化部、生态环境部、农业农村部、商务部、国家林草局、供销合作总社等按职责分工负责）

三、努力推动习惯养成

（十）引导群众普遍参与

将生活垃圾分类作为加强基层治理的重要载体，强化基层党组织领导作用，统筹居（村）民委员会、业主委员会、物业单位力量，加强生活垃圾分类宣传，普及分类知识，充分听取居民意见，将居民分类意识转化为自觉行动。产生生活垃圾的单位、家庭和个人，依法履行生活垃圾源头减量和分类投放义务。（地方各级党委和政府负责落实并持续推进，住房和城乡建设部、民政部等按职责分工负责）

（十一）切实从娃娃抓起

以青少年为重点，将生活垃圾分类纳入各级各类学校教育内容，依托各级少先队、学校团组织等开展"小手拉大手"等知识普及和社会实践活动,动员家庭积极参与。支持有条件的学校、社区建立生活垃圾分类青少年志愿服务队。(教育部、住房和城乡建设部、共青团中央、全国妇联等按职责分工负责)

(十二)建立健全社会服务体系

积极创造条件,广泛动员并调动社会力量参与生活垃圾分类。鼓励产品生产、实体销售、快递、外卖和资源回收等企业积极参与生活垃圾分类工作,主动开展社会服务。鼓励探索运用大数据、人工智能、物联网、互联网、移动端 App 等技术手段,推进生活垃圾分类相关产业发展。积极开展生活垃圾分类志愿服务行动和公益活动,加强生活垃圾分类宣传、培训、引导、监督。(住房和城乡建设部、中央文明办、国家发展改革委、工业和信息化部、国管局、共青团中央等按职责分工负责)

(十三)营造全社会参与的良好氛围

加大生活垃圾分类的宣传力度,注重典型引路、正面引导,全面客观报道生活垃圾分类政策措施及其成效,营造良好舆论氛围。充分发挥相关行业协会及社会组织作用,建设一批生活垃圾分类示范教育基地,加强行业培训,共同推进生活垃圾分类。(地方各级党委和政府负责落实并持续推进,中央宣传部、中央文明办、住房和城乡建设部等按职责分工负责)

四、加快形成长效机制

(十四)推动法治化和规范化管理

贯彻落实固体废物污染环境防治法、清洁生产促进法、循环经济促进法等相关法律法规规定,加强产品生产、流通、消费等过程管理,减少废物产生量和排放量。推动有条件的地方加快生活垃圾管理立法工作,建立健全生活垃圾分类法规体系,因地制宜细化生活垃圾分类投放、收集、运输、处理的管理要求和技术标准,2025年底前形成一批具有地方特点的生活垃圾管理模式。(住房和城乡建设部等负责)

(十五)加大资金保障力度

各地结合实际统筹安排预算支持生活垃圾分类系统项目建设及运营。落实生活垃圾分类工作相关税收优惠。积极吸引社会资本参与生活垃圾分类设施建设、改造和运营。(财政部、税务总局、国家发展改革委、住房和城乡建设部等按职责分工负责)

(十六)健全收费机制

县级以上地方人民政府应当按照产生者付费原则,建立生活垃圾处理收费制度。制定生活垃圾处理收费标准要根据本地实际,结合生活垃圾分类情况,体现分类计价、计量收费等差别化管理,并充分征求公众意见。有条件的地方探索提高混合垃圾收费标准,积极促进生活垃圾减量。生活垃圾处理费应当专项用于生活垃圾的收集、运输和处理等,不得挪作他用。(国家发展改革委、财政部、住房和城乡建设部等按职责分工负责)

(十七)提升科技支撑能力

开展生活垃圾分类技术专题研究,推动生活垃圾分类投放、收集、运输、处理等技术发展。加强生活垃圾分类处理技术装备研发和集成示范应用,重点解决小型焚烧处理、焚烧飞灰处置、渗滤液处理、厨余垃圾处理等问题,构建生活垃圾从源头到末端、从生产到消费的全过程分类技术支撑体系。(科技部、住房和城乡建设部、工业和信息化部、中国科学院、中国工程院等按职责分工负责)

(十八)加强成效评估

建立健全生活垃圾分类工作成效评估机制,综合采取专业督导调研、第三方监管、社会监督和群众满意度调查等方式,对生活垃圾分类相关要求落实情况、工作目标任务完成情况、分类体系建设运行情况、资金投入使用情况等开展评估。将生活垃圾分类工作作为文明城市等群众性精神文明创建的重要内容。(住房和城乡建设部、中央文明办、国家发展改革委、生态环境部等按职责分工负责)

五、加强组织领导

(十九)建立工作责任制

生活垃圾分类工作由省级负总责,城市负主体责任,主要负责同志是第一责任人。省级人民政府要结合本地实际明确生活垃圾分类日常管理机构,不断加强日常管理力量建设。建立健全市、区、街道、社区党组织四级联动机制,明确各城市人民政府有关部门和单位责任清单,层层抓落实。中央和国家机关有关部门要指导督促地方履职尽责,及时研究解决推进生活垃圾分类工作中遇到的问题。(地方各级党委和政府负责落实并持续推进,住房和城乡建设部会同有关部门按职责分工负责)

(二十)健全管理协同机制

有关方面共同将生活垃圾分类作为基层治理的一项重要工作来抓,住房和城乡建设(环境卫生)主管部门充分发挥牵头协调作用,各有关部门和单位按照职责分工积极参与,推动公共服务、社会管理资源下沉到社区,形成工作合力,使生活垃圾分类工作落到基层、深入群众,推动构建"纵向到底、横向到边、共建共治共享"的社区治理体系。(地方各级党委和政府负责落实并持续推进,住房和城乡建设部、民政部等按职责分工负责)

各省级人民政府结合本地实际,针对农村自然条件、产业特点和经济实力等情况,选择适宜的农村生活垃圾处理模式和技术路线,统筹推进农村地区生活垃圾分类。

住房和城乡建设部办公厅关于印发城镇老旧小区改造可复制政策机制清单(第一批)的通知

建办城函〔2020〕649号

各省、自治区住房和城乡建设厅,直辖市住房和城乡建设(管)委,新疆生产建设兵团住房和城乡建设局:

近年来,各地按照党中央、国务院有关决策部署,大力推进城镇老旧小区改造工作,取得显著成效,尤其是《国务院办公厅关于全面推进城镇老旧小区改造工作的指导意见》(国办发〔2020〕23号)印发以来,各地积极贯彻落实文件精神,围绕城镇老旧小区改造工作统筹协调、改造项目生成、改造资金政府与居民合理共担、社会力量以市场化方式参与、金融机构以可持续方式支持、动员群众共建、改造项目推进、存量资源整合利用、小区长效管理等"九个机制"深化探索,形成了一批可复制可推广的政策机制。近期,我部总结地方加快城镇老旧小区改造项目审批、存量资源整合利用和改造资金政府与居民、社会力量合理共担等3个方面的探索实践,形成《城镇老旧小区改造可复制政策机制清单(第一批)》,现印发给你们,请结合实际认真学习借鉴。

住房和城乡建设部办公厅
2020年12月15日
(此件公开发布)

城镇老旧小区改造可复制政策机制清单（第一批）

序号	政策机制	主要举措	具体做法	来源
一	加快改造项目审批	（一）联合审查改造方案	1. 住房和城乡建设部门或者县（市、区）政府确定的牵头部门，组织发展改革、财政、自然资源和规划、人民防空、行政审批服务、城市管理等部门，街道办事处（乡镇政府）、居民委员会、居民代表，以及电力、供水、燃气、通信、广播电视等专业经营单位对改造方案进行联合审查。 2. 对项目可行性、市政设施和建筑效果、消防、建筑节能、日照间距、建筑间距、建筑密度、容积率等技术指标一次性提出审查意见。 3. 审批部门根据审查通过的改造方案和联合审查意见，一次性告知所需办理的审批事项和申请材料，直接办理立项、用地、规划、施工许可等，无需再进行技术审查。 4. 联合审查意见中，还可以明确优化简化审批程序、材料的具体要求，作为改造项目审批及事中事后监管的依据	山东省、浙江省
		（二）简化立项用地规划许可审批	1. 对纳入年度计划的城镇老旧小区改造项目，可依据联合审查通过的改造方案，将项目建议书、可行性研究报告、初步设计及概算合并进行审批。 2. 不涉及土地权属变化，或不涉及规划条件调整的项目，无需办理用地规划许可	浙江省、甘肃省
		（三）精简工程建设许可和施工许可	1. 不增加建筑面积（含加装电梯等）、不改变建筑结构的城镇老旧小区改造项目，无需办理建设工程规划许可证。不涉及权属登记、变更，无高空作业、重物吊装、基坑深挖等高风险施工，建筑面积在300平方米以内的新建项目可不办理施工许可证。 2. 涉及新增建设项目、改建和扩建等增加建筑面积、改变建筑功能和结构的项目，合并办理建设工程规划许可证和施工许可。 3. 建筑主体和承重结构不发生重大改变的城镇老旧小区改造项目，免于施工图审查，全部施工图上传至施工图联审系统，即可作为办理建筑工程施工许可证所需的施工图纸。 4. 施工许可和工程质量安全监督手续合并办理，不再出具《工程质量监督登记证书》《建筑工程施工安全报监书》。 5. 老旧小区改造项目（含加装电梯等）无需办理环境影响评价手续	山东省、浙江省、甘肃省、湖南省
		（四）实行联合竣工验收	1. 由城镇老旧小区改造项目实施主体组织参建单位、相关部门、居民代表等开展联合竣工验收。 2. 无需办理建设工程规划许可证的改造项目，无需办理竣工规划核实。 3. 简化竣工验收备案材料，建设单位只需提交竣工验收报告、施工单位签署的工程质量保修书、联合验收意见书即可办理竣工验收备案，消防验收备案文件通过信息系统共享。城建档案管理机构可按改造项目实际形成的文件归档	山东省、浙江省

续表

序号	政策机制	主要举措	具体做法	来源
二	存量资源整合利用	（一）制定支持整合利用政策	1. 整合利用公有住房、社区办公用房、小区综合服务设施、闲置锅炉房、闲置自行车棚等存量房屋资源，用于改建公共服务设施和便民商业服务设施。鼓励机关事业单位、国有企业将老旧小区内或附近的闲置房屋，通过置换、划转、移交使用权等方式交由街道（城关镇）、社区统筹。 2. 整合利用小区内空地、荒地、拆除违法建设腾空土地及小区周边存量土地，用于建设各类配套设施和公共服务设施，增加公共活动空间。结合实际情况，灵活划定用地边界、简化控制性详细规划调整程序，在保障公共利益和安全的前提下，适度放松用地性质、建筑高度和建筑容量等管控，有条件突破日照、间距、退让等技术规范要求，放宽控制指标。城镇老旧小区改造项目中的"边角地""夹心地""插花地"以及非居住低效用地，采用划拨或出让方式取得，改造方案经市政府批准后，依据方案完善相关土地手续；符合划拨条件的，按划拨方式供地；涉及经营性用途的，按协议方式补办出让。对在小区及周边新建、改扩建公共服务和社会服务设施的，在不违反国家有关强制性规范标准的前提下，放宽建筑密度、容积率等技术指标。 3. 对企事业单位闲置低效划拨用地，按程序调增容积率、改变土地用途后建设公共配套设施。对面积小于3亩、无法单体规划、需整合建设片区配套经营性设施的零星地块，可以协议方式出让。 4. 允许将老旧小区存量资产依法授权给项目实施主体开展经营性活动，提供多种多样的社区便民服务，引导扶持项目实施主体发展成为老旧小区运营、管理主体	辽宁省、福建省、江苏省南京市、山东省济宁市
		（二）加强规划设计引导	1. 对改造区域内空间资源进行统筹规划，按照提升功能、留白增绿原则，优先配建养老和社区活动中心等公共服务设施；对无法独立建设公共服务设施的，可根据实际情况利用疏解整治腾空间就近建设区域性公共服务中心，辐射周边多个老旧小区。 2. 实施集中连片改造。原则上在单个社区范围内，将地理位置相邻、历史文化底蕴相近、产业发展相关的老旧小区合理划定改造片区单元，科学编制片区修建性详细规划。按照"一区一方案"要求，重点完善"水、电、路、气、网、梯、安、治"等基本功能，量力而行建设"菜、食、住、行、购""教、科、文、卫、体""老、幼、站、厕、园"等公共配套服务设施。对涉及调整控制性详细规划的，按程序审批后纳入规划成果更新	北京市、湖南省湘潭市、山东省济宁市
三	改造资金政府与居民、社会力量合理共担	（一）完善资金分摊规则	1. 小区范围内公共部分的改造费用由政府、管线单位、原产权单位、居民等共同出资；建筑物本体的改造费用以居民出资为主，财政分类以奖代补10%或20%；养老、托育、助餐等社区服务设施改造，鼓励社会资本参与，财政对符合条件的项目按工程建设费用的20%实施以奖代补。 2. 结合改造项目具体特点和内容，合理确定资金分担机制。基础类改造项目，水电气管网改造费用中户表前主管网改造	湖北省宜昌市、安徽省合肥市

续表

序号	政策机制	主要举措	具体做法	来源
三	改造资金政府与居民、社会力量合理共担	（一）完善资金分摊规则	费用及更换或铺设管道费用、弱电管线治理费用由专业经营单位承担，其余内容由政府和居民合理共担。完善类改造项目，属地政府给予适当支持，相关部门配套资金用于相应配套设施建设，无配套资金的可多渠道筹集。提升类改造项目，重点在资源统筹使用等方面给予政策支持	湖北省宜昌市、安徽省合肥市
		（二）落实居民出资责任	1. 对居民直接受益或与居民紧密相关的改造内容，动员居民通过以下几种方式出资：一是业主根据专有部分建筑面积等因素协商，按一定分摊比例共同出资；二是提取个人住房公积金和经相关业主表决同意后申请使用住宅专项维修资金；三是小区共有部位及共有设施设备征收补偿、小区共用土地使用权作资、经营收益等，依法经业主表决同意作为改造资金。2. 根据改造内容产权和使用功能的专属程度制定居民出资标准，如楼道、外墙、防盗窗等改造内容，鼓励居民合理承担改造费用。小区共有部位及设施补偿赔偿资金、公共收益、捐资捐物等，均可作为居民出资。3. 居民可提取住房公积金，用于城镇老旧小区改造项目和既有住宅加装电梯项目。一是市政府批复的城镇老旧小区改造项目范围内的房屋所有权人及其配偶，在项目竣工验收后，可提取一次，金额不超过个人实际出资额（扣除政府奖补资金）。二是实施既有住宅加装电梯项目的房屋所有权人及其直系亲属，在项目竣工验收后，可就电梯建设费用（不含电梯运行维护费用）提取1次，金额不超过个人实际出资额（扣除政府奖补资金）。同一加装电梯项目中的其他职工再次提取的，可以不再提供既有住宅加装电梯协议书原件、项目验收报告原件等同一项目中的共性材料	湖南省长沙市、浙江省宁波市、山东省青岛市
		（三）加大政府支持力度	1. 省级财政安排资金支持城镇老旧小区改造，市、县财政分别安排本级资金。采取投资补助、项目资本金注入、贷款贴息等方式，统筹使用财政资金，发挥引导作用。2. 通过一般公共预算、政府型资金、政府债券等渠道落实改造资金。地方政府一般债券和专项债券重点向城镇老旧小区改造倾斜。3. 所有住宅用地、商服用地的土地出让收入，先提取1.5%作为老旧小区改造专项资金，剩余部分再按规定进行分成。提използование国有住房出售收入存量资金用于城镇老旧小区改造。4. 养老、医疗、便民市场等公共服务设施建设专项资金，优先用于城镇老旧小区改造建设。涉及古城等历史文化保护的改造项目，可从专项保护基金中列支	河北省、山东省聊城市、内蒙古自治区、浙江省绍兴市
		（四）吸引市场力量参与	1. 推广政府和社会资本合作（PPP）模式，通过特许经营权、合理定价、财政补贴等事先公开的收益约定规则，引导社会资本参与改造。2. 创新老旧小区及小区外相关区域"4+N"改造方式。一是大片区统筹平衡模式。把一个或多个老旧小区与相邻的旧城区、棚户区、旧厂区、城中村、危旧房改造和既有建筑功能转换等项目统筹搭配，实现自我平衡。二是跨片区组合平衡模式。将拟改造的老旧小区与其不相邻的城市建设或改造项	四川省、山东省

续表

序号	政策机制	主要举措	具体做法	来源
三	改造资金政府与居民、社会力量合理共担	（四）吸引市场力量参与	目组合，以项目收益弥补老旧小区改造支出，实现资金平衡。三是小区内自求平衡模式。在有条件的老旧小区内新建、改扩建用于公共服务的经营性设施，以未来产生的收益平衡老旧小区改造支出。四是政府引导的多元化投入改造模式。对于市、县（市、区）有能力保障的老旧小区改造项目，可由政府引导，通过居民出资、政府补助、各类涉及小区资金整合、专营单位和原产权单位出资等渠道，统筹政策资源，筹集改造资金	四川省、山东省
		（五）推动专业经营单位参与	1. 明确电力、通信、供水、排水、供气等专业经营单位出资责任。对老旧小区改造范围内电力、通信、有线电视的管沟、站房及柜设施，土建部分建设费用由地方财政承担。供水、燃气改造费用，由相关企业承担；通讯、广电网络缆线的迁改、规整费用，相关企业承担65%，地方财政承担35%。供电线路及设备改造，产权归属供电企业的由供电企业承担改造费用；产权归属单位的，由产权单位承担改造费用；产权归属小区居民业主共有的，供电线路、设备及"一户一表"改造费用，政府、供电企业各承担50%。非供电企业产权的供电线路及设备改造完成后，由供电企业负责日常维护和管理，其中供电企业投资部分纳入供电企业有效资产。 2. 将水、气、强电、弱电等项目统一规划设计、统一公示公告、统一施工作业；建设单位负责开挖、土方回填，各专业经营单位自备改造材料，自行安装铺设	福建省、江西省上饶市
		（六）加大金融支持	1. 扶持有条件的国有企业、鼓励引入市场力量作为规模化实施运营主体参与改造，政府注入优质资产，支持探索3种融资模式：一是项目融资模式。主要用于小区自身资源较好，项目自身预期收益可以覆盖投入的老旧小区改造项目。还款来源为项目自身产生的收益。二是政府和社会资本合作（PPP）模式。主要用于项目自身预期收益不能覆盖投入的改造项目。项目自身产生的现金流作为使用者付费，不足部分通过政府付费或可行性缺口补助方式，实现项目现金流整体平衡。三是公司融资模式。主要用于项目自身预期收益不能覆盖投入，但又无法采用PPP的改造项目。还款来源主要为借款人公司自由现金流。 2. 各有关部门在立项、土地、规划、产权手续办理等方面给予支持。 3. 创新金融服务模式，金融机构根据改造项目特点量身制定融资方案，明确可以未来运营收益作为还款来源，优化改造后带动消费领域的金融服务。 4. 组织申报城镇老旧小区改造省级统贷项目，联合金融机构给予开发性金融支持。为省级统贷项目实施主体提供一揽子金融服务，项目贷款在政策允许范围内给予最优贷款利率、最长贷款期限支持	山东省青岛市、湖北省
		（七）落实税费减免政策	对旧住宅区整治一律免收城市基础设施配套费等各种行政事业性收费和政府性基金	四川省